JN137340

第2版

実務裁判例

交通事故における過失割合

自動車事故及び消滅時効、評価損等の諸問題

伊藤秀城【著】

日本加除出版

第2版　は　し　が　き

平成26年2月に本書を上梓してから，既に5年余が経過したが，その間，「自動車の運転により人を死傷させる行為等の処罰に関する法律」が平成26年5月20日に施行され，悪質・危険な運転により死傷事故を起こした場合の刑事罰が強化された。また，平成29年3月12日には，準中型免許の新設や高齢運転者対策の推進を図るための規定が施行され，75歳以上の高齢者が重大な違反行為をした場合や免許更新をする時には，臨時認知機能検査を実施することや臨時高齢者講習を行うことなどが新設されている。

そして，改訂版としての本書は，高速道路や路外における交通事故などに関し更に判例を積み上げているが，実際の判例をとおして，どのように過失割合が判断されているのか，実務にとって参考になれば幸いである。

また，「民法の一部を改正する法律」（平成29年法律第44号）が，2020年4月1日に施行されるが，人身事故に関する損害賠償請求権の時効期間について改正がなされているので，その点について若干言及した。

最後に，日本加除出版株式会社編集部の前田敏克さんにお世話になり，深く感謝する次第である。

2019年5月

伊　藤　秀　城

は し が き

平成25年3月に，自転車や駐車場での事故を中心とした，いわば非典型裁判例についての過失相殺率に関する実務裁判例を上梓したが，このたび，四輪車に関する，いわば典型裁判例における過失割合に関する裁判例を再び上梓することになった。そして，今回も各裁判例に「概略図」を付けているが，直接，交通事故現場に行って作成したものも含め，あくまでもイメージ図であることを御了承いただきたい。本書が最も多い四輪車の事故における過失割合を考えるに当たって，参考になれば幸いである。

まず，本書は，交通事故に基づく損害賠償請求権に関する消滅時効の援用を始めとして，実務でよく主張される代車料や休車損，それに評価損についての裁判例を挙げているが，従来の裁判例と比較して，一味違った裁判例もあろうかと思われる。もちろん，様々なケースによって結論が違ってくるわけであるが，今一度，柔軟な考えで裁判例を捉えてみなければと思う次第である。

また，本書では，高速道路における車線変更や多重衝突，さらには，料金所付近における事故について裁判例を挙げてみた。高速道路においては，一般道路と違って，直接事故の原因となる車両の動きはもちろんであるが，他の車両の動きが事故に影響を与えることも少なくない。単車や自転車の事故は，生命に直結する事故が結構多いが，高速道路における事故にも危険な事故が数多くある。悲惨な交通事故の減少を切に願う次第である。

最後に，本書の出版に当たっては，日本加除出版株式会社企画部の渡邊宏美さんに再びお世話になり，深く感謝するとともに心から御礼申し上げます。

平成26年2月

伊　藤　秀　城

凡　　例

文中に掲げる裁判例・文献等については次の略記とする。

〔裁判例〕

東京地判平成 21 年 11 月 25 日（交民 42 巻 6 号 1549 頁）

→　東京地方裁判所判決平成 21 年 11 月 25 日交通事故民事裁判例集 42 巻 6 号 1549 頁

略記	正式名称	略記	正式名称
金　判	金融商事判例	自保ジャーナル	自動車保険ジャーナル
金　法	金融法務事情	裁判集民	最高裁判所裁判集民事
交　民	交通事故民事裁判例集	民　集	最高裁判所民事判例集
判　タ	判例タイムズ	その他，判例秘書等	
判　時	判例時報		

〔概略図〕

概略図の凡例については，下記のとおりとする。

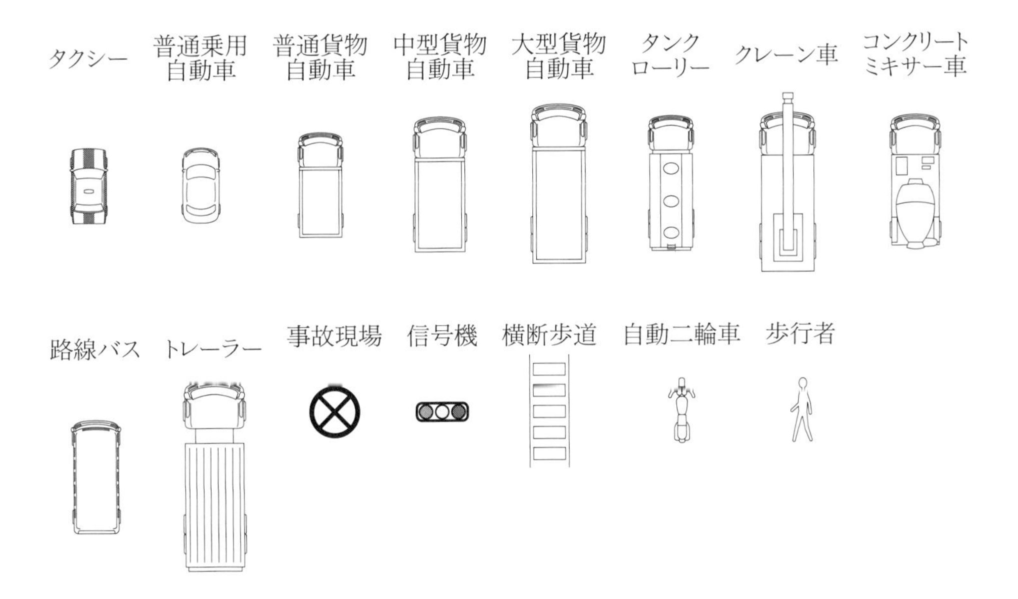

なお，概略図については特段の表示がないものについては北を上とし，出典に掲げた裁判例の判旨を基に，道路状況の再現を試みている。

〔その他〕

本書で引用されている裁判例につき，登場する人名等を便宜アルファベット等で振り直す等の取扱いをしている。また，死亡事故や当事者が未成年である場合等も，本書では一律に当事者をX，

Y等と表記している。

編注部分については裁判例中，〔　〕等で示している。

〔参考文献〕

小林邦夫「代車の必要性」財団法人日弁連交通事故相談センター東京支部編『民事交通事故訴訟損害賠償額算定基準　下巻（赤い本）』（財団法人日弁連交通事故相談センター，2006 年）

桃崎剛「交通事故訴訟における共同不法行為と過失相殺」財団法人日弁連交通事故相談センター東京支部編『民事交通事故訴訟損害賠償額算定基準　下巻（赤い本）』（財団法人日弁連交通事故相談センター，2006 年）

磯邉裕子「車両損害をめぐる諸問題（上・下）車両損害の評価を中心として」判例タイムズ 1392 号 20 頁以下，1393 号 21 頁以下

東京地裁民事交通訴訟研究会編『民事交通訴訟における過失相殺率の認定基準　全訂 5 版』別冊判例タイムズ 38 号（判例タイムズ社，2014 年）

法曹会編『例題解説　交通損害賠償法』（法曹会，2006 年）

佐久間邦夫・八木一洋編『交通損害関係訴訟（補訂版）』リーガル・プログレッシブ・シリーズ 5（青林書院，2013 年）

道路交通執務研究会編著『執務資料　道路交通法解説 17 訂版』（東京法令出版，2017 年）

目　次

第１編

交通事故に基づく損害賠償請求権と消滅時効

はじめに

本書は，最初に，交通事故に基づく損害賠償請求権に対する消滅時効の援用に関する裁判例を挙げているが，示談について，当事者双方の折り合いがつかず，そのうち時効期間が経過したり，被害者の症状が固定したにもかかわらず，そのまま治療を継続しているうちに，時効期間が経過してしまったりするなど，意外と消滅時効が問題になる例が多い。

また，代車料を請求してくるケースも多く，代車として相当な車種なのか，その代車使用期間は相当であるのかなどの問題も多い。さらに，営業として車を使用していた場合には，事故による休車損について請求してくるが，遊休車の存在など，当該請求内容が相当かどうかの判断をする必要がある。

評価損については，どういう場合に認めているのか，認める場合にもどの程度認めているのかなど色々と問題が多い。以下，民法 724 条の趣旨を含め，これらの問題等に関する判例を挙げてみた。なお，「民法の一部を改正する法律」（平成 29 年法律第 44 号）は，2020 年 4 月 1 日から施行されるが，後述するように，現行民法 724 条が改正され，「人の生命又は身体を害する不法行為」の一つである交通事故の損害賠償請求権が，「損害及び加害者を知った時から 3 年」とあるが「5 年」と長くなり，不法行為の時から「20 年」とあるのは，判例によると「除斥期間」と解されていたが，「消滅時効期間」であることを明らかにした。

（不法行為による損害賠償請求権の期間の制限）
現行民法 724 条　不法行為による損害賠償の請求権は，被害者又はその法定代理人が損害及び加害者を知った時から 3 年間行使しないときは，時効によって消滅する。不法行為の時から 20 年を経過したときも，同様とする。

（不法行為による損害賠償請求権の消滅時効）
改正民法 724 条　不法行為による損害賠償の請求権は，次に掲げる場合には，時効によって消滅する。

1　被害者又はその法定代理人が損害及び加害者を知った時から 3 年間行使しないとき。
2　不法行為の時から 20 年間行使しないとき。

（人の生命又は身体を害する不法行為による損害賠償請求権の消滅時効）
改正民法724条の2　人の生命又は身体を害する不法行為による損害賠償請求権の消滅時効についての前条第1号の規定の適用については，同号中「3年間」とあるのは，「5年間」とする。

第1　民法724条前段（現行法）

（不法行為による損害賠償請求権の期間の制限）
現行民法724条　不法行為による損害賠償の請求権は，被害者又はその法定代理人が損害及び加害者を知った時から3年間行使しないときは，時効によって消滅する。不法行為の時から20年を経過したときも，同様とする。

1　短期消滅時効を設けた趣旨

裁判例 1　最判昭和49年12月17日（民集28巻10号2059頁，金判484号2頁，金法745号32頁）

「商法266条の3第1項前段に基づく第三者の取締役に対する損害賠償請求権の消滅時効につき民法724条の適用があるかどうかは，商法266条の3第1項前段所定の取締役の責任（以下「取締役の責任」という。）の法的性質，民法724条が短期消滅時効を設けた趣旨等の観点から検討して決すべきものである。

思うに，

(1)　取締役の責任は，法がその責任を加重するため特に認めたものであって，不法行為責任たる性質を有するものではないから（最高裁昭和39年（オ）第1175号同44年11月26日大法廷判決・民集23巻11号2150頁），取締役の責任については不法行為責任に関する消滅時効の特則である民法724条は当然に適用されるものではない。

(2)　また，民法724条が短期消滅時効を設けた趣旨は，不法行為に基づく法律関係が，通常，未知の当事者間に，予期しない偶然の事故に基づいて発生するものであるため，加害者は，損害賠償の請求を受けるかどうか，いかなる範囲まで賠償義務を負うか等が不明である結果，極めて不安定な立場におかれるので，被害者において損害及び加害者を知りながら相当の期間内に権利行使に出ないときには，損害賠償請求権が時効にかかるものとして加害者を保護することにあると解されるところ，取締役の責任は，通常，第三者と会社との間の法律関係を基礎として生ずるものであって，取締役は，不法行為の加害者がおかれる前記のような不安定な立場に立たされるわけではないから，取締役の責任に民法 724 条を適用すべき実質的論拠はなく，したがって，同条を商法 266 条の 3 第 1 項前段に基づく第三者の取締役に対する損害賠償請求権に類推適用する余地もない。」

2 「損害及び加害者を知った時」の意義

裁判例 2　最判昭和 48 年 11 月 16 日（民集 27 巻 10 号 1374 頁）

「民法 724 条にいう「加害者ヲ知リタル時」とは，同条で時効の起算点に関する特則を設けた趣旨に鑑みれば，加害者に対する賠償請求が事実上可能な状況のもとに，その可能な程度にこれを知った時を意味するものと解するのが相当であり，被害者が不法行為の当時加害者の住所氏名を的確に知らず，しかも当時の状況においてこれに対する賠償請求権を行使することが事実上不可能な場合においては，その状況が止み，被害者が加害者の住所氏名を確認したとき，初めて「加害者ヲ知リタル時」にあたるものというべきである。

これを本件についてみるに，原審の確定したところによれば，被上告人は，昭和 17 年初め頃軍機保護法違反の容疑で逮捕され，大泊警察署に留置されて取調中，同年 4 月 15 日夜から翌 16 日未明にかけて本件不法行為による被害を受けたが，その当時加害者である上告人が「A」なる姓の同署警部補であることおよびその容貌を知ってはいたものの，その「A」の名と住所は知らず，逮捕後引き続き身柄拘束のまま取調，起訴，有罪の裁判およびその執行を受け，昭和 20 年 9 月 4 日頃終戦後の混乱の収まらない状況の中においてようやく釈放されたものであって，その釈放前は勿論釈放後も，加害者である上告人の所在および名を知ることが困難であったところ，その後加害者の探索に努めた結果，昭和 23 年頃に至り加害者が秋田県内に居るらしいことを，また昭和 26 年頃その名が「A」なることを知るに至り，札幌法務局人権擁護部に照会して，昭和 36 年 11 月 8 日頃，上告人が秋田県本荘市から東京に移転したとの回答を受けたので，更に調査の結果，その頃東京における住所を突きとめ，加害者本人に間違いないことを知ったというのであって，被上告人は，この時に加害者を知ったものというべく，それから 3 年以内である昭和 37 年 3 月 7 日に本訴を提起したものであるから，上告人主張の消滅時効は未だ完成していないとした原審の判断は，正当である。原判決に所論の違法はなく，論旨は，採用することができない。」

（参考判例）

裁判例 3　東京地判平成 21 年 3 月 30 日（判例秘書 L06430250）

事故発生日 平成 16 年 1 月 6 日　**訴え提起日** 平成 20 年 3 月 10 日

「(2)　ところで，原告は，自動車保険契約に基づき，A に対し，保険金を支払ったことによって，商法 662 条により，A が加害者に対して有する損害賠償請求権を取得することになるが，原告が加害者に対して有する権利は上記損害賠償請求権と性質を異にするものではない。そして，不法行為による損害賠償請求権について規定した民法 724 条における「加害者を知った時」とは，「加害者に対する賠償請求が事実上可能な状況のもとに，その可能な程度にこれを知った時を意味するものと解するのが相当であり，被害者が不法行為の当時加害者の住所氏名を的確に知らず，しかも当時の状況においてこれに対する賠償請求権を行使することが事実上不可能な場合においては，その状況が止み，被害者が加害者の住所氏名を確認したとき，初めて『加害者ヲ知リタル時』にあたる」と解される（最高裁第二小法廷昭和48年11月16日判決民集27巻10号1374頁参照）。損害賠償請求が可能な程度に加害者を知った時とは，賠償請求の相手方が具体的に特定されて認識することができる状態にあることを意味するほか，加害者の氏名，住所を具体的に特定して認識していなくても，社会通念上，調査すれば容易にこれらが判明するような場合であれば，賠償請求権を行使することは事実上可能な状況にあるといえ，「加害者を知った時」に該当すると解するのが，民法724条の時効制度の趣旨に照らし，相当であり，このように解しても，被害者の救済に欠けるものではない。

〔途中略〕

上記によれば，原告は，Aへ保険金を支払った平成16年4月21日の時点で，弁護士に委任して23条照会により被告の氏名等を知ることは可能であったものの，第1事故の当事者の不法行為責任を問うことは困難であると判断して，弁護士に委任しなかったものと認められ，原告が平成18年12月まで弁護士に委任しなかったことについて，消滅時効の進行を妨げるまでの相当の理由があったとは認められない。

(4)　したがって，原告は，少なくとも，被告への損害賠償請求権を取得した平成16年4月21日の時点においては，損害賠償請求が可能な程度に加害者を特定することができたものと認められるから，同日を消滅時効の起算点とするのが相当である。よって，消滅時効の完成が認められる。

なお，原告は，保険代位の日を起算点とすると，一部てん補の場合には，保険会社が23条照会を怠ったことにより，被害者の損害賠償請求権も時効消滅する結果となると主張するが，既に時効期間が進行している権利を取得した場合であればともかく，そうでなければ，権利の行使が可能であるかは，それぞれの権利主体ごとに判断されるべきものであるから，保険会社の権利が時効消滅したからといって，直ちに被害者の権利も時効消滅するものではない。また，原告は，自らは法的保護に値する一方，被告の保険会社に時効の利益を享受させる必要はない旨主張するが，上記認定事実のとおり，原告は，被告に対する権利を取得した平成16年4月21日から平成18年4月ころまで，自らの権利を保全する措置を特に講じたわけではなく，また，同月，B弁護士に23条照会を委任したものの，実際に23条照会が行われたのは，それから約8か月後の同年12月21日であり，同照会の結果は同月28日に得られたが，原告が第1事故の交通事故証明書を取得したのは，それから約2か月が経過した平成19年3月のことである。そして，原告は，同証明書により，被告の住所を知り得たが，その後，支払を催促したのは，同年7月のことであり，被告から同月中に支払を拒絶されたものの，本訴を提起したのは平成20年3月のことである。このような経緯に照らすと，原告が，消滅時効により，被告に対する権利を失うことは，やむを得ないところである。」

裁判例 4　東京地判平成24年1月27日（判例秘書L06730029）

事故発生日 平成18年5月27日　**時効起算日**（物損）平成18年5月27日
訴え提起日 平成23年7月23日　（人損）平成20年3月31日

「(1)　不法行為による損害賠償請求権に関する3年の消滅時効の起算点である被害者が「損害及び加害者を知った時」（民法724条）とは，被害者において，加害者に対する賠償請求をすることが事実上可能な状況の下に，それが可能な程度に損害及び加害者を知った時を意味し，この場合の被害者が「損害を知った」とは，被害者が損害の程度や数額を具体的に知ることをいうのではないが，単に加害行為により損害が発生したことを知っただけでなく，その加害行為が不法行為を構成することをも知ったことが必要であると解するのが相当である（最高裁昭和48年11月16日第二小法廷判決・民集27巻10号1374頁，大審院大正9年3月10日判決・民録26輯280頁，最高裁昭和42年11月30日第一小法廷判決・裁判集民事89号279頁参照）。

原告は，訴訟等で損害額が確定しない限り，不法行為に基づく損害賠償請求権について消滅時効が完成することはないかのように主張するが，上記のとおり，不法行為の被害者が「損害を知った」というには，被害者が損害の程度や数額を具体的に知ることまで必要とは解されていないのであるから，原告の主張は採用することができない。

(2)　物損に係る損害賠償請求権について

ア　物損に係る損害賠償請求権と人身損害に係る損害賠償請求権とは訴訟物を異にするから，それぞれ別個に消滅時効が進行するところ，原告の主張する物損については，原告は，本件事故時に「損害及び加害者」を知ったということができるから，原告の被告に対する物損に係る損害賠償請求権は，本件事故時から消滅時効が進行し，本件訴訟提起の時点（平成23年7月23日）では既に消滅時効が完成していたことになる。

イ　原告は，物損に係る損害賠償請求権の消滅時効の中断事由として，原告との間の保険契約に基づき原告に対して保険金を支払ったA保険会社による被告に対する求償金請求訴訟の提起を主張する。しかしながら，同社の訴訟提起によって消滅時効が中断され得るのは，同社自体が保険代位により原告から取得した損害賠償請求権のみであって，原告の有する上記保険金支払後の未填補の物損に係る損害賠償請求権は同訴訟の提起による時効中断の対象とはなり得ないから，原告の主張は失当である。

(3)　人身損害に係る損害賠償請求権について

ア　前記前提事実のほか，証拠〔略〕によれば，次の事実が認められる。

（ア）原告は，本件事故により受傷し，頸椎捻挫，腰椎捻挫等と診断され，本件事故の翌日の平成18年5月28日から平成20年3月31日まで，前記前提事実(3)アのとおり通院した。当初は，頸部及び背部に対する治療が主であったが，B整形外科クリニックにおいては腰痛に対する治療も行われた。

原告は，平成20年3月31日，医療法人社団M整形外科において，症状固定の診断を受けるとともに，自動車損害賠償責任保険後遺障害診断書（乙1）の作成を受けた。

上記診断書には，「傷病名」欄には「頚椎捻挫」と，「自覚症状」欄には「頚部痛・背部痛，頚部・背部の筋緊張，頚部動作時痛」と記載されている。

イ　上記アで認定したところによれば，原告の本件事故後の症状は，平成20年3月31日に1回目の症状固定の診断を受けた時点と同年11月27日以降とで基本的に変化はなく（仮に，本件事故から約2年6か月が経過した同年11月27日以降に新たに発生した症状があるとすれば，それについては本件事故との相当因果関係を認め難い。），同年11月27日以降の治療により，症状の顕著な改善は見られなかったことが認められる。

したがって，原告の本件事故による受傷の症状固定時期は，遅くとも平成20年3月31日と認めるのが相当である。原告は，同日に症状固定の診断及び自動車損害賠償責任保険後遺障害診断書（乙1）の作成も受けていたことから，原告の主張する人身損害については，同日の時点で，原告が「損害及び加害者」を知ったというべきであり，原告の被告に対する人身損害に係る損害賠償請求権の消滅時効は同日から進行し，本件訴訟提起の時点（平成23年7月23日）では，既に消滅時効が完成していたことになる。

なお，原告は，人身損害に係る損害賠償請求権については，消滅時効中断事由を何ら主張していない。

(4)　以上によれば，被告の消滅時効の抗弁は理由がある。」

裁判例 5　東京地判平成24年4月13日（判例秘書 L06730177）

事故発生日 平成19年10月16日　**訴え提起日** 平成23年1月頃

「(1)　証拠（乙11）によれば，被告車は，本件事故により，89万0169円の修理費を要する損害を負ったことが認められる。

(2)　原告らは，平成24年2月3日，被告会社の損害賠償請求債権について消滅時効を援用した。したがって，前記(1)の請求権は時効により消滅したことが認められる。

(3)　これに対し，被告会社は，被告会社が損害を知ったのは，被告会社が被告車の修理を依頼した自動車整備会社から修理結果の回答を得た平成20年2月13日であるからいまだ時効は完成していない旨主張する。

民法724条前段所定の「損害を知った時」とは，被害者が損害の発生を現実に認識した時をいい，具体的な損害額を認識することを要しないところ，証拠（甲39）及び弁論の全趣旨によれば，被告車は，本件事故により，フロントバンパーの左側が約35 cm内側に押された状態で破損し，地面から約110 cmの高さにある左ウインカーが破損するなど，外形上明らかな損傷が発生したことが認められる上，本件事故が被告会社の敷地内に至る交差点で発生し，当日，実況見分も行われているのであるから，被告会社が本件事故当日，被告車に対する損害の発生を現実に認識したことは明らかである。この点に関する被告会社の主張には理由がない。さらに被告会社は，原告らの消滅時効の援用が信義則に反する旨主張しているが，これを認めるべき証拠はない。」

3　損害発生の現実的認識

裁判例 6　最判平成14年1月29日（民集56巻1号218頁，判タ1086号108頁，判時1778号59頁）

「民法724条は，不法行為に基づく法律関係が，未知の当事者間に，予期しない事情に基づいて発生することがあることにかんがみ，被害者による損害賠償請求権の行使を念頭に置いて，消滅時効の起算点に関して特則を設けたのであるから，同条にいう「損害及ヒ加害者ヲ知リタル時」とは，被害者において，加害者に対する賠償請求が事実上可能な状況の下に，その可能な程度にこれらを知った時を意味するものと解するのが相当である（最高裁昭和45年（オ）第628号同48年11月16日第二小法廷判決・民集27巻10号1374頁参照）。そして，次に述べるところに照らすと，同条にいう被害者が損害を知った時とは，被害者が損害の発生を現実に認識した時をいうと解すべきである。

不法行為の被害者は，損害の発生を現実に認識していない場合がある。特に，本件のような報道による名誉毀損については，被害者がその報道に接することなく，損害の発生をその発生時において現実に認識していないことはしばしば起こり得ることであるといえる。被害者が，損害の発生を現実に認識していない場合には，被害者が加害者に対して損害賠償請求に及ぶことを期待することができないが，このような場合にまで，被害者が損害の発生を容易に認識し得ることを理由に消滅時効の進行を認めることにすると，被害者は，自己に対する不法行為が存在する可能性のあることを知った時点において，自己の権利を消滅させないために，損害の発生の有無を調査せざるを得なくなるが，不法行為によって損害を被った者に対し，このような負担を課することは不当である。他方，損害の発生や加害者を現実に認識していれば，消滅時効の進行を認めても，被害者の権利を不当に侵害することにはならない。

民法724条の短期消滅時効の趣旨は，損害賠償の請求を受けるかどうか，いかなる範囲まで賠償義務を負うか等が不明である結果，極めて不安定な立場に置かれる加害者の法的地位を安定させ，加害者を保護することにあるが（最高裁昭和49年（オ）第768号同年12月17日第三小法廷判決・民集28巻10号2059頁参照），それも，飽くまで被害者が不法行為による損害の発生及び加害者を現実に認識しながら3年間も放置していた場合に加害者の法的地位の安定を図ろうとしているものにすぎず，それ以上に加害者を保護しようという趣旨ではないというべきである。

これを本件について見ると，上告人は，平成4年7月9日の時点においては，被上告人A通信社の加盟社である同B新聞社の発行する新聞紙上に本件配信記事に基づく記事が掲載されている可能性が高いことを知ったにすぎず，本件記事が実際に掲載されたこと，すなわち同被上告人が上告人の名誉を毀損し，不法行為に基づく損害が発生したことを現実に認識していなかったというのであるから，同日をもって消滅時効の起算点とすることはできないといわなければならない。

4　そうすると，上告人の被上告人らに対する損害賠償請求権が時効により消滅したとする原審の判断には，民法724条の解釈適用を誤った違法があり，この違法は判決に影響を及ぼすことが明らかである。論旨は理由があり，原判決は破棄を免れない。そして，上告人の被上告人らに対する請求について更に審理判断させるため，本件を原審に差し戻すべきである。」

4　症状固定と消滅時効

裁判例 7　東京地判平成15年7月30日（判例秘書 L05833128）

事故発生日 平成7年4月17日　**症状固定日** 平成8年7月11日
訴え提起日 平成12年6月16日

「3　以上の事実関係によれば，原告の本件事故による傷害は，医学的には平成8年7月11日には症状固定に至っていたと認められる。また，本件訴訟提起後間もなく，F医師による平成7年9月8日付け，平成8年2月22日付け各診断書（甲1の2，3）及び症状固定時期について言及されていない同年10月15日付け診断書（平成12年10月13日に再発行されたもの。甲8）が原告側から提出されていること，本件訴訟提起前において作成された症状固定時期に言及した診断書が，原告あての平成8年7月11付け診断書（乙2の3の45頁）のみであることなどに照らすと，原告は，遅くとも，平成8年7月11日には，被告に対する損害賠償請求権の行使を期待できる程度に後遺障害に関する損害を知ったと推認される。そうすると，同日をもって，原告の本件交通事故による損害賠償請求権の消滅時効の起算時と解すべきである。

そして，平成8年7月11日から3年を経過し，かつ，被告が原告に対し，平成15年6月25日の本件第20回口頭弁論期日において，上記時効を援用するとの意思表示をしたことは，いずれも当裁判所に顕著な事実であるから，抗弁(2)（消滅時効）イには理由がある。」

裁判例 8　東京地判平成21年7月21日（交民42巻9号910頁）

事故発生日 平成13年4月28日　**症状固定日** 平成18年4月18日
訴え提起日 平成19年12月28日

「Aが本件事故により受けた傷害について，明確に症状固定の診断がされたのは平成18年4月18日であり，この時より前に症状が固定したとする診断は全くない（(1)ク）。

もっとも，Aの通院治療は，本件事故の日から平成14年8月16日まで続いていたが，その後，約6か月半の間は通院がなく，平成15年3月4日からの通院治療も，同年6月10日を最後に平成16年12月まで1年半の間中断し，次に平成17年1月に通院し，再び中断し，平成18年4月に1回通院して症状固定の診断を受けたものである（(1)ア，イ，カ，ク)。このようにAの通院治療は中断が長く，症状に顕著な変化があったかどうかは明らかでない。

しかし，Aは，平成16年7月には手の痺れがあるので診察を受けたいと述べ（(1)エ)，なお，診察を受けることを表明し，このことは被告にも伝わっている。Aが，症状が変わらなくなっているのに，かつ，そのことを医師や被告など加害者側あるいはその保険会社であるC，人身傷害保険を締結している原告などから重ねて指摘されているのに，症状固定の診断を受けるのを拒否し，治療をいたずらに長びかせているような事情はない。Aの症状が続き，通院治療をしていることを人身傷害保険会社である原告は容認し，被告もこのことを承知していたはずである。被告やCが，Aとの交渉や支払を担当していた原告に対して，早急に処理をしなければ消滅時効の期間が経過することや，時効を援用する予定であることを通知していた事実も認められない。

以上の事情を総合して判断すると，Aの症状が固定した日は，症状固定診断書に記載されているとおり，平成18年4月18日と解するのが相当であり，Aの被告に対する損害賠償債務は，同日から進行すると解される。

そうすると，原告の被告に対する求償権は時効により消滅したとは認められない。」

5　物損，人損及び保険代位に基づく損害賠償請求権と消滅時効

裁判例 9　松山地今治支判平成20年12月25日（交民41巻6号1615頁，判時2042号81頁）

事故発生日 平成14年6月13日　**訴え提起日** 平成18年3月17日

「(2)　なお，物損に関する損害賠償請求権は人身損害に関するそれとは別個の訴訟物と解されるところ，①の修理費が支払われた平成14年6月30日（乙25の1ないし3から，遅くとも同日より前であると認められる。）から本件訴え提起に先立つ調停申立の日（平成17年12月）までの間に3年以上経過しているから，消滅時効が完成していることが明らかである（援用の事実は当裁判所に顕著である。）。この点，人身損害については，症状固定日から3年経過しないうちに原告により民事調停が申し立てられ，その不調から1か月以内である平成18年3月17日に本件訴えが提起されている（被告らの自白）から，平成16年法律第147条（平成17年4月1日施行）による改正後の民法151条により時効期間は中断しており，消滅時効は完成していないが，別個の訴訟物である以上，物損についてのみ消滅時効により消滅することに問題はない。」

裁判例 10　東京地判平成23年9月20日（交民44巻5号1191頁，判時2138号75頁，金判1382号57頁）

事故発生日 平成13年7月20日　**症状固定日** 平成17年3月18日
訴え提起日 平成22年6月25日

「(1)　損害保険金を支払った保険会社による被保険者（被害者）の加害者に対する損害賠償請求権の代位取得は，平成20年法律第57号による改正前の商法662条1項（以下，単に「商法662条1項」という。）又は保険法25条1項に基づくものであるところ，これは，法律上当然の移転であり，保険金支払の時に移転の効力が生じ，代位によって権利が移転しても，権利の同一性には影響がないと解される。

人身傷害補償保険も，保険事故の発生により被保険者に生じた人身損害を塡補することを目的とするものであって，損害保険の性質を有するものと解されるから，人身傷害補償保険金を支払った保険会社による被保険者（被害者）の加害者に対する損害賠償請求権の代位取得についても，人身傷害補償保険金支払の時に，権利の同一性を保ったまま，上記損害賠償請求権が保険会社に移転するのであり，代位が生じたことによって，上記損害賠償請求権の消滅時効の起算点が左右されるも

のではないと解するのが相当である。

そして，本件においては，前記前提事実等4のとおり，訴外Bが平成17年3月18日に症状固定の診断を受けたことに照らすと，訴外Bは，遅くともそのころには，被告に対する賠償請求をすることが事実上可能な状況の下に，それが可能な程度に損害及び加害者を知ったものと認められ，訴外Bの被告に対する損害賠償請求権の消滅時効は同日から進行するというべきである。そうすると，原告が代位取得した被告に対する損害賠償請求権についても，遅くとも平成17年3月18日から消滅時効が進行し，原告が本件訴訟を提起した平成22年6月25日の時点では，既に3年が経過しているから，消滅時効が完成していたことになる。」

裁判例 11　東京地判平成24年2月1日（交民45巻1号158頁）

事故発生日 平成18年5月27日　**訴え提起日** 平成23年6月3日

「(1)　商法662条1項に基づく，損害保険金を支払った保険会社による被保険者（被害者）の加害者に対する損害賠償請求権の取得は，法律上当然の移転であり，保険金支払の時に移転の効力が生じ，権利が移転しても，権利の同一性には影響がないと解される。

本件保険契約も，保険事故の発生により被保険者に生じた物的損害及び人的損害を塡補することを目的とするものであって，損害保険の性質を有するものと解されるから，保険金を支払った原告による訴外Aの被告に対する損害賠償請求権の取得についても，保険金支払の時に，権利の同一性を保ったまま，上記損害賠償請求権が原告に移転するのであり，これによって，上記損害賠償請求権の消滅時効の起算点が左右されるものではない。

そこで，以下，訴外Aの被告に対する損害賠償請求権の消滅時効の起算点及びその成否につき検討する。

(2)　民法724条にいう「損害及び加害者を知った時」とは，被害者において，加害者に対する賠償請求をすることが事実上可能な状況の下に，それが可能な程度に損害及び加害者を知った時を意味すると解するのが相当である（最高裁昭和48年11月16日第二小法廷判決・民集27巻10号1374頁参照）。

そして，物的損害に係る損害賠償請求権と人的損害に係る損害賠償請求権とは訴訟物を異にするから，それぞれ別個に消滅時効が進行するのであり，以下，個別に検討する。

ア　物的損害に係る損害賠償請求権について

原告が主張する物的損害については，訴外Aは，本件事故時に「損害及び加害者を知った」ということができるから，訴外Aの被告に対する物的損害に係る損害賠償請求権の消滅時効は，本件事故時（平成18年5月27日）から進行し，本件訴え提起の時点（平成23年6月3日）では既に消滅時効が完成していたことになる。

イ　人的損害に係る損害賠償請求権について

〔途中略〕

上記認定事実によれば，本件事故に基づく訴外Aの症状は平成20年3月31日には固定したものということができ，同年11月27日以降の通院の際に新たに出現した症状については，本件事故との相当因果関係を認め難い。そして，訴外Aが同年3月31日に自動車損害賠償責任保険後遺障害診断書の作成を受けたことをも考慮すると，原告の主張する人的損害については，訴外Aは，同日の時点で「損害及び加害者を知った」というべきであり，訴外Aの被告に対する人的損害に係る損害賠償請求権の消滅時効は，同日から進行し，本件訴え提起の時点（平成23年6月3日）では既に消滅時効が完成していたことになる。

(3)　原告は，最高裁判所昭和60年2月12日第三小法廷判決（民集39巻1号89頁）を引用し，主たる債務者から委託を受けて保証をした保証人が民法459条1項後段の規定に基づき主たる債務者に対して取得した事後求償権の消滅時効は，委託を受けた保証人が弁済その他自己の出捐をもって主たる債務を消滅させるべき行為をした時から進行することを前提に，原告が訴外Aとの間で締結した本件保険契約に基づいて発生する求償金請求権の消滅時効の起算点も，原告が弁済その他自己の出捐をもって加害者の被害者に対する債務を消滅させるべき行為をした時点となる旨主張する。

しかし，前記(1)のとおり，原告が本件保険契約に基づき訴外Aに対して保険金を支払ったことにより取得した権利は，訴外Aの被告に対する損害賠償請求権であり，他方，主債務者の委託を受けて保証をした保証人の主債務者に対する求償権は，主債務者と保証人との間の保証委託契約に根拠が存するものであって，両者はその性質を異にするから，両者を当然に同一に扱う原告の上記主張を採用することはできない。

(4)　以上より，原告が本件保険契約に基づき訴外Aに対して保険金を支払ったことにより取得した被告に対する損害賠償請求権については消滅時効が完成しており，上記請求権は時効により消滅したことになる。」

6　後遺障害と消滅時効

裁判例 12　最判昭和42年7月18日（民集21巻6号1559頁，判タ210号148頁，判時493号22頁）

「原審の確定するところによれば，本件不法行為により被上告人が受傷した後における治療の経過は原判示のとおりであり，被上告人の右受傷による後遺症である右足の内反足に対しF医師のなした本件植皮手術が果して効果のある治療方法であるかどうかは，被上告人の受傷当時は勿論，その後内反足の症状が現われた後においても，医学的には必ずしも異論がなかったわけではないというのである。ところで，被害者が不法行為に基づく損害の発生を知った以上，その損害と牽連一体をなす損害であって当時においてその発生を予見することが可能であったものについては，すべて被害者においてその認識があったものとして，民法724条所定の時効は前記損害の発生を知った時から進行を始めるものと解すべきではあるが，本件の場合のように，受傷時から相当期間経過後に原判示の経緯で前記の後遺症が現われ，そのため受傷時においては医学的にも通常予想しえなかったような治療方法が必要とされ，右治療のため費用を支出することを余儀なくされるにいたった等，原審認定の事実関係のもとにおいては，後日その治療を受けるようになるまでは，右治療に要した費用すなわち損害については，同条所定の時効は進行しないものと解するのが相当である。けだし，このように解しなければ，被害者としては，たとい不法行為による受傷の事実を知ったとしても，当時においては未だ必要性の判明しない治療のための費用について，これを損害としてその賠償を請求するに由なく，ために損害賠償請求権の行使が事実上不可能なうちにその消滅時効が開始することとなって，時効の起算点に関する特則である民法724条を設けた趣旨に反する結果を招来するにいたるからである。

このような見地に立って本件を見れば，原審が，その認定した事実関係に基づき，前記の趣旨のもとに上告人主張の消滅時効は未だ完成していないと判断したのは正当であり，原判決に所論の違法は存しない。」

裁判例 13　最判昭和49年9月26日（裁判集民112号709頁，交民7巻5号1233頁）

「不法行為の被害者につき，その不法行為によって受傷した時から相当の期間経過後に右受傷に基因する後遺症が現われた場合には，右後遺症が顕在化した時が民法724条にいう損害を知った時にあたり，後遺症に基づく損害であって，その当時において発生を予見することが社会通念上可能であったものについては，すべて被害者においてその認識があったものとして，当該損害の賠償請求権の消滅時効はその時から進行を始めると解するのが相当である（最高裁昭和40年（オ）第1232号同42年7月18日第三小法廷判決・民集21巻6号1559頁参照）。このような見地に立って本件を見るに，原審の確定するところによれば，本件交通事故により上告人が受傷したのちにおける治療の経過は原判決（その引用する第1審判決を含む。以下同じ。）の説示するとおりであって，上告人の右受傷による所論の後遺症は遅くとも昭和41年2月12日より以前に顕在化し，その後において症状は徐々に軽快こそすれ，悪化したとは認められないというのであるから，上告人としては右の時点で所論の後遺症に基づく本件逸失利益及び精神的苦痛の損害の発生を予見し，その賠償を請求することが社会通念上可能であったものというべく，したがって，原審が右認定にかかる事実関係に基づき，本件損害賠償請求権の消滅時効は遅くとも前記昭和41年2月12日にはその進行を始め，本訴が提起された昭和44年2月12日までに右消滅時効が完成していると判断したのは正当であり，原判決に所論の違法はない。論旨は採用することができない。」

（参考判例）

裁判例 14　東京地判平成15年4月22日（交民36巻2号542頁）

事故発生日 平成5年7月4日　**訴え提起日** 平成14年1月17日

「(1)　消滅時効は，損害を知った時から進行するところ，後遺障害による損害の発生を知った時とは，後遺障害が同等級の何級に該当するのか明らかでなくとも，症状が固定し，被害者の後遺障害の内容や損害状態について認識できれば，同条にいう損害を知った場合に当たるものと解される。

〔途中略〕

上記認定事実によれば，原告は，遅くとも平成6年2月25日ころには，本件事故により後遺障害を被ったことを知っていたものと認められる。

(2)　もっとも，原告は，平成6年1月26日付けの後遺障害診断書が作成されていることは知らず，平成11年5月25日付けの後遺障害認定の通知を受けて初めて後遺障害の発生を知った旨主張する。しかし，平成6年1月26日ころにおいて，原告においては，左大腿切断，左手関節機能障害及び左顔面神経完全麻痺の後遺障害が残存しているのであり，左大腿切断による後遺障害は，自賠責保険の実務においては，後遺障害等級4級5号の「1下肢をひざ関節以上で失ったもの」に該当するから，原告の後遺障害が少なくとも後遺障害等級4級以上の等級に当たることは，ほぼ確実に予測できるものといえる。また，原告は，C病院に通院した上，平成6年1月26日に症状が固定した旨の後遺障害診断書を取得するとともに，平成6年2月25日には自算会の千葉調査事務所から，「後遺障害のご請求に係わる関係資料ご提出のお願い」と題する書面（乙7）を受け取り，同連絡を受けて，レントゲン写真，CT写真及び原告本人の写真など後遺障害の請求に係わる資料（以下「関係資料」という。）を用意して上記調査事務所に対し提出している。かかるところ，上記書面は，「現在，認定等級を調査中ですが，すでに貴殿が保険会社に提出された書類の他に…資料が是非必要であります。」との連絡事項が記されているのであるから，その文言に照らせば，関係資料が後遺障害の等級認定を調査するために必要な書類であることは，原告においても十分理解しうる内容といえる。そうすると，後遺障害の等級認定手続が原告の全く関与しない状態で行われたことはあり得ないというべきである。そして，このような原告による後遺障害診断書の取得及び関係資料の提出行為は，原告が自賠責保険会社のGに対し，被害者請求を行い，その受領額をもって了解することを内容とする本件示談契約の内容にそうものである。

(3)　以上によれば，原告は，後遺障害等級の認定手続の意義を理解した上で自賠責保険の被害者請求を行っているものと認められ，遅くとも，平成6年2月25日ころには，後遺障害の内容や損害状態について認識し得たものと認めることができる。したがって，原告の主張は認め難い。

2　まとめ

以上によれば，原告は，自算会の千葉調査事務所から関係資料の提出を求められた平成6年2月25日ころには，本件交通事故による損害（及び加害者）を知っていたものであり，それから3年を経過した平成9年2月末日ころの経過をもって原告の被告らに対する損害賠償請求権は，時効により消滅したものと認められる。

したがって，被告らの抗弁（消滅時効）は理由がある。」

裁判例 15　東京地判平成19年9月26日（判例秘書 L06234170）

事故発生日 平成8年4月24日　**訴え提起日** 平成16年11月2日

「(ア)　原告は，平成8年4月24日に本件事故に遭って負傷すると，直ちにE総合病院において受診し，右足関節関節内骨折との診断を受け，同日から6月15日まで同病院に入院するとともに，同月16日から平成10年3月11日まで同病院に通院した。

(イ)　原告は，T火災海上保険株式会社を代理人として，平成8年5月28日，交通事故証明書の発行を受けたところ，そこには被告車両の運転者としてAの氏名，住所，電話番号等が記載されていた。

(ウ)　原告は，平成12年8月24日，E総合病院において診断を受け，同年9月6日，同病院から，症状固定日を同年8月24日とする自動車損害賠償責任保険後遺障害診断書（この診断書には，「記入にあたってのお願い」として「この用紙は，自動車損害賠償責任保険における後遺障害認定のためのものです。」と記載されていた。）の発行を受けた。

イ　ところで，民法724条にいう「損害及び加害者を知った時」とは，被害者において，加害者に対する賠償請求をすることが事実上可能な状況の下に，それが可能な程度に損害及び加害者を知った時を意味し（最高裁昭和45年（オ）第628号同48年11月16日第二小法廷判決・民集27巻10号1374頁参照），同条にいう被害者が損害を知った時とは，被害者が損害の発生を現実に認識した時をいうと解される（最高裁平成8年（オ）第2607号同14年1月29日第三小法廷判決・民集56巻1号218頁参照）。

ウ　前示事実関係によると，原告は，遅くとも平成8年5月28日には本件事故の加害者がAであることを知る一方，平成12年9月6日には，自動車損害賠償責任保険における後遺障害認定を受けるため，症状固定日を同年8月24日とする自動車損害賠償責任保険後遺障害診断書の発行を受けているのであるから，遅くともこの時点で，本件事故に係る後遺障害の存在を現実に認識し，加害者に対する賠償請求をすることが事実上可能な状況の下に，それが可能な程度に損害の発生を知ったというべきである（最高裁平成14年（受）第1355号平成16年12月24日第二小法廷判決参照）。

したがって，原告の本件事故に係る不法行為に基づく損害賠償請求権の消滅時効は，遅くとも平成12年9月6日から進行すると解される。

そして，原告の本訴提起が平成16年11月2日であることは，当裁判所に顕著であるから，本訴提起時には，原告の前記請求権について3年の消滅時効期間が経過していることとなる。」

7　自動車保険料率算定会の認定と消滅時効

裁判例 16　最判平成16年12月24日（裁判集民215号1109頁，判タ1174号252頁，判時1887号52頁）

事故発生日 平成8年10月14日　**症状固定日** 平成9年5月22日
訴え提起日 平成13年5月2日

「1　原審の確定した事実関係等の概要は，次のとおりである。

(1)　被上告人は，平成8年10月14日，上告人の過失によって生じた交通事故により，加療約6か月間を要する右膝蓋骨骨折の傷害を負い，右膝痛等の後遺障害（以下「本件後遺障害」という。）が残ったが，平成9年5月22日に症状固定という診断を受けた。

(2)　被上告人は，本件後遺障害につき，上告人が加入していたJA共済を通じ，自動車保険料率算定会（以下「自算会」という。）に対し，自動車損害賠償保障法施行令別表第2（以下「後遺障害等級表」という。）所定の後遺障害等級の事前認定を申請したところ，平成9年6月9日，非該当との認定を受けた。

(3)　被上告人は，平成11年7月30日，自算会の上記事前認定について異議の申立てをしたところ，自算会より，後遺障害等級表12級12号の認定を受けた。被上告人は，これに対し更に異議の申立てをしたが，退けられた。

(4)　被上告人は，平成13年5月2日，上告人に対し，不法行為に基づく損害賠償として，本件後遺障害に基づく逸失利益，慰謝料等の合計2424万8485円及び遅延損害金の支払を求める本件訴訟を提起した。上告人は，これに対し，損害賠償請求権が民法724条所定の3年の時効により消滅した旨の主張をし，消滅時効を援用した。

2　原審は，本件後遺障害が後遺障害等級表12級12号に相当すると認定した上，次のとおり判断して，上告人の消滅時効の抗弁を排斥し，被上告人の請求を764万0060円及びこれに対する遅延損害金の支払を求める限度で認容すべきものとした。

被上告人は，後遺障害等級表12級12号の認定を受けるまでは，本件後遺障害に基づく損害賠償請求権を行使することが事実上可能な状況の下にその可能な程度にこれを知っていたということはできないから，被上告人の本件後遺障害に基づく損害賠償請求権の消滅時効の起算点は，上記認定がされた時以降であると解すべきである。

3　しかしながら，原審の上記判断は是認することができない。その理由は，次のとおりである。

(1)　民法724条にいう「損害及ヒ加害者ヲ知リタル時」とは，被害者において，加害者に対する賠償請求をすることが事実上可能な状況の下に，それが可能な程度に損害及び加害者を知った時を意味し（最高裁昭和45年（オ）第628号同48年11月16日第二小法廷判決・民集27巻10号1374頁参照），同条にいう被害者が損害を知った時とは，被害者が損害の発生を現実に認識した時をいうと解するのが相当である（最高裁平成8年（オ）第2607号同14年1月29日第三小法廷判決・民集56巻1号218頁参照）。

(2)　前記の事実関係によれば，被上告人は，本件後遺障害につき，平成9年5月22日に症状固定という診断を受け，これに基づき後遺障害等級の事前認定を申請したというのであるから，被上告人は，遅くとも上記症状固定の診断を受けた時には，本件後遺障害の存在を現実に認識し，加害者に対する賠償請求をすることが事実上可能な状況の下に，それが可能な程度に損害の発生を知ったものというべきである。自算会による等級認定は，自動車損害賠償責任保険の保険金額を算定することを目的とする損害の査定にすぎず，被害者の加害者に対する損害賠償請求権の行使を何ら制約するものではないから，上記事実認定の結果が非該当であり，その後の異議申立てによって等級認定がされたという事情は，上記の結論を左右するものではない。そうすると，被上告人の本件後遺障害に基づく損害賠償請求権の消滅時効は，遅くとも平成9年5月22日から進行すると解されるから，本件訴訟提起時には，上記損害賠償請求権について3年の消滅時効期間が経過していることが明らかである。」

8　賠償額の提示等と債務承認

裁判例 17　大阪地判平成11年3月25日（交民32巻2号530頁）

事故発生日 平成5年1月21日　**症状固定日** 平成7年3月25日
訴え提起日 平成10年6月1日

「本件事故による損害の消滅時効起算点は，遅くとも原告の症状が固定した平成7年3月25日と解するのが相当である。そうすると，右から本件訴えが提起された平成10年6月1日（当裁判所に顕著である。）までには3年が経過している。

そこで，右時効期間に債務承認があったかを検討すると，被告は，平成7年6月14日，5150円を支払ったが，これは，右後遺障害診断書代であり，客観的な治療状況を把握するための調査費用の一部に過ぎず，債務承認にはならないといえる。また，被告（任意保険会社を通じて）は，支払金額の提示や支払をしていたり，調停の申立をしていたが，同時に，損害額などの争いを前提とする示談交渉も続けており，お互いの主張が合わず，示談ができなかったこと，Nが原告側に消滅時効の話をしていたのだから，Nは，消滅時効の抛棄をしないことを示していたと認められること，K代理人になってからも，原告に消滅時効の警告をしていたことが認められる。このような事情のもとでの被告の支払金額の提示や支払い及び調停申立が，すくなくとも支払いをした以外の損害について，債務承認をしたことにはならないと解するのが相当であるから，消滅時効が完成したこととなる。」

裁判例 18　東京地判平成18年4月11日（判例秘書 L06131574）

事故発生日 平成5年3月18日　**債務承認** 平成13年2月
訴え提起日 平成17年3月4日

「(2)　上記の認定事実に基づき検討すると，本件事故発生日は平成5年3月18日であり，平成11年9月2日にD病院において平成10年6月16日に症状固定との診断を受けたことから，遅くとも平成11年9月2日には，原告は損害及び加害者を知ったものというべきである。そして，G警部が，平成13年2月，原告代理人であったH弁護士に対し，合計30万5000円の賠償額を提示したことによって，いったん被告らの債務承認があり，消滅時効は中断したものというべきであるが，その後，平成17年1月6日，被告Yが本件通知書を受領するまでの間，原告及び原告代理人から被告らに対する支払請求行為等があった事実は認められない。また，被告都は，被告Yが本件通知書を受領したため，原告代理人に対し，本件回答書を送付したが，本件回答書には明確に「○○○○殿に対する債務はないものと認識しております。」との記載がある以上，被告都が，本件回答書をもって債務の承認をしたと認めることはできず，時効援用権を喪失したものともいえない。したがって，原告は，平成17年3月4日に本件訴訟を提起したものの，原告の被告らに対する損害賠償請求権については，消滅時効期間が経過し，消滅時効が完成したものといわざるを得ない。

これに対し，原告は，被告らが消滅時効を援用することは権利濫用ないし信義則違反として許されない旨主張する。しかし，債務者は，債権者が訴え提起その他の権利行使や時効中断行為に出ることを妨害して債権者において権利行使や時効中断行為に出ることを事実上困難にしたなど，債権者が期間内に権利を行使しなかったことについて債務者に責むべき事由があり，債権者に権利行使を保障した趣旨を没却するような特段の事情があるのでない限り，消滅時効を援用することができるというべきであるところ，本件においては，上記特段の事情を基礎付ける事実を認めるに足りる証拠はない。また，原告は，債務者は地方公共団体である被告都である上，債権者である原告が，法的知識に乏しく，権利実現手段を容易に行使できない一個人であり，被告らが消滅時効を援用して損害賠償義務を免れることは極めて酷な結果を招来することになるとして，被告らの消滅時効の援用は権利濫用ないし信義則違反であるとも主張するが，原告は，平成13年2月以降，弁護士を代理人として選任していた上，弁護士による法律相談も受けていたのであるから，原告の上記主張も採用することができない。

以上によれば，原告の被告らに対する損害賠償請求権については，消滅時効が完成し，被告らの消滅時効の援用が権利濫用ないし信義則違反に該当するとはいえないから，被告らの消滅時効の抗弁には理由がある。したがって，原告の被告らに対する請求は，その余の点について判断するまでもなく，いずれも理由がないといわざるを得ない。」

裁判例 19　名古屋地判平成19年4月13日（交民40巻2号545頁）

事故発生日 平成14年3月5日　**債務承認** 平成15年11月21日
訴え提起日 甲事件・平成18年5月15日，乙事件・平成18年10月6日

「(1)（消滅時効の起算点）

本件事故により原告車は損傷し，その後に本件事故により新たな損傷が生じたと認める証拠はないのであるから，原告X1は本件事故の時点で，加害者及び損害を知るに至ったものと認められるので，本件事故発生日である平成14年3月5日から消滅時効は進行するものというべきである。

(2)（交通事故紛争処理センターへの申立て）

原告X1が，平成16年3月下旬ころ，本件事故に関して交通事故紛争処理センターへ示談斡旋の申立てを行ったことは争いがないが，同申立ては，裁判上の請求には当たらず，また，同申立てはその後取り下げ扱いで終了しており（調査嘱託の結果），時効中断の効力は認められない。

(3)（債務の承認）

ア　証拠（甲イ18，甲ロ4，5）によれば，平成15年10月21日，同年11月21日の2回にわたり，被告が依頼した代理人弁護士から原告X1に対して，「ご連絡」と題する文書により，本件事故による原告車の損害額が139万7592円である旨の提示があったことが認められることから，被告による債務の承認により，平成15年11月21日に消滅時効が中断したものと認められる。

イ　ところで，被告は次のように主張して，上記文書による損害額の提示が債務の承認にあたらないとする。

当事者の主張が真っ向から対立し，損害・損害費目に大きな隔たりがあるだけでなく，過失相殺

についても対立があることからすると，修理代について一部を認めたからといって，被告が原告Ｘ１の主張する損害賠償請求権を自認したことにはならないし，原告Ｘ１としても被告が自認したと信頼することはない。

ウ　しかしながら，債務の承認といえるためには，時効によって利益を受ける者が権利者の権利の存在を認めるような行為を行えば足るのであり，上記文書には本件事故によって車両損害として修理代139万7592円が発生したことを前提として原告車の損害額が提示されているのであって，被告が原告Ｘ１の損害賠償請求権の存在を認める行為を行ったといえることから，上記文書による損害額の提示は債務の承認と認められ，上記被告の主張は採用できない。

(4)　以上から，その余の点につき判断するまでもなく，本件事故による原告Ｘ１の損害賠償請求権の消滅時効は，平成14年３月５日から進行し，平成15年11月21日に被告の債務の承認により時効が中断しているので，同日から３年後の平成18年11月20日に時効が完成することになるところ，甲事件訴訟は平成18年５月15日に，乙事件訴訟は同年10月６日に提起されているので，原告Ｘ１の損害賠償請求権及び原告Ｘ２の求償金請求権は，時効消滅していない。」

9　保険金の支払と債務承認

裁判例 20　東京地判平成18年７月26日（判例秘書 L06132973）

事故発生日 平成12年12月25日　**債務承認** 平成14年３月６日
訴え提起日 平成18年２月17日

「イ　ところで，民法724条にいう「損害及び加害者を知った時」とは，被害者において，加害者に対する賠償請求をすることが事実上可能な状況の下に，それが可能な程度に損害及び加害者を知った時を意味し（最高裁昭和45年（オ）第628号同48年11月16日第二小法廷判決・民集27巻10号1374頁参照），同条にいう被害者が損害を知った時とは，被害者が損害の発生を現実に認識した時をいうと解される（最高裁平成８年（オ）第2607号同14年１月29日第三小法廷判決・民集56巻１号218頁参照）。

ウ　前示事実関係によると，原告は，遅くとも平成13年11月16日には本件事故の加害者が被告であることを知る一方，同年７月27日には，自動車損害賠償責任保険における後遺障害認定を受けるため，症状固定日を同日とする自動車損害賠償責任保険後遺障害診断書の発行を受けているのであるから，遅くともこの時点で，本件事故に係る後遺障害の存在を現実に認識し，加害者に対する賠償請求をすることが事実上可能な状況の下に，それが可能な程度に損害の発生を知ったというべきである（最高裁平成14年（受）第1355号同16年12月24日第二小法廷判決参照。原告は，「平成15年１月28日，後遺障害等級14級に該当するとの通知を受けたところ，本件事故により被った損害について最終的な賠償請求が可能となったのは同日以降であり，消滅時効は同日から起算される。」と主張するが，採用することができない。）。

もっとも，前示のとおり，被告は，原告に対し，原告が本件事故により被った損害について，平成14年３月６日付けで示談案を提示しており，原告の本件事故に係る不法行為に基づく損害賠償請求権の消滅時効は，同日をもっていったん中断したものの，同日から新たにその進行を始めたと解される。

そして，原告の本訴提起が平成18年2月17日であることは，当裁判所に顕著であるから，本訴提起時には，原告の前記請求権について3年の消滅時効期間が経過していることとなる（前示のとおり，原告は，平成14年8月9日，本件事故による傷病について，T共済病院整形外科において診断を受け，同日，同病院から，症状固定日を同日とする自動車損害賠償責任保険後遺障害診断書を受けているところ，仮に，この時点で，本件事故に係る後遺障害の存在を現実に認識し，加害者に対する賠償請求をすることが事実上可能な状況の下に，それが可能な程度に損害の発生を知ったとしても，本訴提起時に3年の消滅時効期間が経過していることに変わりはない。）。

(2)　抗弁(2)（時効の援用）について

抗弁(2)の事実は，当裁判所に顕著である。

2　再抗弁（承認）について

原告は，再抗弁のとおり主張し，前示のとおり，被告が自動車損害賠償責任保険契約を締結しているN火災海上保険株式会社に対し，自賠法16条1項に基づき，本件事故に係る損害賠償額の支払を請求した結果，平成15年1月28日，自動車損害賠償責任保険金109万727円の支払を受けたところ，同会社が被告の代理人あるいは使者として当該保険金の支払をしたことを認めるに足りる証拠はなく，原告が，同項に基づき，同会社から保険金の支払を受けたとの一事をもって時効の中断事由としての承認があったと解することはできないというべきである。」

10　時効完成後の債務承認と信義則

裁判例 21　名古屋地判平成11年4月9日（交民32巻2号591頁）

事故発生日 平成元年4月22日　**調停不成立** 平成7年頃
債務承認 平成10年4月15日

「1　被告は，本件事故の損害賠償の交渉を保険会社及び代理人弁護士に委任して，平成7年ころ原告と調停で話し合いをしていたが，合意にいたらず，調停も不成立となっていた。

2　原告は，平成10年4月15日，突然に被告宅を訪問して，本件事故による怪我や通院状況，それまでの交渉経過について被告に話した後，「今日は金を出せるか。」，「1日潰れた。ガソリン代もかかった。」などと述べて，金員の交付を要求した。これに対して被告が貸付けの趣旨かと尋ねたところ原告がこれを否定したため，被告は「お見舞い」ということで1万円を交付する旨を申し出て，被告がこれを了承した。

3　そこで，被告は原告に1万円を交付すると共に，原告に，交通事故の損害賠償金の内金として右の1万円を交付する旨の書面（甲14）を作成して交付した。

4　この書面の作成は原告が被告に依頼したものであるが，その際原告は，このような書面を書いてもらわないと保険会社から金が出ないから困ると説明した。

5　被告自身は，1万円をお見舞いの趣旨として交付したと述べるが，そのお見舞いとは，「怪我をさせましたし，事故後，見舞いにも行っていませんから悪いと思っていたのです。」と説明する。

以上の事実に照らすと，被告は，１万円の交付につき，本件事故により被告に怪我を負わせたことを原因として自己に何らかの出捐の義務があることを認識した上で，その履行として交付する意思であったものと認めることができ，かつ，「この交付に付き，損害賠償の内金として」との文面の書面を，その内容を認識した上で作成して原告に交付しているものと認められる。

そうすると，被告は，時効完成後に債務を承認したものと認められるから，同人が本件訴訟において消滅時効を援用することは，信義則に照らし認めることができない。」

⑪　反訴請求に対する消滅時効の援用と信義則

裁判例 22　東京地判平成 18 年 3 月 14 日（交民 39 巻 2 号 326 頁）

事故発生日 平成 13 年 3 月 14 日　**催告** 平成 16 年 3 月 12 日
本訴提起日 平成 16 年 8 月 27 日　**反訴提起日** 平成 17 年 10 月 28 日

「ところで，本件事故発生日が平成 13 年 3 月 14 日であり，反訴提起日が平成 17 年 10 月 28 日であることは，本件記録上明らかであるから，時効期間が 3 年間である被告会社の原告に対する民法 709 条に基づく損害賠償請求権については，時効期間経過後に訴えが提起されたことが明らかである。しかし，原告の被告らに対する民法 709 条，同法 715 条及び自賠法 3 条に基づく損害賠償請求権については，時効期間満了直前の平成 16 年 3 月 12 日に被告らに対する催告がなされ（甲 23 の 1 及び 2，24 の 1 及び 2），本訴が上記催告後 6 か月を経過する直前の同年 8 月 27 日に提起されたものであることは本件記録上明らかである。そして，本件においては，原告が消滅時効の時効期間満了直前に上記催告を行ったことから，被告らが自己の請求権を保全する余裕がないうちに時効期間が経過してしまったのであるから，このような場合に，適宜な期間内に反訴が提起されたのに，反訴請求は時効消滅したとして本訴請求のみを認容するのは公平に反するというべきであり，原告による時効の援用は信義則上認められないといわざるを得ない。

ところで，本件においては，反訴提起が，上記催告から約 1 年 7 か月を，本訴提起から 1 年 2 か月をそれぞれ経過してからなされたところ，反訴が適宜な期間内に提起されたものとはいえないのではないかが問題となる。しかし，一般に，本訴において人的損害の請求が行われ，かつ，被害者が死亡したり，被害者が重篤な傷害を受けたなど，重大な結果が発生した場合，本訴原告の心情に配慮したり，和解による解決を視野に入れ，本訴被告が軽微な物的損害を反訴請求することに躊躇を覚えるのは，やむを得ないことである。そして，本訴被告が，このような態度をとったことをもって，権利の上に眠るものとはいえないことは明らかである上，本訴被告が上記態度をとることは，本訴原告にとっても予想可能であるといえる。また，本訴と反訴においては，証拠がほぼ共通しており，本訴が提起されている以上，証拠の散逸は考え難い上，本件記録上，本件においては，平成 17 年 7 月 1 日に裁判所の和解案が提示されたが，被告らが上記和解案には応じられないとし，和解による解決が困難であると判断された同年 8 月 30 日の弁論準備手続期日において，弁論準備手続が終結され，証拠調べのための口頭弁論期日が同年11月1日と指定されたところ，被告車の修理費用相当額の損害の支払を求める反訴が上記口頭弁論期日までの間に提起されたのであるから，反訴提起が特に遅れたということはできず，反訴が適宜の期間に提起されたものと見ることができる。そうすると，本件において，原告が被告会社の原告に対する損害賠償請求権の消滅時効を援用することは，信義則に反するといわざるを得ない。」

12　請求の拡張と消滅時効

裁判例 23　大阪地判平成20年12月24日（交民41巻6号1664頁）

事故発生日 平成14年7月24日　**症状固定日** 平成16年2月27日
訴え提起日 平成18年8月23日　**請求の拡張** 平成19年7月10日

「被告は，原告が平成19年7月10日付け訴えの変更申立書をもって，通院交通費等の各損害項目について，追加的に増額し，請求の拡張を行ったことにつき，拡張分の損害賠償請求権については，遅くとも症状固定日である平成16年2月27日から3年が経過しているとして，消滅時効の抗弁を主張している。

しかし，裁判上の請求による時効中断の効力は，1個の債権の数量的な一部についてのみ判決を求める旨明示して訴えの提起が提起されたときは，その範囲でのみ生じるが，明示がないときは時効中断の効力は債権の同一性の範囲内でその全部に及ぶことになる。したがって，損害の一部についてのみ判決を求める旨明示しない交通事故損害賠償請求の訴えの提起による損害賠償請求権の時効中断の範囲は，当初請求の通院交通費等には含まれない別口の通院交通費等を時効期間経過後に請求して賠償額を増加したときのこの増加額部分を含むものである（最高裁昭和45年7月24日判決・民集24巻7号1177頁参照）。本件において，原告は，その訴状において，一部請求であることの明示していないのであるから，本訴の提起時の消滅時効の中断の効力は，本件事故を原因とする，原告の被告に対する損害賠償請求権全体に及んでいる。

よって，被告の消滅時効の主張は理由がない。」

（参考判例）

裁判例 24　最判昭和45年7月24日（民集24巻7号1177頁，判タ253号162頁，判時607号43頁，交民3巻4号1013頁）

「一個の債権の一部についてのみ判決を求める趣旨を明らかにして訴を提起した場合，訴提起による消滅時効中断の効力は，その一部についてのみ生じ，残部には及ばないが，右趣旨が明示されていないときは，請求額を訴訟物たる債権の全部として訴求したものと解すべく，この場合には，訴の提起により，右債権の同一性の範囲内において，その全部につき時効中断の効力を生ずるものと解するのが相当である。

これを本件訴状の記載について見るに，被上告人の本訴損害賠償請求をもって，本件事故によって被った損害のうちの一部についてのみ判決を求める趣旨であることを明示したものとはなしがたいから，所論の治療費金5万0198円の支出額相当分は，当初の請求にかかる損害額算定根拠とされた治療費中には包含されておらず，昭和41年10月5日の第1審口頭弁論期日においてされた請求の拡張によってはじめて具体的に損害額算定の根拠とされたものであるとはいえ，本訴提起による時効中断の効力は，右損害部分をも含めて生じているものというべきである。

したがって，これと同旨の見解に立って，上告人らの時効の抗弁を排斥すべきものとした原審の判断は正当であって，原判決に所論の違法はなく，論旨は採用することができない。」

13　その他

(自賠責3条に基づく運行供用者に対する損害賠償請求権と自賠責保険会社に対する被害者請求権)

裁判例 25　東京地判平成21年6月24日（交民42巻3号842頁）

事故発生日 平成9年11月21日　**債務承認** 平成13年3月15日
訴え提起日 平成19年

「4　抗弁（消滅時効）について

請求原因(4)（後遺障害），同(5)（損害）を判断するに先立ち，抗弁（消滅時効）を判断することとする。

交通事故による損害賠償請求権の消滅時効は，遅くとも症状固定の診断を受けた時から進行する（最高裁判所第二小法廷平成16年12月24日判決・判例タイムズ1174号252頁)。したがって，原告の症状固定の診断日は平成11年11月6日であるから（乙8），被告が平成13年3月15日に原告に対し，「積算書」（甲10）を送付しており，この時点で債務承認による中断が生じたとしても，それから3年後の平成16年3月15日の経過により，消滅時効が完成したといえる。

そして，証拠（乙3の1・2）によれば，被告は，原告に対し，平成19年2月7日，上記消滅時効を援用するとの意思表示をしたと認められる。

したがって，被告の抗弁（消滅時効）は理由がある。

5　再抗弁（中断）について

原告は，自賠責保険会社であるBが原告の被害者請求権について時効中断を承認しており（甲18），被告が任意保険契約を締結している保険会社もBである以上，被告の原告に対する損害賠償債務についても時効中断が生じたというべきであると主張する。

しかしながら，自賠法3条に基づく運行供用者に対する損害賠償請求権と自賠責保険会社に対する被害者請求権は別個独立のものであるし（最高裁判所第三小法廷昭和39年5月12日判決・民集18巻4号583頁），また，Bと被告とは別人格であるから，自賠責保険会社であるBが原告の被害者請求権について時効中断を承認していたとしても，被告が自賠法3条に基づく損害賠償請求権を承認したことと同視することはできない。

したがって，原告の再抗弁（中断）は理由がない。」

第2　民法724条後段

（不法行為による損害賠償請求権の期間の制限）
現行民法724条　不法行為による損害賠償の請求権は，被害者又はその法定代理人が損害及び加害者を知った時から3年間行使しないときは，時効によって消滅する。不法行為の時から20年を経過したときも，同様とする。

1　除斥期間を設けた趣旨

裁判例 26　最判平成元年12月21日（民集43巻12号2209頁，判タ753号84頁，判時1379号76頁）

事故発生日 昭和24年2月14日　**訴え提起日** 昭和52年12月17日

「民法724条後段の規定は，不法行為によって発生した損害賠償請求権の除斥期間を定めたものと解するのが相当である。けだし，同条がその前段で3年の短期の時効について規定し，更に同条後段で20年の長期の時効を規定していると解することは，不法行為をめぐる法律関係の速やかな確定を意図する同条の規定の趣旨に沿わず，むしろ同条前段の3年の時効は損害及び加害者の認識という被害者側の主観的な事情によってその完成が左右されるが，同条後段の20年の期間は被害者側の認識のいかんを問わず一定の時の経過によって法律関係を確定させるため請求権の存続期間を画一的に定めたものと解するのが相当であるからである。

これを本件についてみるに，被上告人らは，本件事故発生の日である昭和24年2月14日から20年以上経過した後の昭和52年12月17日に本訴を提起して損害賠償を求めたものであるところ，被上告人らの本件請求権は，すでに本訴提起前の右20年の除斥期間が経過した時点で法律上当然に消滅したことになる。そして，このような場合には，裁判所は，除斥期間の性質にかんがみ，本件請求権が除斥期間の経過により消滅した旨の主張がなくても，右期間の経過により本件請求権が消滅したものと判断すべきであり，したがって，被上告人ら主張に係る信義則違反又は権利濫用の主張は，主張自体失当であって採用の限りではない。」

裁判例 27　東京地判平成21年1月28日（判例秘書L06430215）

事故発生日 昭和57年7月25日　**症状固定日** 平成13年5月21日
訴え提起日 平成20年

「3　抗弁

(1)　除斥期間

民法724条後段の20年の除斥期間は，被害者側の認識という主観的事情にかかわりなく，一定の時の経過によって法律関係を確定させるため請求権の存続期間を画一的に定めたもの，すなわち除斥期間と解すべきである。

したがって，本件事故日である昭和57年7月25日から20年を経過した平成14年7月25日に原告の請求権は除斥期間により消滅している。

なお，示談の成立は除斥期間の成否に影響を及ぼすものではない。

(2)　消滅時効

原告の症状は遅くとも平成13年5月21日には固定していた。後遺障害診断書（甲8）の症状固定日は平成19年1月19日となっているが，平成13年以降継続して治療を受けていた事実は認められないから，症状固定日は平成13年5月21日とすべきである。

交通事故による後遺障害に基づく損害賠償請求権の消滅時効は，遅くとも症状固定の診断を受けた時から進行するものであり，原告の請求権は平成13年5月21日から3年経過した平成16年5月21日に時効により消滅した。

被告らは，平成20年10月27日の第2回弁論準備手続において，上記消滅時効を援用するとの意思表示をした。

〔途中略〕

(2)　以上によれば，原告には左下肢短縮の後遺障害があると認められる。症状固定日については，原告がC病院で平成12年2月3日と平成13年5月21日に3センチメートルの左下腿長短縮との診断を受け，その間，下肢短縮が進行した形跡はないこと，C病院で平成13年5月21日に症状固定の診断を受けてから5年以上も通院していなかったこと，K大学病院での測定差は誤差の範囲内といえることなどから，症状固定日は平成13年5月21日であるといえる。

3　ここで，請求原因(5)の検討に先立ち，抗弁(1)について検討する。

本件事故日から20年経過したのは平成14年7月25日であり，その時点では既に症状が固定しており，原告は24歳であったのであるから，除斥期間経過前に本件訴訟を提起することは十分可能であったというべきである。

したがって，除斥期間の経過により原告の被告らに対する請求権は消滅したというべきである。この点，原告は，本件請求は示談による合意に基づくものであるというが，請求原因(2)のとおり，本件請求は民法709条又は自賠法3条に基づくものであるし，上記示談には後に後遺障害が発生した場合には別途協議するとしか定められていないのであるから，原告の主張は採用できない。」

2　除斥期間の起算点

裁判例 28　最判平成16年4月27日（民集58巻4号1032頁，判タ1152号120頁，判時1860号34頁）

「民法724条後段所定の除斥期間の起算点は，「不法行為ノ時」と規定されており，加害行為が行われた時に損害が発生する不法行為の場合には，加害行為の時がその起算点となると考えられる。しかし，身体に蓄積した場合に人の健康を害することとなる物質による損害や，一定の潜伏期間が経過した後に症状が現れる損害のように，当該不法行為により発生する損害の性質上，加害行為が終了してから相当の期間が経過した後に損害が発生する場合には，当該損害の全部又は一部が発生した時が除斥期間の起算点となると解すべきである。なぜなら，このような場合に損害の発生を待たずに除斥期間の進行を認めることは，被害者にとって著しく酷であるし，また，加害者としても，自己の行為により生じ得る損害の性質からみて，相当の期間が経過した後に被害者が現れて，損害賠償の請求を受けることを予期すべきであると考えられるからである。

これを本件についてみるに，前記のとおり，じん肺は，肺胞内に取り込まれた粉じんが，長期間にわたり線維増殖性変化を進行させ，じん肺結節等の病変を生じさせるものであって，粉じんへの暴露が終わった後，相当長期間経過後に発症することも少なくないのであるから，じん肺被害を理由とする損害賠償請求権については，その損害発生の時が除斥期間の起算点となるというべきである。これと同旨の原審の判断は，正当として是認することができる。論旨は採用することができない。」

裁判例 29　東京地判平成23年11月28日（交民44巻6号1464頁）

事故発生日 昭和60年10月23日　**訴え提起日** 平成23年

「2　原告は，本件事故においては，原告の下肢の成長が止まるまで，下肢短縮の後遺障害等級認定ができないという特殊事情があったため，本件事故から症状固定までに長期間が経過しており，加害行為が終了してから損害としての後遺障害が発生するまでに長期間が経過しているから，除斥期間の起算点は，症状固定日である平成12年5月2日又は後遺障害等級認定の日である平成13年2月26日になると主張する。

民法724条後段所定の除斥期間の起算点は，「不法行為の時」と規定されており，加害行為が行われた時に損害が発生する不法行為の場合には，加害行為の時がその起算点となると考えられる。しかし，身体に蓄積した場合に人の健康を害することとなる物質による損害や，一定の潜伏期間が経過した後に症状が現れる損害のように，当該不法行為により発生する損害の性質上，加害行為が終了してから相当の期間が経過した後に損害が発生する場合には，当該損害の全部又は一部が発生した時が除斥期間の起算点となる（最高裁平成16年4月27日第三小法廷判決・民集58巻4号1032頁等）。

これを本件についてみると，原告の症状固定日が本件事故から約14年6か月後の平成12年5月2日となったのは，原告が成人に達した後に下肢長を測定して下肢の短縮障害の程度を判断する必要があったために過ぎない。原告の下肢の短縮障害は，骨盤骨折によって骨盤が変形したために生じたもので，跛行を伴っていたこと，T病院の医師が昭和61年4月5日に症状が固定した後遺障害として骨盤変形による跛行を指摘していることに照らし，下肢の短縮障害は遅くとも同日には顕在化していたと推認される。これらの点からすると，原告の下肢の短縮障害による損害は，その性質上，交通事故から相当期間経過した後に現れるものとは認められない。

以上によれば，原告の本件事故で受傷したことによる損害は，損害の性質上，加害行為が終了してから相当の期間が経過した後に損害が発生した場合には該当せず，本件事故は，加害行為が行われたときに損害発生する不法行為であると認められる。したがって，原告の損害賠償請求権の除斥期間は，加害行為である本件事故当日の昭和60年10月23日が起算点になるというべきである。原告の上記主張は採用することができない。

3　原告は，平成3年10月24日に原告の損害賠償請求権を承認したのに除斥期間の経過を主張する被告の対応は信義に悖るもので正義・公平に反するから，原告の損害賠償請求権の除斥期間は，民法147条3号の準用により，中断したと主張する。

しかし，本件保険会社の担当者が平成3年10月24日にK弁護士に対し示談案を提示したことは原告の損害賠償請求権の承認に当たるというべきであるが，除斥期間には中断がないと解されるから，本件に時効の中断事由を規定する民法147条3号が準用又は類推適用されることはない。

実質的にみても，平成17年10月23日に本件事故から20年が経過するところ，平成12年5月2日に症状固定に達したと診断されていたこと，原告が弁護士を代理人として選任していたこと，症状固定後の示談交渉が長期間進展しなかったのは，原告らが上記示談案の諾否について結論を出さなかったためであることに照らし，原告は，除斥期間の経過前，遅くとも上記症状固定日には，被告に対する損害賠償請求権を行使できたはずであり，被告が20年の経過により損害賠償義務を免れることになったとしても，著しく正義・公平の理念に反するとは認められない。

したがって，原告の損害賠償請求権の除斥期間の効果が，上記承認により制限されることはないというべきであり，原告の上記主張は採用することができない。

そうすると，本件事故の日から20年が経過したことにより，原告の被告に対する民法715条1項又は自動車損害賠償保障法3条に基づく損害賠償請求権は消滅したものと認められる。」

3　除斥期間と消滅時効期間

現行民法724条は，「不法行為による損害賠償の請求権は，被害者又はその法定代理人が損害及び加害者を知った時から3年間行使しないときは，時効によって消滅する。不法行為の時から20年を経過したときも，同様とする。」と規定しているが，下線部分の「20年」の期間は，判例によれば，前述ように「除斥期間」と解されてきた（最判平成元年12月21日民集43巻12号2209頁，23頁参照）。

そもそも，除斥期間は，裁判所が職権で判断できるとされ，時効のように中断や停止がないとされている。そして，「20年」の期間を除斥期間と解する理由は，その判決の中で，「けだし，同条がその前段で3年の短期の時効について規定し，更に同条後段で20年の長期の時効を規定していると解することは，不法行為をめぐる法律関係の速やかな確定を意図する同条の規定の趣旨に沿わず，むしろ同条前段の3年の時効は損害及び加害者の認識という被害者側の主観的な事情によってその完成が左右されるが，同条後段の20年の期間は被害者側の認識のいかんを問わず一定の時の経過によって法律関係を確定させるため請求権の存続期間を画一的に定めたものと解するのが相当であるからである。」としている。

しかし，除斥期間とすると，不都合な事例が生じてきた。

最判平成10年6月12日民集52巻4号1087頁（予防接種法に基づく痘そうの集団接種事件における多数意見と河合裁判官の意見）の中で，

「1　民法724条後段の規定は，不法行為による損害賠償請求権の除斥期間を定めたものであり，不法行為による損害賠償を求める訴えが除斥期間の経過後に提起された場合には，裁判所は，当事者からの主張がなくても，除斥期間の経過により右請求権が消滅したものと判断すべきであるから，除斥期間の主張が信義則違反又は権利濫用であるという主張は，主張自体失当であると解すべきである（最高裁昭和59年（オ）第1477号平成元年12月21日第1小法廷判決・民集43巻12号2209頁参照)。

2　ところで，民法158条は，時効の期間満了前6箇月内において，未成年者又は禁治産者が法定代理人を有しなかったときは，その者が能力者となり又は法定代理人が就職した時から6箇月内は時効は完成しない旨を規定しているところ，その趣旨は，無能力者は法定代理人を有しない場合には時効中断の措置を執ることができないのであるから，無能力者が法定代理人を有しないにもかかわらず時効の完成を認めるのは無能力者に酷であるとして，これを保護するところにあると解される。

これに対し，民法724条後段の規定の趣旨は，前記のとおりであるから，右規定を字義どおりに解すれば，不法行為の被害者が不法行為の時から20年を経過する前6箇月内において心神喪失の常況にあるのに後見人を有しない場合には，右20年が経過する前に右不法行為による損害賠償請求権を行使することができないまま，右請求権が消滅することとなる。

しかし，これによれば，その心神喪失の常況が当該不法行為に起因する場合であっても，被害者は，およそ権利行使が不可能であるのに，単に20年が経過したということのみをもって一切の権利行使が許されないこととなる反面，心神喪失の原因を与えた加害者は，20年の経過によって損害賠償義務を免れる結果となり，著しく正義・公平の理念に反するものといわざるを得ない。そうすると，少なくとも右のような場合にあっては，当該被害者を保護する必要があることは，前記時効の場合と同様であり，その限度で民法724条後段の効果を制限することは条理にもかなうというべきである。

したがって，不法行為の被害者が不法行為の時から20年を経過する前6箇月内において右不法行為を原因として心神喪失の常況にあるのに法定代理人を有しなかった場合において，その後当該被害者が禁治産宣告を受け，後見人に就職した者がその時から6箇月内に右損害賠償請求権を行使したなど特段の事情があるときは，民法158条の法意に照らし，同法724条後段の効果は生じないものと解するのが相当である。

〔略〕

裁判官河合伸一の意見及び反対意見は，次のとおりである。

多数意見は，民法724条後段の規定は除斥期間を定めたものであり，裁判所は当事者の主張がなくても期間の経過による権利の消滅を判断すべきであるから，除斥期間の主張が信義則違反又は権利濫用であるという主張はそれ自体失当であると判示している。私は，これに賛成することができない。その理由は，次のとおりである。

一　不法行為制度の究極の目的は損害の公平な分担を図ることにあり，公平が同制度の根本理念である〔略〕。この理念は，損害の分担の当否とその内容すなわち損害賠償請求権の成否とその数額を決する段階においてのみならず，分担の実現すなわち同請求権の実行の段階に至るまで，貫徹されなければならない。

これを民法724条（以下「本条」という。）後段の規定についていうと，不法行為に基づく損害賠償請求権の権利者が右規定の定める期間内に権利を行使しなかったが，その権利の不行使について義務者の側に責むべき事由があり，当該不法行為の内容や結果，双方の社会的・経済的地位や能力，その他当該事案における諸般の事実関係を併せ考慮すると，右期間経過を理由に損害賠償請求権を消滅せしめることが，前記公平の理念に反すると認めるべき特段の事情があると判断される場合には，なお同請求権の行使を許すべきである。

けだし，右のような特段の事情（以下「前記特段の事情」という。）がある場合にまで，それを顧慮することなく，単に期間経過の一事をもって損害の分担の実現を遮断することは，その限りにおいて，前記不法行為制度の究極の目的を放棄することになるからである。そして，この理は，国家賠償法に基づく損害賠償請求についても，そのまま適用されるべきものである（同法4条）。

〔略〕

三　そもそも，ここでの問題の核心は，不法行為に基づく損害賠償請求権の権利者が本条後段の期間内にこれを行使しなかった場合に，(イ)　当該事案における具体的事情を審理判断し，その内容によっては例外的に右期間経過後の権利行使を許すこととするのか，それとも，(ロ)　そのような審理判断をすることなく，常に期間経過の一事をもって画一的に権利行使を許さないこととするかである。そして右のいずれの立場を採るにしても，その理由が示されなければならない。しかるに，平成元年判決の判示するところは，除斥期間の概念を中間的に用いてはいるけれども，結局，(ロ)と解するのが相当であるからそう解するというに尽きるのであって，問題の核心について十分な理由を示しているとはいえないと思われる。

以上のとおり，平成元年判決は，不法行為に基づく損害賠償請求権の権利者が，本条後段の規定の定める期間内に訴えを提起しなかったときは，そのしなかったことに関する事情のいかんを問わず，同請求権は期間の経過によって当然に消滅するから，これに反する主張はそれ自体失当として排斥すべきものとしているのであるが，少なくとも前記特段の事情のある場合については，そのように解することは不法行為制度の目的ないし理念に反するものであり，また，そのように解する十分な理由も示されていないといわざるを得ない。したがって私は，平成元年判決は，少なくとも右の限度で変更されるべきものと考えるのである。

四　ところで，前項で述べた(イ)(ロ)いずれの立場を採るかは，学説上，本条後段の規定による期間制限を時効と解するか，又は除斥期間と解するかの問題として，論じられている。

そして，かつては右規定をもって除斥期間を定めたものと解する学説が通説であるとされていた。しかし，実は，それらの学説は，本件のような事案とそこに含まれる前記の問題を視野に入れて検討した上で提唱されたものではなかった。

平成元年判決以後，この判決が契機となって前記問題が鮮明に意識されるようになり，多くの学説が発表されたが，そのほとんどは右規定をもって消滅時効を定めたものと解している。私は，これら近時の時効説の説くところは概ね首肯できると考えるし，また，その説を採れば，義務者の時効援用権の行使を信義則あるいは権利濫用の法理によって制限するという既に確立した調整手法を用いることによって，私の正当と考える結論を容易に導くことができる。」

（参考判例）　最判平成21年4月28日民集63巻4号853頁（殺人事件の加害者に対する不法行為に基づく損害賠償請求権事件）

そこで，改正民法724条後段の「20年」については，「除斥期間」ではなく，「消滅時効期間」であることを明確にした。

第２編

代車料，休車損及び評価損

第１　代車料

(1)　代車料を認めなかった事例

裁判例 30　東京地判平成６年６月21日（交民27巻３号797頁）

「原告は，無職でボランティア活動に従事していること，被害車両を同活動のために使用することはなく，専ら私用に用いていること，原告は，本件事故後，被害車両と同車種のベンツ300Ｅを平成４年３月５日から同年５月17日まで73日間借り受け，その代車料は，１日当たり２万4700円に消費税を加えた額である185万7193円となることが認められる。原告は，美術品の取引や，入院中の原告の父親の見舞い等のため昼となく夜となく病院に行くため代車が必要であったと主張するが，これを認めるに足りる的確な証拠はない。

そうすると，原告は，被害車両を営業やボランティア活動等に用いていたものではなく，日常生活に使用していたとしても，車両使用が不可欠であるということができず，代車使用の必要性を認めるのが困難である。原告は，加害車両の保険会社の担当者が代車使用を容認したと主張するが，仮に右事実があったとしても，そのことにより代車使用の必要性が肯認されるものではなく，右代車料185万7193円支出による損害は，本件事故と相当因果関係はないというべきである。」

裁判例 31　東京地判平成10年３月24日（交民31巻２号416頁）

「Ａは，本件事故前，自宅と勤務先との通勤や荷物の運搬等にＡ車両を使用していたものであるが，本件事故によりＡ車両が損傷したため，平成８年12月16日訴外株式会社ＷにＡ車両の修理を依頼し，修理の完了した平成９年１月15日までＡ車両を使用できなかったが，その間，通勤には電車や自転車を使用したほか，荷物等を持ち帰らないですむよう残業や休日出勤をすることによって対処し，レンタカー等の代車を借りて使用することはしなかった。

右によれば，Ａに代車使用の必要性があったとするには，疑問があり（なお，Ａ自身の代車使用の必要性が保険会社の担当者の言辞によって左右されるものではない上，代車使用の必要性はＡとＢの過失割合とも直接関連しないから，担当者の説明如何が代車使用の必要性に影響するものとはいいがたい。)，他にAの代車使用の必要性を認めるに足りる的確な証拠はない。そうすると，代車料相当の損害は認められないというほかない（なお，甲6が1日分の代車相当の損害を認めるに足りる証拠になるともいえない。)。」

裁判例 32　神戸地判平成10年8月14日（交民31巻4号1201頁）

「原告車両は，本件事故前には，原告の通勤用に使われていたわけではなく，原告が休日に使用し，また，原告の妻が稽古事やボランティア活動に行くために日常的に使用していたことが認められる。

ところで，代車料は，事故により車両が使用不能になった場合に，代替車両を使用する必要があり，かつ，現実に使用したときに，相当性の範囲内で認められるべきものである。

そして，右認定事実によると，原告車両の修理期間中，代替車両を使用する必要があったとまではいまだ認められず，かつ，代替車両を現実に使用したことを認めるに足りる証拠はない。なお，原告本人尋問の中には，原告車両の修理期間中，タクシーを使用しており，これに1日平均金6000円程度の費用を要したとの部分があるが，その内容自体直ちに信用することができず，しかも，仮にこれが事実であるとしても，右認定の原告車両の本件事故前の使用状況に照らすと，1日平均金6000円のタクシーの使用が相当性の範囲内であるとは到底解されない。

したがって，原告の主張する代車料を認めることはできない。」

裁判例 33　東京地判平成23年5月10日（判例秘書L06630184）

「ア　原告は，個人事業主として，住宅や事業用建物をリフォームすることなどを業とする会社から業務委託を受けて，富裕層の顧客から同社に対する住宅等のリフォームの注文を取り付けることにより，手数料を報酬として受け取る仲介業務を行っている。

原告は，その営業活動のために自動車を用いているところ，顧客の送迎等に使用することもあるため，高級車を使用することが望ましいと考え，原告車を営業用に使用していた。

イ　原告は，本件事故当時，原告車のほかに2台の車両（ポルシェ，トヨタ・プリウス）を所有していた。原告は，ポルシェはスポーツカータイプの2人乗りであり，原告の営業用には向かないと考えていた。また，トヨタ・プリウスは高級車ではない上，原告の妻が仕事等に使用していた。

原告は，本件事故後，友人や業務委託を受けている会社から車両を借りて営業活動に使用していたが，これらの車両は顧客の送迎等をも行うものとしてはふさわしくないと考えるとともに，原告の妻のために車両を購入しようと考えていたこともあったことから，ベンツを購入した。原告は，同ベンツを週に2ないし5回ほど業務に使用している。

ウ　原告は，本件事故後に原告車を修理しておらず，代車料を支払ったことはない。

(2)　上記(1)の認定事実からすると，原告は原告車を営業活動のために使用していたことが認められるものの，原告は原告車の他にも車両を複数台所有し，現にそのうちの1台（ベンツ）を営業活動のために使用しており，現時点では代車料の負担のある代車を使用していないこと，同車両は原告の妻のために購入したと述べるものの，原告の妻の仕事等のために用いることができる他の車両（トヨタ・プリウス）も存在し，原告が上記車両（ベンツ）を営業活動のために使用することによる特段の支障は認められないことからすれば，原告において，代車の必要性は認められず，代車料を負担する蓋然性も認められないというべきである。

したがって，代車料については本件事故による損害として認められない。」

裁判例 34　東京地判平成23年7月26日（判例秘書L06630288）

「証拠（原告A本人）によれば，原告AはA車の修理をしておらず，現実に代車を借りていないことが認められ，代車費用を損害として認めることはできない。」

裁判例 35　東京地判平成18年4月18日（判例秘書L06131640）

「原告は，医療機器販売会社を経営し，原告車を勤務に使用するほか，営業上ほぼ連日開業医を中心に接待のために使用していたことから，原告車の代車が必要であったと主張する。しかし，原告が医師の接待をするのは，1か月に2回くらいであり，その月によって異なる（原告）ところ，原告の主張する代車期間内に医師の接待のために代車を必要としたことの証明はなく，営業上どのように使用していたかに関する具体的な事実の立証もない。また，原告は，家族の旅行等のプライベートにも代車を使用する必要があると主張するが，原告の妻がノアという名称の車両を所有していること（丙2）などからすれば，家族の旅行等に代車を使用する必要性があったとは認め難い。

ところで，原告は，参加人が当初は代車使用の必要性を認めて代車を出すことを了解しており，参加人の主張は禁反言違反であると主張する。しかし，一般に，保険会社は，当初は，代車使用の必要性等が明確ではないことから，内払の形で，一応代車使用の必要性を認めて代車料の支払等に応じるものの，その後，裁判等において，代車使用の必要性を争い，代車使用の必要性が否定された場合には，既に代車料として支払った金額について，別損害への塡補を主張することは少なくない。そして，保険会社が，通常，代車使用の必要性の有無にかかわらず，代車料の支払又は代車の提供を認め，後に代車使用の必要性が否定された場合であっても，これを一切争わないとする趣旨の合意をするとは考え難い。したがって，そのような趣旨の合意の存在が認められない以上，当初は代車使用の必要性を認めていた保険会社が代車使用の必要性を争う主張をすることは禁反言に反し許されないと解することはできない。そして，本件においては，上記趣旨の合意の存在は認められないから，原告の上記主張は採用できない。」

裁判例 36　東京地判平成18年8月9日（判例秘書L06133164）

「原告は，原告車両を買い物や夫の送り迎えのため毎日使用していた（原告本人）ものであるから，代車の必要性自体は認められるというべきところ，原告が本件事故後，原告車両に代わる新たな車両を購入し，登録したのは平成17年2月10日であることが認められるが（甲8の1ないし4，甲9），本件事故から新たな車両を購入するまでの期間中，原告が代車を使用したことを認めるに足りる証拠はない。

もっとも，上記期間中，原告車両に代わり，公共交通機関を使用したことにより要した費用があれば，それを損害として認める余地がないわけではないが，かかる費用として，夫が通勤のため片道170円のバスを利用したことはうかがわれるものの（原告本人），具体的な利用回数は明らかではなく，その費用が原告車両を使用しないことにより支出を免れた費用を上回るか否かも明らかではないことなどから，具体的損害として認めることはできない。

なお，原告は，原告車両が使用できないことに伴う生活上の不便さを主張するが，仮に，原告においてかかる不便さを受けたことがあったとしても，具体的な損害額として算定することは本件証拠上困難であるから，原告の主張は採用できない。」

裁判例 37　大阪地判平成19年12月20日（交民40巻6号1694頁，損害保険研究71巻2号267頁）

「原告らは，日額1万円の割合による180日相当の代車料を請求するのであるが，証拠（甲21，原告X1本人）及び弁論の全趣旨によれば，原告X1において，本件当時，本件自動車の外4台以上の自家用自動車を所有しており，通勤等の日常の用には国産車を利用していたというのであって，現に修理工場等から代車を借り受けていた事実を窺うべき証拠に乏しく，損害計上すべき根拠を欠く。」

裁判例 38　東京地判平成21年10月20日（判例秘書L06430510）

「原告は，原告車を趣味のレースに使用していたところ，本件事故のためにレースに使用できなかった分を代車費用として請求している。

ところで，代車費用は，被害者が現実に被害車両を使用できないことによる抽象的損害ではなく，実質的な損害を填補するものであると考えられるところ，原告において，現実に代車を使用して何らかの支出をした形跡はなく，また，原告車の使用が趣味のサーキットでの走行のためであって，事業や通勤等に使用していたものではないから，代車の必要性自体が希薄であること，原告には，通常使用できる車両が他にもあったこと，原告は代車としての提供は認めないものの，修理期間中の相当日数はA有限会社から車両の提供を受け，これを使用した（特にポルシェ）ことなどからすると，原告車自体の使用ができなかったことが認められるとしても，損害賠償としての代車費用を認めることはできない。」

裁判例 39　東京地判平成22年7月14日（判例秘書L06530299）

「被告本人尋問の結果によれば，被告は，被告四輪を修理に出している間，友人からキャンピングカーを無償で借り，週末を自宅で過ごすため，単身赴任先である宇都宮市から自宅のある石岡市までの移動に使ったこと，友人からは対価の支払を求められてはいないことが認められる。

被告は，お礼をするつもりであるが，本件の解決に時間がかかるため待ってもらっている旨供述するが，便宜を図ってもらったお礼であれば，時を置かずに行うのが自然であって，本件の解決まで待ってもらうというのは理解し難い。無償ないし少額の謝礼で済んだと推認されるが，その主張，立証はない。」

裁判例 40　東京地判平成 24 年 5 月 18 日（判例秘書 L06730230）

「原告は，平成 22 年 3 月 15 日から同年 5 月 13 日まで，1 日当たり 4 万円で，代車としてメルセデス・ベンツSクラスを借りたと主張する。

証拠（甲 9，原告代表者A本人）及び弁論の全趣旨によれば，①原告は，土木建設業を営んでいること，②原告は，本件事故当時，原告車のほかに，トラック 5 台，ワゴン車 2 台，2 ドアのオープンカー 1 台及び四輪駆動車 1 台を有していたこと，③原告は，営業目的で，取引先のゼネコンの部長や役員クラスを現場に案内したり，食事やゴルフに一緒に行く際に，高級車である原告車を不定期に使用していたことが認められる。

しかしながら，Aは，原告の主張する代車使用期間中，代車を上記用途に使用したことはそれほどなかったように記憶していると供述している（原告代表者A本人）。そもそも原告車の修理に要する期間は 18 日程度であるところ（甲 4），その間に原告車を上記用途に使用する必要が現実にどれほどあったかも不明であり，Aの供述する程度の頻度にすぎないとすれば，修理期間中の一時的な使用にすぎないのであるから，営業上は高級車を使用する必要があることを考慮しても，原告が所有する他の車両を上記用途に充てれば十分足りたはずであり，代車使用の必要性は認め難い。

したがって，その余の点について検討するまでもなく，原告主張の代車費用は，本件事故と相当因果関係のある損害とは認められない。」

(2)　代車料を認めた事例

(1か月未満とした事例)

裁判例 41　東京地判平成 19 年 2 月 8 日（判例秘書 L06230603）

「控訴人は，本件事故に伴う損傷の修理を依頼し，参加人の担当者に連絡したが，一向に連絡がないため修理することができず，そのために修理することもできないまま控訴人車を保管しておかなければならなかったことから，その間，営業のために代車を使用せざるを得なかったとして，本件事故日の翌日である平成 17 年 7 月 13 日から同年 9 月 12 日までの代車使用料及び保管料を請求するので以下検討する。

代車費用については，代車使用の必要性があることに加え，現実に代車を使用したか代車使用の蓋然性がある場合に損害と認められるところ，〔証拠略〕の控訴人車の損傷状況及び修理内容からすれば，本件事故による損傷について，修理の必要性は否定できず，修理期間中の代車使用の必要性が認められる。また，証拠（甲 2，丙 3）によれば，控訴人は，控訴人車の代車としてエスティマを使用していたことが認められる。

しかし，証拠（乙 2，丙 3，4）及び弁論の全趣旨によれば，控訴人車には，本件事故前から擦過痕や凹損などの損傷が存在していたが，板金や塗装による修理を行うことなく使用されていたこと，本件事故後に，控訴人車の左サイドミラーを車検のための点検作業の一貫として取り替えてはいるものの，それ以外には特段の修理もしないまま，現在においても使用されていることが認められ，これらの事情に，〔証拠略〕の控訴人車の損傷状況及び修理内容を併せて考えると，代車の必要期間については，本件事故による損傷の修理に必要な修理期間と認められる4日間とするのが相当である。そして，控訴人は修理業者からの代車借入れを前提としているところ（甲2），株式会社Aレンタリース東京の代車料金表（乙4の1）記載の，控訴人車と同車種の1日（24時間）の代車料金を参考とし，日額6000円をもって相当な代車費用と認める。

よって，代車費用として2万4000円を本件事故と相当因果関係のある損害と認めるが，それ以外の控訴人主張の代車費用については，本件事故と相当因果関係のある損害と認めることはできない。

この点，控訴人は，本件事故後に参加人の担当者に対して代車を使用することを通知し，その後，参加人から連絡がなかったため，控訴人車の保管を依頼し，かつ，代車を使用しなければならなかった旨主張するが，上記認定のとおり，参加人の回答がない間であっても控訴人車を使用することができたなどの事情に照らせば，上記主張は採用できない。」

裁判例 42　東京地判平成23年2月8日（判例秘書L06630034）

「前記のとおり，本件事故によりオーディオ機器を修理する必要が生じているが，証拠（甲29，55ないし57，59，原告本人）及び弁論の全趣旨によれば，①オーディオ機器を修理するためには走行に必要な部品も取り外す必要があり，オーディオ機器の修理中に原告車を使用することができなかったこと，②原告は，修理期間中の平成17年4月1日から8日まで代車を使用し，代車料として4万9350円を負担したことが認められるから，原告の負担した代車料4万9350円は，オーディオ機器の修理に伴うやむを得ない支出であり，使用期間に不合理なところはないから，本件事故と相当因果関係のある損害ということができる。」

裁判例 43　神戸地判平成5年11月24日（交民26巻6号1447頁）

「証拠（甲3号証，原告本人の供述）によると，原告は，本件事故の翌日ころから原告車の修理が終了するまでの間の約1か月の期間にわたって，前記Nからレンタカーを借り，これを原告車の代わりに通勤車として使用したこと，そして，原告は，同社に対し，右代車使用料として1日金7000円の割合により合計金12万円を支払ったことが認められる。

ところで，原告は，右金員全額を代車使用料として請求するけれども，原告車の修理に実際に要した日数は，前記11月22日頃から同月末までの10日間程度であることは前記1で認定したところから明らかであり，また，原告本人の供述によれば，原告が同社に対し原告車を修理に出すのが遅れたのは，修理をめぐって保険会社と交渉していたためであることが認められ，これらの事実と前記認定にかかる修理内容等を勘案すると，右1か月に及ぶ全期間を原告車の修理に通常要する期間であるとまではにわかに考え難く，本件事故と相当因果関係があると認めるべき代車使用期間は2週間とするのが相当である。

それゆえ，1日金7000円の割合によって右2週間分の代車使用料を算定すると，金9万8000円となる。
したがって，原告の代車使用料の請求は，右の限度でのみ理由がある。」

裁判例 44　東京地判平成24年6月27日（判例秘書L06730281）

「(1)　証拠〔略〕によれば，反訴原告は，経営しているマッサージ店の顧客の送迎などのために，反訴原告車と同程度の大きさの車両を必要としていたことが認められ，代車の必要性は認められる。そして，証拠〔略〕によれば，反訴原告は，平成22年10月1日，修理の目的で反訴原告車をBに入庫し，同日から同年12月5日までの間，Bから，反訴原告車と同一車種（ホンダ・オデッセイ）の車両を日額1万5000円で借り受けたことが認められる。株式会社ホンダレンタリース札幌のホンダ・オデッセイの借受けから2日目以降のレンタカー料金は1万4700円から1万9950円であること（乙4）に照らし，反訴原告が借り受けた車両の代車料の日額1万5000円も代車料として相当であると認められる。
〔途中略〕
以上によれば，本件事故における代車の使用期間が長期化した責任は，専ら反訴原告にあるというべきである。反訴原告は，訴外保険会社の反訴被告側の担当者には代車の使用期間を削減するための要請をすべき義務があり，代車使用が長期化した責任は訴外保険会社にもあるなどと主張するが，反訴原告が，上記のとおり，本件事故によって生じたものではない損傷についても修理を求めるという不当な要求をしていたことに照らし，反訴原告の上記主張は採用することができない。
ウ　そうすると，本件における代車使用の相当期間は，本件事故によって反訴原告車に生じた左側面後部の損傷の修理自体に要する期間のほか，本件事故による損傷の範囲の確定，修理費の見積りに要する交渉期間に限られるというべきである。
そして，反訴原告車の修理を行ったBの代表者は，修理の範囲を反訴原告車の左側面後部に限定したとしても，修理自体に要する期間として最低10日間は必要であると陳述していること（乙9），E損害調査株式会社に所属するFの意見書（甲8）は，反訴原告車の左側面後部の修理に要する日数は，元請工場から外注先までの移動ロスや納車時の日程調整にかかるロスなどを踏まえて6日間から10日間程度であるとしていることを総合すると，反訴原告車の修理自体に要する期間は10日間程度と認めるのが相当である。そして，訴外保険会社の担当者は，平成22年10月3日には，本件事故による反訴原告車の損傷の範囲について，左側面後部に限られると伝えており，反訴原告が，反訴原告車の左側面前部の損傷が本件事故によって生じたものではないことを認識していたことに照らし，同日以降に損傷の範囲の具体的な確定と修理費の見積りに要する期間を3日間と認めるのが相当である。そうすると，本件における代車使用の相当期間は，同年10月1日から同月16日までの16日間となる。
(3)　以上によれば，本件事故と相当因果関係のある代車料（消費税を含む。）は，下記の計算式のとおり，25万2000円である。
（計算式）
1万5000円×16日×1.05＝25万2000円
」

裁判例 45　大阪地判平成21年10月7日（交民42巻5号1298頁，自保ジャーナル1834号141頁）

「被控訴人車は，本件事故により損傷し，被控訴人は，本件事故当日である平成19年7月10日には，牽引業者等から被控訴人車が全損状態である旨聞かされ，修理ができればよいと考えつつも買換えも検討するようになったこと，遅くとも同月18日までには，損害調査会社から，全損との評価を伝えられたこと，また，被控訴人は，買換えを決めて発注してからせいぜい10日後には代替車両の納車を受けたこと，被控訴人は，本件事故後，株式会社Bから，日額3500円（消費税を含まない。）で73日間代車を借り受けたことなどが認められる。

これらを総合考慮すれば，被控訴人車の代車料は，日額を3500円として，被控訴人が代車を使用したとされる73日間のうち，少なくとも20日間分については，代替車両取得のための必要期間として，本件事故と相当因果関係がある損害ということができるが，これを超える期間については，直ちに損害として認めることはできず，他にこれを認めるに足りる証拠はない。

したがって，被控訴人車の代車費用は，日額を3500円，期間を20日として，消費税相当額を加算した7万3500円につき，本件事故による損害として相当と認める。

（計算式）3500円×20日×1.05＝7万3500円　」

裁判例 46　東京地判平成20年11月17日（判例秘書L06332653）

「原告は，修理工場である株式会社Bから代車としてVOLKSWAGEN EUROVANを平成19年2月23日から同年4月26日まで借り受け，198万4500円（代車費用189万円，消費税9万4500円）を請求されていることが認められる。

しかしながら，代車費用が本件事故と相当因果関係のある損害と認められるためには，必要かつ相当なものあることを要するところ，証拠〔略〕によれば，原告車をAの通勤及び絵画の運搬に使用していたことが認められるから，代車の必要性は肯定できるが，上記代車車両がワゴン車であるBMW525iツーリングの代車として相当かどうかは疑問があり，代車料としては国産高級車のワゴンタイプ車相当の代車料としてせいぜい日額2万円程度が相当であると認められる上，代車を相当とする期間としても，証拠〔略〕及び弁論の全趣旨によれば，被告の協力が得られず，被告の付保する損害保険会社の損害調査が行われなかったことが認められるものの，証拠（甲3）によれば，平成19年3月2日には，原告の付保する任意損害保険会社であるC保険会社の損害調査会社による立会車両確認が行われており，その損傷状況の保全は図られたと認められる上，修理費用も多額には及ばないことが明らかであったと認められるから，同立会車両確認から数日内には修理に着手するのが相当であり，証拠（乙3）によれば，修理に要する期間は10日間であると認められるから，代車を相当とする期間は，平成19年2月23日から同年3月15日までの21日間と認めるのが相当である。

よって，本件事故と相当因果関係のある代車費用は，42万円となる。」

（１か月程度とした事例）

裁判例 47　東京地判平成19年8月28日（判例秘書L06233665）

「原告X１が平成17年5月4日から同年6月15日までの間に代車を借り受けて42日間使用したこと，同年5月4日から同月11日ころまでの間，被告側が自動車共済契約を締結したA自動車共済共同組合による原告車の状況確認のため，原告X１がディーラーに原告車の保管を依頼していたこと，同日ころから同月29日ころまでの間，原告車の損傷が大きかった等の理由から，原告X１が，原告車の修理費用や修理後の下取価格の見積りを依頼し，買い替えるか否かを検討したこと，その結果，原告X１が原告車を修理すると決定したこと，原告車の修理のために同月30日ころから同年6月17日までの約17日間を要したこと，原告車の修理費用が105万8350円であり，原告車の見積時の時価が160万円であったことが認められる。

以上の事実によれば，代車使用の必要性が認められ，代車使用の必要な期間については，修理のために相当な期間が基準となるものの，損傷が大きな場合には見積期間や買い替えるか否かの判断期間が必要であるほか，対物保険の査定の実務からすれば，保険会社等が事故車を確認したり，修理の範囲・方法について修理業者と協議するための期間等も必要であると解されるところ，実際に原告車の修理に要した期間は約17日間であったが，30日間をもって相当な修理期間と認める。また，代車料については，日額1万1000円（甲7）が不相当であるとはいえない。そうすると，代車料は，次の計算式のとおり，15万4000円となる。

1万1000円×8日＋3000円×22日＝15万4000円」

裁判例 48　東京地判平成20年3月31日（交民41巻2号491頁）

「原告は，原告車両を通勤のために利用しており，平成18年5月15日から同年6月15日まで代車を利用し，12万円の費用を要したことが認められるが，出勤は週6日であったことからすると（原告本人），10万2857円（≒12万円×6/7）の限度で損害と認めるのが相当である。これに対し，被告は，相当な修理期間は2週間程度であるから，かかる限度で損害と認めるべきであると主張するが，原告は，事故の翌日に原告車両を修理工場に持ち込み，修理しようとしたが，その費用を持ち合わせておらず，その一方において，被告の保険会社の担当者と損害賠償について交渉していたことにかんがみると（甲6，原告本人），原告主張の代車利用期間が不相当であるとまでは認められないから，被告の上記主張は採用することができない。」

裁判例 49　東京地判平成20年11月5日（判例秘書L06332647）

「原告は56日間代車を使用したことが認められるが，前記(1)のとおり，原告車両を実際に修理するのに3週間ほどしかかかっていないこと，Dが被告に対して原告車両が経済的全損であると主張したのは本件事故からそれほど日数が経っていないことなどを考慮すると，本件において実際に代車を必要とした期間は1か月間であるといえる。また，前記アのとおり，原告車両はいわゆる経済的全損であるから，代車期間は，車両の買替えに必要な期間に限って認められるところ，その期間としてはせいぜい１か月間といえる。
　したがって，本件事故と相当因果関係のある代車期間は１か月間である。
　なお，１日当たりの代車料5000円は相当である（甲３）。
　したがって，本件事故と相当因果関係のある代車料は消費税を含めて15万7500円である。
　　　5,000×30×1.05＝157,500
」

裁判例 50　東京地判平成21年３月９日（判例秘書 L06430233）

「原告は，本件事故のために代車を利用し，その代金として，１日3000円の90日分である27万円を負担したので，これは本件事故による損害であると主張している。
　しかしながら，原告は，いまだ原告車両を修理しておらず，現在も，未修理のまま原告車両を運転しているのであって，本件事故時の利用状況も，通勤と子供の送り迎えで，１日約１時間程度であった（原告本人）。このほか，上記の修理費用から予測される修理期間や，原告の当時の経済状態等も併せ考慮すると，代車利用期間として相当性が認められるのは，30日が限度といわざるを得ない。
　したがって，９万円の限度で本件事故による損害と認める。」

裁判例 51　東京地判平成22年１月28日（判例秘書 L06530037）

「第１事件原告は，３か月以上の代車料を請求するが，代車は必要かつ相当な期間に限定されるべきところ，証拠〔略〕によれば，第１事件原告と第１事件被告が加入していた保険会社との間でＡ車両が経済的全損か分損かで争いがあったが，第１事件原告は，仮に分損であったとしても，本件事故直後から事故に遭ったＡ車両を修理する意思がなかったことが認められる。そうすると，代車が必要な期間としては買替えに要する期間と修理に通常要する期間のうち，いずれかの短い方の期間に限られるというべきであり，いずれにしても長くとも１か月間を超えないといえる。
　また，代車のグレードについては，１か月程度の短期間であれば，第１事件原告が代車として現に使用したジャガーのような高級外国車である必要性を認めるに足りる証拠はなく，国産高級車をもって足りるというべきであるから，単価は１日当たり２万円が相当であると認められる。
　したがって，本件事故との間に相当因果関係のある代車料は60万円であると認められる。」

裁判例 52　東京地判平成23年２月14日（判例秘書 L06630040）

「①原告Ｘ１は，食品の運送等を業とする会社であるところ，平成20年10月10日（本件事故翌日）～11月28日（本件トラックの出庫日），本件トラックと同型の冷蔵冷凍車をＣ株式会社からレンタルしたこと，②レンタル費用は，日額１万2800円（64万円÷50日，消費税を除く）であったこと，③原告Ｘ１は，12月30日，同社に対し，その代車料金68万7750円（消費税込み）を含めた費用として，278万円余を振込支払したことが認められる。これらの事情に，前記アの修理費用から推認される本件トラックの破損状況からすると，上記代車料金のうち本件事故と相当因果関係ある損害としては，40万3200円（日額1万2800円×30日間×1.05〔消費税の加算〕）と見るのが相当である。

確かに，貨物自動車運送事業実績報告書（甲9）によれば，平成20年4月1日～平成21年3月31日の延実働車両数は延在働車両数よりも少なかったことが認められるけれども，原告X1においては，保有車両数よりも運転者数が上回り，保有車両を複数人の運転手が休みなく使用している状態であったことが窺われ，また，本件では，その事業形態等に照らして保有車両を定期的に点検する必要性等もあることは明らかであるから，延実働車両数が延実在車両数よりも少なかったことのみをもって，遊休車の存在を推知して上記認定に係る代車の必要性・相当性を否定することは適当ではない。」

（1か月以上とした事例）

裁判例 53　東京地判平成7年2月14日（交民28巻1号188頁）

「原告の営業内容は，水産物の輸入・加工・販売，衣類の輸入・販売，石油製品の販売等であり，原告車は，原告代表者が通勤用に使用する他，原告車の顧客の送迎等に頻繁に使用していたことが認められ，原告の営業その他に車両が必要であったということはできる（被告は，原告が他にも車両を所有していたことをもって，代車は不要であった旨主張するが，これを認めるに足りる証拠はない。）が，右の原告の営業内容，原告車の使用状況に照らし，原告主張のように電話付きのBMWを代車として使用する必要があったことまでは認めることができず，代車としては，国産高級車で足りたものというべきであり，甲20によれば，原告は最初の1日3万円，追加1日あたり2万円の費用で国産の相当程度の高級車を使用することができたものと認められる。

その期間については，修理に要する期間であるというべきところ，修理の着手が可能となったのは，第1見積書（平成3年5月9日作成）の作成後であり，乙22の2によれば，修理に要する期間は16日間であることが認められるから，原告の代車の使用期間としては，本件事故の日である平成3年4月21日から同年5月25日までの35日間を認めるのが相当である。なお，原告は，代車を使用しなければならない期間として，本件事故の日から平成4年10月31日までを主張するが，既に認定したとおり，原告車が修理できなかったのは，原告の対応に主な原因があるから，修理に必要な期間を超えて代車の使用期間を認めることはできず，原告の主張は採用できない。

したがって，代車料として，初日3万円，2日目以降1日あたり2万円，34日間の合計71万円を認めるのが相当である。」

裁判例 54　東京地判平成14年10月15日（交民35巻5号1371頁）

「(1)原告は，本件事故当時，中距離トラックの運転手として稼働しており，自宅のある千葉県松戸市から職場のある埼玉県三郷市まで，原告車両（キャデラック）を使用して通勤していたこと，原告方から最寄りの駅までは徒歩で15分以上かかり，また，勤務先から最寄りの駅までも徒歩で20分以上かかるため，自動車を使用しない場合には，通勤が大変不便であったこと，(2)原告は，本件事故により，原告車両を修理工場に預けることになり，通勤の手段がなくなったため，平成

12年6月11日から同年8月3日までの間，職場の友人を介してBから，メルセデスベンツSEを1日1万円で借り受けて，通勤に使用したこと，(3)また，原告は，同年8月4日から同年9月10日までの間，職場の友人の知り合いのCから，マツダ・センティアを同じく1日1万円で借り受け，通勤に使用したこと，(4)同年6月11日から同年9月10日までの3か月間の代車使用料は，合計92万円（消費税を含まない金額）であることが認められ，この認定を覆すに足りる証拠はない。

ところで，代車使用料が認められるのは，本件のように被害車両が修理可能な場合には，相当な修理期間についてであるが，これには，修理自体に要する期間のほか，事情に応じて見積りその他の交渉をするのに必要な期間も含まれるものと解される（東京地裁平成12年3月15日判決・交民集33巻2号535頁参照）。そして，被害者としては，修理費用の負担に関する保険会社の意向にかかわりなく，自らの判断で修理に着手することができるけれども，保険会社と修理工場との間で協定が成立してから修理が行われるのが一般的な慣行であることからすれば，保険会社が協定の締結を拒絶して修理費用を負担しないという態度を明確にするか，それ以前であっても合理的な検討期間が経過するまでの間は，被害者が自ら修理に着手しないとしても無理からぬものというべきである。本件においては，被告会社が偽装事故の疑いがあるとして損傷の整合性等を調査し，最終的に修理費用を負担しない態度を明確にしたものであるところ，証拠上，原告ないし修理工場と被告会社との交渉の経緯や被告会社の調査の経過は明らかではないが，少なくとも本件事故から1か月程度の間は，原告が交渉の推移等を見守り，自ら修理に着手しなかったとしても，やむを得ないもの考えられる。

そこで，本件においては，修理自体に要する期間と合わせて合計1か月半を，代車使用料が認められるべき相当な修理期間として認定するが，1日当たりの代車使用料の相当性について十分な立証がないことを考慮して，原告の支出した前記代車使用料のうち40万円の限度で，本件事故と相当因果関係のある損害と認める。」

裁判例 55　東京地判平成16年9月14日（判例秘書 L05933725）

「(2)　以上の経緯に照らして判断すると，被告車は，原告の仲介により，保険会社も了解の上，Cで見積をすること（場合によっては修理等をすること）とされたが，その後，保険会社は修理費見積が時価額を超え経済的全損であると主張したため，保険会社とCの折り合いがつかず，被告車は実際に修理が行われないままCに留め置かれたこと，同年7月30日到達の内容証明郵便により，正式に被告車を引き取るよう被告に対し催告があったこと等の交渉経過が認められる。

したがって，相当な代車使用期間を，原告主張のように単純に2週間とするのは相当ではなく，前記交渉経過，原告自身の仲介により被告車が被告の手元を離れ，Cに留め置かれたこと，また，被告が原告代理人から正式に引き取りを求められた時期等，本件に特有の事情を併せ考慮すると，同年6月19日から7月30日までの42日間の限度で代車使用を許容するのが相当である。

なお，原告又は保険会社が被告に対し，被告車の修理が実際に行われるまで無制限に代車の使用を了承したことを認めるに足りる証拠はない。

(3)　甲第9号証によれば，被告車の代車として使用されたレンタカーの1日当たりの使用料は5800円であり，これに5パーセントの消費税が加算されることが認められる。そうすると，本件事故と相当因果関係のある代車料は，次のとおり25万5780円となる（これを超える部分は理由がない。）。

5800円×42日×1.05＝25万5780円　」

裁判例 56　東京地判平成21年11月16日（判例秘書L06430609）

「A車両の代車料及び駐車料の発生につき，①Aは，平成20年1月5日から同年2月19日まで46日間にわたり，埼玉県志木市所在の修理工場からA車両（平成12年式三菱プラウディア3490cc）と同一車種・同一年式の自動車を日額1万5000円の合計69万円でレンタルするとともに，A車両を日額7500円の合計34万5000円で修理工場が管理する敷地に駐車したこと，②原告会社は，自動車保険契約を締結していたCから連絡を受けていなかったため，平成20年1月31日まで1か月以上にわたり，本件事故の発生を認識しておらず，同日以降，Aに関するものも含め本件事故に対する対応を開始したこと，③この時点で，被告は，自身が自動車保険契約を締結していた個人タクシー共済に対して既に本件事故の発生を連絡していたが，同共済は，Aに関する対応はしておらず，その後，原告会社から連絡を受けた際，Aに関する対応を原告会社に事実上一任したことが認められる。

このような経過によれば，Aは，D側（D，原告X1，C及び原告会社）又は被告側（被告及び個人タクシー共済）の対応の不備により，本件事故発生後1か月以上にわたり，A車両を修理することもその代替車両を購入することも決定できる状況にはなかったと考えるべきである。そして，原告会社による対応開始後19日間で終了していることからすれば，Aによる代車及び駐車場の使用は，その全期間につき本件事故との相当因果関係を認めるのが相当である。もっとも，駐車料は，修理工場の所在地等を考慮すれば，高額に過ぎるというべきであり，その80%相当額である日額6000円の限度でこれを認めるのが相当である。他方，代車料は，A車両の車種等を考慮すれば，適正な水準にあったというべきである。結局，代車料及び駐車料は，（1万5000円＋6000円）×46日の計算により，合計96万6000円と認めるのが相当である。

この点に関し，被告は，Aによる代車及び駐車場の使用は原告会社の対応によって長期化した旨主張する。確かに，原告会社がA車両の評価額を巡りAとの間で交渉をしたことは先の認定のとおりである。しかし，そのためにAによる代車及び駐車場の使用が殊更長期化したことを認めるに足りる証拠はない。したがって，この点に関する被告の主張は，これを採用することができない。」

裁判例 57　東京地判平成20年12月3日（判例秘書L06332667）

「原告X1は，原告車の代車として，平成17年10月4日から同年12月9日までの2か月と6日間，ラティオ（足立○○○わ○○○○）を使用し，費用として268,800円を要したことが認められるところ，甲4によれば，原告車は，事故当日である平成17年10月1日，本件事故による損傷のため，A株式会社碑文谷店の工場へ入庫され，同月5日，被告Y2の損害調査会社である訴外B株式会社の担当者による立会調査を受けたこと，原告車の修理完了見込みが同年11月28日であったことが認められ，以上を総合考慮すれば，修理期間，代車料ともに相当と認められる。」

裁判例 58　東京地判平成23年11月30日（判例秘書L06630525）

「原告ないしJA担当者と被告との間では，被告車の損傷箇所に関する争いがあったのだから，被告車の修理相当期間に加え，両者間で修理箇所や修理費用等につき検討・交渉するための相当期間については，代車使用の相当性を肯定できる。そして，この相当期間を検討するに，①被告は，8月初旬，第三者であるディーラー工場で修理することに応じていたのであるから，この時点で，被告車をディーラー工場に搬入していれば，損傷箇所の争いに決着が付き，速やかに修理に着工できた蓋然性が高いこと，②それにもかかわらず，被告は，被告車をディーラー工場に搬入せず，Cに対して修理着工を指示しないまま，レンタカーの使用を続け，9月9日までにレンタカーを返還するよう文書で明確に要求されていたことといった事情が認められるほか，被告車の損傷内容や，原告側アジャスターによる損害調査に特に不合理な点もなかったといえることに照らすと，代車使用の相当性が肯定される上記修理相当期間及び交渉等のための相当期間は，JA側の担当者が途中で変更されたこと（前記1(7)）という事情を考慮してもなお，原告において本件事故と相当因果関係のあることを争っていない6月29日～9月9日であるというべきである。したがって，9月10日以降のレンタカーの使用は，本件事故と相当因果関係ある損害とはいえない。

被告は，いったんは本件ちり狂いの修理を希望したものの，その修理要求については早期に撤回し，被告車の修理を急ぐよう原告側に要請していたのだから，被告車の修理着工の遅れの原因が，被告が本件ちり狂いの修理の要求を続けたことにあるわけではない旨主張し，被告本人も，8月半ばころまでには，本件ちり狂いの修理を諦めて，C側から聞いた修理見積もりに従って被告車の修理をしてほしいとJA担当者に伝えていた旨，上記主張に沿う供述をする（乙1，被告本人）。しかし，Cで作成された見積書は，12月ころに作成されたもの以外には証拠として提出されておらず，それ以前にCが被告車の修理費の見積もりをしたことを裏付ける客観的証拠はない。また，ディーラー工場への搬入を行うこととされたのが8月初旬であったことや，その後もCにおいて被告車の修理に着工しなかったことは，被告が本件ちり狂いの修理を諦めて早く修理をしてほしいとしたということと整合しないと言わざるを得ない。そうすると，被告本人の上記供述及びそれに依拠する被告の上記主張は採用できず，代車使用期間に関する上記判断は左右されない。」

裁判例 59　東京地判平成23年12月20日（判例秘書L06630596）

「代車使用の必要性，相当性が認められる場合に代車使用の認められる期間は，修理又は買替え自体に要する期間のほか，事情に応じ，損害の評価や相当な修理方法等について事故当事者間で交渉をするのに必要な期間も含まれる。

〔途中略〕

控訴人は，結局，控訴人車の修理をせずに買替えをしているところ，控訴人としては，同年6月12日の上記説明を踏まえて修理費や修理方法について自らも調査検討するべきであったのであり，そうすれば，同年7月12日の上記修理方法の説明を受けて，控訴人車の修理をするか，買替えをするかを速やかに判断することができたはずである。以上によれば，買替えに要する期間を7日間として，本件における代車使用の相当期間は，同年4月19日から同年7月19日までと認めるのが相当である。

(3)　これに対し，控訴人は，平成19年7月25日になって被控訴人が査定した控訴人車の修理費の明細を示す資料が提示されたことや，その後に検討期間を要することを考慮すると，同年8月10日までが代車使用の相当期間に該当すると主張する。

しかしながら，上記(1)で認定したとおり，同年6月12日までに被控訴人の査定した修理費及びBMW東京の見積りと被控訴人の査定が異なる理由が明らかにされていたのであるから，控訴人においても，同日以降，修理費の相当性や修理方法について自ら調査検討し，加害者側と交渉することができたものと認められる。控訴人の上記主張は採用することができない。

(4)　以上によれば，平成19年6月20日から同年8月10日までの52日間のレンタカー料金41万1600円のうち，同年7月20日から同年8月10日までの22日間のレンタカー料金については，本件事故と相当因果関係のある控訴人の損害として認めることはできない。上記22日間のレンタカー料金は，次の計算式のとおり，17万4138円となる。

(計算式)

41万1600円÷52日×22日＝17万4138円（円未満切捨て）」

裁判例 60　東京地判平成20年12月22日（判例秘書L06332574）

「原告は，通勤や経営店舗間の移動，営業等に原告車を使用していたほか，日常生活上の移動手段としていたと認められるところ，前提事実のとおり，原告は，本件事故当時，原告車のほかハマーH２タイプGを所有していたが，同車の大きさからすれば，日常生活や業務上の使用には適さないと認められるので，相当修理期間又は相当買替期間につき，代車の必要性が認められる。

原告は，上記アの修理をなす期間として70日を要すると主張するが，被告はこの点につき特段争っていないことからすると，相当修理期間は70日間であると認められる。そして，修理を前提とする以上，原告が代車となり得る車両を購入したことで１日当たりの代車料より安い額での負担で済むことがあるのは別段，その期間に影響するものではない。

他方，相当買替期間としては，原告と被告らとの間において，経済的全損か否かで争いがあったものの，同等車両の購入によって代車の必要性はなくなったと見るべきであるから，相当買替期間は，48日間であると認められる。

上記代車の必要性からすると，代車としては国産高級車で足り，その１日当たりの代車料としては15,000円が相当である。

そうすると，修理を前提とした代車料は，1,005,000円，買替を前提とした代車料は，720,000円となる。」

裁判例 61　大阪高判平成21年1月30日（判時2049号30頁）

「ア〔証拠略〕によれば，①M株式会社（資本金3000万円）は，控訴人が昭和47年に設立した会社であり，控訴人はうつ状態が原因で平成17年8月20日に退任するまでは代表取締役，それ以後は取締役を務めており，同日以後は控訴人の長男が代表取締役を務めているものであるが，本件事故当時はBMW（数年前の年式のBMW750）と他の工事用車両（ライトバン）各1台を所有し，いずれも会社の営業用に使用していたこと，②本件車両以外に他の車両を所有していなかった控訴人は，独り暮らしで日常生活等でも車両が必要であったため，M株式会社からBMWを，平成18年8月3日より1か月30万円（1か月未満は日割計算）の約定で賃借し，その後，控訴人は同年12月1日に修理完了により修理業者から本件車両の返還を受けたが（部品取り寄せ等で修理に長期間を要した。），試乗の結果高速走行等には不適と判断して本件車両を売却することになり，控訴人が次の車両を入手できるまで（最長でも平成19年4月3日まで）賃借期間は延長されたこと，③M株式会社は，BMWを控訴人に賃貸している期間中，営業用にライトバンを使用し，別途営業用に他の車両を賃借するなどの手配はしなかったが，どうしても顧客等への対応などから高級車が必要なときには控訴人の長男の妻が所有するセダン車とライトバンを取り替えて使用していたこと，④M株式会社は，BMWを控訴人に賃貸するに当たり，会社と個人の区別を明確にすべきであるとの税理士の指導を受けて，賃貸借契約書を作成し，BMWの賃料の支払も150万円は現金でその余は相殺の方法で現実に支払を受けており，その旨の明確な経理処理もなされていること，⑤平成18年8月初めころ，被控訴人が契約している任意保険会社は控訴人との間で，本件車両の代車費用として1日1万円くらいであれば控訴人に支払う旨の話をしていたこと，以上の事実が認められる。

イ　前項の認定事実によれば，控訴人はM株式会社から真実代替車両であるBMWを賃借して1か月30万円の対価を支払っていたものと認めることができるのであって，これが虚偽仮装の契約であったことを示す特段の証拠もないのであるから，控訴人は本件事故により平成18年8月3日から同年12月1日までの間に代車費用として119万円の支払を要したものと認めるのが相当である。」

第2　休車損

(1)　休車損を認めなかった事例

裁判例 62　東京地判平成18年7月10日（判例秘書L06132712）

「(ア)　原告は，東京都内において一般乗用旅客自動車運送事業（タクシー事業）を営む株式会社であるところ，平成14年度の一般乗用旅客自動車運送事業輸送実績報告書によると，平成15年3月31日現在において，事業用自動車数は127両，従業員数は270名であり，事業用自動車の実働率は83.98パーセントであった。

(イ)　昭和46年度運輸白書によると，東京都におけるタクシーの実働率は，昭和40年度が93.2パーセント，昭和41年度が93.2パーセント，昭和42年度が92.4パーセント，昭和43年度が90.8パーセント，昭和44年度が87.8パーセントであるところ，同白書は，タクシー事業について，「大都市におけるタクシー輸送需要は，他の交通機関との間の運賃の格差が小さくなったこと，所得水準の向上等により消費性向が高級化していること，高速鉄道やバスが都市の発展に即応した輸送サービスを十分に提供していないことなどにより，従来他の輸送機関が担当していた旅客をも輸送するようになり，大都市交通の中でかなりの比重を占めるようになった。しかし，このように輸送分野が拡大した反面，車両数の増強は〔略〕，ある程度進められているものの，運転手不足のため実働率は低下し，路面交通の混雑により輸送効率も低下するなど，供給の伸びが不十分であったため需給の不均衡を生じ，とくに夜間におけるタクシー不足の深刻化を招いている。」と述べている。

また，平成元年度運輸白書によると，タクシーの実働率は，昭和59年度から昭和63年度までの間，90.0パーセントから90.6パーセントの間を推移しているところ，同白書は，タクシー事業について，「営業用乗用車（ハイヤー・タクシー）は，輸送人員で0.5%減，輸送人キロで増減なしと，経済環境が活発にもかかわらず長期的な低迷状態を脱しきれないでいる〔略〕。これは〔略〕，実車率（実車キロ÷走行キロ×100）が好調にもかかわらず，実働率（実働延日車÷実在延日車×100）が運転手不足の影響を受け低迷しているためと考えられる。」と述べるとともに，平成元年4月から8月にかけての東京のタクシー事業について，「東京のタクシーは，輸送人員で3.5%減となっているが，実車率でみると0.6ポイント増の55.1%となっている。これは，運転手不足の影響により実働率が2.4ポイント減となっているためである。」と述べている。

さらに，平成16年6月22日に開催された全国交通運輸政策討論集会において，交通労連ハイタク部会長は，「車が増え続けるということでは，地方都市よりも大都市部の方が深刻であろうと思います。東京では車が増えているものの，実働率は84～85%程度でしょう。それなのに，なぜ減車をしないのかということですが，事業者には1人1車制ででも車を増やしたいという思惑がある。本来車が余っていれば減車をし，コスト削減に努め，人が充足すればまた元に戻すというのがあるべき姿でしょうが，一旦減車すると元に戻すだけでも重点監査を受ける。だから，減らさずに凌ぎきろうとする。」と発言している。

(ウ)　原告は，平成17年12月現在で，乗務員の募集をしていた。

イ　ところで，原告の従業員であるDの報告書（甲11）には，「自動車点検基準によりタクシーは1ヶ月（自主点検），3ヶ月，12ヶ月（車検）点検整備が義務付けされており，原告は整備工場を持っておらず，外注に出しているため，毎月各車両1日は必ず点検整備のため乗務できなくなり，休車が発生します。」との記載があるところ，この記載部分によっても，本件事故の当時，点検等により直ちに稼働させることができない車両の具体的な数は明らかではないし，仮に原告が保有する車両127両が月に一度定期点検を受けるとしても，その結果使用ができなくなる車両は1日平均4両程度であり，前示のとおり，平成15年3月31日現在における原告の実働率は83.98パーセントであることを併せ考えても，前示報告書の記載部分によって本件事故の当時に遊休車両が存在しなかったことを認めることはできず，他に本件事故の当時に遊休車両が存在しなかったことを認めるに足りる証拠はない。

以上によると，原告の休車損の主張は，その余の点について判断するまでもなく，理由がない。」

裁判例 63　東京地判平成 19 年 7 月 25 日（判例秘書 L06233252）

「原告会社は，本件事故の当時，一般乗用旅客自動車運送事業を営み，実働率は平成 17 年 7 月が 85.4 パーセント（延べ実在車両数 3100 台，延べ実働車両数 2646 台），同年 8 月が 83.5 パーセント（延べ実在車両数 3100 台，延べ実働車両数 2588 台），同年 9 月が 89.1 パーセント（延べ実在車両数 3000 台，延べ実働車両数 2673 台）であることが認められ，本件事故の当時に遊休車両が存在しなかったことを認めることは困難であり，他にこの点を認めるに足りる証拠はない。

したがって，請求原因(3)イ（休車損害）は，その余の点について判断するまでもなく理由がない。」

裁判例 64　東京地判平成 19 年 9 月 19 日（判例秘書 L06234054）

「交通事故の被害者にも，信義則上，被害の拡大を防止すべき義務があるというべきであるところ，被害者が事故車以外に活用し得る車両（以下「遊休車」という。）を保有している場合には，被害者は，遊休車を活用することにより，休車損害の発生を防止できることから，休車損害が認められるためには，休車期間中，遊休車が存在しなかったことが必要である。

原告車は冷凍車であること（弁論の全趣旨），原告は，冷凍，冷蔵輸送を事業内容とする会社であり，803 両の保有車両があること（甲 15）から，原告が保有する車両は冷凍車であることが認められる。そして，平成 17 年度の延実在車両数（日車）が 28 万 2852 台であり，延実働車両数（日車）が 24 万 0424 台であって，実働率が約 85 パーセントであることからすると（甲 15），原告は，遊休車を保有しており，本件事故によっても通常の業務に影響を与えることなく原告車の代替車両を工面することができた可能性が高いというべきであり，その他，上記認定を覆すに足りる証拠はない。

なお，前記のとおり，原告は，予備的に，代替車両を購入するまでに要した人件費（残業代）の増加分を損害として請求していると解されるが，原告には 1089 人の運転者がおり（甲 15），保有台数に比し，250 人以上の余剰運転者を雇用していることから，これらの者に遊休車を運転させることにより，損害の拡大を防止することができたというべきである。

したがって，休車損害が発生していたと認めることはできず，原告の主張は理由がない。」

裁判例 65　大阪地判平成 21 年 10 月 7 日（判例秘書 L06451083）

「控訴会社は，本件事故が発生した平成 19 年 7 月 10 日から修理のため控訴人車を入庫した平成 20 年 1 月 6 日までの間，控訴人車を使用していたことが推認される。そうであれば，控訴会社においては，修理時期を調整したり，代替車の手配や他の保有車両による集配業務の調整をするなどして，控訴人車の損害をカバーすることは，必ずしも困難であったとは認められない。そして，本件全証拠に照らしても，控訴会社において，現実に休車による損害を生じたことを認めるに足りる証拠はない。

したがって，控訴会社に休車損害を生じたものと認めることはできない。」

裁判例 66　東京地判平成21年10月26日（判例秘書L06430517）

「原告が請求する休車損害は，結局は，原告車の稼働により得られたはずの運賃収入が得られなくなったことを基礎とすることになるところ，一般貨物の自動車運送事業等を営む原告（甲8，弁論の全趣旨）において，本件事故当時，いわゆる遊休車もなく，原告車以外の車両で原告車の修理期間中の運賃収入が得られなかったことの立証はされていない。そうすると，本件事故により原告X１に休車損害が生じたと認めるに足りる証拠はないといわざるを得ない。」

(2)　休車損を認めた事例

（１か月未満とした事例）

裁判例 67　東京地判平成22年1月18日（交民43巻1号1頁）

「休車損　4万円

日額8000円×修理日数5日

乙5，乙13及び弁論の全趣旨によれば，平成15年9月当時の被告会社のタクシー実働率は90%を超過しており，遊休車は存在しておらず，被告会社に休車損が発生したことが認められる。

被告会社は，日額4万5059円の休車損を主張する。しかし，乙5によれば，この金額は，被告会社のタクシー1台当たりの運送収入であり，経費を含むものであることが認められるので，被告会社の上記主張は，採用することができない。結局，休車損は，乙13及び弁論の全趣旨によって認められる全国的な取扱いを参考にしつつ，日額8000円（上記運送収入の約18%）の限度で認めるのが相当である。そして，甲2，甲4，乙3及び弁論の全趣旨によれば，被告車両の修理は5日を要することが認められる。そうすると，休車損は，上記限度で認めるのが相当である。」

裁判例 68　東京地判平成22年5月12日（判例秘書L06530232）

「ア　証拠（甲5の1ないし5）及び弁論の全趣旨によれば，原告車両の平成19年6月から同年8月まで（92日間）の運転収入は少なくとも243万0900円であり，92日間で除すると，1日当たり2万6423円（円未満四捨五入）であること，上記期間の燃料費は11万7680円であり，92日間で除すると，1日当たり1279円（同）であること，平成19年の年間修繕費は12万0904円であり，365日間で除すると，1日当たり331円（同）であることが認められる。

そして，休車期間中に人件費の支払を免れていないから（甲5の6），原告車両の1日当たりの利益を算出するに当たって，人件費を控除するのは相当ではない。

したがって，1日当たりの利益は2万4813円である。

（計算式）

26,423－(1,279＋331)＝24,813

イ　証拠（乙1）及び弁論の全趣旨によれば，修理等に要した期間は平成19年10月3日から同月6日，同年11月6日の5日間であり，原告車両が修理工場に入庫されたのが同年10月3日，被告が加入していた保険会社による調査が行われたのが翌4日，理論修理日は2日，ナンバープレートの交換に要するのが1日と認められるから，休車期間5日間は相当であると認められる。

ウ　証拠（甲5の3，乙1）及び弁論の全趣旨によれば，原告車両は営業用車両と認められるから，休車損害の発生に当たって遊休車の不存在は要件とならないというべきである。

エ　被告は，休車損害の発生そのものを争うが，前記アのとおり，原告車両の1日当たりの利益を算出するに当たって，収入を稼働日数ではなく，期間の全日数（92日間）で除して算出しているのであるから，休車期間5日間につき，1日当たり2万4813円の利益を得られる蓋然性があったと認めるのが相当である。

したがって，休車損害は12万4065円であると認められる。」

裁判例 69　東京地判平成17年9月28日（判例秘書 L06033575）

「原告会社は，平成5年12月15日に設立され，資本の総額を680万円とし，一般廃棄物処理業等を目的とする有限会社であるところ，本件事故の当時，いわゆる青ナンバーの営業用車両を2台所有していたこと，このうちの1台が原告車両（ショートボディのいわゆる4ナンバー車）であり，もう1台がいわゆる1ナンバーのロング車であるところ，原告車両は，○○区や財団法人C振興会の委託に基づく業務に使用する一方，ロング車は，他の民間関係の業務に使用しており，ロング車をもって原告車両に代替することはできないこと，原告車両の修理期間は，少なくとも7日間と見積もられること，○○区の委託に係るびん，缶，ペットボトルの回収業務の委託料は1台単価が3万7300円，○○区本庁舎外委託料は月額9万4500円（消費税を含む。），財団法人C振興会の委託に係る委託料は年額84万円（消費税及び地方消費税を含む。）であることが認められる。以上によると，原告会社は，本件事故により損傷を受けた原告車両を修理するのに必要な7日間，原告車両を事業の用に供することができず，次の計算式のとおり31万2538円の損害を被ったというべきである。

3万7300円×7日＝26万1100円
9万4500円÷30日×7日＝2万2050円
84万円÷365日×7日≒1万6109円
26万1100円＋2万2050円＋1万6109円＝31万2538円」

裁判例 70　東京地判平成24年1月18日（判例秘書 L06730014）

「①被告会社は，本件事故当時，被告車を含め4台の特種事業用冷蔵冷凍車を保有していたところ，最大積載量は，被告車が12.2トンで，他の3台が2～2.7トンであったこと，②すべての冷蔵冷凍車は，特定の荷主の仕事を専属的に扱っており，被告車については，A社を荷主として，関東一円における冷凍食品等の運送を行っていたこと，③被告車（車番44419）による運賃売上げは，本件事故発生の日の直前の3か月間（平成23年9月1日～11月30日）で，166万1920円（9月分61万1490円＋10月分36万5180円＋11月分68万5250円）であり，1日当たりの売上額は，平均1万8262円であったこと，他方，被告車の1日当たりの燃料代等の変動経費は，平均9921円であったこと，④被告車は，本件事故日である平成22年12月14日以降，A社の運送ができなくなり，修理が行われないまま，平成23年3月24日に売却されたこと，の各事実が認められる。以上の事実を総合すると，本件事故によって被告車の稼働ができなくなったために被告会社にはいわゆる休車損が生じたものと認められ，その額は，1日当たりの営業利益8341円（1日当たりの売上額1万8262円－1日当たりの変動経費9921円）と，修理ないし買替えに要する相当期間と見込まれる20日間程度を基礎に算定するのが相当である（8341円×20日＝16万6820円）。」

裁判例 71　東京地判平成22年7月23日（判例秘書 L06530308）

「原告のような下請業者によって商品自動車の陸送業務に使用される車両は，自動車メーカーによって異なる元請業者ごとに，それぞれ厳格な検査及び事前登録を受ける必要があり，そのような事前登録等を受けない限り，下請業者が当該車両を当該自動車メーカーの商品自動車の陸送業務に使用することはできないこと，元請業者の中には，毎月下請業者に対して翌月の陸送見込量を示す一方，下請業者から現状の陸送能力を確認するなどしている業者もあるが，このような業者であってもそれ以外の業者であっても，何月何日にどの下請業者に何台分の陸送業務を割り当てるなどといった具体的配送計画をあらかじめ策定しているわけではなく，結局のところ，直前に確定する陸送量に基づき日々下請業者に対してそれぞれの陸送能力の範囲内で陸送業務を発注しているにすぎないこと，下請業者が交通事故等によって登録車両の一部を使用することができなくなったとしても，元請業者から代替車両の事前登録を直ちに受けられるわけではなく，このため，ほかの登録車両の稼働状況等に余裕がなければ，元請業者から陸送業務の発注をそれ以上受けられなくなり，その場合には，受注機会の喪失による消極損害すなわち休車損害が生じ得ることが認められる。
〔途中略〕
このような2人制の運用状況，トヨタの元請業者から事前登録等を受けていた車両の稼働率等を総合的に考慮すれば，本件事故発生当時，これらの車両の稼働状況にもはや余裕はなく，トヨタ車両の陸送業務との関係では，遊休車は存在しないと評価すべき状況にあったと認めるのが相当である。
〔途中略〕
(4)　本件車両がスズキ車両，ホンダ車両，ダイハツ車両，スバル車両の陸送業務等にも使用されていたのも上記のとおりである。もっとも，本件事故発生当時，原告千葉営業所の所属車両のうち，スズキ，ホンダ，ダイハツ又はスバルの元請業者から事前登録等を受けていた本件車両以外の車両がどれかを認めるに足りる証拠はない。しかし，甲6から甲9まで及び弁論の全趣旨によれば，原告千葉営業所の全所属車両の稼働率等は，(3)で認定したところとおおむね同様であったと認められる。そして，2人制の運用状況，千葉営業所の全所属車両の稼働率等を総合的に考慮すれば，本件事故発生当時，これらの車両の稼働状況にはもはや余裕がなく，トヨタ車両以外の陸送業務等との関係でも，遊休車は存在しないと評価すべき状況にあったと認めるのが相当である。
〔途中略〕
(5)　上記検討に加え，平成18年3月期ないし同年4月期の商品自動車の陸送業界の繁忙状況，さらに，甲6から甲8までによれば平成17年12月期ないし平成18年2月期の本件車両の稼働率は109.5％ないし122.7％と認められ，支障がなければ本件車両は稼働率100％を超える常態にあったといえることを併せ考慮すれば，原告は，本件車両を使用する必要性があり，本件車両を使用すれば，売上高を更に増加させることができた，すなわち，受注機会の喪失による消極損害すなわち休車損害があったと認めるのが相当である。

3　(1)　休車損害　95万3640円

（平成17年12月から平成18年2月まで（本件事故発生前3か月間）の本件車両の運賃収入773万0200円－平成17年12月から平成18年2月まで（本件事故発生前3か月間）の本件車両の経費415万4000円）÷90日×休車日数24日

甲2，甲6から甲8まで及び弁論の全趣旨によれば，原告主張のとおり認められる。」

（1か月以上とした事例）

裁判例 72　東京地判平成24年11月26日（判例秘書L06730553）

「原告Ｘ１は，一般貨物自動車運送事業等を目的とする昭和26年10月に成立した株式会社であるところ，元来はＦ株式会社（内航海運業を主体として陸運・倉庫・荷役作業を行う総合物流会社。以下「Ｆ」という。）の完全子会社（当時の商号「Ｇ株式会社」）でＦの陸上輸送部門を担当していたこと，Ｆは，平成19年になって，子会社である原告Ｘ１の経営から撤退し，陸上輸送部門を縮小，廃止して，外注化することを計画し，取引先であるＨ株式会社（以下「Ｈ」という。）に対し，原告Ｘ１の発行済株式全部の譲渡を申し込んだこと，その際，Ｆは，Ｈに対し，譲渡後は，Ｆの陸上運送の仕事を優先的に回すのでＦの専属会社として陸上運送業務を引き受けてほしいとの依頼をしたこと，Ｈは，Ｆの申込みを承諾し，同年5月31日，原告Ｘ１の発行済株式の全部を譲り受け，原告Ｘ１の商号を「Ｇ株式会社」から現商号に変更したこと，これ以降，原告Ｘ１は，Ｆの専属会社として，Ｆの拠点である市川センターの構内に車庫や事務所を設け（車庫は，この1箇所のみであり，賃貸借契約上，Ｆが原告Ｘ１に依頼する鋼材等を運送する車両の保管場所としてのみ使用することとされている。），Ｆの陸上運送の仕事を行うようになり，Ｆから，保有する事業用自動車の台数（同年8月以降，トレーラー8台，トラック2台（その後1台は廃車となる。））に見合った業務量の割当てを優先的に受け（Ｆの注文による仕事が売上げの約98パーセントを占める。），保有する事業用自動車は，故障や運転手の欠勤等がない限り，営業日は全て毎日稼働している状態であること，原告車両（トレーラー）は，本件事故の結果，平成23年5月16日から6月23日までの39日間使用することができなかったこと，Ｆは，原告Ｘ１から原告車両が使用不能である旨の連絡を受けると，原告車両を除いた保有台数に応じた業務量を割り当て，原告Ｘ１は，本件事故がなければ原告車両に割り当てられたはずの業務に従事することができなかった（Ｆは，当該業務を他の運送業者に発注した）こと，原告車両の専属運転手である被告Ｙ１は，平成23年3月25日から4月20日まで休んでおり，原告車両も通常どおりは稼働していなかったこと，原告Ｘ１は，平成22年12月から平成23年2月までの期間において，運賃収入が400万1288円，変動経費が194万2932円（燃料代101万139円，通行料24万5081円，人件費68万7712円）であることが認められ，以上の事実関係によると，本件事故と相当因果関係のある休車損害は，次の計算式のとおり算出される89万1930円と認めるのが相当である。

（400万1288円－194万2932円）÷90日≒2万2870円

2 万 2870 円×39 日＝89 万 1930 円

これに対し，被告Ｙ２は，原告Ｘ１の売上高（運賃収入）は，本件事故後減少するどころか増加しており，休車損害は発生していないと主張するが，前示事実関係によると，原告Ｘ１は，本件事故に遭わなければ原告車両に割り当てられたはずの業務に従事して更に運賃収入を得られたということができるから，本件事故後に運賃収入が増加していることの一事をもって休車損害の発生を否定することはできないというべきであり，被告Ｙ２の主張は，採用することができない。」

裁判例 73　東京地判平成 17 年 11 月 29 日（判例秘書 L06034539）

「原告車の本件事故の直前 12 日間の売上は合計 34 万 3640 円であり，この間の稼働日数は 11 日間であるから，稼働１日当たりの売上が 3 万 1240 円であることが認められる。以上の事実及び弁論の全趣旨によれば，原告車の１日当たりの利益は 8000 円を下らないものと考えられる。

また，上記認定のとおり，原告車は，本件事故の直前の 12 日間中 11 日間稼働しているから，原告車の稼働率は 70 パーセントを下回らないものと考えられる。

したがって，原告車の休車損害は，原告の主張する 25 万 7600 円を下回らないものと考えられる。」

裁判例 74　大阪地判平成 22 年 1 月 26 日（交民 43 巻 1 号 23 頁）

「ア　休車損害単価額の認定について

(ア)　まず，原告車の本件事故直前 3 か月間の売上額は合計 952 万 8259 円（甲 5 の(2)ないし(4)）であり，日額平均 10 万 5869 円（円未満切捨て）と認定するのが相当である。

(イ)　休車損害単価は，売上額から変動経費を控除した残額となるが，原告車の変動経費の額を正確に認定する裏付資料がないと言わざるを得ない。原告は運転管理日報（甲６）に基づいて算定すべき旨を主張するけれども，これには「平成 17 年 4 月 31 日」欄があり，それに続いて 5 月 1 日欄が書かれていることに照らすと単なる誤記とも思われず，ひいては書面全体の信用性に対する疑問を払拭できない。

しかし，原告車が本件事故によってかなりの損傷を受け，休車損害が全く発生していないとは到底考えられないから，民事訴訟法 248 条により，原告車の休業損害単価を日額 6 万 3000 円と認定するのが相当である。

イ　休車期間について

休車損害を算定する「休車期間」は，現実に事故車の修理又は買替えをするまでに要した期間ではなく，修理又は買替えに要する「相当期間」である。そして，修理ないし買替えに必要な「相当期間」の判断に当たっては，修理・買替えそれ自体に要する期間のほかに，加害者側とのいわゆる交渉期間も必要・相当な範囲で肯定すべきと考える。

これを本件においてみるに，原告は，「被告側保険会社の対応の不手際によって修理に着手するのが遅れたから，原告車修理完了までの全期間が休車期間である。」旨主張する。しかしながら，保険会社の対応の不手際の具体的内容は連絡がなかなか来なかったというに止まり〔証拠略〕，交渉が長引いたということでもないから，原告車の修理自体に要する期間をもって「相当期間」と認定するのが相当である。そして，原告車の修理自体に要する期間としては，工賃から算定すると約330時間となり（乙2，弁論の全趣旨），多く見積もっても60日間とみるのが相当である。

ウ　よって，本件事故による原告車の休車損害の額は，

6万3000円×60日＝378万円

となる。」

裁判例 75　東京地判平成19年4月25日（判例秘書 L06231920）

「被告Ｙ１は，一般区域貨物自動車運送，自動車運送取扱事業等を目的とする資本の額1600万円の株式会社であり，主として，水戸，大洗，那珂湊方面において，水産加工品，ぎょうざ，野菜などを集荷して，各市場，スーパーマーケットの配送センターなどに運送するとともに，各市場，倉庫等にある原料，製品などを冷蔵庫，倉庫等から引き取り，顧客に搬送する業務を行っていたところ，本件事故の当時，運送業務を行う運転手１名につき１台の車両を割り当てており，予備車や遊休車は存在しなかったこと（被告車両の修理中，Ａは，業務の形態を変えて他の車両を用いて仕事に従事していたものの，本件事故当時の運送業務を完全に実施することはできなかった。また，運転手に割り当てられない車両も6台存在したが，いずれも集荷専用の車両（２トン車）であり，運送業務（４トン車が必要であった。）に使用することはできなかった。），Ａに割り当てられていた被告車両は，本件事故により損傷し，修理のために平成17年6月28日から8月28日まで62日間，使用することができなかったこと，被告車両に係る売上げは，平成17年4月が128万9820円，同年5月が104万5855円，同年6月（同月分は同月28日までの分。以下同じ。）が105万7573円，燃料費は，同年4月が13万1204円，同年5月が12万8119円，同年6月が13万4801円，有料道路代は，同年4月が10万3250円，同年5月が3万1060円，同年6月が5万1340円，消耗品費は，同年4月が1万7850円，同年5月が1万8900円，同年6月が0円，Ａが支給を受けた給料は，同年4月が28万7800円，同年5月が27万6600円，同年6月が25万7814円であったことが認められ，以上によると，本件事故と相当因果関係のある休車損害は，次の計算式のとおり算出される134万6392円と認めるのが相当である。

128万9820円＋104万5855円＋105万7573円
＝339万3248円（本件事故前3か月間の売上げの合計額）

13万1204円＋12万8119円＋13万4801円
＝39万4124円（本件事故前3か月間の燃料費の合計額）

10万3250円＋3万1060円＋5万1340円
＝18万5650円（本件事故前3か月間の有料道路代の合計額）

1万7850円＋1万8900円＝3万6750円（本件事故前3か月間の消耗品費の合計額）

28万7800円＋27万6600円＋25万7814円
＝82万2214円（本件事故前3か月間に支払われた給料の合計額）

39万4124円＋18万5650円＋3万6750円＋82万2214円
＝143万8738円（経費の合計額）

339万3248円－143万8738円＝195万4510円
195万4510円÷90日≒2万1716円
2万1716円×62日＝134万6392円
」

裁判例 76　東京地判平成21年7月14日（交民42巻4号882頁）

「エ　そして，本件事故前期間の原告車の1日当たりの平均粗利は5万6933円であるが，同期間の車両の使用状況からすると，これを基準とするにしても，上記のとおり，同期間は最も繁忙期を含むものであり，利益率も高いことが推認されるから，そのまま使用できず，本件休車期間を含む平成17年6月から9月までの，同年4月に対する売上げ，営業利益の平均比率は，売上げで65パーセント程度（7月と8月のみでも73.35パーセントである。），営業利益で20パーセント弱（7月と8月のみでも34パーセントである。なお，9月度は営業利益0円として計算している。）にすぎないこと，平成18年は，平成17年に比較して，売上げは増加しているものの，必ずしも利益は増加していないこと，車両の使用状況は年度で必ず同様であるとも言い難いことや成約率上SL車が必要であったと直ちにはいえず，稼働率（これも必ずしもSL車が使用されていると言い難い。）や利益状況などを考えると，必ずしも原告車がないことで，原告が引越の仕事を受けられず，原告主張の利益を上げられなかったとは言い難いことなどを総合し，民事訴訟法248条の趣旨も含めて判断すると，本件における休車損害を算定する際の基準額としては，1日当たり2万3000円とするのが相当である。

オ　ところで，原告は，本件休車期間を，本件事故の日である平成18年6月7日から修理が完了し，納車された同年9月13日までの99日間と主張しているが，上記ア(ケ)のとおり，修理に要した期間は同年7月31日から同年9月13日までの45日間であることに加え，修理のための入庫まで時間を要したのは，原告車の時価（経済的全損として130万円程度。）以上にかかるとされた同年6月半ばころの修理代見積に対し，原告が上記塡補金額内で修理をしようとして，そのような修理工場を探していたことにあるというべきであって，修理の入庫は，通常であれば事故直後であり，上記事情を考慮しても，そのための期間分を被告が全部負担すべきいわれはないから，修理着手までの相当期間としては，同年6月いっぱい（同月30日までは23日間，見積後でも約2週間ある。）とするべきであり，上記修理期間と合計すると，68日間が相当期間であるといえる。

カ　よって，原告の休車損害は，2万3000円に68日間を乗じた156万4000円となる。

なお，原告は，休車期間を削るのであれば，修理代として315万8447円を認めるべきであると主張するが，上記の検討によれば，経済的全損の場合，原告の損害額は130万円程度であるから，原告車の時価を超える修理費を認める余地はなく，また，その場合には休車損害としても，本件事故から発注の期間に制限されることになるから，原告の主張を採用することはできない。」

裁判例 77　大阪地判平成22年7月29日（交民43巻4号949頁）

「(ア)　本件事故により原告X1車両が使用できなくなったため，休車損害が発生していることは間違いない（甲5ないし7，弁論の全趣旨）。

⑴　事故車両の１日当たりの利益の算定方法は，当該車両の売上高から変動経費（当該車両の実働率に応じて発生額が比例的に増減する費用）のみを控除し，固定経費（当該車両の実働率にかかわらず休車期間における発生額が一定である費用）は控除しない方法によるのが相当である。

そして，本件で提出された証拠に基づくと，原告Ｘ１車両の１日当たりの利益は，３万8000円を下回らないと認められる（甲５ないし11，弁論の全趣旨）。

⑼　休車相当期間については，①原告Ｘ１車両と同等車両（フルオーダーの加装を加える必要がある。）の注文から納車までが３か月程度かかること，②新車購入を決断するまでの検討期間として１か月程度はかかると推察できること等を勘案すると，４か月間（120日間）と認めるのが相当である。

㈡　したがって，原告Ｘ１車両の休車損害の額は，

３万8000円×120日間＝456万円

となる。」

第３　評価損

(1)　評価損を認めなかった事例

裁判例 78　東京地判平成22年３月24日（判例秘書 L06530140）

「被告は，Ｅ車について30万円の評価損が生じているとして，中古車販売業者は，評価損が生じる理由として，Ｅ車後部のドアを開けてゴムを外したところ，シャーシ（バックパネル，リアパネル）にゆがみが見つかったことを指摘する（乙９，被告本人尋問38頁）。しかしながら，Ｅ車後部ドアを開けた写真（乙20の１頁目下，乙23）を見る限り，シャーシ（バックパネル，リアパネル）のゆがみは明確とはいえないこと（リアバンパーを外して直接にパネルが見える状態を撮影した写真はない。），Ｅ車後部を下から撮影した写真（乙20の２頁目，乙24及び25）によってもシャーシ（バックパネル，リアパネル）にゆがみがあるかは明確ではないし，Ｅ車は本件事故によりリアバンパーが僅かにずれる程度の損傷しか受けなかったことからすると（甲17），本件事故によりシャーシ（バックパネル，リアパネル）がゆがんだということができるかは疑問があり，他に，本件事故によってシャーシ（バックパネル，リアパネル）がゆがんだことを認めるに足りる的確な証拠もない。このような事情に加えて，①Ｅ車は初年度登録が平成15年８月（本件事故の約４年５か月前）の普通乗用自動車（ステーションワゴン）であること（乙５），②前記のとおり，本件事故により，それほど大きな力がＥ車に及んだとは考えられず，Ｅ車は，車体の骨格部分やエンジン部分といった走行性能や安全性能に関わる重要部分に影響が及んだことやその恐れが生じたことを裏付けるに足りる証拠もないことからすると，本件事故によってＥ車に評価損が生じたと認めることはできない。」

裁判例 79　東京地判平成22年4月22日（判例秘書 L06530186）

「控訴人車両は本件事故から3年5か月前に登録された走行距離1万6600キロメートル程度のトヨタアルファードであり，本件事故による修理項目は，ラジエターに関連するラジエターサポート，フロントフェンダエプロンフロント，サスペンションに関連するステアリングナックル，フロントサスペンションロワーアーム等であるが，これらは，いずれも控訴人車両の構造等の主要部分に関わるものではないと認められる。

上記の登録後の経過年数，走行距離，車種，本件事故による修理項目が控訴人車両の安全性能や走行性能に影響を及ぼすとは言い難いことにかんがみると，本件事故による評価損が発生したとは認めることができない。」

裁判例 80　東京地判平成23年2月22日（判例秘書 L06630047）

「原告車は新車登録してから約3年2か月経過していたことが認められ，本件事故による原告車の左前ドアの損傷であって傷は比較的小さく，車両の構造や性能に影響を及ぼすものとは認められないことも併せると，新車価値の喪失あるいは評価損を損害として認めることはできない。」

裁判例 81　名古屋高判平成23年7月14日（判時2139号12頁）

「ア　被控訴人は，本件事故により本件車両には修理によっても回復されない評価損として600万円の損害が発生した旨主張する。

イ　被控訴人が主張する評価損の内容は明確でない点があるが，まず，修理上の評価損については，価値の減少があるとは認められない。すなわち，控訴人らが提出した鑑定書の作成者であるKは，自動車整備士「二級整備士」及び自動車検査員の国家資格を有し，約10年にわたり自動車分解整備事業を営んだ経験に基づき，損害保険会社，弁護士，裁判所，警察，生命保険会社等の依頼により，交通事故に関する工学鑑定を多数行った経歴を有する者であり，上記鑑定書は，関係資料に基づいて，本件車両の損傷状況を自動車工学的に分析し，判断した結果を記載したものである。これによれば，本件見積書に表示された本件車両の修理内容中，車体の骨格にあたる部位の修理又は交換はリアフレームの交換のみであり，その金額は54万8200円である。しかも，上記交換作業は，現代の自動車修理技術水準に照らすと，構造・機能の回復，強度・耐久性の確保，安全性の確保，美観の回復のいずれの観点からも，問題が残らないものといえる。

Kは，上記の考察を経て，本件車両に本件事故を原因とする評価損は発生しないと結論付けている。

上記検討結果は，客観的かつ合理的な根拠に基づくものといえる。

ウ　次に，本件見積書に記載された修理内容を踏まえても，社団法人自動車公正取引協議会の定める事故歴の表示を要する修理事項はリアフレームの交換だけであり，取引上の評価損を認定することはできない。

エ　ところで，本件車両の評価損を31万8000円とする事故減価額証明書も存するが，その査定の根拠ないし過程は示されておらず，他方，被控訴人代表者の供述を踏まえても，査定に際して本件車両を調査したか否かは判然とせず，同証明書に「修理復元見積書有」，「￥10,537,770」との記載も存することからすると，本件車両の修理費用として1053万7770円（消費税抜）と見積もられた本件見積書を前提として，評価損を査定したと解されなくもない。

しかし，前記のとおり，本件見積書の信用性は乏しく，上記査定は過大な修理費用を前提とする不相当なものというべきである。

加えて，上記証明書には，走行距離が2200キロとされ，それ以前にFが確認した本件車両の走行距離よりも少なくなっているにもかかわらず，上記査定までの間に本件車両を管理していた被控訴人代表者がその理由を明らかにしないことからすると，上記査定が真に本件車両を査定したのかすらも疑問が生じるところであり，上記査定の信用性は乏しく，本件車両の評価損を証するものとして採用することはできない。

オ　前記イないしエによれば，本件事故により本件車両に評価損が発生したとは認められない。」

裁判例 82　東京地判平成24年7月17日（判例秘書 L06730305）

「控訴人車は外国製であるが，初度登録年月日は本件事故の約3年8か月前の平成18年12月14日であり，本件事故当時の走行距離は3万4318 kmであること，本件事故により，控訴人車のリヤバンパー，トランクリット，リヤエンドパネル等に損傷が生じたが，車体の骨格部分には損傷が生じなかったことが認められる。これらの事実に加え，控訴人自身，修理後は控訴人車に特に不具合はないと供述しており（甲16），控訴人車に修理によっても修復することができない外観，機能等の問題があることの立証がないことも併せ考えると，控訴人車に評価損が発生したことを認めることはできない。

控訴人は，Aが作成した査定書（甲8）に基づき，本件事故当時の控訴人車の査定価格305万円の8％に相当する24万4000円の評価損が発生したと主張する。しかし，同査定書は，本件訴えが提起された後に作成されたものである上，上記認定のとおり控訴人車の車体の骨格部分に損傷が生じていないにもかかわらず，リヤバンパーの修復歴があるというだけで車両価格の8％の減額が生じるとする具体的な理由を示していないから，その内容をたやすく信用することはできない。したがって，同査定書は上記認定を左右するに足りるものではなく，控訴人の主張は採用することができない。」

(2)　評価損を認めた事例
（修理費用の約10〜19パーセント）

裁判例 83　名古屋地判平成22年7月9日（交民43巻4号848頁）

「イ　格落損について判断する。

証拠（甲2，3の2・3，4）及び弁論の全趣旨によれば，次の事実が認められる。

(ア)　原告車は，初度登録が平成15年10月のトヨタのアルフォードGのMS（仕様MS，認定型式TA-MNH10W，通称型式PFPSK）で，同じ車種の新車の発売当時の価格は320万円，平成19年5

月当時の中古車小売価格が233万円であるところ，本件事故当時の走行距離が4万3974 km，車検残月数が17か月であったことや車両の状態（特段価格を加減すべき状態はみられない。）から，本件事故当時の時価は233万5000円と認められる。

(イ)　被告側加入のB保険作成の損害状況調書（甲3の2）2項には「損傷状態に関する特記事項（入力位置，損傷部位，波及状態等）」として「着力点は，フロントバンパーエンジン下部サブフレーム左右フロントホイルに有・方向は，12時方向より激しくサブフレーム前部の下に衝突・添付写真の通り，フロントパネルグループが損傷し前部骨格部位に波及し又フロントピラーサイドシルを伝播し右ルーフパネル中央に歪の発生あり・エアーバック　シートベルトの展開有」と，同3項には「損傷内容に関する特記事項（重要部位，高額部品の損傷状態及び工賃が割高になる理由等）」として「フロントパネルグループ構成部品は各々塑性変形が発生し修復が困難・前部骨格部位も同様に塑性変形が発生し修復に困難を要す・左右タイヤホイル　サスペンション損害多大にあり」と，同5項には「損害額（部品の交換要否，工賃，救助費用，その他）の調査確認，折衝等に関する特記事項」として「ボディー修理に困難を要す，出来るだけ時間を考え算出加算しました」とそれぞれ記載されている。

(ウ)　本件事故による原告車の損傷の修理については，C損調社のアジャスターDが平成19年5月19日作成の概算見積書により，総額192万7936円との見積もりをしたが，左センタアウタピラーの修理の工賃6850円，右センタアウタピラーの修理の工賃1万3700円，右スライドドアの点検調整の工賃6850円，エンジンR/I＋Fサスペンションの分解調整の工賃7万5350円，基本修正作業，左右のフロントフェンダーエプロン，左右のフロントサイドメンバー，カウルパネル，ダッシュパネル，左右のフロントピラー，フロントフロア，センタフロアの修正の工賃合計12万9520円，塗装費用13万6290円，内張り費用6500円，配線・配管費用6500円，ショートパーツ，エンジンオイル，ブレーキオイル，ATオイル補充の部品価格合計1万2500円の合計39万4060円（消費税を加えると41万3763円）を除いた151万4173円（消費税込み）は，修理内容が取替や脱着である。

以上のとおり，原告車は，本件事故時において初度登録から約3年半経過しているものの，時価が233万5000円とかなり高価であること，本件事故による損傷がかなり大きく，基本的構造部分にも及んでおり，修理費用も192万7936円と高額であり，これらのことからすれば，本件事故による損傷のため，修理代の約1割である19万2794円の評価損を生じたと認めるのが相当である。」

裁判例 84　東京地判平成22年9月16日（判例秘書L06530489）

「被控訴人車は，本件事故の約5年前の平成16年8月に初年度登録されたBMWであり，本件事故当時の走行距離は3万3016キロメートルであったこと，本件事故による修理項目は右リアフェンダーに関連する板金修理，右リアホイールに関連する板金修理，右テールランプ，リアバンパー，右ステップカバーに関連する交換などであり，被控訴人車の構造等の主要部分に関わるものではないことが認められる。

上記の被控訴人車の車種，登録後の経過年数，走行距離，本件事故による修理内容等に照らすと，修理費用の10パーセントである3万3837円を被控訴人車の評価損として認めるのが相当である。」

裁判例 85　東京地判平成23年5月10日（判例秘書 L06630184）

「原告車は，レクサス・LS460・DBA-USF40という国産高級車であり，初年度登録日は平成19年2月20日（本件事故日は平成22年3月7日），走行距離は4万3769キロメートルであること，原告車は約5万円の修理によって走行可能となっていること，原告車の修理部位にはセンターアウターピラーなど中古車販売業者に表示義務のある修復歴に該当するものがあることなどが認められる。

そこで，上記にみた原告車の車種，型式，登録年数，走行距離，本件事故による損傷が原告車の走行に与えた影響の程度，修理内容等に照らすと，本件事故による原告車の格落ち損（評価損）としては，修理費の約10パーセントである18万1117円が相当であると認める。

この点につき，原告は，格落ち損（評価損）につき，財団法人日本自動車査定協会が作成した査定証（甲13）によれば，原告車の売却価格は84万3000円であり，これに修理費を加算した金額と原告車と同等の車両の価格515万円（乙5）との差額が本件事故によって原告車の取引価格が下落したことによる原告の損害である旨主張したり，又は原告車の格落ち損（評価損）は財団法人日本自動車査定協会が査定した64万3000円（甲14）が相当である旨主張したりもするが，同協会による各評価過程はどのような資料や査定基準等に基づいてされたか明らかではないから，これらの査定額を直ちに採用することは相当でなく，格落ち損（評価損）を判断する際の考慮要素の一つにとどまるというべきであるところ，本件においては，上記各査定額を考慮しても，上記判断を左右しない。

したがって，原告車の格落ち損（評価損）は18万1117円と認める。」

裁判例 86　東京地判平成24年1月19日（判例秘書 L06730031）

「(1)　A車の修理費用は，80万1581円であることが認められる（甲4，5）。

次に，A車は，平成16年7月登録のアルファロメオであり，本件事故当時の走行距離は3万0395 kmであること，本件事故による損傷は，フロントバンパーやフロントフードパネル等に限られていることなどに照らすと，その評価損は，せいぜい修理費用の10%程度にとどまるとするのが相当である。なお，被控訴人Aは，A車の価格は，本件事故前は32万円ないし89万8000円程度，本件事故後は5万円程度であり，本件事故により25万円以上の取引価格が下落したと主張するが，その主張する事故後の価格は新車購入時の下取り価格であることなどからすれば，客観性が担保された適正なものとはいえない。

したがって，被控訴人Aの過失割合が6割であるから，A車の評価損は3万2063円となる。

（計算式　80万1581円×0.1×0.4＝3万2063円（小数点以下四捨五入））

そして，被控訴人Aは，本件保険金の支払として，修理費用80万1581円から免責分5万円を差し引いた75万1581円を受領したことが認められるから（丙3），被控訴人Aの損害額は，評価損3万2063円に免責分5万円を加えた8万2063円となる。」

裁判例 87　東京地判平成24年3月14日（判例秘書 L06730123）

「原告は，本件事故により本件車両の運行の安全について信頼ができなくなってしまったことから本件車両を売却し，その売却価格と本件車両の時価額との差額が発生したことを前提に，これが本件事故による損害であると主張するが，原告主張の売却価格は修理をしていない状態での売却価格である上（証人A，原告本人），本件車両を売却せざるを得なかった事情が存するとはいえず，原告の上記主張を採用することはできない。

また，原告は，本件事故により本件車両の時価額が下落したことによる評価損の主張もしている。本件車両は，トヨタ・プリウスであるところ，初度登録平成16年12月28日で本件事故時（平成20年9月12日）までに約3年9か月経過していたが，それまでの走行距離は約3326キロメートルであったこと（甲3，4），本件事故により本件車両のフロント骨格部が損傷を受けたこと（甲17，乙イ6），などの事情を考慮すると，本件事故による評価損として，修理費（前記ア）の1割に当たる3万7028円を認めるのが相当である。」

裁判例 88　東京地判平成23年3月29日（判例秘書 L06630088）

「被告車について，車種は日産・シーマであること，初度登録年月は平成19年7月であって登録日から本件事故まで約1年3か月であったこと，本件事故のときまでの走行距離は6万4140キロメートルであったこと，本件事故による修理箇所は，フロントバンパー，フロントフェンダー，ラジエーター，スタビライザーなどであることが認められ，これらに照らすと，その評価損としては修理費用の約1割である20万円が相当であると認める。」

裁判例 89　名古屋地判平成22年2月19日（交民43巻1号217頁）

「原告車は，初度登録が平成17年4月の高級外車（アウディ）であり，本件事故当時走行距離も4万7365キロメートル程度であった。原告車の車両保険金額も645万円と高額の査定がされ，本件事故時のレッドブックによる時価額は490万円であった。財団法人日本自動車査定協会による平成20年7月1日の査定では，原告車の本件事故による事故減価額は38万9000円とされた（ただし，同査定時においては，原告車の左ヘッドライトのちらつきや左ホーンの音が割れるという損傷が明らかになっておらず，車両修理費用は，前記アよりも低い143万3580円であるとの前提であった。）（甲2，7，10）。

しかし，原告車の本件事故による損傷については，主要骨格部（ホイールハウス，サイドメンバ等）への損傷波及は確認されないものであり（甲2），本件事故後の修理（追加修理も含む。）により車両としては完全に直った状態になった（原告X１本人5頁）。

以上によれば，原告車には，技術上の評価損（修理しても外観や機能に回復できない欠陥）はないというべきであるが，原告車の本件事故前の状況（比較的高額な時価，車種）や修理の規模に照らし，事故歴による取引上の評価損は生じているものと認められるが，このような性質の評価損にとどまることに加え，現実には，その後も原告X１が買換えをせずに原告車の使用を続けている（原告車の売買代金についてのローンも支払中である）ことなどからすれば，その額は修理費用の1割強である20万円と認めるのが相当である。

これに対し，原告は，評価損の額につき，修理費の約3割である50万円と主張し，原告X1本人は，これまで2年以上同じ車に乗ったことはなく，いつも前の車を売った金額をもとに次の車を購入していたが，原告車を購入したBで原告車の買い取る場合の価格について尋ねたところ，本件事故がなかった場合と比べると50万円くらい安くなるとのことであった旨陳述（甲14）ないし供述する。しかし，Bで聴いたという話は，厳密な査定をした上での話ではないとうかがわれること，本件事故前に具体的に車を買い換えるために動いていた旨の主張や供述はなく，実際にも，本件事故後1年近く経っても買い換えずに原告車の使用を続けている（原告車の売買代金についてのローンも支払中である）ことなどからすれば，原告車の交換価値が50万円下落したという事実も，本件事故時に近い時期に原告X1が車の買換えを予定していたという事実を認めるに足りないというべきである。他に，上記認定判断を覆すに足りる証拠はない。」

裁判例 90　東京簡判平成20年12月15日（判例秘書L06360036）

「1　評価損については，①修理によっても技術上の限界等から外観や機能に回復できない欠陥が残存する場合と，②外観や機能は特に問題ないが，事故歴があるという理由で当該車両の交換価値が下落する場合が考えられ，いずれの場合についても，評価損として判断される損害を賠償すべきであると考えられる。そして，②のような，車両の交換価値が下落したことによる評価損は，車両の所有者が事故によって評価損に相当する損害を潜在的に被っており，将来転売する可能性が考えられる場合には，当該車両を売却し損害として顕在化していない場合であっても，事故による損害を被っていると解するのが相当である。この点に反する被告の主張は採用できない。

そして，評価損の発生の有無及び金額については，事故による損傷の部位・程度，修理の内容や修理に要した費用，事故当時の車両時価額，初度登録からの経過年月数，走行距離，車種等を総合的に考慮して算定されるべきである。

2　以上の考え方を前提に，本件事故による評価損について検討する。

⑴　証拠によれば，確かに原告車は，建築業者に有償で貸し出し貨物の運搬等作業用に使用している国産ワンボックスの商用車であることが認められ，原告主張のように，リース期間が終了する2年後に転売する蓋然性が高いとは言えない。しかしながら，その点のみをもって原告が転売する可能性が殆どないとまで断定することはできない。

また，本件は追突事案で同乗者も怪我を負ったほか，車両の重要部分に及ぶ程度の損傷を受けているおそれがないとは言えないこと，修理に77万円余り要していること等が認められ，特に，本件事故当時，初度登録から6ヶ月余りと極めて短く，走行距離も1万3000キロメートル余で比較的短いことを考慮すると，原告車が商用車であることを重視して評価損を否定するのは相当とは思われない。

⑵　以上の諸点に弁論の全趣旨を総合考慮した上，民事訴訟法248条の趣旨に照らすと，原告車の評価損は10万円（修理費用77万6982円の約13パーセント）と認めるのが相当である。

なお，原告は，本件評価損として修理代金の30パーセントを請求しているほか，具体的な減価損の額として，財団法人日本自動車査定協会東京都支所作成の「中古自動車事故減価額証明」（甲10）を提出しているが，本書面は中古車の商品価値の差（価格差）を算定しているもので，価格査定の根拠や理由が必ずしも明確なものとはいえない面もあり，その査定上の減価を直ちに原告の損害とすることはできない。」

裁判例 91　東京地判平成24年9月4日（判例秘書L06730456）

「ア　上記1の認定事実によれば，控訴人車は，本件事故による損傷の修理歴があることにより商品価値が下落することが見込まれ，評価損が生じていることが認められる。

そして，同評価損の額は，控訴人車が平成21年2月に初度登録がされた車両であり，本件事故当時は初度登録から約2年半が経過していたこと，本件事故後間もない平成23年9月9日時点（査定時）の走行距離が2万5939キロメートルであり，本件事故当時の走行距離もこれとほとんど同じであったと推認されることを考慮すると，上記1(4)の修理費用74万6739円の15パーセントに相当する11万2010円であると認めるのが相当である。

イ　これに対し，控訴人は，初回の車検有効期間が満了する前に車を買い替えることは別段特異なものではなく，所有者が事故後に実際に買替えをして，事故前の下取価格と事故後の下取価格の差額が損害として現実化した場合には，原則として，当該差額について，民法416条の「通常生ずべき損害」として，事故との相当因果関係を認めるべきであると主張する。

しかしながら，交通事故により自動車が損傷を被った場合において，被害車両の所有者が，これを売却し，事故当時におけるその価格と売却代金との差額を事故と相当因果関係のある損害として加害者に対して請求し得るのは，被害車両が事故によって物理的又は経済的に修理不能と認められる状態になったときのほか，被害車両の所有者においてその買替えをすることが社会通念上相当と認められるときをも含むものと解すべきであるが，被害車両を買替えたことを社会通念上相当と認め得るがためには，フレーム等車体の本質的構造部分に重大な損傷の生じたことが客観的に認められることを要するものというべきである（最高裁判所昭和49年4月15日第二小法廷判決・民集28巻3号385頁参照）。

本件についてみると，控訴人車の修理内容には，Rrフロアリヤインナクロスメンバ，リヤフロアパン，Rrフロアクロスメンバ，左Rrフロアサイドメンバ，右Rrフロアサイドメンバの修理が含まれているものの，控訴人車を下取りに出すことができるように修理されていることが認められること（甲3から5まで及び弁論の全趣旨）からすれば，控訴人車は，本件事故により修理不能と認められる状態になったとはいえないし，また，フレーム等車体の本質的構造部分に重大な損傷の生じたことが客観的に認められるともいえない。さらに，控訴人が主張する下取価格は，その具体的な評価方法が明らかではない上に，控訴人の主張する「本件事故前の下取価格」は，本件事故後の平成23年9月9日に作成された下取価格査定書（甲4号証）に基づくものであることからすると，控訴人が主張する下取価格が本件事故前及び本件事故後の控訴人車の市場価格を正確に評価しているものと認めるには足りないというべきである。

したがって，控訴人の上記主張は採用することができない。」

裁判例 92　東京地判平成22年12月8日（判例秘書L06530677）

「①B車は，外国車（BMW・MINI）であるが，本件事故当時，初年度登録（平成20年4月）から約1年が経過し，走行距離は約2万キロメートルであったこと，②B車は，本件事故により，左側面をフロントフェンダー付近からリアフェンダー付近に至る広い範囲に損傷を受けていること，③B車の修理費用は214万9519円であることが認められる。

以上の事実によれば，B車は外国車であり，本件事故当時，初年度登録から1年程度であって比較的新しい車両であるところ，損傷箇所も広範囲に及んでおり，修理費用としても200万円以上と高額であるから，初年度登録から1年程度で走行距離が約2万キロメートルとやや走行距離があるという事情を考慮に入れても，評価損を認めるのが相当であり，その他，本件口頭弁論に表れた一切の事情を考慮すれば，評価損は40万円が相当と認められる。」

（修理費用の約20〜27パーセント）

裁判例 93　大阪地判平成22年6月14日（判例秘書L06550836）

「X1車両の車種（フォルクスワーゲンゴルフ），初度登録（平成19年12月であり，本件事故の前月），走行距離（3761キロメートル），損傷内容（自動車公正競争規約上の表示義務の対象である左右のリアサイドメンバ及びルーフクロスメンバの損傷），同種車両の新車価格（3,350,000円）などの要素を考慮し，本件事故により，X1車両に破損による評価損として，修理費の20%である262,500円を認める。」

裁判例 94　東京地判平成22年10月1日（判例秘書L06530506）

「Y3車は，平成18年10月初度登録のアウディA-4EBSMFであること，本件事故時では初度登録から約1年経過していたに過ぎないこと，走行距離が本件事故による修理受付時である平成19年10月27日時点で9618キロメートルであること，本件事故により上記認定にかかる損傷を受け，エンジンフードやフロントグリル等の交換を含め修理費として533万8326円を要することに照らせば，評価損としては上記修理費の20パーセントを認めるのが相当であり，原告X1が主張する上記修理費の40パーセント程度の評価損が発生したとまでは認めるに足らない。」

裁判例 95　東京地判平成24年8月31日（判例秘書L06730385）

「証拠（甲2，3，7の1・2，16，18，原告本人）及び弁論の全趣旨によれば，①原告車は，平成21年7月初度登録（登録日は同月31日）のスバル製レガシーワゴンであり，本件事故当時，初度登録から約2年が経過し，走行距離は3万6383kmであったこと，②原告車は，本件事故により前記1(1)エのとおり損傷したが，その修理をした後は，外観や機能に欠陥は残っていないこと，③原告は，スバル製レガシーワゴンの新車を購入しては，その初回車検有効期間が満了する前に同一車種の新車に買い替えることを繰り返しており，原告車についても予定どおり平成24年夏に買い替えたところ，原告車の下取り価格は196万円であったこと，④S株式会社は，本件事故直後の平成23年7月30日，原告からの依頼に基づき，本件事故による損傷の修理歴が存在しない場合の原告車の価格につき261万1000円，上記修理歴が存在する場合の原告車の価格につき217万9000円と査定したこと，⑤一般財団法人日本自動車査定協会は，平成24年5月1日，原告車（当時の走行距離4万7990km）の本件事故による減価額につき11万2000円と査定したこと（甲16）が認められる。

以上によれば，原告車には修理後は外観や機能に欠陥は残っていないものの，本件事故による損傷の修理歴が存在することにより商品価値が下落することが見込まれ，評価損が発生したことが認められる。そして，評価損の額については，S株式会社及び一般財団法人日本自動車査定協会の上記各査定は，いずれも評価の根拠や過程が明らかでないから，これに基づき評価損の額を認定することはできず，上記①，②の事実も考慮して，上記(1)の修理費用の約2割に相当する10万円を認めるのが相当である。」

裁判例 96　東京地判平成23年2月16日（判例秘書L06630043）

「原告車は平成18年6月初年度登録（本件事故時から3年余前）のBMWであり，購入価格（新車）は759万5000円であること，本件事故当時の走行距離は2万6000キロメートル程度であること，本件事故による原告車の損傷は，左のフロントバンパーから左リアバンパーまでにかけて，左側面の広い範囲における凹損で，修理費は190万7136円であることが認められる。

原告車は，初年度登録から3年余とやや経過していることは確かであるが，車種はBMWであっていわゆる高級外国車であること，走行距離は2万6000キロメートル程度で使用年数に比べてそれほど多いわけではないところ，損傷の範囲は広範で補修費用も高額に上っていることからすると，評価損を認めるのが相当であり，補修費用の金額のほか，初年度登録から経過した期間などからすれば，評価損は50万円と認められる。

なお，原告は，原告車の買取価格380万円と査定価格220万円との差額である160万円の評価損が生じたと主張する。しかしながら，原告の主張する原告車の買取価格380万円は本件約定における買取価格であって原告車の客観的な取引価格とはいえないし，査定価格も業者間のオークションに出品する基準価格を算定する際の評価損の取扱いを前提としているだけであるから（甲20），採用の限りではない。」

裁判例 97　東京地判平成22年2月2日（判例秘書L06530058）

「原告車は，平成19年4月に初度登録したばかりの車両（ベンツ）であり，修理は部品の交換と整備で済むとはいえ，事故があったことによる評価損の発生は免れないところ，その額は10万円とするのが相当である。」

（修理費用の約30パーセント）

裁判例 98　東京地判平成19年4月24日（判例秘書 L06231897）※コーティング費用を認定

「事故にあった車両について適切な修理がされた場合，車両としての機能及び外観は回復されるが，技術上又は取引上の観点から修理後の車両に事故がなかった場合と比較して価値の下落が認められる場合，これを評価損として事故に基づく損害と認めるべきものと解される。中古自動車市場においては事故歴があることを理由として減価されることが経験則上明らかであるから，技術上の問題点が残存することを認定することができない場合においても，評価損を認めるべき場合があるというべきである。

しかし，事故にあった車両について常に上記の評価損を認めることは相当でなく，車種，初度登録からの経過年数，走行距離，事故による損傷の部位及び程度，修理の内容等の具体的事情を考慮して，評価損の発生の有無及び額を判断すべきものと解される。

2　上記1に判示したところに照らして検討する。

⑴　前記のとおり，原告車は，車両本体価格1500万円（特別値引き125万円を控除すると1375万円）のメルセデス・ベンツのブランドの輸入車であり，初度登録は，平成17年12月である。本件事故が発生したのは平成18年2月28日であるから，初度登録から約2か月しか経過していなかったことが明らかである。また，前記のとおり，本件事故当時の走行距離は，約1117 kmにすぎなかったことが認められる。

本件事故の態様は，〔証拠略〕のとおりであり，原告車に対して実施された修理の内容及び修理費用は，〔証拠略〕のとおりである。

⑵　本件事故の態様は，上記のとおりであり，停車中の原告車に被告車が接触したというものである（甲1，弁論の全趣旨）。この事故の態様に，原告車に対して実施された修理の内容が，前記のとおりであって，公正競争規約，施行規則及び判定マニュアルに所定の修復歴に該当しないものであること（弁論の全趣旨）を考慮すると，本件事故による原告車の損傷は，車体の本質的構造部分に影響をもたらすようなものでないことが明らかであり，その他，技術上の観点から価値の下落を認めるべき事情は存しない。

⑶　そこで，取引上の観点からの価値の下落を検討する。

ア　原告が原告車を修理後も使用していることによると（弁論の全趣旨），取引価格の下落は現実化していない。

イ　Cは，原告車について，本件事故当時の評価額は1200万円であるが，本件事故によって評価額が900万円に減額した旨査定している（甲8の1，2）。

原告は，前記のとおり，Cに対して車両本体価格1500万円，総合計1540万8200円との内容で原告車の注文をしたところ，平成18年1月ころ，その引渡しを受けた（弁論の全趣旨）。本件事故当時（平成18年2月28日）は，原告が原告車の引渡しを受けてから2か月を経過していないが，この時点で原告車が1200万円と評価される根拠は必ずしも明確でない。一方，本件事故による修理等によって原告車に対する評価点が5から3になった旨評価されているが（甲8の1，2），評価点5の場合に1200万円のものが評価点3の場合に900万円になる根拠も明らかでない。

上記に検討したところによると，Cの上記の査定を採用して評価損を認定することはできない。

ウ　以上に検討したところによれば，本件事故によって原告車に生じた評価損は，前記認定の諸事情を総合考慮すると，修理費用69万9069円及びコーティング費用14万7000円の合計84万6069円の3割である25万3820円と認めるのが相当である。

(ア)　原告は，修理費用を基準として原告車の評価損を算出することは不合理である旨主張するが，原告車の場合についてこれを不合理と解すべき理由はなく，原告の上記主張を採用することはできない。また，原告は，原告車の評価損は，少なくとも新車時の車両本体価格の10%である137万5000円をくだることはない旨主張するが，原告車の評価損が上記の額であると認めるに足りる証拠は存しない。

(イ)　被告らは，原告車の修理部位が公正競争規約，施行規則及び判定マニュアルに所定の修復歴に当たらない以上，評価損は発生しない旨主張する。確かに，上記の公正競争規約等に所定の修復歴に当たらないものである場合，中古自動車の販売業者は，修理歴を表示することが義務づけられていない。しかしながら，車両が事故にあって修理されると，その内容が上記の公正競争規約等に所定の修復歴に当たらない場合においても減価されることがあることは否定し難いものと考えられる。したがって，被告らの上記主張を採用することはできない。」

裁判例 99　東京地判平成22年3月30日（判例秘書 L06530148）

「A車は平成19年8月30日に初度登録したベンツであるところ，本件事故まで2か月程度しか経過しておらず，走行距離も5000キロメートル未満であったこと，本件事故により，上記アの修理代を要したことが認められるから，その評価損としては，修理代の30パーセントである69万3982円が相当である。」

裁判例 100　東京地判平成23年11月18日（判例秘書 L06630515）

「①原告は，原告車（BMW X6xDrive35i）を平成23年3月にBMWの正規ディーラーである株式会社Aから購入したものであり，原告車の新車購入価格は約850万円であり，本件事故当時の時価は少なくとも815万円であること，②本件事故は，原告車の初年度登録日（平成23年3月15日）の1週間後に発生したものであり，本件事故当時の原告車の走行距離は425 kmにすぎなかったこと，③原告車の修理内容にはインナーテールパネル，左リヤフェンダーのテールパネル等の交換や，トランクルームフロアーの鈑金等が含まれており，本件事故による損傷は原告車の骨格部分にまで及んでいることが認められる。

以上の諸事情によれば，原告車には本件事故による修理歴があることにより商品価値が下落することが見込まれ，評価損が生じていることが認められるところ，その額は，以上の諸事情に加えて，原告車に修理後も機能の欠陥が残存していることは認められないことも併せ考慮すると，修理費用の3割に相当する97万1365円と認めるのが相当である。

これに対し，原告は，評価損の金額について，160万円であると主張し，これを160万円（本件事故当時の時価820万円と修理後の評価額660万円との差額）とする株式会社A作成の査定書（甲4）と180万円（本件事故当時の時価835万円と修理後の評価額655万円との差額）とする有限会社B作成の査定書（甲8）を提出する。しかしながら，上記査定書は，いずれも，金額が記載されているのみで，修理後の評価額に関する評価の方法や根拠が明らかではないから，これらに基づいて評価損の金額を認定することはできず，原告の主張は採用することができない。」

（修理費用の50パーセント以上）

裁判例 101　東京地判平成23年11月25日（判例秘書L06630518）

「原告車は，平成20年7月に初年度登録がされた日産社製スカイラインGTRプレミアムエディション車であり，生産台数の限定された高級車である。原告会社は，原告車を車両本体価格834万7500円（消費税込み）で購入し，本件事故当時の走行距離はせいぜい945 kmにすぎなかった。原告車は，初年度登録からわずか3か月後に本件事故に遭い，リアバンパー等が損傷し，その修理には141万5478円を要した。しかし，原告車は，リアフェンダを修理した後も，トランク開口部とリアフェンダとの繋ぎ目のシーリング材の形状に差があるなど，本件事故前と同じ状態には戻らなかった。

(イ)　上記認定事実によれば，原告車には本件事故による修理歴があることにより商品価値が下落することが見込まれ，評価損が生じていることが認められるところ，その額は，上記認定事実に加えて，原告車に修理後も機能上の欠陥が残存していることの立証はないことも併せ考慮すると，修理費用の50％に相当する70万7739円と認めるのが相当である。」

裁判例 102　大阪高判平成21年1月30日（判時2049号30頁）

「ア〔証拠略〕を総合すると，①本件車両は，諸費用込みの代金合計1599万7848円で購入され，平成18年3月27日に初年度登録がなされたポルシェカレラ911であるところ，同年8月1日の本件事故によって大きな衝撃を受けて，その枢要部分である左右リアサイドメンバーとリヤクロスメンバーに損傷が及んでおり，最新の設備と高度な技術をもってする修理（修理代金222万3273円）が完了した後も，技術上の限界から機能上の損傷が完全には回復していない可能性が否定できないこと，②本件車両は，純粋のスポーツカーとして製造された高性能の超高級輸入車で，モノコックシェル構造をその特質としているところ，その修理には切開，伸縮及び加熱等の作業を必要としたため，周辺部へ熱が波及し歪等が生じることは避けがたく，修理作業に遅れて生じる破壊現象等が出る可能性もあり，また，電子部品に対する本件事故の衝撃で今後障害が発生する可能性も否定できないため，控訴人は本件車両を購入したポルシェの取扱業者からはサーキット走行等の高速走行は避けた方がよいと言われていること，③本件車両の修理後に控訴人やその長男が試乗したところ，本件事故前に比べて直線性が甘くなり，オーバーステアの発生，ブレーキ・アクセルの硬さといった問題が生じているとの判断に至ったこともあって，控訴人は本件車両を売却することを決断したこと，④純粋スポーツカーであるポルシェカレラ911という車種（本件車両）に関する味わいやドライビング・フィーリングへの共感が高級輸入スポーツカーの価格の高さの源泉であるところ，本件事故によりこれらが失われ，また，本件車両が中古車専門業者にその旨の表示義務がある修復歴車・事故車に該当することにより中古車市場でグレードが最低ランクへ下落し，また，本件事故によりポルシェによる長期品質保証が外れてしまうという不利益も存すること，⑤日本自動車査定協定の中古自動車査定基準による事故減価算定によれば，本件車両の評価損は96万7000円とされたが，控訴人が本件車両を売却したところ，平成18年12月26日に850万円でしか売却できず，他の業者の買受見積は600万円と750万円の金額に止まったこと，以上の事実が認められる。

イ　前項認定の事実によれば，本件車両は，本件事故により，モノコックシェル構造の枢要部分に損傷が及んでおり，最新の設備と高度の技術をもってする修理が完了した後も，技術上の限界から機能上の損傷が完全には回復していない可能性が否定できず，そのため控訴人が本件車両を購入したポルシェの取扱業者からはサーキット走行等の高速走行は避けた方がよいと言われているところであって，控訴人も高速運転走行性能が大きく低下したと判断するに至っている状況にあり，中古車専門業者に表示義務がある修復歴車・事故車とされ，ポルシェによる長期品質保証からも除外されており，本件車両が純粋のスポーツカーとして作られた高性能の超高級輸入車で，初年度登録後4か月余りで本件事故に遭っていることを考え，また，日本自動車査定協会の事故減価算定はあくまで一つの参考基準にすぎず，現に約1600万円で購入した本件車両が複数見積を取っても850万円でしか売却できなかったものであって，修理費用とは別途に評価損が発生していることは明らかであるといわなければならない。そして，以上の諸事情，特に本件車両が純粋のスポーツカーとして製造された高性能の超高級輸入車であるにもかかわらず，取扱業者からはサーキット走行等の高速走行は避けた方がよいと言われ，また，控訴人自身も高速運転走行性能が大きく低下したと判断せざるを得ない程度に，修理完了後も技術上の限界から本件車両の機能上の損傷が完全に回復していない可能性が否定できない状況にあることなどに照らすと，本件車両の評価損としては150万円が相当であると判断する。」

第３編

交通事故裁判例（過失割合）

第1　交差点

(1)　信号機による交通整理が行われている事例

裁判例 103　東京地判平成24年3月13日（判例秘書 L06730121）

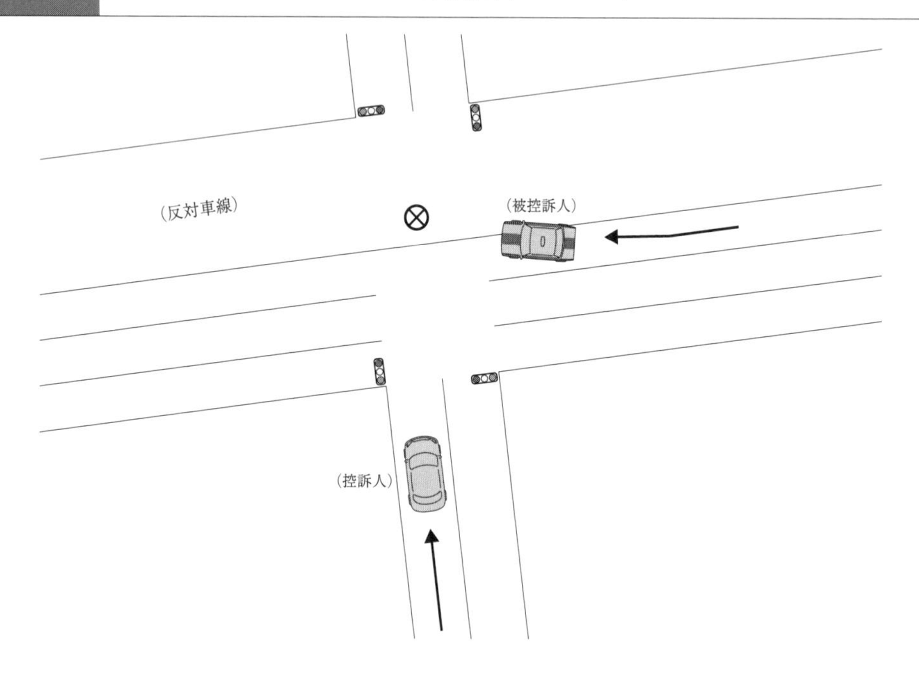

過失割合　普通乗用自動車（控訴人） 0 %　タクシー（被控訴人） 100 %

「(1)　本件交差点は，東西に走る環七通りと南北に走る片側1車線の本件交差道路とが交わる，信号機による交通整理が行われている十字路交差点である。本件交差点の東側では，環七通りの西行き車線は3車線であり，その第3車線は右折専用車線とされ，停止線の前方に右折導流路が設けられている。この右折導流路には白線で停止位置が表示されているが，その停止位置は環七通りと本件交差道路との交差部分の境界付近に表示されており，右折導流路は本件交差点内にほとんど入り込んでいない。

〔途中略〕

3　以上の認定事実によれば，被控訴人Dは，本件交差点を右折進行するに当たり，十分な安全確認をすべき注意義務があるのにこれを怠り，本件交差道路の左方の安全確認をしないで本件交差点を右折進行した過失があるというべきであるから，民法709条に基づき，控訴人Cに生じた損害を賠償すべき責任を負う。また，被控訴人Bは，前記前提事実2項のとおり，被控訴人Dの使用者であり，被控訴人Dは被控訴人Bの業務の執行中に本件事故を引き起こしたのであるから，控訴人Cに対して民法715条に基づく損害賠償責任を負う。

他方，控訴人Cは，信号機による交通整理が行われている本件交差点を対面信号機の青色表示に従って直進しようとしていたのであるから，基本的に，対面信号機が赤色を表示している環七通りから本件交差点に進入して来る車両があることを予想して運転すべき注意義務はなく，D車が右折導流路の停止位置から発進した直後に同車とC車が接触していることも併せ考慮すると，控訴人Cには過失はないというべきである。したがって，控訴人Cには，被控訴人Bに対する民法709条に基づく損害賠償責任は認められない。

4　以上に対し，被控訴人らは，D車は，青信号で本件交差点に進入して右折導流路の停止位置で停止し，対向直進車の通過待ちをした後，右折を開始する際に赤信号になっていたにすぎないのであって，赤信号で本件交差点に進入したわけではないとして，D車が本件交差点手前の停止線を通過した際の対面信号表示が青色であったことから，その後に対面信号表示が赤色になっても，D車が右折導流路の停止位置から右折を開始することが許されるかのように主張する。

そこで検討すると，道路交通法7条は，道路を通行する車両は，信号機の表示する信号等に従わなければならないとし，道路交通法施行令2条は，信号機の表示する赤色の灯火の意味について，「車両等は，停止位置を越えて進行してはならないこと」とし，「停止位置」について，同条の備考において，「道路標識等による停止線が設けられているときは，その停止線の直前」としている。そうすると，上記2で認定したとおり，D車が環七通りの停止線を越えた際の対面信号機の信号表示は青色であったのであるから，D車が右折を開始した際の対面信号機の信号表示が赤色であっても，被控訴人Dが道路交通法7条の信号機の信号等に従う義務に違反したとは認められないことになる。

しかしながら，証拠〔略〕及び弁論の全趣旨によれば，時速約40 km（秒速約11.1 m）で走行していたC車が，控訴人Cにおいて本件交差道路の対面信号機が青色を表示しているのを最初に確認した郵便局（東十条局）付近から本件交差点中央（D車は，右折導流路の停止位置から右折を開始してから1，2秒後にC車と衝突したことから，衝突地点は，本件交差点中央又は本件交差点中央よりやや北寄りであると推認される。）に至るまでは少なくとも2秒を要するものと認められることから，D車の右折開始時点（衝突の1，2秒前の時点）では，環七通り側の信号表示は赤色であり，本件交差道路側の信号表示は既に青色であったものと認められる。そうすると，D車が右折を開始した時点では，C車を含む本件交差道路の車両が対面青信号に従って本件交差点に進入しようとしていたのであるから，D車が右折を開始すれば，C車等の本件交差道路の交通の安全を著しく害することは明らかである上，本件交差点の右折導流路は本件交差点内にほとんど入り込んでおらず，D車が右折導流路にそのまま停止していたとしても，D車や本件交差道路の車両の安全が妨げられることはなかったことが認められる。以上のような信号表示及び具体的交通状況の下では，被控訴人Dとしては，右折導流路の停止位置から右折を開始するべきではなかったということができる。それにもかかわらず，被控訴人Dは，右折を開始し，D車をC車に衝突させるに至ったのであるから，道路交通法7条所定の義務には違反していないことを踏まえても，被控訴人Dには上記3で認定した過失があるというべきである。そして，上記3のとおり，控訴人Cには過失はないから，本件事故は被控訴人Dの一方的過失に基づく事故というべきである。」

裁判例 104　大阪地判平成28年4月14日（判例秘書 L07150599）

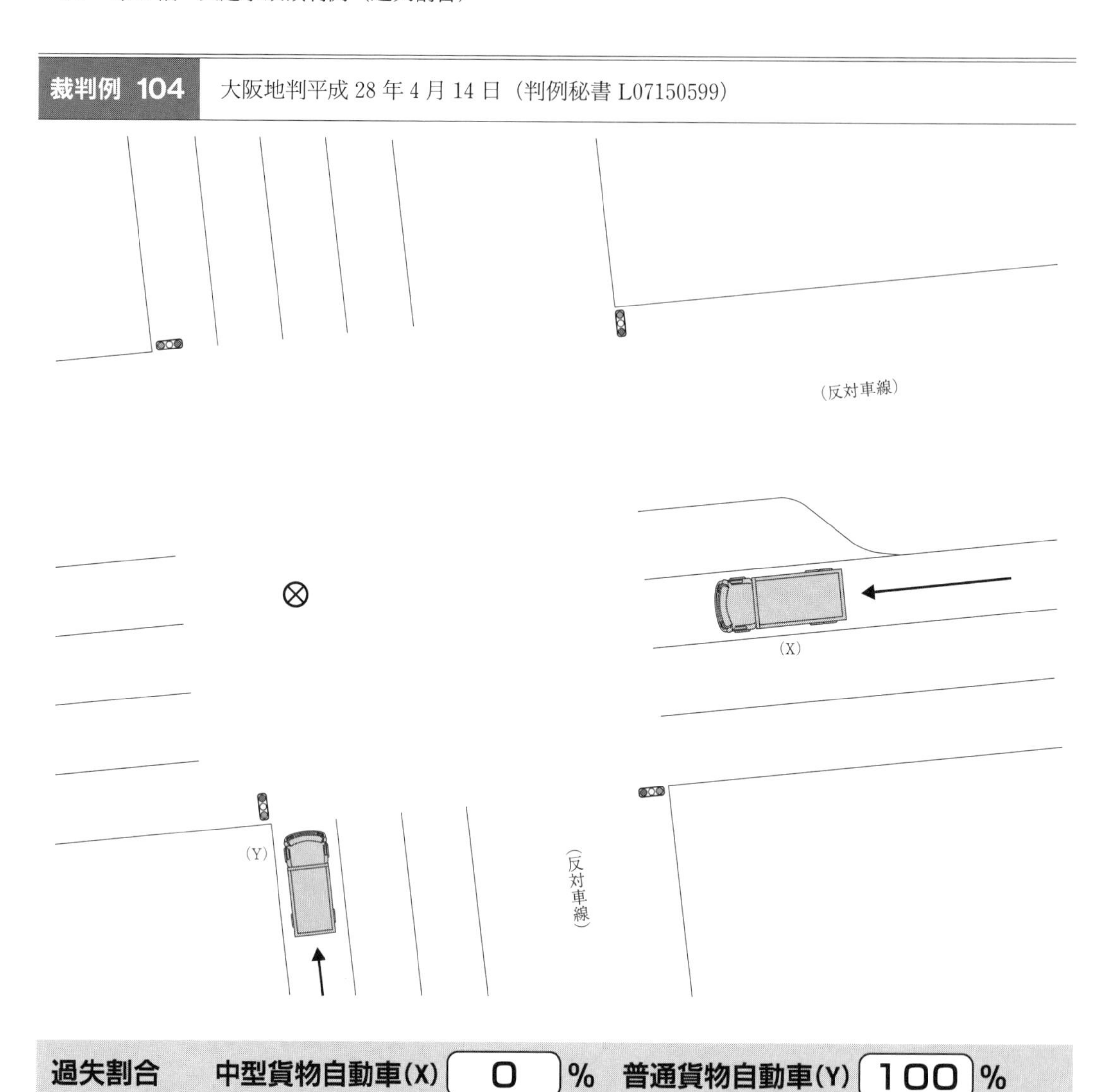

過失割合　中型貨物自動車(X)〔0〕%　普通貨物自動車(Y)〔100〕%

「本件交差点は，東西方向に走る国道308号線西行車線と南北方向に走る府道2号線北行車線が交わる西荒本南交差点である。西荒本南交差点の100メートルほど東には，国道308号線西行車線と府道2号線南行車線が交わる東荒本南交差点が位置している。国道308号線西行車線は基本的に3車線であるが，本件交差点の手前には右折用車線が設けられて4車線になっている。他方，府道2号線北行車線も基本的に3車線であるが，本件交差点の北側では4車線になっている。制限速度は国道308号線法定速度の時速60キロメートルであり，府道2号線が時速50キロメートルである。原告車は，国道308号線西行車線を走行し，対面信号機の青色表示にしたがって本件交差点に進入したところ，折から，府道2号線北行車線を走行し，対面信号機が赤色表示であるのに本件交差点に進入してきた被告車と本件交差点内で出合い頭に衝突した。

(2)　事実認定の補足説明

目撃者のC〔略〕を立会人とする実況見分調書〔略〕によれば，Cは，府道2号線北行車線の第3車線の先頭で信号待ちのため停止していたところ，府道2号線北行車線の第1車線を走行する被告車がC運転の車両を追い抜いて行き，本件交差点内で原告車と衝突するのを目撃した旨指示説明している。また，目撃者D〔略〕を立会人とする実況見分調書〔証拠略〕によれば，Dは，東荒本南交差点の国道308号線西行車線の第2車線の先頭で信号待ちのため停車していたところ，原告車が前方の第3車線を直進走行するのを認め，対面信号機が青色に変わって発進した後に60.7メートル進行した地点で，原告車と被告車が本件交差点内で衝突するのを目撃した旨指示説明している。さらに，B〔原告車運転者〕を立会人とする実況見分調書〔証拠略〕によれば，Bは，別紙の①地点で停止後進路遠方を見ながら発進したところ，18.8メートル進行した同②地点で，被告車を同(ア)地点に認めるとともに原告車と被告車が衝突した旨指示説明している。

本件事故を目撃したC及びDの両名は，本件事故現場を走行して偶然居合わせたにすぎず，Bや被告とは何らの利害関係も有していない上，いずれの実況見分も本件事故直後という記憶が新鮮な時期に実施されていることからすると，C及びDの指示説明についてはいずれも信用性を肯認することができる。また，本件事故当時，本件交差点とこれに隣接する東荒本南交差点の信号周期は連動する関係にあり，国道308号線西行車線の車両用信号については同一の信号表示をしており，青色信号が表示される時間は約51秒間であった〔略〕。そして，このような信号周期に加え，上記のとおりDが東荒本南交差点の信号が青色に変わって発進して60.7メートル進行した時に本件事故が発生するのを目撃していることを併せ考慮すると，国道308号線西行車線を走行していた原告車が本件交差点に進入した時点での対面信号機は青色表示であったのに対し，被告車が本件交差点に進入した時点での対面信号機は赤色表示であったと認められる。なお，実況見分時におけるC，D及びBの指示説明は，原告車と被告車がいずれの車線を走行していたかという点について整合していない内容となっているが，この点については，本件事故発生時における対面信号機の表示を判断するに当たって，上記3名の指示説明の信用性を左右するに足りるものとはいえない。

(3)　以上の認定事実を前提にすると，本件事故は，対面信号機の表示にしたがって進行するという車両運転者としての基本的な義務に違反する被告の過失によって発生したものといえる。他方，Bは，衝突するまで被告車を発見していないものの，対面信号機の青色表示にしたがって発進し18.8メートル進行した地点で被告車と衝突していることを考慮すると，Bにつき，左右に対する通常の安全確認を怠ったものとまでは認めがたい。したがって，本件では過失相殺するのは相当ではない。」

裁判例 105　東京地判平成25年5月28日（判例秘書L06830266）

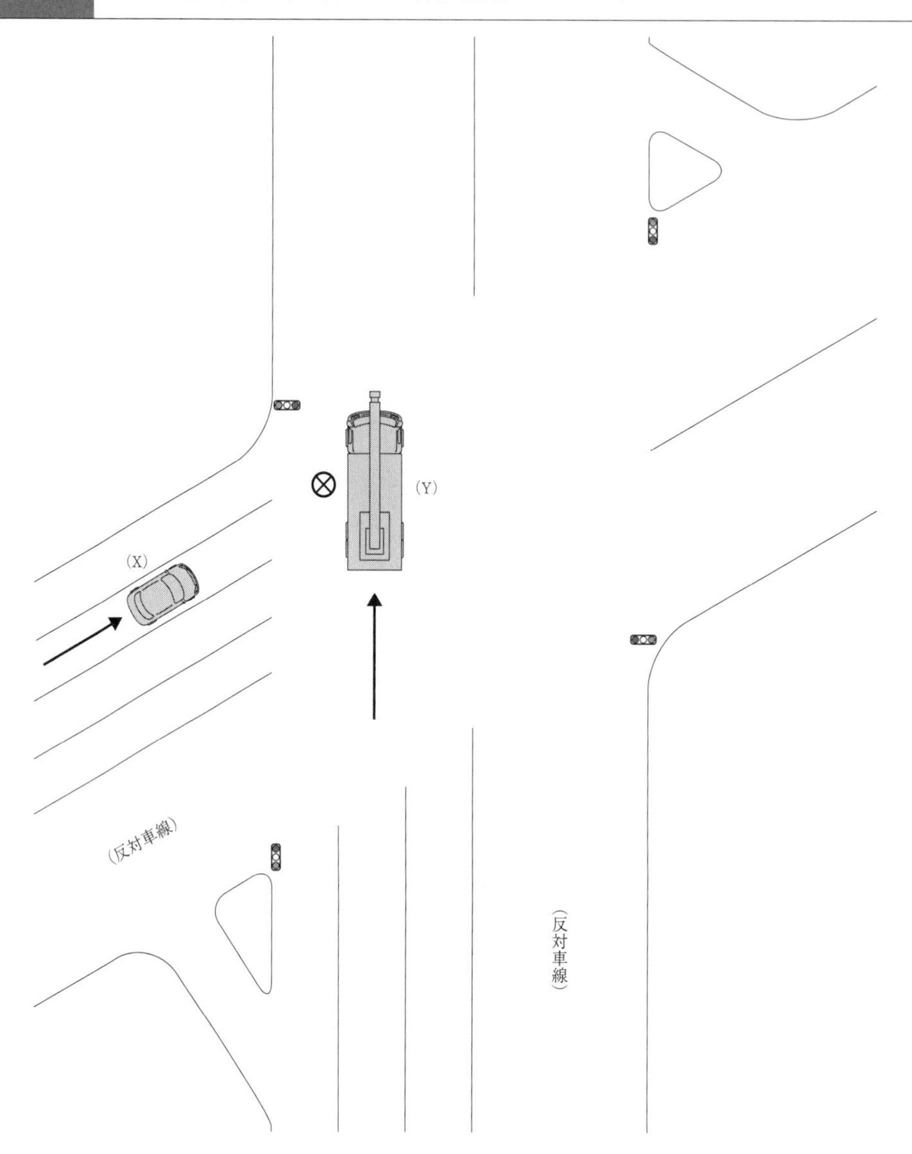

過失割合　**普通乗用自動車(X)** 10 %　**大型特殊自動車(Y)** 90 %

「(1)　本件事故現場は，東京都港区三田3－5先の東西に延びる国道15号線（第一京浜道路）と南北に延びる都道301号線が交差する信号機による交通整理が行われている変形十字路交差点（札の辻交差点，本件交差点）である。国道15号線（第一京浜道路）の品川から新橋方面（東方面）に向かう車線は，本件交差点手前においては，片側4車線となっており，第1車線は左折専用，第2車線から第4車線は直進専用となっており，都道301号線の八千代橋から桜田門方面（北方面）に向かう車線は，片側3車線となっている。

(2)　被告車は，大型特殊自動車（ショベル・ローダ）で，車両重量約1.7トン，車両の長さは，約8.6メートルである。

(3)　原告車は，国道15号線（第一京浜道路）を品川から新橋方面（東方向）に向かって進行し，対面信号が赤色で本件交差点手前の停止線において第2車線上で停止した。一方，被告車は，都道301号線を八千代橋から桜田門方面（北方面）に向かって進行し，本件交差点に進入したが，被告車は，車両重量約1.7トンの大型特殊自動車（ショベル・ローダ）で，速度が遅かった。原告車は，対面信号が青矢印で発進したが，まもなく，原告車の前部と車両の長さが約8.6メートルある被告車の左後部（後輪付近）が衝突した。衝突時の被告車の対面信号は赤色であった。

なお，本件交差点の信号サイクルは，被告車の対面信号が青色から赤色に変わってから，原告車及び被告車の対面信号が3秒間ともに赤色にあり，その後，原告の対面信号が3秒間黄色になった後，青矢印に変わるというものである。

2　上記1の事実によれば，本件事故は，被告が信号に従って交差点内を進行する車両の進路を妨げないように走行する義務を怠ったことに主な原因があるものと認められるが，他方，A〔原告車運転者〕も進路の前方を走行する被告車の左後部側面に原告車の前部を衝突させており，Aにも前方不注視の過失があることが否定できないから，少なくとも10パーセントの過失相殺をするのが相当である。」

裁判例 106　東京地判平成24年7月17日（判例秘書 L06730303）

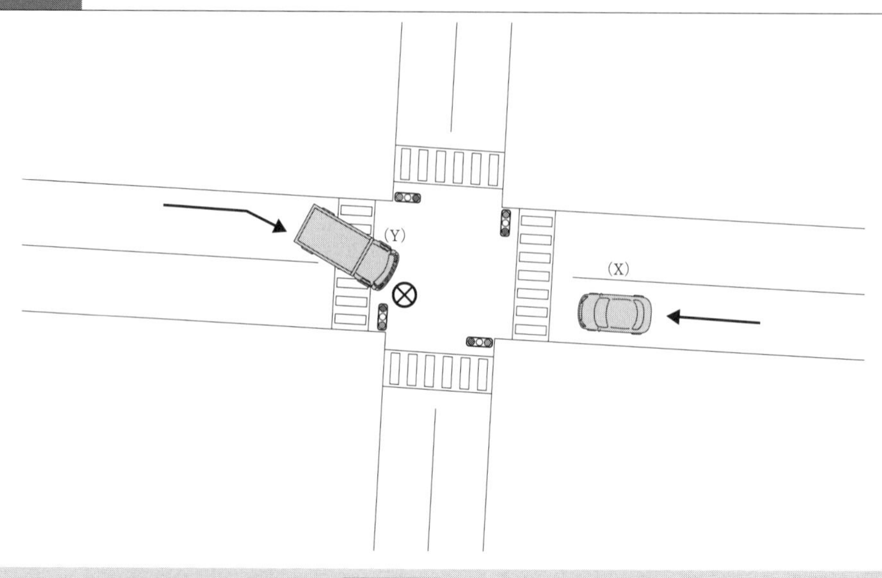

過失割合　普通乗用自動車(X) 15 %　普通貨物自動車(Y) 85 %

「被告Ｙ２〔Ｙ〕は，被告車を運転し，境町長井戸方面から同町山崎方面に向かって進行し，本件交差点に進入したが，対向車線を走行する車両の動向を注視せずに，時速約13.8キロメートル程度で同町西泉田方面に向けて早回り右折をしようとして，本件交差点の手前の横断歩道上において，対向車線を直進してきた原告車の右前部に被告車の前部を衝突させ，他方，原告は，同町山崎方面から同町長井戸方面に向かって時速約46.9キロメートル程度で直進し，対面信号が青信号で本件交差点に進入したが，右折する被告車に気づき，左方向にハンドルを転把し急制動をしたものの，間に合わず，原告車の右前部を被告車の前部に衝突させたものと認められる。

被告Ｙ２は，本件交差点を右折しようとしたが，対面信号が青色から黄色に変わったため，横断歩道上において停止していたところに，原告車が運転を誤って被告車に衝突したものと供述する〔証拠略〕。しかしながら，被告Ｙ２は，本件事故の約２月後には，仕事のことを考えていて前方をよく見ずに内回りに右折したと供述していたこと〔証拠略〕，衝突地点は幅員約３メートルの対向車線に半分程度進入した横断歩道上の地点であり（乙１の１），対向車線の車両の通行や横断歩道上の歩行者等の通行等を考えるとそのような地点で停止することは考え難いことなどに照らし，採用できない。被告らは，被告Ｙ２の上記供述に基づき，原告は対面信号が黄色で本件交差点に進入した可能性が高い旨主張するが，同様に採用できない。

そうすると，本件事故の原因は，専ら被告Ｙ２が前方を注視して対向車線の車両の動静を注意する義務を怠った上，道路交通法34条２項に違反して早回り右折をしたことにあるものというべきである。そして，原告車が直進車であり，被告車が右折車であり，早回り右折をしていることなどを考慮すると，原告にも前方を注視し交差点を適切な速度で走行する義務に反する事情があることを斟酌しても，過失割合は，原告15，被告Ｙ２・85とするのが相当である。なお，エアバッグが作動しなかったことについては，その原因も明らかではないから，斟酌すべき事情とはしない。」

裁判例 107　東京地判平成 25 年 6 月 24 日（判例秘書 L06830371）

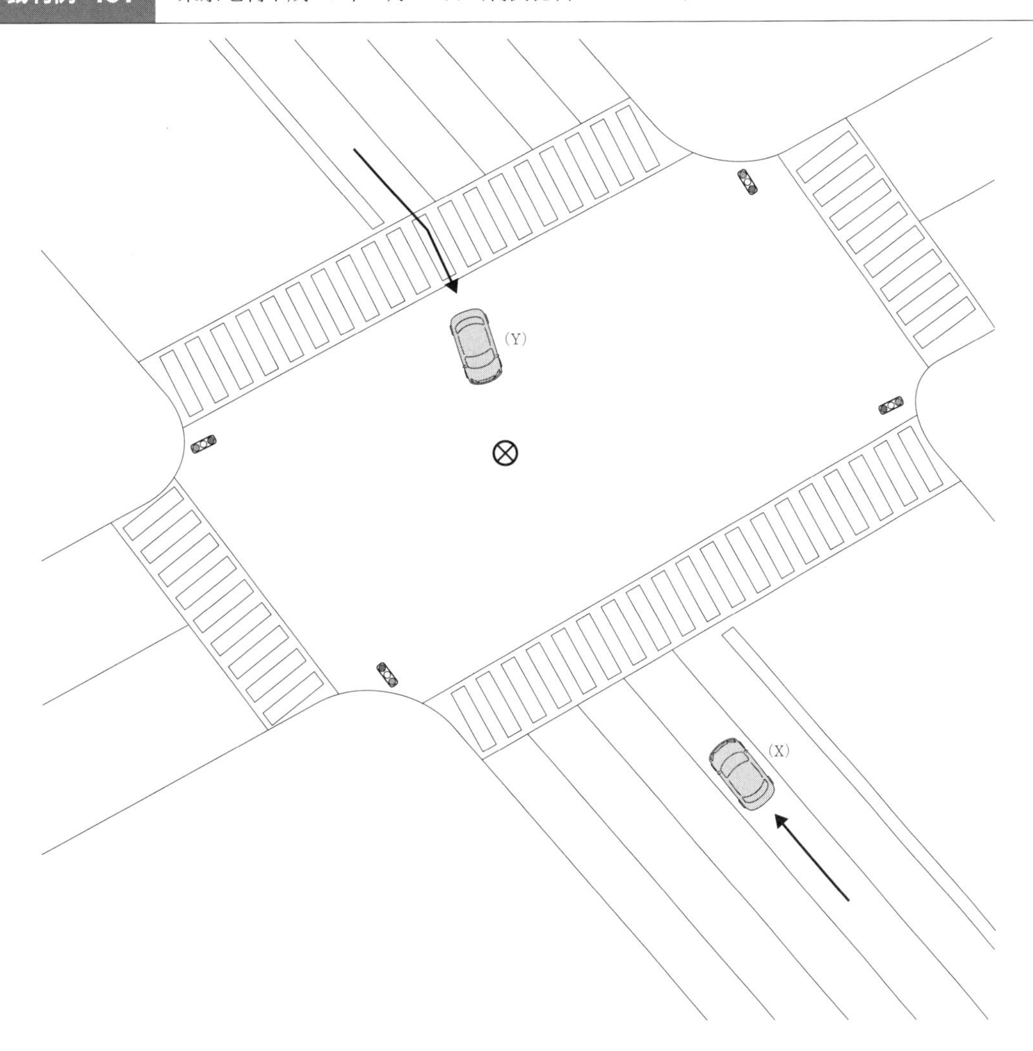

過失割合　普通乗用自動車(X) 20 %　普通乗用自動車(Y) 80 %

「(ア)　本件事故の場所は，入間市方面と清瀬市方面とを結び，北西方向から南東方向に走る道路（以下「本件道路」という。）と，新座市方面と東大和市方面とを結び，北東方向から南西方向に走る道路（以下「別件道路」という。）とが交差する，信号機により交通整理が行われている交差点（大六天交差点。以下「本件交差点」という。）であった。本件道路は，本件交差点の付近において，車線数が 5（本件交差点に向かう車線は右折用，直進用及び左折直進用の 3 車線）の平たんな直線道路であるところ，本件交差点よりも清瀬市側（南東側）において，車道幅員が約 15.7 メートルで（本件交差点に向かう車線と清瀬市方面に向かう車線との間には中央分離帯が設けられていた。）その両側に外側線が引かれ更にその両側に幅員約 3.5 ないし 5.8 メートルの歩道が設けられている一方，別件道路は，本件交差点よりも東大和市側（南西側）において，片側 1 車線の直線道路で，幅員は約 7.6

メートル（外側線を含む。）であった。

(イ)　原告Xは，平成23年10月29日午後3時40分頃，原告車両を運転して，本件道路の中央車線（直進用車線）を清瀬市方面から入間方面に向かい進行中，本件交差点に差しかかり，対面信号機が青色を表示していることからそのまま直進を続けると，対向車線の右折用車線上に本件交差点に向かい進行してくる被告車両を認めたものの，本件交差点内で一旦停止するだろうと考えて，本件交差点に進入したところ，被告車両が右折を始めたのを発見し，ハンドルを左に切りながら急ブレーキをかけたものの間に合わず，被告車両と衝突した。なお，原告車両からの見通しは良好であった。

(ウ)　他方，被告Yも，同じ時刻ころ，被告車両を運転して，本件道路の右側車線（右折用車線）を入間市方面から清瀬市方面に向かい走行中，本件交差点において右折をして別件道路を東大和市方面に進行しようと考え，右折の合図を出して本件交差点の入間市側に設けられた横断歩道付近に差しかかると，約61.8メートル前方に対向車線上を本件交差点に向かい進行してくる原告車両を認めたものの，原告車両も右折をするものと誤信し，右折を開始して約9.3メートル進行し（ただし本件交差点の中心の直近の内側を進行しなかった。），被告車両の車体が対向車線を本件交差点内に延長した部分に進入したところ，原告車両の右前部が被告車両の左前側部に衝突し（両車両が衝突した地点は，被告車両の進路側の中央分離帯の南東端を本件交差点内に延長した線から東大和市側（南西側）に約5.9メートル延ばした線と，別件道路の北西端を本件交差点内に延長した線から清瀬市側（南東側）に約4.1メートル延ばした線との交点であり，被告車両の前方はほぼ東大和市方面に向かっていた。），被告車両は約1.7メートル進行して停止した。なお，被告車両からの見通しは，良好であった。

〔略〕

ウ　前示事実関係によると，原告Xは，原告車両を運転して，本件交差点に直進進入するに当たり，対向車線から右折しようとしている被告車両を認めたのであるから，適宜速度を調節しつつその動静を注視して交通の安全を確保すべき義務があるのにこれを怠り，被告車両が本件交差点内で一旦停止するものと軽信し漫然と本件交差点に直進進入した結果，本件事故の発生を招いたと推認することができ，本件事故の発生につき相応の落ち度があるというべきであるところ，その過失割合は被告車両の右折方法，衝突した時点における被告車両の状況など前示事実関係による本件事故の態様，被告Yの過失の程度等をも考慮すると，2割が相当である。」

裁判例 108　東京地判平成26年10月28日（判例秘書 L06930657）

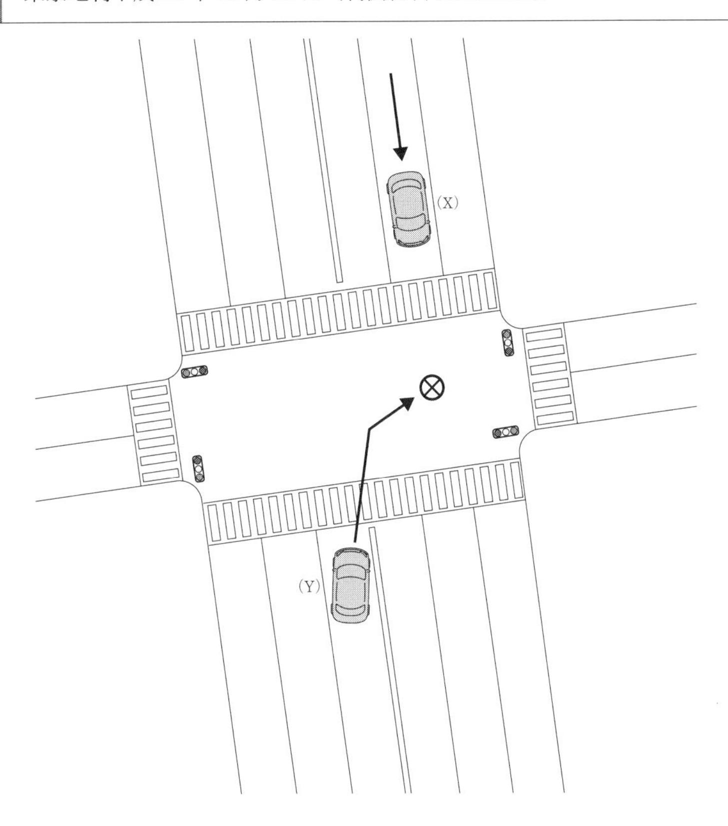

過失割合　普通乗用自動車(X) 20 %　普通乗用自動車(Y) 80 %

「証拠〔略〕及び弁論の全趣旨によれば，被告車が本件交差点内で右折を開始したとき，被告車の対面信号機及びX車の対面信号機ともに，青色であったと認められる。被告車が本件交差点内で右折を開始したとき，被告車の対面信号機は右折許可の矢印信号であった旨の被告の捜査機関等に対する供述〔略〕は，上記各証拠に照らし，採用することができない。

(2)　上記事実によれば，被告は，本件交差点を右折進行するに当たり，対向車両の有無及びその安全を確認して右折進行すべき自動車運転上の注意義務があるのにこれを怠り，対向車両の有無及びその安全確認不十分のまま漫然と右折進行した過失により，本件事故を惹起したものであるから，被告の過失は重いというべきである。他方，Xにも交差点内を直進する際に，対向右折車の安全確認が不十分であった過失が認められるところ，X車及び被告車ともに，対面信号機の青色表示にしたがって本件交差点に進入したこと，X車が直進車であり，被告車が右折車であることからすると，その過失割合は，X 2割，被告 8割が相当である。」

裁判例 109　大阪地判平成28年2月10日（自保ジャーナル1974号69頁）

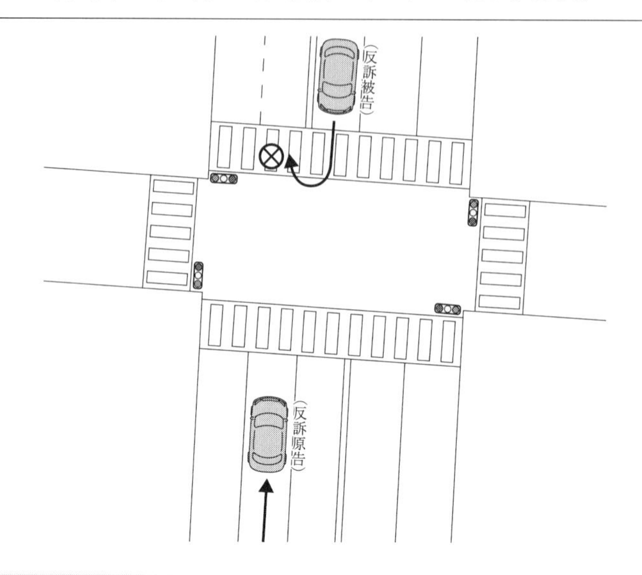

過失割合　普通乗用自動車(反訴原告) **20** %　普通乗用自動車(反訴被告) **80** %

「イ　場所〔略〕

本件事故現場は，南北に通じる道路（以下「南北道路」という。）と東西に通じる道路が十字に交わる交差点（以下「本件交差点」という。）である。本件交差点では，信号機による交通整理が行われている。南北道路の南進車線（以下，単に「南進車線」といい，南北道路の北進車線を「北進車線」という。）は，本件交差点の北側では3車線になっており，その通行区分は，左端の第1車線は直進及び左折，中央の第2車線は直進，右端の第3車線は右折と指定されている。

ウ　態様　反訴被告運転の被告車〔略〕が南北道路を南進し，本件交差点において右回りで転回して北進車線内に進入したところ，南北道路を北進してきた反訴原告運転の原告車〔略〕の前部が被告車の左側面に衝突した。〔途中略〕

ア　反訴被告は，被告車を運転して転回しようとしたものであるが，車両は，他の車両等の正常な交通を妨害するおそれがあるときは転回してはならないから（道路交通法25条の2第1項），反訴被告としては，転回に当たり，対向車線を進行する車両等，他の車両等の有無及び動静に十分注意して安全な速度と方法で転回をすべき注意義務があった。しかるに，反訴被告はこれを怠り，転回に先立ち，約39.3メートル前方の対向車線上に原告車を認めたにもかかわらず，その動静を十分確認することなく転回を開始し，本件事故を発生させたものである。

イ　一方，反訴原告は，原告車を運転して南北道路を直進し，本件交差点に差しかかったものであるが，車両等は，交差点に入ろうとするときは，当該交差点の状況に応じ，反対方向から進行してきて右折する車両等に注意し，できる限り安全な速度と方法で進行すべき注意義務があった（道路交通法36条4項）。しかるに，反訴原告はこれを怠り，約21.6メートル前方に被告車を認めたにもかかわらず，その動静に十分注意することなく漫然と進行した過失により，本件事故に至ったものである。

ウ　以上によれば，本件事故は，反訴被告の前記アの過失と反訴原告の上記イの過失が競合して発生したものであり，双方の過失の内容・程度に鑑みれば，過失相殺率は20%が相当である。」

裁判例 110　東京地判平成 24 年 12 月 13 日（判例秘書 L06730641）

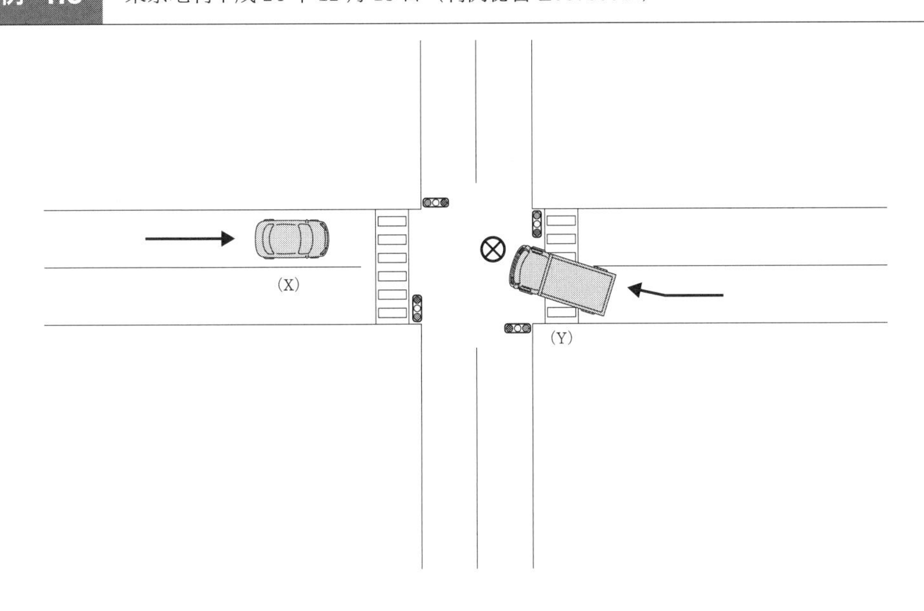

過失割合　普通乗用自動車(X) 35 %　普通貨物自動車(Y) 65 %

「ア　本件事故の現場の道路状況（甲 72，75，乙 3 の 1，2）

本件交差点は，南方向（つくば市高野方面）から北方向（つくば市長高野方面）に延びる片側一車線の道路（県道）と，西方向（石下町方面）から東方向（つくば市沼崎方面）に延びる片側一車線の道路（市道。以下ではこのうち西向部分を「西向道路」と，東向部分を「東向道路」とそれぞれいう。）とが交差して形成された，信号機により交通整理の行われている交差点である。

西向道路及び東向道路はいずれも，本件交差点入口において，直進及び左折の指示標示のある車線と，右折の指示標示のある車線とに分かれている。また，本件交差点の西側入口及び東側入口にはそれぞれ，横断歩道が設けられている。

イ　本件事故に至る経緯（甲 72 ないし 74，106，乙 3 の 1，2，原告本人）

(ア)　原告車は，約 66 メートル先を走行する先行車両に続き，時速約 40 キロメートルで東向道路を走行していたところ，本件交差点手前約 70 メートルの地点で，対面信号機が青色灯火信号を表示しているのを認めた。原告は，その後約 58.5 メートル進んだ地点で，その約 46 メートル先の地点に，対向車線（西向道路）の右折の指示標示のある車線の，本件交差点東側入口にある横断歩道上辺り（南北方向では中央付近）に，右折待ちのため停止していた被告車を認めたが，そのまま停止しているものと考えて進行した。原告は，本件交差点西側入口にある横断歩道上辺りで，その約 15.5 メートル先の被告車が右折を開始したのを認め，危険を感じて急ブレーキをかけたが間に合わず，約 12.9 メートル進んだ地点（東向道路上）で，原告車の右前部を被告車の前部に衝突させた。

(イ)　他方，被告Ｙ１は，西向道路を走行し，本件交差点を右折するため，右折の指示標示のある車線から本件交差点に向けて進行し，本件交差点東側入口にある横断歩道上辺り（南北方向では中央付近）で，対向直進車（原告車の先行車両）が通過するのを待つために停止した。その際，対面信号機は赤色灯火信号を表示しており，対向直進車との距離は約10.5メートルであった。被告Ｙ１は，対向直進車が被告車の脇を通過するのを待って，停止していた場所から，本件交差点の中心に近付かないで右折を開始したところ，約1メートル進んだ地点で初めて，被告Ｙ１の約15.5メートル先の，本件交差点西側入口にある横断歩道上辺りに原告車を認め，危険を感じてブレーキを踏んだが間に合わず，更に約1メートル進んだ地点（東向道路上）で，被告車の前部を原告車の右前部に衝突させた。

〔途中略〕

「(2)　前記認定によれば，被告Ｙ１には，本件交差点で右折するに際して交差点を直進しようとする車両の進行妨害をしてはならない義務（道路交通法37条参照）及び交差点の中心の直近の内側を通行すべき義務（同法34条2項参照）に違反した過失といったものが認められるが，他方，原告には，信号機の表示する信号に従うべき義務（同法7条参照）及び交差点内を通行するに際して反対方向から進行してきて右折する車両に注意しできる限り安全な速度と方法で進行すべき義務（同法36条4項参照）に違反した過失が認められる。

そして，原告及び被告Ｙ１の各過失の内容，信号機により交通整理の行われている交差点における直進自動車と右折自動車とが接触をしたという本件事故の態様，被告車が右折を開始した際の原告車との位置関係等のほか，原告車等の損害に関する和解においては原告と被告Ｙ１の過失割合を２対８とすることが前提とされたが，そこでは，原告車及び被告車の各対面信号機がともに青色灯火信号を表示している場合と，ともに赤色灯火信号を表示している場合と，いずれの場合であっても同じ過失割合が基本となることが前提とされていたのであり（乙1の1ないし4），このような前提自体採用することができないことなどの事情を考慮すると，被告Ｙ１の過失の方が原告の過失より大きいというべきであるものの，原告の過失割合は，35パーセントを下ることはないというべきである。」

裁判例　111　東京地判平成25年1月15日（判例秘書L06830022）

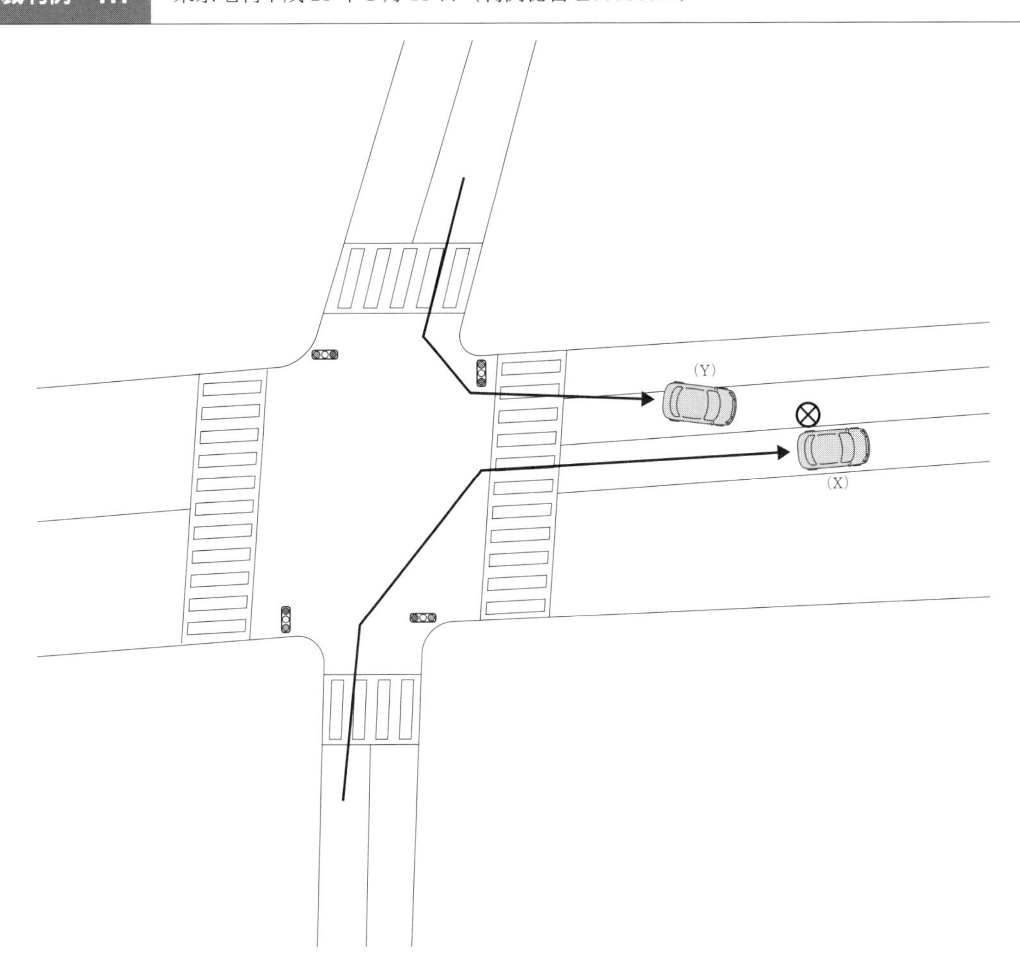

過失割合　普通乗用自動車(X)　35　%　普通乗用自動車(Y)　65　%

「(1)　本件現場は，東京都新宿区西新宿1丁目19番地先の国道20号線（甲州街道）路上である。国道20号線は，本件現場付近においては，初台方面から新宿方面に向かう車線は，片側3車線となっている。

本件現場は，初台方面から新宿方面に向けて，国道20号線が，まず南方向から北方向へ延びる道路と交差し，次いで北方向から南方向へ延びる道路と交差する信号機による交通整理が行われている変則的な十字路交差点である。

(2)　原告車は，上記南方向から北方向へ延びる道路を右折して，国道20号線に入り，第3車線に進入した。他方，被告車は，上記北方向から南方向へ延びる道路を左折して，国道20号線に入り，第3車線に入ろうとして，原告車の左側面部と被告車の前部とが衝突した。以上によれば，被告は，被告車を運転して本件交差点を左折するに際し，右折車等の動向を注視して安全に左折する義務を怠った過失があり，他方，原告も，原告車を運転して本件交差点を右折するに当たり，直進車及び対向する左折車等の動向を注視して右折する義務を怠った過失があるが，上記交差点は，変則的な十字路交差点であって，原告車と被告車が衝突した時点においては，被告車の前部が原告車の左側面部に衝突したことや被告車が第3車線に入ろうとしていたことなどをも考慮すると，右折車は直進車及び左折車の進路妨害をしてはならないと定められていること（道路交通法37条）をしんしゃくしても，その過失割合は，原告が35％，被告が65％とするのが相当である。」

裁判例 112　東京地判平成 24 年 6 月 21 日（判例秘書 L06730279）

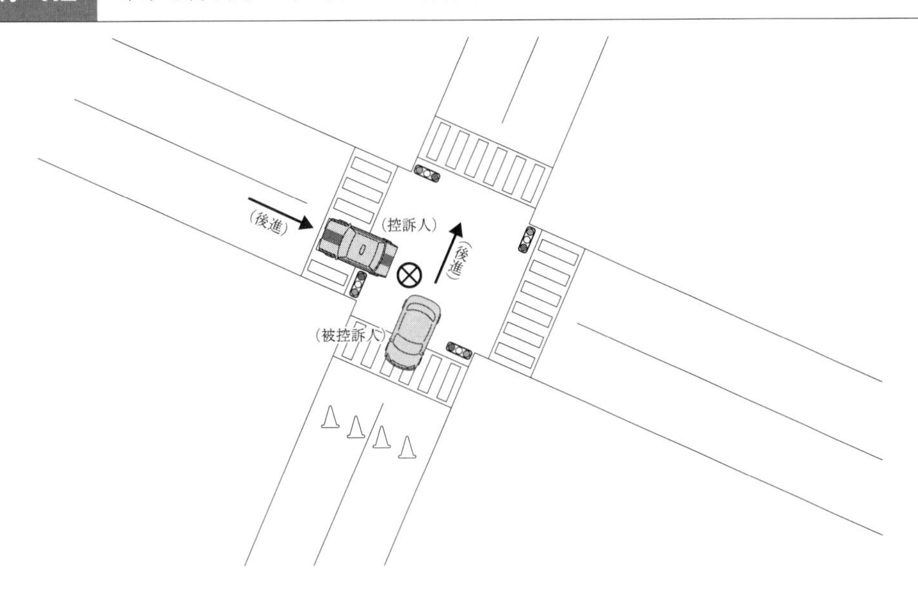

過失割合　タクシー（控訴人）40％　普通乗用自動車（被控訴人）60％

「ア　本件交差点は，新橋方面と虎ノ門方面とにおおむね東西に延びる道路（外堀通り）と，おおむね北と南とに延びる道路とが交差する，信号機により交通整理が行われている新橋駅日比谷口前交差点であり，新橋方面に向かう車線は，土，日及び休日を除く午後9時から午前1時までの間は直進のみの走行が許され，右折及び転回が禁止されていた。本件事故当時も，新橋方面に向かう車線は，右折及び転回が禁止されていた。また，本件交差点の南側出口には，パイロンが設置され，外堀通りと交差する道路には進入できないようになっていた。

イ　本件事故が発生したのは，平成 22 年 5 月 7 日金曜日午後 9 時 10 分ころであって，新橋方面に向かう車線は右折及び転回が禁止された直後であり，同車線の本件交差点の手前付近においては，転回のため虎ノ門方面に向かう車線に進入し，斜めの状態で一度停止し，切り返して虎ノ門方面に走行した車両（黒色ミニバン）も存在した（その際，停止した同車両の横をタクシーが通過した。）。

ウ　被控訴人は，X 1 車を運転して，外堀通りを新橋方面に走行し，本件交差点に進入したが，Y 1 車の直ぐ後方に Y 1 車とはほぼ直角に X 1 車を進入させ，本件交差点の南側出口に設置されていたパイロンの手前で一時停車したものの，その直後に後退を開始した。

エ　控訴人 Y 1 は，タクシー運転手であり，Y 1 車を運転して，外堀通りを虎ノ門方面に進行し，本件交差点の南側出口にある横断歩道寄りに停車して乗客を降車させた。その後，控訴人 Y 1 は，前方に停車していた車両との距離が余りなかったため，Y 1 車を一旦後退させようとして，後退を開始した直後，Y 1 車の後部を上記ウのとおり後退中の X 1 車の右側部に衝突させた。

(2)　上記認定によれば，被控訴人は，右折及び転回が禁止されていたにもかかわらず，乗客を降車させて停車中の Y 1 車の後方に右折あるいは転回しようとして X 1 車を進入させたため，後退した Y 1 車の後部が後退中の X 1 車の右側部に衝突したものと認められる。

被控訴人は，Ｘ１車は右折しようとしたものではなく，虎ノ門方面に転回しようとしたものであると主張するが，上記認定のとおり，Ｘ１車はＹ１車の直ぐ後方にＹ１車とはほぼ直角に進入した上，パイロンの直前で停車し，その直後に後退を始めたのであって，このようなＸ１車の動きから見ると，右折をしようとしたものと推認することが十分可能であるが，仮に，被控訴人が主張するように転回しようとしていたとしても，転回禁止に違反したことになるから，右折か転回かによって被控訴人の過失の程度は変わるものではない。

控訴人らは，被控訴人が信号機の赤色灯火信号に従わずに本件交差点に進入した旨主張するが，証拠（乙６）によれば，Ｙ１車は，前方の信号機が赤色灯火信号になって間もなく後退を開始したところ，その時点では既に，Ｘ１車はＹ１車の後方に位置していたことが認められるのであるから，被控訴人が，対面する信号機が赤色灯火信号になってからＸ１車を本件交差点に進入させたものということはできない。

このように，被控訴人は，右折及び転回が禁止されていたにもかかわらず，右折あるいは転回しようとして，停車中のＹ１車の後方にＸ１車を進入させて本件事故の原因を作った過失は大きいものというべきであるが，他方，後方に車両が進入することが想定しにくい状況であったにせよ，控訴人Ｙ１にも，Ｙ１車を後退させるに際し，後方の安全確認を怠った過失があり，その過失割合は，被控訴人６割，控訴人Ｙ１・４割とするのが相当である。」

裁判例 113　東京地判平成 25 年 5 月 31 日（判例秘書 L06830274）

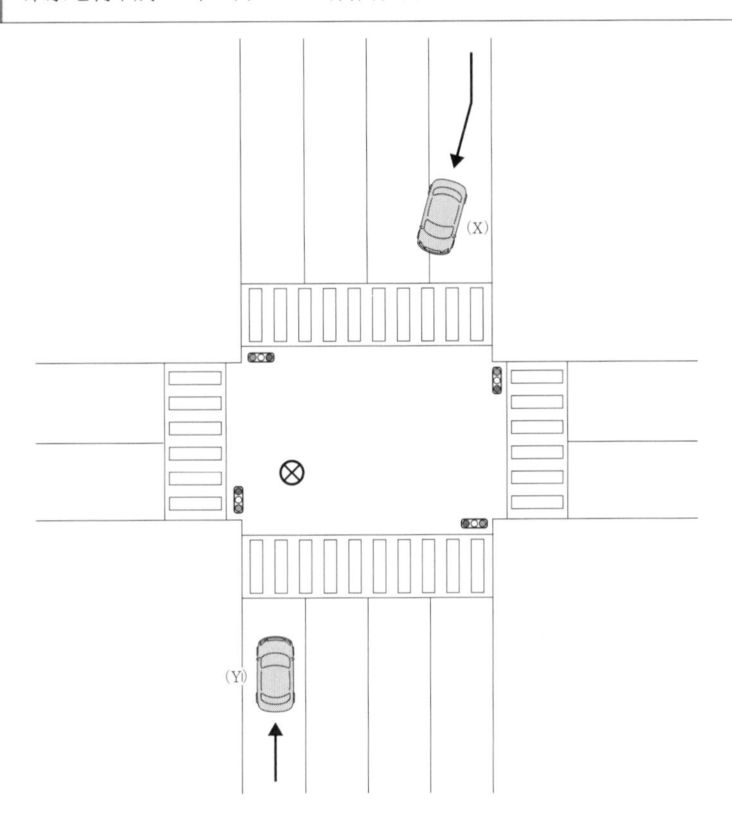

過失割合　普通乗用自動車(X) 50 %　普通乗用自動車(Y) 50 %

「(1)　平成 22 年 9 月 21 日午後 6 時 5 分頃，東京都墨田区立川 3 丁目 17 番の十字路交差点（以下「本件交差点」という。）で，Aが所有し，原告X１が運転する自家用普通乗用自動車〔略〕と，被告Y２が所有し，被告Y１が運転する自家用普通乗用自動車〔略〕が衝突した〔証拠略〕。

(2)　本件交差点は，京葉道路方面から新大橋通り方面に南北に延伸する片道 2 車線の道路（以下「本件道路」という。）と，四ツ目通り方面から清澄通り方面に東西に延伸する片道 1 車線の道路が交差する十字路交差点である。本件道路の制限速度は時速 50 km である。X１車は，京葉道路方面から新大橋通り方面に向かい第 1 車線を，Y１車は，新大橋通り方面から京葉道路方面に向かい第 1 車線をそれぞれ走行していたところ，清澄通り方面に右折進行したX１車と京葉道路方面に直進したY１車が，本件交差点上で衝突した〔証拠略〕。

(3)　本件事故により，X１車の左前部並びにY１車の右前部及び右側面に各凹損が生じた。〔証拠略〕

〔途中略〕

(1)　原告X１は，概ね，X１車は第 1 停止地点で一時停止し，青信号に従ってゆっくりと進行し，第 2 停止地点で 20 秒から 30 秒ほど停止し，対面信号が黄色に変わったので右折を開始した旨供述している。

しかしながら，原告X1の立会いの下で本件事故当日にされた実況見分に基づいて作成された実況見分調書〔証拠略〕の現場見取図（原図）には，原告X1が青信号を確認した地点を第1停止地点，対面停止車両を見て右折した地点を第2停止地点とした上で，X1車の走行速度が時速10ないし20kmであった旨が記載され，X1車が第2停止地点で一時停止した旨の記載が一切見られないこと，証拠〔略〕によれば，原告X1が，平成22年10月23日，株式会社Bの調査員に対し，本件事故の態様につき，第1停止地点でX1車を停止させた後，対面信号が黄色になったので右折を始めた旨説明し，本件事故の原因について「私としては，無理して黄色で交差点に入ったことです」などと述べたことが認められることからすれば，X1車は，第1停止地点で停止した後発進し，第2停止地点で停止することなく，黄信号で本件交差点に進入して右折を開始したものと認められる。

他方，被告Y1の立会いの下で本件事故当日にされた実況見分に基づいて作成された実況見分調書〔証拠略〕の現場見取図（原図）には，被告Y1がY1車を時速35kmの速度で走行させていたところ，衝突地点から約25.7m前で青信号を確認し，衝突地点から約15.1m前で黄信号を確認した旨が記載されているところ，その内容は，被告Y1が平成22年10月20日に上記調査会社の調査員にした説明及び被告Y1の尋問の結果とも概ね符合しており，信用性を有するというべきである。

以上によれば，本件事故は，原告X1が，X1車を第1停止地点で一時停止させた後，時速10ないし20kmの速度で，黄信号で本件交差点に右折進入させ，他方，被告Y1が，衝突地点から約25.7m前で青信号を確認し，衝突地点から約15.1m前で黄信号を確認した後，Y1車を時速約35kmの速度で，本件交差点に直進させたことにより生じた衝突事故であるところ，双方に信号違反が認められることからすれば，その過失割合を原告X1の50%，被告Y1の50%とするのが相当である。」

裁判例 114　大阪地判平成26年8月26日（交民47巻4号1031頁）

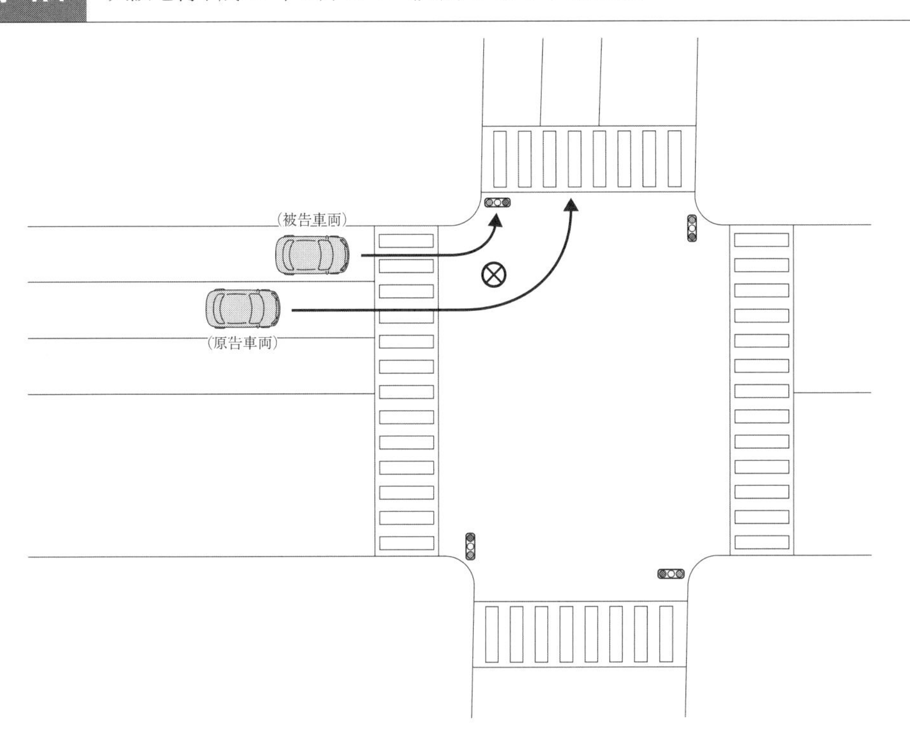

過失割合　**普通乗用自動車**（原告車両）**50**％　**普通乗用自動車**（被告車両）**50**％

〔編注〕第一事件原告X所有，第二事件被告Y１運転の自動車（原告車両）と，第一・三事件被告Y２運転の自動車（被告車両）との間で発生した交通事故につき，(1)XがY２に対し，不法行為に基づき，物的損害の一部（保険代位の残金）及び人的損害（Xの子の治療費）等の支払を求め，(2)被告車両について自動車保険契約を締結していた第二事件原告（被告側保険会社）がY１に対し，保険代位に基づく求償金等の支払を求め，(3)原告車両について自動車保険契約を締結していた第三事件原告（原告側保険会社）がY２に対し，保険代位に基づく求償金等の支払を求めた事案である。

「(イ)　本件交差点は，片側３車線の東西道路と片側２車線の南北道路の交差点となっており，東西道路は第１車線が左折車線，第２車線が左折・直進車線，第３車線が直進車線となっている。

〔途中略〕

(ア)　以上によれば，①Y２（被告車両）は東西道路の第１車線から南北道路の第１車線に向かって左折しており，一方Y１（原告車両）は東西道路の第２車線から南北道路の第２車線に向かって左折したのであって，Y２（被告車両）が南北道路第２車線に向かって進行したり，あるいは逆にY１（原告車両）が南北道路第１車線に向かって進行したりというような状況も動機も見られないこと，②交差点内部においては，左折車両同士の車線区分線，あるいは左折車両を誘導するための路面表示等は見られず，第１車線から左折した車両と第２車線から左折した車線の進行経路は明確に分けられていないこと，③走行経緯やバンパーの外れ方等に照らし，原告車両が被告車両の後方から追い抜く際に本件事故が発生したものと認められること，④被告車両は前方の左折車両に沿って左折しており，被告車両が前後の車列と著しく離れた走行経路で左折したとは考えられないが，原告車両もその車列を追い抜きながら左折しているのであって，明確に第１車線の進行経路延長線上に入り込んで左折をしたというような状況にあったとも考えられないこと，⑤バンパーが路上に落ちていた位置については現時点で明確な証拠はなく，詳細な認定はできないが，衝突経緯からして，第１車線から左折していた被告車両のバンパーが事故によって第２車線の右側（すなわち原告車両の更に右側）に脱落するとは到底考え難く，バンパーの当初の脱落位置は概ね各走行経路の中間付近であったと考えられ，もし第２車線の右側にあったのだとしたら，それは事故とは別の何らかの要因によって移動したとしか考えられないこと，等の事情が認められる。

(イ)　以上の事情に照らすと，原告車両が大きく左側に入り込んで第１車線から左折する車両の進路を明確に妨害する状況であったとも，また逆に被告車両が大きく右側にふくれていた状況であったとも考えづらく，本件は概ね第１車線からの左折車両の経路と第２車線からの左折車両の経路の中間付近で，十分に左に寄っていなかった被告車両と，十分に右に寄っていなかった原告車両が衝突したものと認められる。

イ　過失割合について

(ア)　本件のように，複数車線から左折が行われる交差点において，左折車両のための車線区分や誘導のための道路標示等がない場合には，進行経路が不明確であることも考慮し，それぞれの車両がお互いに接触しないよう，内側を走行する車両は十分に左に寄り，また外側を走行する車両は十分に右に寄って走行すべき義務があるといえる。そして，特段両者間に優劣関係があるとはいえず，双方の注意義務の重さは原則として対等なものというべきである。なお，これは基本的には各自の走行経路選択の問題であるから，外側を走行する車両の速度が内側を走行する車両より速い場合であっても，それをもって直ちに外側を走行する車両の注意義務が重いということにはならない。

(イ)　本件の場合，原告車両・被告車両のいずれも，本来想定される左折車両の進行経路を著しく逸脱した進路をとったというわけではなく，衝突場所が左右いずれかに偏っているといえるわけでもないし，他に特段いずれかに著しい，ないしは重大な過失があると評価すべき事情もないから，双方とも注意義務違反の程度は大きいとはいえない。しかし，双方の車幅と車線幅，交差点の大きさ等を考慮すると，双方ともに，隣接する車線を走行する車両との側方距離を十二分に確保しようという意識を強く持って走行経路を選択していれば事故を避けられたといえる以上，過失は一応双方にあるといわざるを得ないし，またその過失の程度について双方に有意の差があるとも評価できない。したがって，原告側と被告側の相対的な関係の中で過失割合を評価すると，その割合は双方対等，すなわち５：５とするのが相当である。」

裁判例 115　東京地判平成19年6月27日（判例秘書 L06232800）

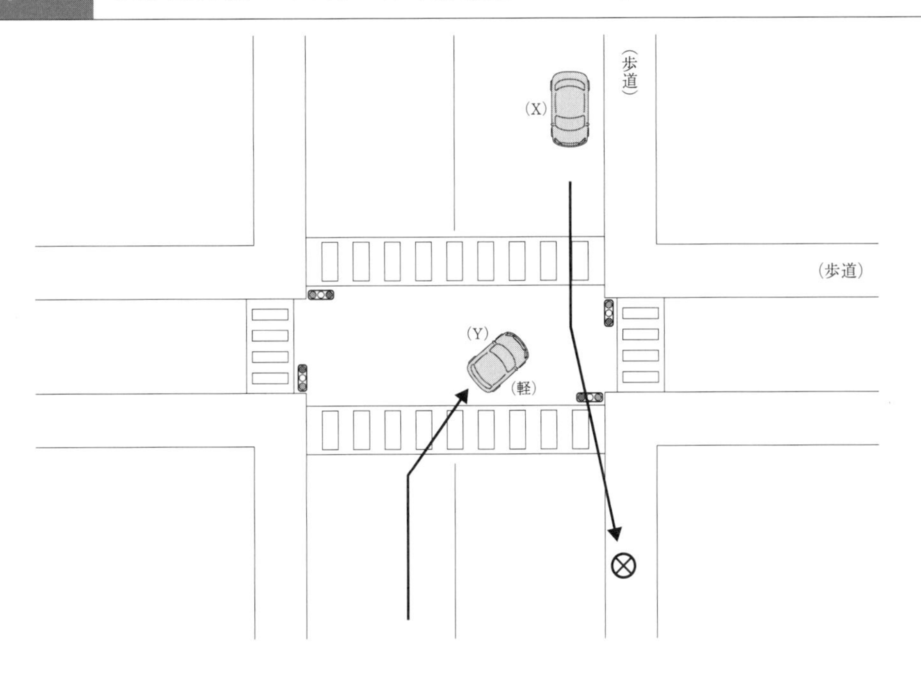

過失割合　普通乗用自動車(X) 60 %　軽四輪乗用自動車(Y) 40 %

「ア　本件事故の場所は，川口市方面と上尾市方面（国道16号線方面）とを結び，ほぼ南北に走る道路（以下「南北道路」という。）と，国道122号線方面と大宮駅方面とを結び，ほぼ東西に走る道路（片側1車線。以下「東西道路」という。）とが交差する交差点（本件交差点）で信号機により交通整理の行われているところ，本件交差点の出口4箇所には幅員4メートル程度の横断歩道が設けられていた（南北道路の出口2箇所に設けられている横断歩道間の距離は約29メートルであった。）。

南北道路は，路面がアスファルト舗装されて平たんな直線道路で，本件交差点の付近では5車線となっており（川口市方面に向かう車線，上尾市方面に向かう車線のいずれについても，本件交差点に進入する車線が右折車線，直進車線，左折・直進車線の3車線となっていた。），幅員は約16.6メートル（原告会社による計測の結果であり，株式会社損害保険リサーチによる計測の結果とは若干差異がある。）で，中央には幅約0.7メートルの中央線が設けられ，両側には幅約0.65メートルの外側線が引かれ，更にその外側には幅員約2ないし2.8メートルの歩道が設けられていた。

南北道路は，最高速度毎時50キロメートル，駐車禁止の交通規制がされていた。

イ　原告X1は，平成17年6月12日午前3時28分ころ，原告車両を運転して，南北道路を上尾市方面から川口市方面に向かい進行中，本件交差点の一つ先の交差点で左折しようと考え，左折・直進車線に進路を変更し，対面信号機が青色を表示していることから，本件交差点を直進通過しようとしたところ，前方の本件交差点の中央付近に右折しようとしている被告車両を発見して衝突の危険を感じ，左に急ハンドルを切った結果，原告車両は，被告車両とは接触することなく，左前方の歩道に乗り上げた上，左前方のA所有のA宅及び△△稲荷並びにB所有のポール及びLED

看板に衝突してこれらを損壊した後，停止した。

ウ　他方，被告Ｙ１も，平成17年６月12日午前３時28分ころ，被告車両を運転して，南北道路を川口市方面から上尾市方面に向かい進行中，本件交差点において右折して国道122号線方面に向かうため，本件交差点の手前でウインカーを点灯させて右折車線に進入し，対面信号機が青色を表示しているのを確認すると，時速約20キロメートルで進行を続け，横断歩道上に差しかかると，対向直進してくる原告車両を発見したものの，距離が100メートル程度あったことから右折することができると考え，同一速度で右折を開始したものの，本件交差点の中央付近に至って，50ないし60メートル前方に，原告車両が対向する左折・直進車線をかなりの速度で直進してくるのを発見して，原告車両を行かせてしまおうと思い，ブレーキをかけて停止したところ，原告車両は，被告車両と接触することなく，その右方を通過し，左前方の歩道に乗り上げた。

〔途中略〕

前示事実関係によると，被告Ｙ１は，被告車両を運転して，本件交差点を右折するに当たり，対向車線から本件交差点に直進進入してくる車両の有無及びその動静を確認すべき義務があるのにこれを怠り，対向直進してくる原告車両を認めながら速度等その動静を十分に確認することなく，安易に距離が100メートル程度あり右折することができると考え，漫然と右折を開始した結果，原告Ｘ１を慌てさせて本件事故の発生を招いたということができ，民法709条に基づき，原告Ｘ１，Ａ及びＢが本件事故により被った損害を賠償すべき責任を負うというべきである。

他方，前示事実関係によると，原告Ｘ１は，原告車両を運転して，本件交差点に直進進入するに当たり，前方を注視するとともに適宜速度を調節して，対向車線から右折する車両の有無及びその動静を確認すべき義務があるのにこれを怠り，前方に対する注視を甚だしく欠くとともに制限速度を上回る速度で進行を続けたあげく，被告車両の動静に過剰反応した結果，本件事故の発生を招いたことが推認され，本件事故の発生につき相当の落ち度があるというべきであるところ，その過失割合は，６割が相当である。」

裁判例 116　東京地判平成20年3月31日（交民41巻2号491頁）

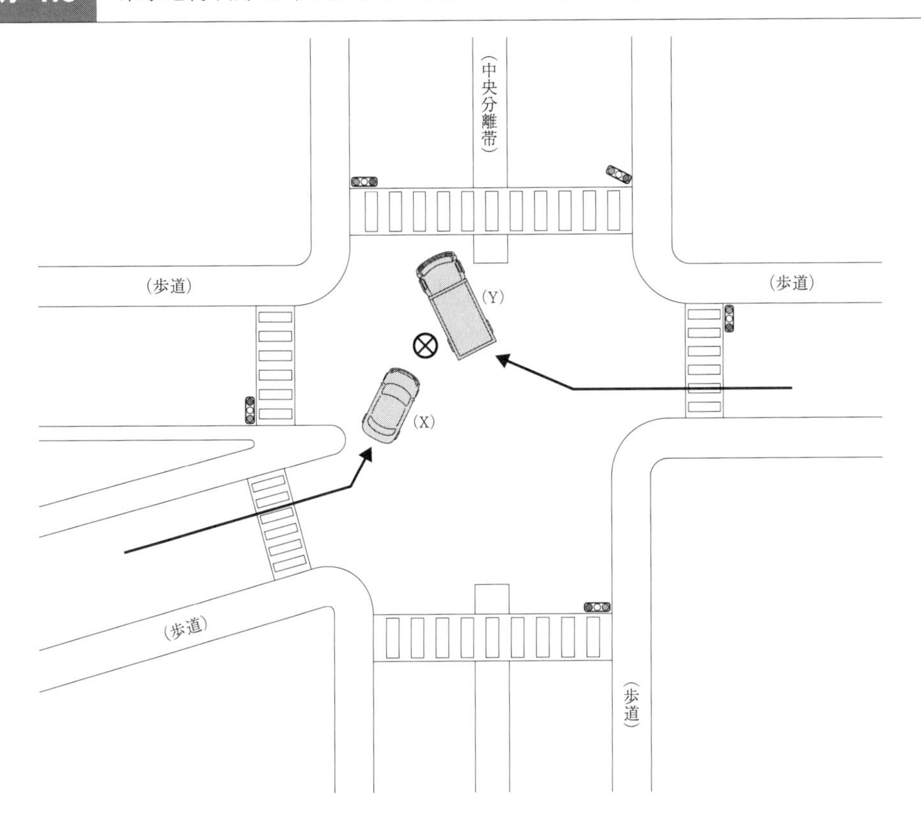

過失割合　**普通乗用自動車(X)** 60 %　**普通貨物自動車(Y)** 40 %

「(1)　本件事故現場は，別紙図面（乙1）のとおり，三つ目通り方面と吾妻橋方面を東西に結ぶ道路と，浅草通り方面と向島方面を南北に結ぶ道路が交わる交差点（以下「本件交差点」という。）であり，信号機による交通整理が行われている。東西に渡る道路の交差点東側の道路の車道幅員は6 m，西側の道路の車道幅員は約10 m，南北に渡る道路の交差点南側の道路の車道幅員は10 m，交差点北側の道路の車道幅員は11.2 mである。

本件交差点は，別紙図面のとおり，通常の十字路交差点とは異なり，東西に渡る道路が，交差点を挟んで南北に道路一本程度ずれている変則的な交差点である。〔証拠略〕

(2)　原告は，別紙図面の吾妻橋方面から本件交差点に向かって，原告車両を時速約30 kmで運転して走行し，同交差点に進入して左折しようとしていた。他方，Aは，別紙図面の三つ目通り方面から本件交差点に進入して，右折しようとしていた。〔証拠略〕

(3)　原告は，本件交差点の手前約30 mの地点において，本件交差点内で，軽自動車に引き続き，ゆっくりと右折を始めた被告車両を認めたが，被告車両の速度が遅かったことから，先に左折することができるものと思い，本件交差点に進入した。

他方，A〔Y〕は，対面信号が赤であったため本件交差点の手前で停止した後，同信号が青に変わったことから，前の軽自動車に続き，本件交差点内に進入した。そして，対向車線から左折してくる車両の通過を待った後，上記軽自動車に引き続き，右折を開始した。なお，その際，Aは，対向車線の本件交差点先約30ｍの地点で時速約30 kmで走行している原告車両を認め，同車両が被告車両を先に右折させてくれるような様子はなかったものの，同車両の方が先に右折することができるものと思い，右折を続けた。

なお，被告車両は車体の長さが1199 cmであった。〔証拠略〕

(4)　本件交差点内で，原告車両の右前部が被告車両の左側後部と衝突した。〔証拠略〕

2　争点(1)（原告及びAの過失の有無，過失割合）について

上記のように，本件事故は交差点内で左折しようとした原告車両と右折しようとした被告車両が衝突したものである。そして，Aは，対向車線に原告車両を認めたものの，先に右折することができるなどと軽信し，一時停止等の措置を講じることなく，右折を続けた結果，原告車両が衝突するに至ったのであるから，Aは，対向車線の車両の動向に十分に注意しながら運転すべき義務があったところ，これを怠ったものと認められる。この点，被告は，被告車両が右折を完了した後に，原告車両が追突したと主張するが，衝突場所は本件交差点内であることからすると，右折が完了したということはできず，被告の過失を否定することはできない。なお，被告はAの使用者であり，Aは被告の業務を執行中に本件事故を起こしたものと認められるから（弁論の全趣旨），被告には民法715条の責任がある。

他方，原告も，本件交差点の手前約30ｍの地点で本件交差点内で右折を始めた被告車両を認めたものの，先に左折することができるものと軽信した結果，被告車両と衝突するに至っているのであるから，原告にも同様の過失があったことを否定することはできない。この点，原告は，右折車両が先に右折させるために停止していたところ，同車両が通過した後，被告車両が衝突してきたと主張するが，そのような事実を認めるに足りる証拠はない。

そして，上記のように，原告は本件交差点の手前約30ｍの地点で既に本件交差点内に進入して右折を始めた被告車両を認めていたことのほか，原告車両の右前部が被告車両の左側後部に衝突したといった事故態様に照らすと，原告車両と被告車両の優先関係，本件交差点が変則的な交差点であったこと，被告車両の車体の長さといった原告に有利な事情も考慮したとしても，原告に6割の過失割合を認めるのが，損害の公平な分担の見地からして，相当である。」

裁判例 117　東京地判平成24年1月18日（判例秘書 L06730014）

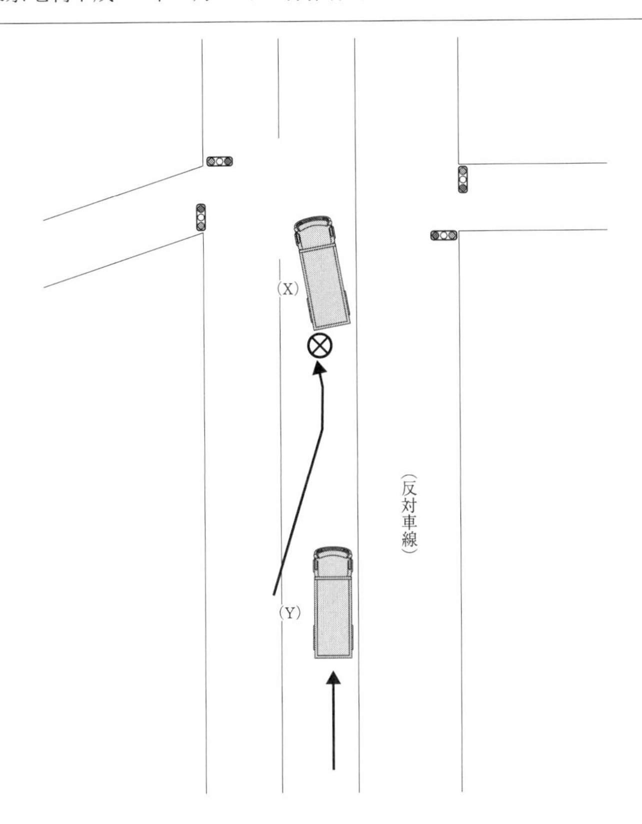

過失割合　大型貨物自動車(X)　70 %　大型貨物自動車(Y)　30 %

「ア　本件交差点は，草加市方面から春日部市方面に向かう片側2車線の幹線道路（国道4号線。以下，草加市方面から春日部市方面に向かう側の車線の道路につき「本件道路」という。）と，松代町方面から川口市方面に向かう片側1車線の道路（1車線の幅員は約3m。以下「本件交差道路」という。）が交わる交差点である。本件交差点の数十m手前から，本件道路の第2車線の幅員が広がって約4.7mとなり（第1車線の幅員は約2.8mとなっている。），本件交差点では，本件道路の第2車線の左側部分に直進標示が，右側部分に右折標示が，本件道路の第1車線に左折及び直進の標示がそれぞれあり，本件交差道路と本件道路の左折進路とは鋭角に交差している。本件交差道路の，本件道路の左折進路側に設けられた停止線は，本件交差点入口から相応の距離を置いて設けられている。

イ　原告X1は，車長11.99m・車幅2.49mの大型貨物自動車である原告車を運転し，本件道路の第1車線を走行していたところ，本件交差点の50～100m手前の地点で，ブレーキをかけて減速を開始し，右ウィンカーを点滅させて第1車線から第2車線に進路変更をし，本件交差点入口手前の第2車線右側の右折標示部分まで移動するや左ウィンカーを点滅させ，本件交差点の左折を開始した。

原告X1は，左方の本件交差道路の道幅が本件道路の道幅よりも狭く，かつ，本件交差点が本件道路と左折進路とが鋭角に交わる交差点であることから，本件交差点を安全に左折するため，原告車を運転する際には，日頃から，本件交差点手前で本件道路の第2車線に寄っており，本件事故当日も，同様の方法で本件交差点を左折しようとしたものである。

ウ　折から，被告Y1の運転する被告車が，本件道路の第2車線の原告車の数十m後方を時速約60kmで走行していたところ，前車である原告車が本件道路の第2車線右側まで移動した後に左ウィンカーを点滅させるのを認め，原告車が右折をやめて第2車線左側の直進標示部分に戻ってそのまま直進するものと考え，特に減速等することなくそのまま進行したが，原告車が更にハンドルを左に切って本件交差点を左折しようとしてきたため，慌ててブレーキをかけたものの間に合わず，原告車の左後角部分に被告車の前部が衝突するという本件事故が発生した。

なお，本件事故当時，本件道路の交通量は少なく，周囲はまだ暗かった。

(2)　以上の事実関係の下では，原告X1による原告車の不適切な左折方法が本件事故発生の主要な原因となっていることが明らかといえ，原告X1及びその使用者たる原告会社は，それぞれ民法709条ないし715条1項の損害賠償責任を負う。他方，被告Y1も，前車である原告車が本件交差点入口手前でブレーキをかけて（その際，ブレーキランプも点灯している。）減速した後に左折ウィンカーを点滅させるのを数十m後方から認めていたのだから，原告車が本件交差点を左折する可能性があることも考慮に入れつつ，原告車との距離や自車の速度を適切に調整すべきであったのにこれを怠った過失があるといえ，被告Y1及びその使用者たる被告会社も，それぞれ民法709条及び715条1項の損害賠償責任を負う（被告会社に関しては，被告車の保有者として，原告X1の人身損害につき自動車損害賠償保障法3条の損害賠償責任も負う。）というべきである。そして，以上の各当事者の過失の内容や程度等を考慮すると，原告X1と被告Y1の過失割合は，70対30とするのが相当である。

原告らは，本件交差点の形状や原告車の大きさに鑑み，原告X1のとった左折方法は，「できる限り道路の左側端に寄り」左折したものであり（道路交通法34条1項，35条1項ただし書），原告車が，左折標示のある本件道路の第1車線からではなく，左折標示のない第2車線から左折を開始したとしても，このことに何ら不適切な点はないと主張する。しかし，本件道路は，車両通行帯の設けられた，進行方向別通行区分の指定された道路であるから，同法34条1項の規定にかかわらず，車両は，当該通行区分に従って当該車両通行帯を通行しなければならないのであり（同法35条1項本文），同項ただし書にいう「その他の障害のためやむを得ないとき」とは，路上に累積された土砂類等それが存在するために車両が当該車両通行帯を通行できなくなる場合をいうと解されるところ，本件道路の左折進路である本件交差道路に設けられた停止線が本件交差点入口から相応の距離を置いて設けられていることにも照らすと，本件がそのような場合に当たるとはいえない。そうすると，原告車の左折方法は，同法35条1項に規定する左折方法に違反していたというべきである。仮に，本件交差点の形状や原告車の大きさに鑑みて原告車が本件道路の第1車線から本件交差点を安全に左折することが技術的に不可能ないし極めて困難であり，原告車が本件道路の第1車線からはみ出して本件交差点を左折することが容認され得なくはないとしても，原告X1においては，通行区分指定のある本件道路の第1車線からの車体のはみ出し方ができるだけ少なくなるようにして左折を開始すべきであったのであり（原告車が本件道路の第2車線の直進標示部分から左折しても，なお車道左側部分と原告車の左側に相応の側方間隔が取ることができることが認められること〔甲18〕や，本件事故当時の交通量は少なかったことからして，原告車の車体の一部は本件道路の第１車線に残して左折することも可能であったと推認される。)，本件のような大回り左折をする必要はなかったと言わざるを得ない。したがって，いずれにせよ，原告らの上記主張は失当であり，原告Ｘ１の過失に関する上記認定を左右するものではない。」

裁判例 118　東京地判平成 25 年 7 月 29 日（判例秘書 L06830436）

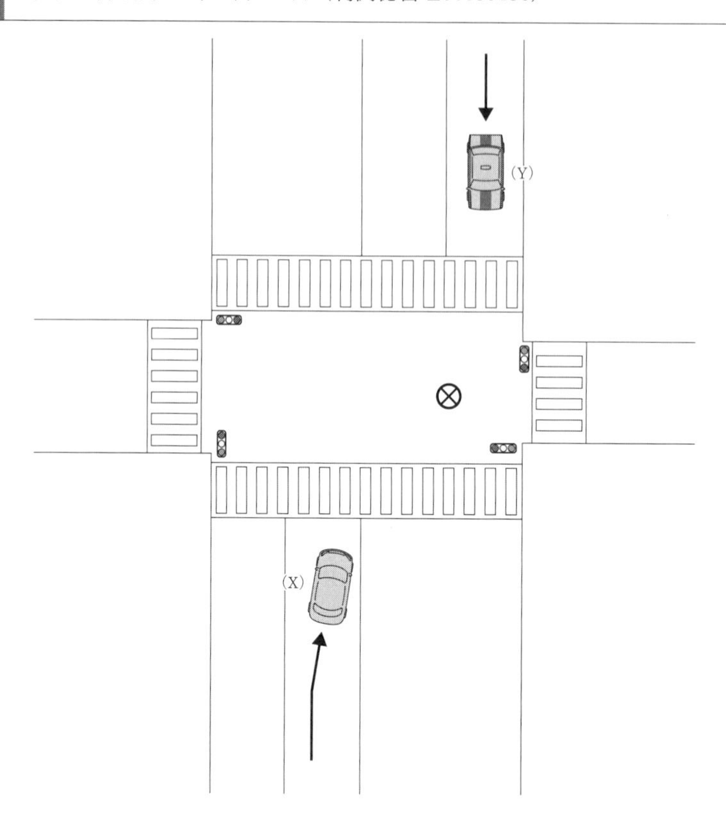

過失割合　普通乗用自動車(X) 70 %　普通乗用自動車(Y) 30 %

「(ア)　本件事故の場所は，浅草通り方面とかっぱ橋本通り方面とを結び，南北に走る清州橋通り（片側２車線）と，国際通り方面と昭和通り方面とを結び，東西に走る道路とが交わる，信号機により交通整理の行われている清洲橋通り交差点（本件交差点）であった。清洲橋通りは，車道幅員が約 16 メートルで両側に歩道が設けられ，本件交差点の出口（東側，西側及び南側）には横断歩道が設置されていた。

(イ)　原告Ｘ１は，平成 23 年５月３日午後６時 55 分頃，原告車両を運転して，清洲橋通りの右側車線を浅草通り方面からかっぱ橋本通り方面に向かい進行中，本件交差点に差しかかり，本件交差点において右折をしようとして，対面信号が青色を表示していることを確認するとともに，タクシーである被告車両が本件交差点先の左側車線（原告Ｘ１から向って反対車線の右側車線）にハザードランプを点滅させて停止して（停止していた位置は停止線付近）客を乗車させていることを確認した後，右ウィンカーを点灯させて右折を開始した（右折を始めた位置は南側の横断歩道の付近）ところ，本件交差点内において，原告車両が右折を開始するのとほぼ同時に発進して本件交差点に直進進入した被告車両の右前側部に，原告車両の右前部が衝突した。

イ　以上の事実関係によると，原告Ｘ１は，原告車両を運転して，本件交差点において右折を開始するに当たり，タクシーである被告車両が本件交差点先にハザードランプを点滅させて停止して客を乗車させていることを確認したのであり，客の乗車後は速やかに被告車両が発進することを予見することができたというべきであるから，被告車両の動静を注視してその進行を妨害しないように注意すべき義務があるのにこれを怠り，被告車両が停止を継続し，又は原告車両に進路を譲るものと軽信し，漫然と右折を開始した結果，本件事故の発生を招いたと推認することができ，本件事故の発生につき相当の落ち度があるということができるところ，その過失割合は，被告Ｙ１が原告車両の動静に注意を払った形跡がないことなど前示事実関係に照らすと，７割とするのが相当である。」

裁判例 119　大阪地判平成28年3月17日（判例秘書 L07150493）

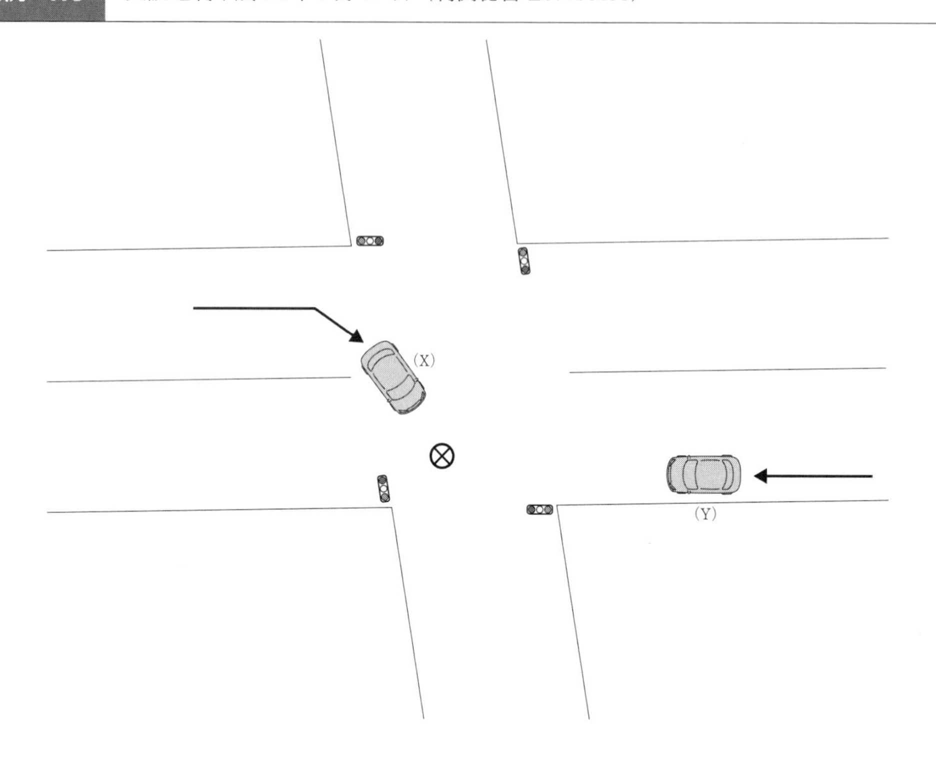

過失割合　普通乗用自動車(X) 80 %　普通乗用自動車(Y) 20 %

「ア　原告車の動向

原告車は，東西道路の東行き車線を走行し，本件交差点で右折すべく，別紙1の②地点において停止した。

その際，原告車の右方には，原告と同様に右折待機中の車両が複数存在した。原告は，別紙1の（甲）地点にある信号機（本件信号機）を見て原告車を発進する時機を図っていた。その後，原告車は，本件信号機が黄色表示から赤色表示と変化する前に発進したところ，別紙1の③地点において，原告車の前部と被告車の右側面が衝突した。なお，衝突時の原告車の速度は時速約14 kmであった。

イ　被告車の動向

被告は，被告車を運転し，東西道路の西行き車線を時速約50 kmないし60 kmで走行していた。被告は，別紙3の②地点（停止線の手前約16.6 mの地点）において，同（甲）地点にある信号機（本件信号機）が青色から黄色に変化するのを確認し，同時に原告車が右折のため，同(ア)地点に停止しているのを確認した。被告は，本件信号機の表示が青色から黄色に変化するのを見て（同②地点），一旦被告車のブレーキをかけ，時速約40 kmまで減速したが，本件交差点の手前で停止することはできないと判断し，ブレーキを離して直進を続けたところ，別紙3の③地点において，同車の右側面が原告車の前部と衝突した。

〔途中略〕

ア　上記(1)イのとおり，被告車は，本件信号機が黄色を表示した時点において，本件交差点の停止線まで約16.6 mの距離（別紙3の②地点）を時速約50 kmないし60 kmで走行していた。そして，証拠〔略〕によれば，時速50 kmで走行する車両の停止距離は，路面が乾燥している場合は24.48 m，湿潤している場合は35.02 m（なお，〔証拠略〕によれば，本件事故当日に行われた実況見分時には，本件事故現場の路面は湿潤していたとされている。），時速60 kmのそれは，路面が乾燥している場合は32.75 m，湿潤している場合は47.93 mであることが認められるから，被告は本件信号機が黄色表示に変化したのを見た時点において，被告車の急ブレーキをかけても安全に停止できない位置にいたと認められる。そうすると，本件においては，直進車である被告車が黄色信号での進入が例外的に許されている場合（黄色の灯火の信号が表示されたときにおいて当該停止位置に近接しているために安全に停止できない場合。道路交通法施行令2条1項）に当たる。

以上を前提に責任原因及び過失割合を検討する。

イ　まず，原告は，右折のため待機中だったのであるから，直進車である被告車の動静を十分に確認し，同車の進行妨害をしてはならない注意義務を負う（道路交通法37条）ところ，これを怠り，被告車の動静の確認が不十分なまま，かつ，本件信号機の表示が赤色となる前に原告車を発進したことにより，被告車と衝突したのであるから，本件事故について大きな過失があることは明らかである。よって，原告は，不法行為（民法709条）により，本件事故による被告の損害を賠償する責任を負う。一方，被告も，本件交差点に入ろうとし，及び同交差点内を通行するに当たり，同交差点の状況に応じ，反対方向から進行してきて右折する車両に特に注意し，かつ，できる限り安全な速度と方法で進行しなければならない（道路交通法36条4項）ところ，これを怠り，原告車の動静の確認が不十分なまま進行した過失により原告車と衝突したのであるから，不法行為（709条）により，本件事故による原告の損害を賠償する責任を負う。以上のとおり，本件事故は，原告の前記過失と被告の上記過失とが競合したものであるが，両者の過失の内容・程度等を比較検討すると，過失割合は原告8割，被告2割とするのが相当である。」

裁判例 120 東京地判平成24年6月19日（判例秘書 L06730276）

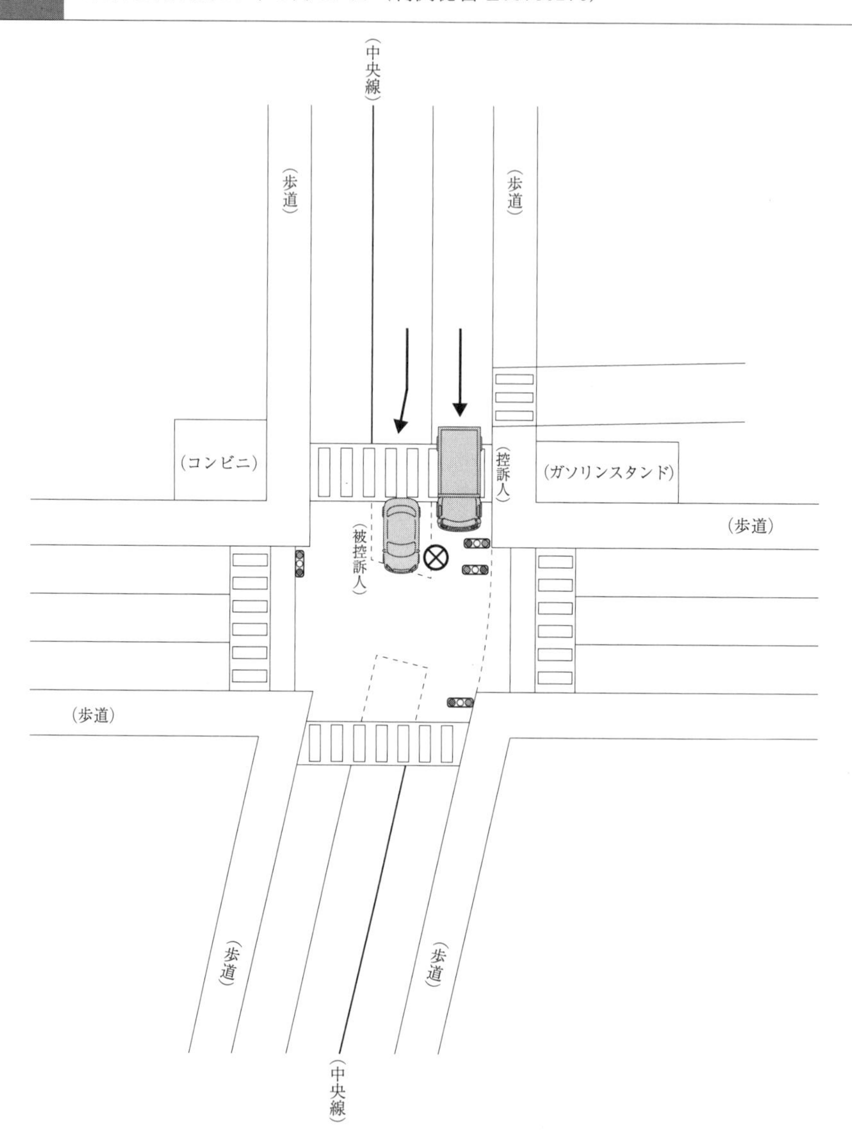

過失割合　普通貨物自動車（控訴人） 100 %　普通乗用自動車（被控訴人） 0 %

「(1)　本件交差点は，小平市方面（北）と府中市方面（南）とを結ぶ道路（以下「南北道路」という。）と，小金井市方面（東）と国分寺駅方面（西）とを結ぶ道路が交差する，信号機による交通整理が行われている十字路交差点である。

南北道路の南行き車線は，本件交差点の北側では直進左折車線（第1車両通行帯）と右折車線（第2車両通行帯）の2車線であり，本件交差点の南側では1車線となっている。

南北道路は，小平市方面（北）から本件交差点に向かって緩やかな上り勾配となっており，本件交差点内において，小平市方面（北）から府中市方面（南）に向かって目視で右に約 45 度のカーブを描いている。本件交差点内には，本件交差点北側の南行き直進左折車線の左端から，右方向にカーブを描いて本件交差点南側の南行き車線の左端に接続する破線が引かれ，本件交差点北側の南行き右折車線延長線上に，右折導流路が設置されている。右折導流路の幅員は約 3.0 m であり，右折導流路の左端から上記破線までの間隔は約 2.8 ないし 2.9 m である。

(2)　控訴人車は，平成 22 年 10 月 12 日午前 10 時 40 分ころ，南北道路を南進し，本件交差点の手前で，対面信号機が赤色を表示したことから，直進左折車線に進入して停止線の手前で停止した。

被控訴人車は，控訴人車に追従して南北道路を南進し，本件交差点を右折して国分寺駅の近くにあるデパート（丸井国分寺店）に向かうため，本件交差点の手前で右折車線に進入し，対面信号機の赤色表示に従って停止線の手前で停止した。

(3)　被控訴人車は，対面信号機の信号表示が青色に変わったため，本件交差点内の右折導流路に進入し，白線で指示された停止位置の手前で停止した。控訴人車は，被控訴人車に遅れて本件交差点に進入し，右方向のカーブに沿って南北道路を直進した。このとき，控訴人車の右側部が内輪差のため右折導流路上に逸出し，右折導流路上で停止していた被控訴人車の左前部に接触した。

〔途中略〕

(1)　前記前提事実 3 及び上記認定事実によれば，①控訴人車のホイールベースは約 7.2 m であり，控訴人車がカーブに沿って走行する際には相当程度の内輪差が生じること，②本件交差点内における南北道路の南行き車線のうち直進左折車線の幅員は約 2.8 ないし 2.9 m であり，車幅 2.49 m の控訴人車が通行する場合に残される幅員は約 0.31 ないし 0.41 m にとどまり，しかも，南北道路は，本件交差点内において，南に向かって目視で右に約 45 度のカーブを描いていることが認められる。以上の事実に照らすと，控訴人Ｙ２は，控訴人車を運転して本件交差点を南に直進するに当たり，控訴人車の右側部が内輪差により南行き車線から右側の右折導流路上に逸出することを予見し，周囲の安全を十分に確認し，控訴人車右側方の右折導流路上の車両との間隔の確保に注意しながら慎重に進行すべき注意義務を負っていたというべきである。

しかるに，上記 1(3)のとおり，本件事故は，被控訴人車が本件交差点内の右折導流路上で停止していたところ，南北道路の南行き車線を右方向のカーブに沿って直進しようとした控訴人車の右側部が，内輪差のため右折導流路上に逸出し，停止していた被控訴人車の左前部に接触して発生したものと認められる。したがって，控訴人Ｙ２は，上記注意義務を怠った過失により本件事故を発生させたというべきであるから，民法 709 条に基づき，本件事故により被控訴人に生じた損害を賠償すべき責任を負う。

また，本件事故は，控訴人会社の従業員である控訴人Ｙ２が，控訴人会社の業務を執行中に発生させたものであるから（前記前提事実 2），控訴人会社は，民法 715 条に基づき，控訴人Ｙ２と連帯して，本件事故により被控訴人に生じた損害を賠償すべき責任を負う。

(2)　他方，訴外Ａは，信号表示に従って被控訴人車を発進させ，右折する機会を待つため右折導流路上で停止していたに過ぎないのであるから，訴外Ａには本件事故の発生について過失相殺の原因となる過失はない。」

(2)　信号機による交通整理が行われていない事例

裁判例 121　東京地判平成 17 年 1 月 12 日（判例秘書 L06030010）

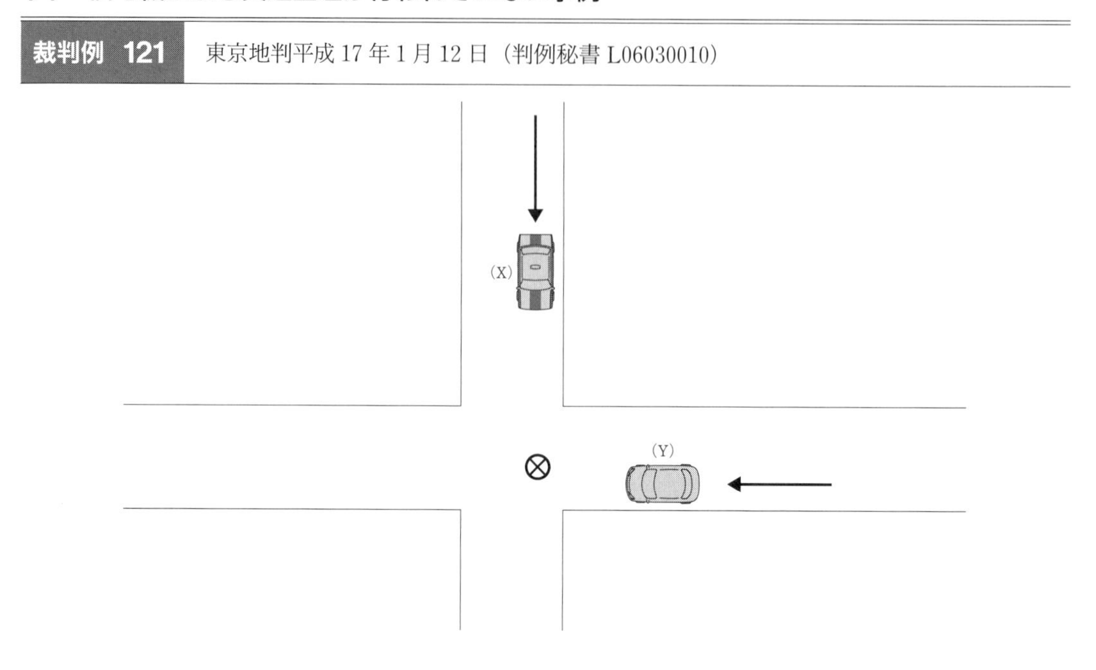

過失割合　タクシー(X) 0 %　普通乗用自動車(Y) 100 %

「ア　本件交差点は，路側帯を含む幅員 5.25 m の△△方面から a 市方面に向かって南北に走る区道（以下「原告進行道路」という。）と，路側帯を含む幅員 5.10 m の b 町方面から c 通り方面に向かって東西に走る区道（以下「被告進行道路」という。）とが交わる信号機による交通整理の行われていない交差点である。いずれも最高速度時速 30 km の規制がされ，被告進行道路には，本件交差点手前に一時停止の規制がされている。〔略〕

イ　原告は，タクシー運転手としての仕事を終え，帰宅して休もうと思ったが，仕事で使う道路地図を取りに会社に戻るべく，平成 15 年 5 月 20 日午前 2 時過ぎころ，自宅を出発し，原告車を運転して，原告進行道路を△△方面から a 市方面に向かって走行していた。他方，被告A子〔Y〕の刑事手続中の供述によれば，被告A子は，平成 15 年 5 月 19 日昼ころ，被告車の洗車をしようと思い，被告B男に対し，被告車の鍵を貸してくれるように頼んだが，被告A子が無免許であることから断られて口論となり，汚れたままの自動車に乗るのが嫌だったので，被告B男の部屋の机の上にある鍵を掛ける場所から被告車の鍵を無断で持ち出し，同日午後 11 時ころ，被告車を運転して，自宅アパートの駐車場を出発し，埼玉県新座市〔省略〕所在のコイン式洗車場に向かい，洗車後帰宅しようと，被告車を運転して，被告進行道路を c 通り方面から b 町方面に向かって走行していたという。

原告は，原告車を運転して，時速約 30 km で進行していたが，本件交差点に差しかかり，原告車を減速して時速約 25 km で進行した。他方，被告A子は，本件交差点手前の一時停止の停止位置より c 通り方面に約 6.7 m の地点（別紙 2 の〈1〉地点）において減速して，約 3 回パッシングをして再び加速し，時速約 20 ないし 30 km の速度で本件交差点に進入したという。しかし，原告は，交差道路の車両のパッシングには気付いていない（原告本人）。原告は，左方から進行してくる被告車を発見し，危険を感じて急制動の措置を講じたものの，別紙1の〈×〉地点で衝突した。原告にとって，被告車の衝突時の速度については，時速30 kmないし時速40 km程度は出ていたような感覚であるとのことである（原告本人）。衝突後，原告車は本件交差点内（別紙1の〈4〉地点ないし別紙2の〈イ〉地点）に停止し，被告車は，カーブミラーの支柱に衝突した後，さらにブロック塀に衝突して別紙1の〈ウ〉地点ないし別紙2の〈3〉地点で停止した。原告車は，前部バンパーが脱落し，ボンネット，フロントグリル等が破損した。被告車は，左右後部フェンダー，右後部ドアが凹損し，左右後輪軸が曲損，前後部バンパー，テールライト，前照灯等が破損した。

ウ　被告A子は，本件事故直後，警察官に対し，実の姉の名をかたって事情聴取に応じていたが，駆け付けた被告B男に指摘され，その場から逃げ出し，放浪の旅に出，帰宅した平成15年6月7日に逮捕された。

被告A子は，これまで運転免許を取得したことが全くない。被告A子は，本件事故当時の無免許運転によって懲役9月に処せられたが，その刑事判決は，被告A子について，「これまでも同様の無免許運転の罪等により2回にわたり有罪判決を受け，服役まで経験しているのに，前刑の執行終了後わずか4箇月弱で，またもや本件を敢行したものであり，交通規範を遵守しようとする意識が欠如しているというほかない。」と断じている（甲4の5頁）。

なお，当裁判所は，被告A子の出所に至るまで，本件を書面による準備手続に付し，被告A子の出所後，本件を弁論準備手続に付したが，被告A子は，4回の弁論準備手続のうち2回出頭したのみで，他の2回は連絡もなく出頭せず，職権による被告本人尋問期日として指定した第2回口頭弁論期日の直前に電話で不出頭の連絡をしただけで同期日に出頭しなかったが，かような対応は著しく誠実さを欠くものである。

以上の事情は，本件事故態様に関する被告A子の刑事手続における供述及び本訴における主張（例えば，本件交差点進入前の被告車の速度が時速約20ないし30 kmであったこととか，本件交差点手前において3回パッシングしたことなど）の信憑性に疑いを抱かせる事情とも評価できる。

(2)　以上によれば，本件事故態様は，信号機による交通整理の行われていない交差点における，ほぼ同速度の直進車同士の出合い頭の事故であると認められる。双方の車両の損傷状況や停止位置から，原告車の速度が被告車のそれを上回っており，かつ，それが過失相殺率の判断に影響を与える程度に有意な差であることを認めることはできない。仮に，絶対的な速度としては原告車の方が上回っていたとしても，原告車は一定の速度で本件交差点に進入しようとしていたのに対し，被告車は，加速しながら本件交差点に進入しようとしていたのであるから，被告A子の過失に比して，原告の過失を加重すべき要素としては捉えられない。

また，被告A子は，これまで一度も運転免許を取得したことがないのであり，その法令の認識の欠如ないし不足や運転技術の未熟さは本件事故と相当因果関係のある重過失であるというべきである。

原告と被告A子の過失の対比，その他本件において顕れた諸般の事情を総合すると，原告において，見通しの悪い交差点において徐行しなかったという事情はあるものの，被告A子の過失の重大さに照らし，規範的観点からは，これを過失相殺すべき落ち度として捉えるべきではない。本件における過失割合は，原告0％，被告A子100％と認めるべきである。」

裁判例 122　東京地判平成20年6月18日（判例秘書 L06332695）

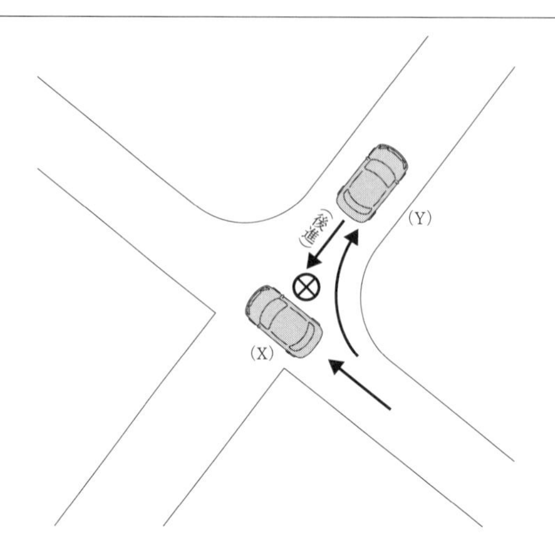

過失割合　普通乗用自動車(X) 0 %　普通乗用自動車(Y) 100 %

「ア　本件事故現場はホテルやペンションが並ぶリゾート地にある交差点（以下「本件交差点」という。）であり，その概要は別紙のとおりである。白馬駅方面から白馬岩岳スキー場に至る道路は幅員約4.7メートルの舗装道路（以下「本件道路」という。）で，白馬岩岳スキー場方面に向かって上り勾配となっている。本件交差点からペンションに続く道路は幅員約5.2メートルの未舗装道路であり，本件交差点付近は角切りがなされており，本件道路との接地面は13.5メートルである。本件交差点から和田の森協会に続く道路は幅員約2.9メートルの未舗装道路であり，本件交差点付近では有蓋側溝を挟んで13.7メートルにわたって上記舗装道路と並行している。

イ　原告車は，車長444センチメートル，車幅183センチメートル，車高131センチメートルのポルシェ996C4Sであり，被告車は，トヨタハリアー5ドアワゴン240G2400であって車高が高く，後方に死角となる部分が生じるが，原告車が被告車の真後ろの位置にある場合，原告車の車長が444センチメートルあることから，被告車のドアミラーで後方を確認すれば，被告車の運転席から原告車を発見することは容易である。

ウ　原告は，原告車を運転して，本件道路を被告車に追従して時速約20キロメートルの速度で走行していたところ，本件交差点において被告車が右折を始めたため，被告車の後方を通り抜けようとしたが，被告車が右折を完了する前だったために，原告車の進行方向も狭くなっており，原告は，原告車を時速約10キロメートルの速度で進行させた。

エ　そして，原告車の前輪が被告車の後方に差しかかったところ，被告車のバックランプが点灯し，10から20センチメートル後退してきたため，原告は，警音機を2度吹鳴するとともに，原告車の進行方向が狭くなったため，原告車を停止させた。

オ　しかし，被告車は後退を続け，原告車の右側面に衝突し，原告車は，右リアフェンダ，右後輪タイヤ等を損傷し，被告車は，リアバンパの中央から左側にかけて損傷した。

〔途中略〕

(3)　上記(1)の認定事実によれば，被告は，後退して方向転換をするに当たっては，後方確認を行うべきであるところ，一般に後退は前進に比し死角の生じる範囲が広く，危険が増大するところ，被告車は車高が高いため通常の乗用車以上に後方に死角が生じるのであるから，被告は，後退して方向転換するに際しては，より注意深く後方左右の安全を確認すべき注意義務があり，かつ，左右のドアミラーで後方を確認すれば容易に原告車を発見できたにもかかわらず，原告車の警音機の吹鳴を聞いても，原告車を発見できず，被告車を後退させて原告車の進路を塞ぐような形で妨害し，本件事故を惹起させたものであるから，被告の後方確認義務違反の過失は極めて重大であるというべきである。

(4)　他方，原告は，被告車が後退してきた時点で原告車を停止させているが，上記(1)の認定事実からすると，被告車の後退のため，原告車の走行に十分な車線幅を確保できず，停止してしまうことはやむを得ないこと，原告は，警音機を吹鳴していること，前記のとおり，被告がドアミラーで後方を確認すれば本件事故は容易に回避でき，被告の過失は極めて重大であることから，上記原告が原告車を停止させたことを過失相殺の対象として評価するのは相当ではない。

(5)　したがって，本件では過失相殺すべきではない。

裁判例 123　名古屋地判平成 23 年 8 月 19 日（交民 44 巻 4 号 1086 頁）

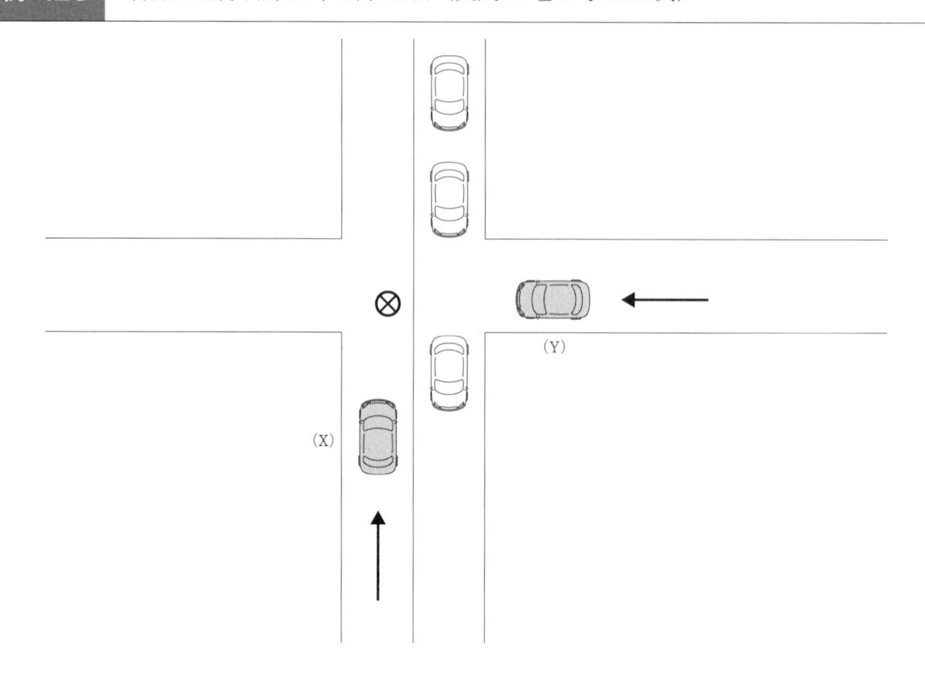

過失割合　普通乗用自動車(X) 0 %　普通乗用自動車(Y) 100 %

「ア　本件交差点及びその付近の状況はおおむね別紙見取図のとおりである。本件交差点は東西に走る道路（以下「東西道路」という。）と南北に走る道路（以下「南北道路」という。）が交差する信号機により交通整理の行われていない十字路交差点である。南北道路には黄色実線の中央線が本件交差点内にも引かれており，南北道路が東西道路に対して優先道路になっている。東西道路には本件交差点の手前に停止線が引かれており，一時停止の規制がされている（乙 18）。

イ　原告車は，南北道路の北行き車線を時速 50 km 余り〔証拠略〕で北進して本件交差点に進入した（乙 18）。原告は，本件交差点を直進して進行する予定であった〔証拠略〕。

ウ　被告車は東西道路を西進して本件交差点に進入した（乙 18）。

エ　本件事故当時，南北道路の南行き車線は渋滞しており，原告車から本件交差点の東側の見通しは非常に悪く，原告は，本件交差点が存在することも認識していなかった〔証拠略〕。しかし，交差点が何本かあるという認識は有していた。また，左方に交差道路があることはよく見ていれば気付くことができる状態であった。原告は，かつてバスの運転手をしていたこともあり，物が急に飛び出してくることはあるという認識は日頃から有していた〔証拠略〕。

オ　被告車は，本件交差点手前の別紙見取図①の地点で一旦停止した後，西進して本件交差点に進入した。原告車の対向車線（南行き車線）が渋滞しており，被告は，別紙見取図②の位置でその渋滞で被告車から見て右側で停止した車両を確認して前進した。そして，左方はよく見えていなかったが，右側で車両が止まってくれたので急いで本件交差点を渡らなければならないと思ってアクセルを踏んで出たところ，左方から原告車が来たので慌ててブレーキを踏んだが間に合わず，別紙見取図③の位置で同(ア)の原告車と衝突した〔証拠略〕。

〔途中略〕

(3)　以上の事実を前提に，原告にも過失があるか，あるとして過失相殺の割合はどれだけであるかについて判断する。

車両は，道路標識等によりその最高速度が指定されている道路においてはその最高速度をこえる速度で進行してはならない（道路交通法22条1項）。また，車両等は，交差点に入ろうとし，及び交差点内を通行するときは，当該交差点の状況に応じ，交差道路を通行する車両等に特に注意し，かつ，できる限り安全な速度と方法で進行しなければならない（道路交通法36条4項）。

原告車は，最高速度が時速40 kmに制限されている〔証拠略〕のに，これに違反し，時速50 km余りで走行していた。また，反対車線が渋滞していることを認識していたために，進路右側の見通しは非常に悪かったが，進行している南北道路に交差する道路が存在すること自体は認識していた上，左側を注意してみれば交差する道路の存在を認識し得る状態にあったのであり，しかも，交差道路があれば，そこから急に飛び出してくる車両等が出てくる可能性があることは認識していた。上記のような道路状況からすれば，原告としては，反対車線の渋滞により右方の交差道路及びそこから本件交差点に進入してくる車両等の発見が難しいのであるから，交差道路から本件交差点に進入してくる車両との衝突を避けるため，交差道路を見落とさないために十分に前方注視して進行すべきであった。また，少なくとも最高速度である時速40 km以内の速度で走行するべきであった。

しかし，上記認定のとおり，被告車は，別紙見取図②の位置からアクセルを踏んで急いで同③の位置まで進行して，本件事故を発生させたのであるから，被告車は，原告車が本件交差点の直近に迫った時点で，それを見落として突然原告車の前に現れたものということができる。そうであるとすれば，原告が，仮に，同②の位置に停車している被告車を認識したとしても，そのような状況で被告車が停止しているのであるから，当然，被告車は，原告車が通過するまで停止し続けてくれるものと考えて，そのまま進行して本件交差点を通過しようとするのが自然な状況であるといえる。そうすると，原告が左方を注視して交差点の発見をすることまではしなかった点は，本件事故の発生には何の影響も与えなかった（交差点を発見しても，原告は，被告車が停止し続けることを当然期待してそのまま進行したものと考えられる。）というべきである。したがって，本件事故の発生につき原告には，過失相殺をされるほどの過失まではなかったと認めるのが相当である。なお，原告車が時速50 km余りで走行していた点は明らかに道路交通法違反ではあるものの，被告車が突然北行き車線に進入したことからすれば，仮に，原告車が時速40 kmで走行していたとしても本件事故の発生を回避することはできなかったと考えられるし，時速40 kmであれば原告の受傷がどの程度軽くなったかも明らかではないから，過失相殺をするのは相当ではないというべきである。」

裁判例 124　東京地判平成21年4月28日（判例秘書 L06430270）

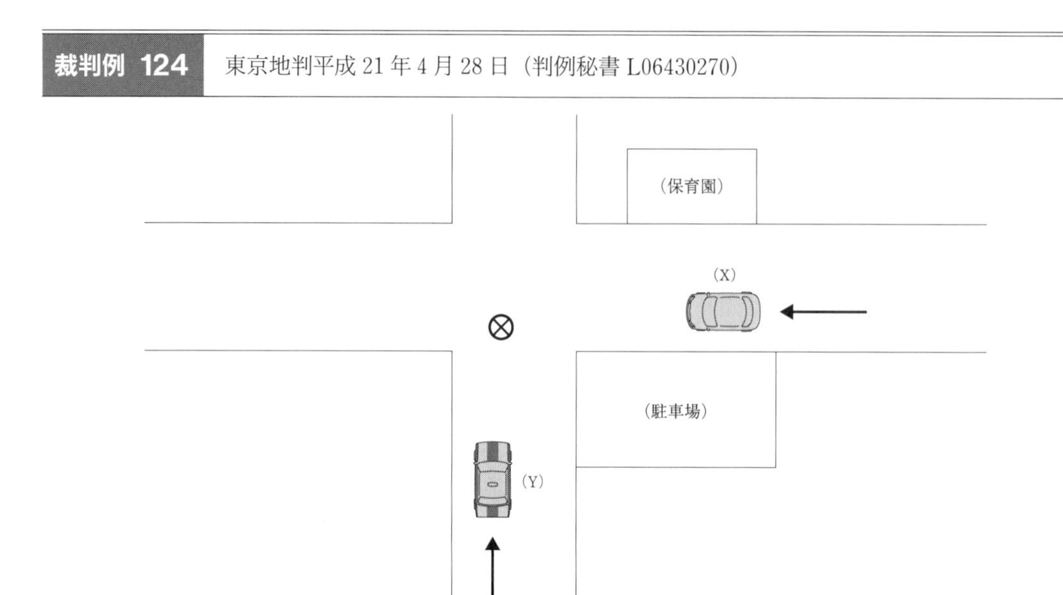

過失割合　**普通乗用自動車(X)** 5 %　**タクシー(Y)** 95 %

「ア　本件交差点付近の概況は，別紙現場見取図記載のとおりである。東西道路には一時停止の規制はないが，南北道路には本件交差点手前で一時停止の標識が設置され，一時停止線が路上に表示されている。

イ　本件事故当日，原告X１は，原告車を運転し，東西道路を西に向かい進行させていた。原告X１は，本件事故の前日にソフトボールをした際右手の小指の指先部分を骨折しており，その部分を固定するために，右手の薬指と小指を包帯で固定していたが，右手を動かすことはでき，原告車のハンドルを両手で持って運転していた。原告X１は，本件交差点手前の東西道路の右手には保育園があったことから，原告車の速度をそれほど出していなかった。

ウ　一方，被告Y１は，被告車を運転して，南北道路を北に向かい進行させていた。被告Y１は，別紙現場見取図の①地点で一時停止の標識を確認し，②地点で被告車の速度を落としたが，一時停止をしないまま本件交差点内に被告車を進入させた。被告Y１は，③地点で自車の右方から直進してきた原告車に気付きブレーキをかけたが間に合わず，原告車の左側面に被告車の前部を衝突させた。

〔途中略〕

(3)　前記認定事実によれば，被告Y１は，本件交差点手前に設けられた一時停止の標識に従って一時停止線の手前で被告車を停止させ，その後，本件交差点左右の状況を十分確認してから被告車を交差点内に進入させる義務があったのにこれを怠り，漫然と被告車を本件交差点内に進入させたために本件事故を惹起したもので，被告Y１に過失があることは明らかである。

他方，原告X１は，それほど速度を出さずに原告車を本件交差点内に進入させたもので，原告車がその側面から被告車に衝突されたことも考慮すると，原告X１の落ち度は少ないというべきであるが，原告車が走行していた東西道路の左方は駐車場で見通しは良かったことからすれば，被告Ｘ１には，十分な左方の確認を怠った過失があるといわざるを得ない。

そして，双方の過失の態様に照らせば，本件事故発生についての過失割合は，原告Ｘ１が５パーセント，被告Ｙ１が95パーセントと認めるのが相当である。」

裁判例 125　東京地判平成22年6月7日（交民43巻3号760頁）

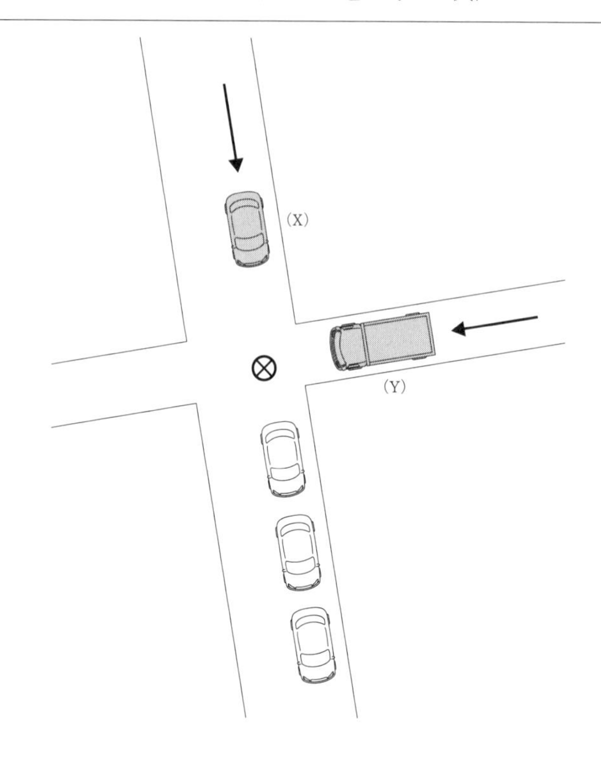

過失割合　普通乗用自動車(X) 10 %　普通貨物自動車(Y) 90 %

「ア　原告車は，南馬込方面から池上通り方面に向けて本件交差点付近道路を走行し，被告車は，原告車左方の交差道路を走行していた（乙1）。

イ　原告車進行路の車道幅員は4.9mであるのに対し，被告車進行路の車道幅員は1.7mである。被告車進行路は，本件交差点手前で一時停止規制がされている。本件交差点は，原告車進行路から見ても被告車進行路から見ても，左右の見通しがきかない（乙1，2）。

ウ　原告車は，本件交差点先の対面信号が赤表示で前方に数台の車両が停車していたため，本件交差点手前で減速し，本件交差点に進入した（原告本人，弁論の全趣旨）。他方，被告車は，本件交差点に進入する手前で一時停止したが，右方の安全確認を十分に行わずに本件交差点に進入したため，本件交差点の中央付近において，被告車前部を原告車左部のセンターピラー付近に衝突させる本件事故を起こした（乙1，3，証人B，原告本人）。

(2)　検討

前記認定に係る本件事故の基本的な態様や，被告車運転手は原告車に衝突する直前に原告車の存在に気付いた（被告本人）という安全確認の不十分さも考慮すれば，本件事故の主要な責任は被告車にあるというべきである。一方で，本件交差点が原告車進行路から見ても左右の見通しのきかない交差点であったことからすれば，原告車にも相応の落ち度があったといえ，結局のところ，原告車と被告車の過失割合は，10：90と見るのが相当である。」

裁判例 126　東京地判平成22年8月23日（判例秘書L06530408）

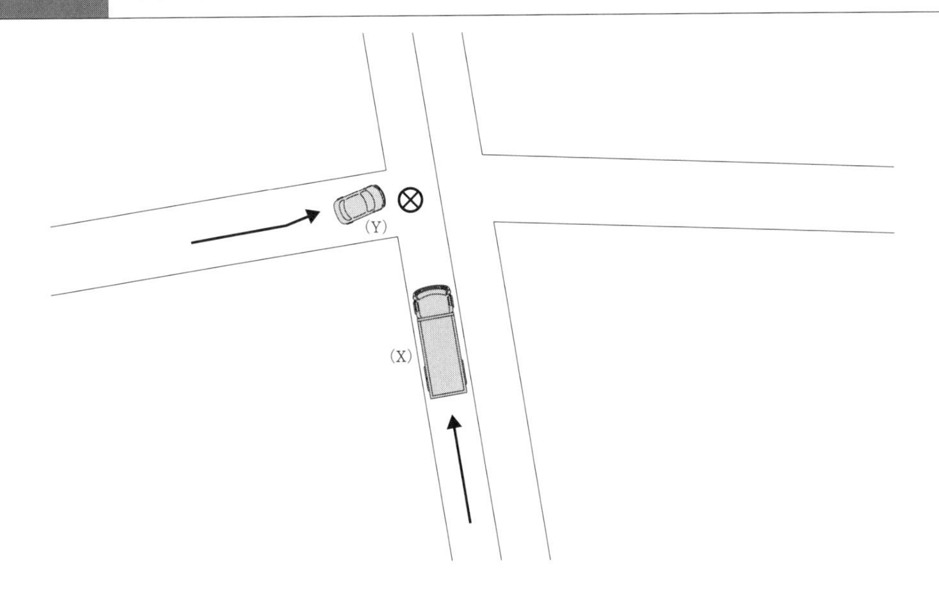

過失割合　大型貨物自動車(X) 10 %　普通乗用自動車(Y) 90 %

「1　前提事実（当事者間に争いがないか，括弧内掲記の証拠及び弁論の全趣旨により容易に認められる事実）

(1)　本件事故の発生（争いがない，甲1，乙2の1・2，8の1・2，弁論の全趣旨）

ア　場所　東京都目黒区八雲一丁目4番先の，信号機による交通整理の行われていない交差点（以下「本件交差点」という。）

イ　日時　平成20年9月5日午後2時50分ころ

ウ　態様　原告X1の従業員A〔X〕がその業務中に運転する原告車（大型貨物自動車，日野レンジャープロ　ミキサー車）が一時停止規制のない道路を時速約30kmで走行して本件交差点に進入したところ，被告Y1がその業務中に運転する被告車（普通乗用自動車，ホンダライフ）が一時停止規制のある交差道路の左方から進行して本件交差点に進入し，被告車（右前部）と原告車（左前部）とが出合い頭衝突をした。

(2)　責任原因

ア　被告Y1は民法709条に基づく損害賠償責任を，同人の使用者である被告会社は同法715条に基づく損害賠償責任を負う（争いがない）。

イ　Aには，交差道路から本件交差点に進入する車両の動向に注意し安全確認をする義務があったのに，これを怠った過失があるから，同人の使用者である原告X1は民法715条に基づく損害賠償責任を負う（乙8の1・2，弁論の全趣旨）。

〔途中略〕

(1)　前提事実(1)ウに見る本件事故の基本的な態様に加え，一方で，①被告車は，走行路（車道部分の幅員5.0m）左側に余裕があったにもかかわらず道路右側を通行し本件交差点に進入したこと，他方で，②本件交差点左方の見とおしは良くなかったこと（以上，甲２，８～10，乙１～５，７，８の１・２，弁論の全趣旨。なお，被告Ｙ１の陳述書（乙３）には「停止線で一時停止し，右方向を目視で確認しました」との記載があるが，同人立会の実況見分を基に作成された現場見取図（乙８の２，弁論の全趣旨）には「左を気にした地点」との記載はあるものの陳述書の上記内容を裏付ける記載は見当たらず，被告車の一時停止を認めるに足りる証拠はないというべきである。）といった事情も考慮すると，本件事故は，基本的には，被告車が本件交差点に進入するに当たって交差道路右方の安全確認を怠った等の過失により生じたものというべきであるが，原告車にも，左方の安全確認が十分でなかった過失があったことは否定し得ず，結局のところ，原告車と被告車の過失割合は10：90と見るのが相当である。」

裁判例 127　東京地判平成24年2月13日（交民45巻1号201頁）

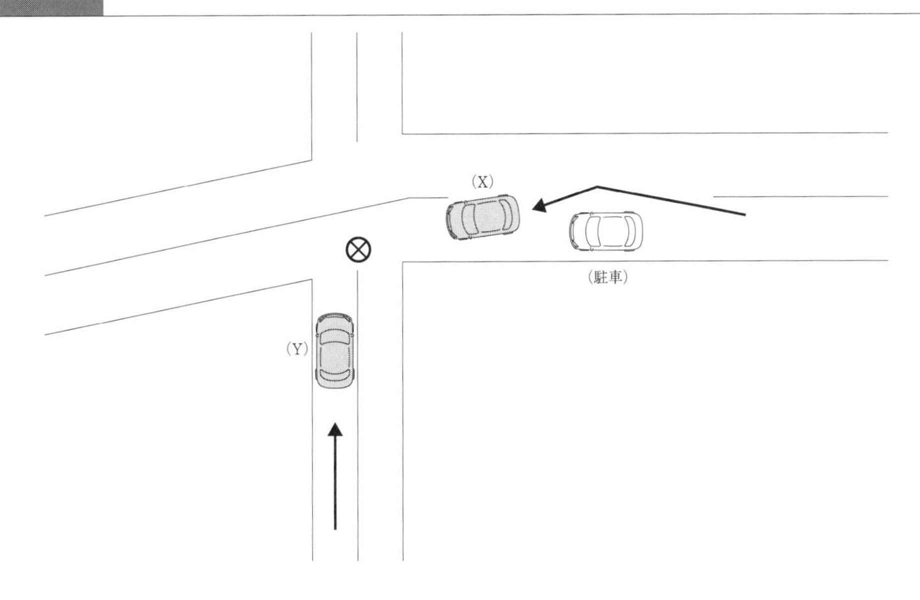

過失割合　普通乗用自動車(X) 10 %　普通乗用自動車(Y) 90 %

「ア　本件交差点は，東西に走る片側1車線の道路（以下「東西道路」という。）と南北に走る片側1車線の道路（以下「南北道路」という。）が交わる信号機による交通整理が行われていない十字路交差点である。東西道路の中央線が本件交差点の中にまで及んでいることから，東西道路は優先道路である。本件交差点の南側入口には道路標識による一時停止規制があり，一時停止線が設置されている。東西道路の両側には歩道が設置されており，東西道路は，本件交差点で東方からみて若干左に折れ曲がり，くの字型になっている。

イ　原告は，平成15年10月22日午前9時30分ころ，原告車を運転し，東西道路の左側車線を東方から西方に向かって走行していた。その当時，本件事故現場付近は大雨が降っていた。原告は，本件交差点の手前約30mの地点において，トラック（以下「本件トラック」という。）が東西道路の左側に停車していたことから，右方に進路を変更して本件トラックの右側方を通過した。

ウ　被告は，そのころ，被告車を運転して南北道路を南方から北方に向かって進行し，本件交差点に直進進入した。

エ　原告は，本件トラックの右側方を通過して左方に進路を変更し，左側車線に戻ったところで，南北道路の左方から進行してきた被告車に気付き，ブレーキを掛けたが間に合わず，本件交差点内において，原告車前部が被告車右側面中央に衝突した。被告は，原告車と被告車が衝突するまで，原告車の存在を認識していなかった。

〔途中略〕

(3)　上記(1)及び(2)の認定事実によれば，被告は，原告車と被告車が衝突するまで，原告車の存在に気付いておらず，交差道路である東西道路の左右の安全を確認しながら進行すべき注意義務があるのに，これを怠り，漫然と本件交差点に進入した過失があると認められ，民法709条に基づき，原告に生じた損害を賠償すべき責任がある。また，被告は，被告車の保有者として，自動車損害賠償保障法3条に基づき，原告に生じた損害を賠償すべき責任がある。

⑷　そして，①　被告は，優先道路を走行する原告車の進行を妨害してはならなかったのに（道路交通法36条2項），原告車の存在に気付かないで本件事故を引き起こしたこと，②　原告としても，本件交差点内で一旦停止した上，徐行していた被告車に原告車を衝突させており，前方不注視の過失があったことは否定できないことを総合考慮すると，本件事故に関する過失割合は，原告10％，被告90％と認めるのが相当であり，原告に生じた損害については10％の過失相殺をすべきである。」

裁判例 128　東京地判平成24年3月13日（判例秘書 L06730118）

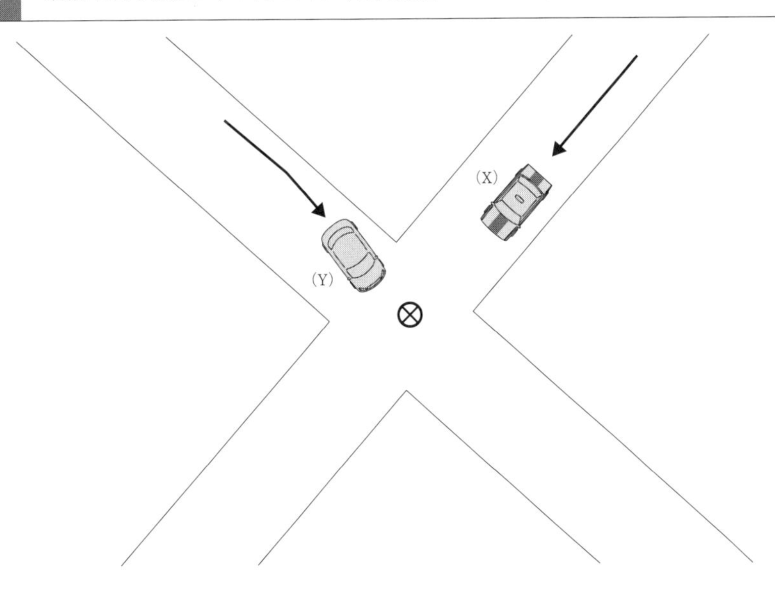

過失割合　タクシー(X) 10 %　普通乗用自動車(Y) 90 %

「ア　本件交差点は，上大崎方面（北東）から山手通り方面（南西）に延伸する片側1車線の道路と中目黒方面（北西）から白金五反田方面（南東）に延伸する片側1車線（本件交差点より南東側は1車線のみとなる。）の道路との交差点である。上大崎方面から山手通り方面に延伸する道路は，本件交差点より南西側は市塚橋上の道路となっている。中目黒方面から白金五反田方面に延伸する道路には，本件交差点手前に一時停止標識があり，停止線から交差道路の左方に対する見通しは，同交差点角に位置する建物及び歩道上の植栽のため良くない（なお，現場の見分状況書（乙1）添付の現場見取図（原図）には停止線付近に「左（×）」と記載されている。）。

イ　原告は，本件事故当時，原告車を運転して，上大崎方面から山手通り方面に延伸する道路を時速20 km程度で走行し，本件交差点手前で減速して時速約10 kmで本件交差点を直進進行しようとした。（なお，被告Y2は，その陳述書（乙2）において，原告車の本件事故当時の速度を時速40 kmから時速50 kmである旨推測しているが，被告Y2本人尋問において原告車の衝突時の速度は時速10 km以下である旨供述していることや，被告Y2が立ち会った実況見分時に，原告車が衝突地点から1.15 mの地点で停止した旨指示説明していることに加え，原告においても原告本人尋問で原告車の衝突時における速度を時速約10 kmであった旨供述していることからすれば，被告Y2の上記推測は信用できず，衝突時における原告車の速度は時速約10 kmであったと認めるのが相当である。）

被告Y2は，本件事故当時，被告車を運転して，中目黒方面から白金五反田方面に延伸する道路を走行し，本件交差点手前の一時停止標識付近で被告車を停止させた。その後，被告車を発進させ，時速約5 kmで本件交差点を右折しようとしたところ，本件交差点の中央付近で，被告車の左前端部を原告車の右側面に衝突させた。

〔途中略〕

本件事故の現場は，信号機により交通整理の行われていない十字路交差点で，被告車走行道路側に一時停止規制のあることからすれば，被告Y２は，被告車を右折進行させる際，交差道路の左方から直進してくる原告車の進行妨害をしてはならない義務があるところ，被告車を一時停止させたものの，交差道路の左方から時速約10 kmで走行する原告車を衝突時まで発見しないという左方の安全確認を著しく怠り，原告車の進行妨害をした過失が認められ，これが本件事故を発生させた主因であると認められる。これに対し，原告においても，交差点に進入するに際して，交差道路の車両に注意すべき義務があるのにこれを怠った過失があるといえ，これも本件事故発生の一因ということができる。

そして，本件事故現場の状況，本件事故の態様，双方の過失の内容，程度等からすれば，本件事故の発生についての過失割合は，原告につき10%，被告Y２につき90%と認めるのが相当である。」

裁判例 129　東京地判平成24年10月31日（判例秘書 L06730534）

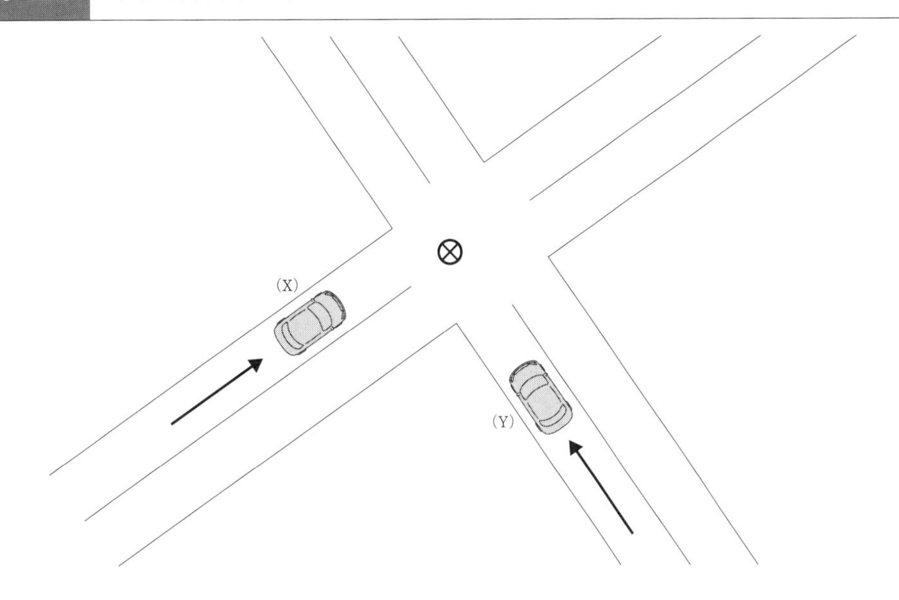

過失割合　普通乗用自動車(X)　15 %　普通乗用自動車(Y)　85 %

「ア　本件交差点は，代官山方面から国道246号方面に南東から北西に通じる道路と，旧山手通り方面から渋谷駅方面に南西から北東に通じる道路が交差する，信号機がなく，かつ，交通整理が行われていない十字路交差点である。

イ　被告Y1は，大学の同級生の友人を乗せ，知人である被告Y2所有名義の被告車を運転し，平成23年1月20日午後5時頃，代官山方面から国道246号方面に向かい時速約30kmないし40kmの速度で走行中，本件交差点に差し掛かった。

被告Y1が走行していた道路は，片側一車線（幅員2.3m）が本件交差点から北西側の国道246号方面に向かい一車線（幅員2.7m）となっており，本件交差点手前から左右の見とおしは，民家が建ち並んでいるため悪く，一時停止標識が設けられている。

ウ　原告は，同時刻ころ，原告車を運転し，旧山手通り方面から渋谷駅方面に向かい時速約30kmないし40kmの速度で走行中，本件交差点に差し掛かり，ブレーキペダルに足を乗せ，本件交差点に進入した。

旧山手通り方面から渋谷駅方面に南西から北東に通じる道路は，片側一車線（幅員2.5m）であり，時速30kmの速度制限がある。

エ　被告Y1は，本件交差点に一時停止することなく直進して進入し，その際，交差道路の左方から原告車が本件交差点に進入するのを認めたものの，ハンドルを切る間もなく，本件交差点の中央付近において，ブレーキを掛けようとするのとほぼ同時に被告車の前部が原告車の右側部に衝突した（本件事故）。

オ　本件事故により，原告車は，サイドエアバッグが破裂し，スピンして本件交差点の進路出口付近に停止し，運転席ドア凹損，右後ドア凹損，右後フェンダー凹損等の損傷が生じ，被告車は，前バンパーが脱落し，ボンネット凹損，左右コンビライト破損等の損傷が生じた。

⑵　上記認定事実によれば，被告Ｙ１は，本件交差点に進入するに当たり，一時停止義務に違反し，かつ，交差道路の原告車の動静に注意しながら進行すべき注意義務に違反して本件交差点に直進走行して進入した過失があり，他方，原告は，信号機による交通整理の行われていない交差点において，左右の見とおしが不良である場合には，優先道路ではない以上，徐行して交差点に進入する義務があるところ（道路交通法42条１号参照），本件交差点に入るに当たり，ブレーキペダルに足を乗せる程度の減速をしたにとどまることが認められる。

以上によれば，本件事故における過失割合は，原告が15%，被告Ｙ１が85%であると認めるのが相当である。」

裁判例 130　東京地判平成 24 年 11 月 6 日（判例秘書 L06730542）

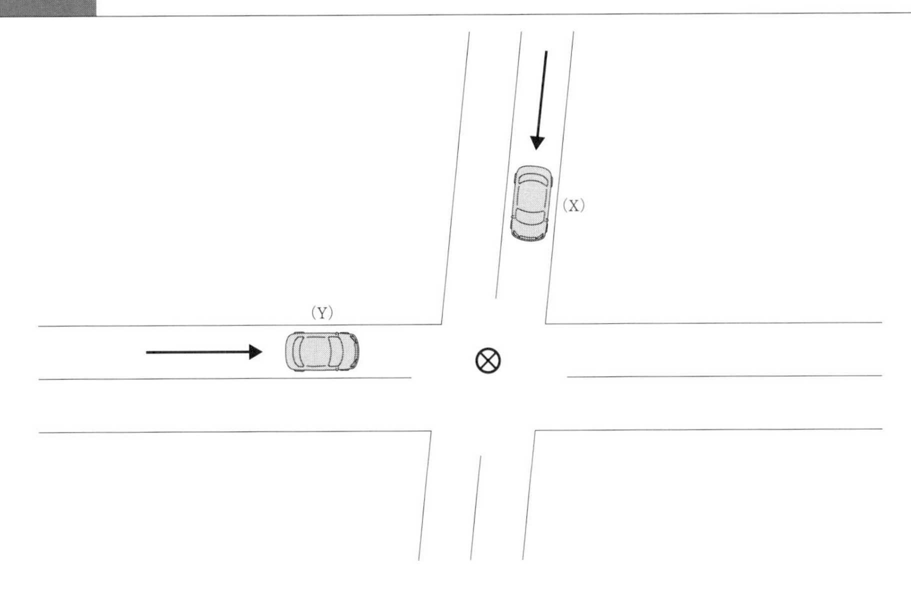

過失割合　普通乗用自動車(X) 20 %　普通乗用自動車(Y) 80 %

「(1)　本件交差点は，信号機による交通整理が行われていない十字路交差点であって，内原町大字鯉淵方面から水戸市大塚町方面に南北に向かう幅員約 2.8 メートルの歩車道の区別がない片道 1 車線の市道と，河和田町方面から内原町大字内原方面に東西に向かう幅員約 3.1 メートルの歩車道の区別がある片道 1 車線の市道が交差しており，南北に延びる市道には，一時停止規制はされていないが，東西に延びる市道については，一時停止の規制がされており，交差点の手前には，一時停止の道路標識が設置され，道路上にも一時停止の表示がされていた。なお，南北に向かう市道に沿って常磐自動車道があり，内原町大字内原方面から河和田町方面に向かう市道は，本件交差点手前で，常磐自動車道の高架下を通過するようになっている。

(2)　被告は，被告車を運転して，内原町大字内原方面から河和田町方面に向けて進行していたが，前方左右を注視せず，一時停止の標識及び表示を見落として，時速約 35 から 45 キロメートルで本件交差点に進入し，折から同市大塚町方面から内原町大字鯉淵方面に進行し，時速約 45 から 55 キロメートルで本件交差点に進入したＢ〔Ｘ〕車に，被告車を激しく衝突させた。

被告は，本件事故の状況については記憶がなく，内原町方向に行ったことはないなどとして，内原町大字内原方面から河和田町方面に向けて進行していたことを争う（乙 1 から 3，被告本人）が，被告車の変形は前面であり，鼻曲がり状で左から右側に向かっていること，Ｂ車の変形は運転席側の側面であり，右から左側に向かっていること，Ｂ車が道路外に設置された看板柱に車両左前部を衝突された状態で停止していることなどの状況は，自動車工学上，被告車が内原町大字内原方面から河和田町方面に向けて進行し，Ｂ車が大塚町方面から内原町大字鯉淵方面に進行していたことと矛盾するものではなく（甲 8，10），Ｂは，Ｂ車を運転し，常磐自動車道水戸インターチェンジ近くにあるパチンコ店から常磐自動車道の側道を通って帰宅しようとしていたこと（甲 9），被告自身，道に迷って運転していた旨を供述していること（甲６）などを併せ考えると，上記事実は優にこれを認定できるのであるから，被告の主張は採用できない。

そうすると，本件事故の原因は，前方左右を注視せず，一時停止規制を見落として本件交差点に進入した被告の過失に基づくものといえ，Ｂ車が時速約45から55キロメートルで本件交差点に進入したことなどを斟酌しても，過失割合は，被告８割，Ｂ２割とするのが相当である。」

裁判例 131　東京地判平成 24 年 3 月 30 日（判例秘書 L06730142）

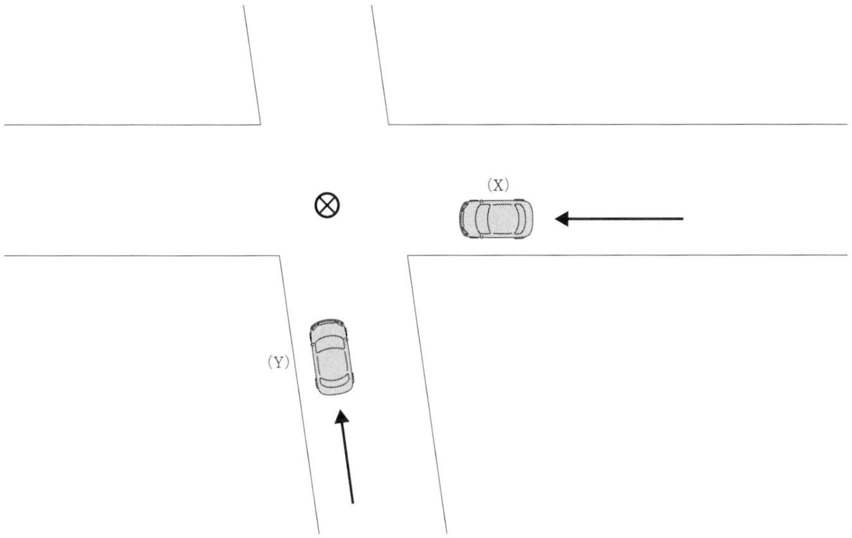

(X)
(Y)

過失割合　普通乗用自動車(X)　30 %　普通乗用自動車(Y)　70 %

「ア　本件交差点は，概ね南北に通じるＹ１車進行路と概ね東西に通じるＸ１車進行路とが交差する，信号機による交通整理の行われていない十字路交差点である。

Ｙ１車進行路は，鶴見川に沿って設けられた道路であり，その幅員は，本件交差点の南側では 4.7 m であるが，本件交差点の北側では 6.3 m である。Ｘ１車進行路は，幅員 7.1 m の道路であり，本件交差点の西側では鶴見川に架かる鴨志田橋となっている。Ｘ１車進行路の幅員の方がＹ１車進行路の幅員よりも広いものの，自動車の運転者が本件交差点の入口においてＸ１車進行路の幅員が客観的にかなり広いと一見して見分けられるほどの幅員の差ではない。

Ｙ１車進行路からの本件交差点手前におけるＸ１車進行路の見通し及びＸ１車進行路からの本件交差点手前におけるＹ１車進行路の見通しは，本件交差点の南東角の近くに建物等が存在するため，いずれも不良ではあるが，南東角付近は空き地になっていることから，南東角付近は見通すことができる状態である。

Ｙ１車進行路とＸ１車進行路のいずれについても，本件交差点の手前に一時停止規制は設けられていない。

イ　被告Ｙ１は，自宅から大学へ向かうべく，Ｙ１車を運転してＹ１車進行路を北進し，本件交差点を直進するつもりでいたところ，本件交差点の 50 m ほど手前で本件交差点を認めていったん減速したが，そこから 9 m ほど進行した地点で鴨志田橋を見て加速を始め，その後は本件交差点先の遠方を見て進行し，交差道路の見通しの悪い本件交差点に進入するに当たり，徐行も減速もせず，右方の安全確認もしなかったため，本件交差点の数メートル手前になってＸ１車が右方のＸ１車進行路から本件交差点に進入したのを認めて危険を感じ，本件交差点のほぼ中央においてＹ１車の前部がＸ１車の左側面中央付近に衝突した。

〔途中略〕

以上の認定事実によれば，被告Ｙ１及び原告Ｘ１には，いずれも，車両を運転して見通しのきかない本件交差点に進入するに当たり，交差道路から走行してくる車両の有無等，安全を確認すべき注意義務を怠った過失が認められ，原告Ｘ１も，本件事故につき，民法709条に基づく損害賠償責任を負うというべきである。

そして，以上の認定事実によれば，①Ｘ１車進行路の幅員がＹ１車進行路の幅員よりも明らかに広いとまではいえず，したがって，左方車であるＹ１車が優先する関係にあること（道路交通法36条１項１号），②被告Ｙ１及び原告Ｘ１には，見通しのきかない本件交差点に進入するにあたり徐行すべき義務があるところ（道路交通法42条１号），Ｘ１車が本件交差点に進入するに当たり相当程度減速したのに対し，Ｙ１車は減速することなく時速約45 kmのまま本件交差点に進入したこと，③本件交差点の南東角は空き地になっていることから，被告Ｙ１は，Ｘ１車が本件交差点に進入する前にＸ１車を発見することが可能であるにもかかわらず，進行方向の遠方を見ながら走行していたため，Ｘ１車が本件交差点に進入するまでＸ１車に気が付かず，本件交差点に先入したＸ１車に衝突したものであることを併せ考慮すると，本件事故発生に関する過失割合は，被告Ｙ１・70％，原告Ｘ１・30％とするのが相当である。」

裁判例 132　東京地判平成23年7月27日（判例秘書 L06630290）

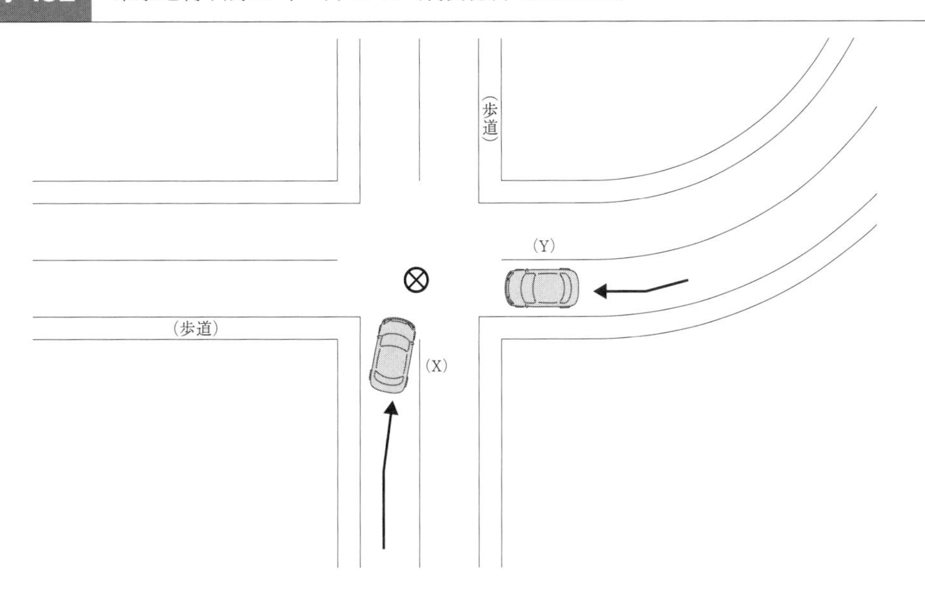

過失割合　普通乗用自動車(X) 45 %　普通乗用自動車(Y) 55 %

「ア　本件交差点は，当時，宇都宮市鶴田町方面から同市飯田町方面に通ずる東西方向の道路と同市砥上町方面から同市大谷町方面に通ずる南北方向の道路との十字路交差点であり，照明は暗く，交通量は閑散であった。双方の道路とも信号機は設置されているが，鶴田町方面から飯田町方面に通ずる道路の対面信号は黄色点滅信号であり，砥上町方面から大谷町方面に通ずる道路の対面信号機は赤色点滅信号であることから，信号機による交通整理はなされていない。

鶴田町方面から飯田町方面に通ずる道路は，最高速度が時速40キロメートルと指定され，追い越しのための右側部分はみ出し禁止の規制がある歩車道が区分された片側1車線の対面通行路であり，本件交差点の西側における道路の幅員は，南側の歩道が1.3メートル，同歩道から外側線までが0.4メートル，外側線から中央線までの車線が2.9メートルであり，中央線から北側の車線の外側線までが3.2メートル，同外側線から北側の歩道までが0.6メートル，同歩道が1.3メートルである。鶴田町方面から飯田町方面に向かう場合，緩やかな左カーブを通過して本件交差点に至る。

砥上町方面から大谷町方面に通ずる道路は，歩車道が区分された道路であり，本件交差点の南側における道路の幅員は，西側の歩道が1.3メートル，車道の西側端から中央線までが5.4メートル，中央線から車道東側端までが2.7メートル，東側の歩道が1.4メートルである。本件交差点における見通し状況については，鶴田町方面から飯田町方面に向かう場合，前方左右とも見通しは良く，砥上町方面から大谷町方面に向かう場合も前方左右とも見通しはよい。

イ　A〔X〕車は，砥上町方面から北進して本件交差点に至り，対面信号機の赤色点滅信号に従って一時停止し，右方である鶴田町方面から走行してくる車両を2台通過させた後，ゆっくりとした速度で右折を開始した。

被告車は，鶴田町方面から飯田町方面に向かい時速約60キロメートルで前照灯を点灯して走行していた。被告は，運転開始前及び運転中に飲酒をしており，これが主たる原因となって，本件交差点手前の緩やかな左カーブを通過した付近に至ったころには仮睡状態に陥っていたため，Ａ車が本件交差点に進入してくるのに気付かなかった。被告車に同乗していたＣは，Ａ車の存在に気付いたが，本件交差点の直前に至っても，被告が制動の措置を講じなかったので声を上げたところ，被告はこの声で目を覚まし，急制動の措置を講じたが間に合わず，本件交差点内の中央からやや南寄りの地点においてＡ車の右側面部と被告車の前部が衝突した。

〔途中略〕

ア　上記認定のとおり，本件事故は，対面信号機が黄色点滅信号である直進車の被告車と，対面信号機が赤色点滅信号であり，被告車の左方から本件交差点を右折しようとしていたＡ車が本件交差点の中央からやや南寄りの地点で衝突したという態様である。

被告車は対面信号機が黄色点滅信号であることから，他の交通に注意して進行することができるものの，他の交通に十分に意を配り，交差点内で他の車両等との接触，衝突等事故発生のおそれのある場合には，これを回避するよう十分注意する義務を負っているといえるのであるが，被告車からの前方の見通しは良かったこと，被告は無免許かつ飲酒の上運転して仮睡状態に陥り，本件交差点に左方から右折進入してくるＡ車に衝突直前まで気付かずに指定最高速度を時速約20キロメートル超過した速度で走行したことを考慮すれば，上記義務に違反したことは明らかであり，本件事故の原因の過半は被告にあるというべきである。

他方，Ａ車は，対面信号機が赤色点滅信号であり，停止線で一時停止をすることはもとより，直進車両の有無及びその動静を注視し，同車までの距離及びその速度を考慮して同車の接近に先立って右折を完了できることを確認した上で右折進行し，そうでないときには，右折を差し控えて直進車両の通過を待つなど，直進車両の進行を妨害しないようにする義務を負っているところ，本件事故において，被告車の前照灯は点灯されており，Ａ車から被告車方向への見通しは良好であった上，Ａ車と被告車の速度差からすれば，Ａは被告車を認識できたと認められるにもかかわらず，Ａ車はゆっくりとした速度で右折をしており，特に被告車の接近を意識していたとは窺われないことからすれば，被告の運転態様を考慮してもなお，Ａ車の右折方法は上記義務に照らし相当程度の過失相殺をすべき態様と認められる。

イ　以上検討したように，本件事故の態様，双方の過失の内容や程度を総合考慮すれば，双方の過失割合としては，Ａ車45パーセント，被告車55パーセントと認めるのが相当であり，原告の損害については45パーセントの過失相殺をすべきである。」

裁判例 133　東京地判平成24年6月20日（判例秘書L06730278）

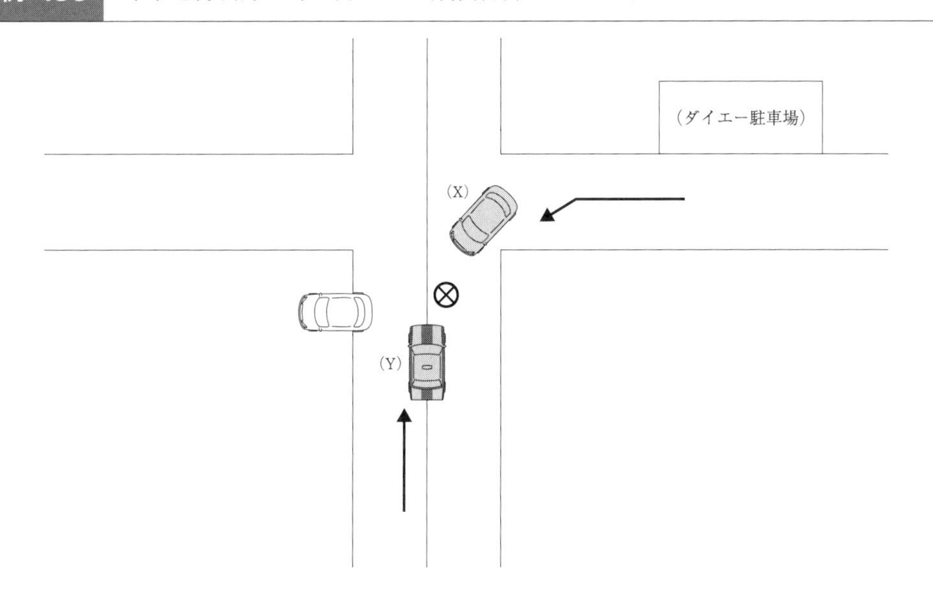

過失割合　普通乗用自動車(X) 60 %　タクシー(Y) 40 %

「ア　本件道路は，サレジオ教会方面から目黒通り方面に向かい南北に通じる片側１車線（幅員約３メートル）の道路である。

イ　被告Ｙ１の従業員であるＡ〔Ｙ〕は，被告車両を運転し，本件道路をサレジオ教会方面から目黒通り方面に向かい時速約40キロメートルの速度で走行中，進路前方に路外から車両が進入するのを認め，やや減速して被告車両の一部を中央線から右の部分にはみ出して走行した。

ウ　第２事件被告〔第１事件原告〕は，ダイエー駐車場から本件道路と交差する道路に進入するため右折し，本件道路との交差点に差し掛かった。

その交差点手前には，一時停止標識が設けられ，停止線に停止した位置から左方の見通しは良くなく，また，本件道路は，その中央線が交差点の中まで連続して設けられている優先道路であった。

エ　Ａは，原告車両が上記交差点を左折して本件道路の対向車線に進入してくるのを認め，ハンドルを左に切ったが間に合わず，本件道路の中央線から右の部分において，被告車両の右前部が原告車両の右前部に衝突した。

(3)　上記認定事実によれば，本件事故は，車両の一部を優先道路の中央線から右の部分にはみ出して走行していた被告車両が，右方から優先道路に交差する交差点を非優先道路から左折進入してきた原告車両に衝突したものであるところ，上記認定の交差点付近道路の見通しの状況に照らすと，第２事件被告には，非優先道路から優先道路に進入するため交差点を左折するに当たり，停止線の直前で一時停止するのみならず，その後も徐行しつつ左右の車両等の安全を確認しながら進行して優先道路に左折進入すべき注意義務に違反した過失がある。他方，Ａには，優先道路において被告車両を運転するに当たり，上記交差点に左折のために進入してくる車両等の動静に注意しながら進行すべき注意義務に違反した過失があり，また，被告車両の一部を中央線から右の部分にはみ出して走行した過失があるが，上記認定の本件道路の幅員，路外進入車両の動静，原告車両と被告車両との間の路外進入車両の位置関係等に照らすと，第2事件被告は，被告車両を運転して非優先道路から上記交差点に進入する際，路外進入車両及び優先道路を進行中の被告車両を認識することができたと認めるのが相当であり，この場合には，第2事件被告において，停止線を越えた後も徐行しつつ優先道路の被告車両等の動静を把握して交差点を左折すべきものといえるから，その限りにおいて被告車両の進路の優先性はなお失われるものではないというべきである。

以上によれば，Aの過失割合は4割，第2事件被告の過失割合は6割と認めるのが相当である。」

裁判例 134　東京地判平成 25 年 1 月 23 日（判例秘書 L06830029）

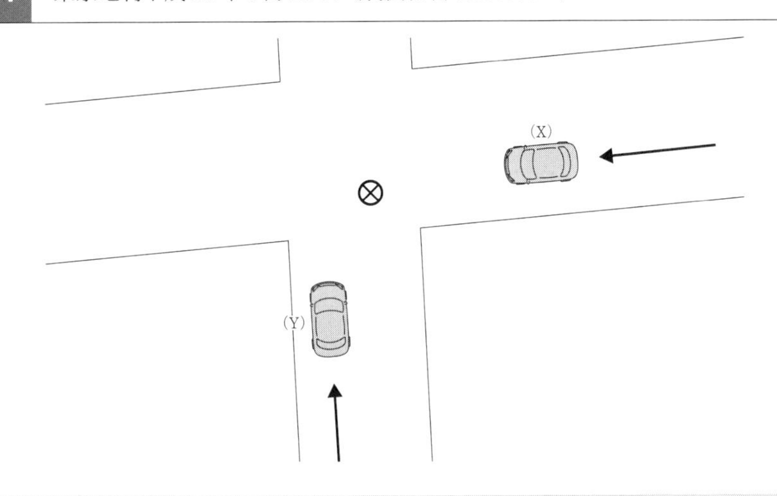

過失割合　**普通乗用自動車(X)** 60 %　**普通貨物自動車(Y)** 40 %

「本件交差点は，概ね東西に延びる市道（都市計画道路本龍野末政線。以下「本件東西道路」という。）と概ね南北に延びる市道（市道宮脇島田線。以下「本件南北道路」という。）とにより形成される十字路交差点であり，信号機による交通整理は行われていなかった。〔途中略〕

イ　本件事故に至る経緯及び本件事故の状況〔証拠略〕

(ア)　原告は，原告車を運転し，時速約 20 km で本件東西道路を西に向かって進行し，本件交差点を一時停止をせずに通過しようと接近したところ，本件交差点手前において，左側（本件南北道路の本件交差点南側）から被告車が本件交差点に進入してきたのに気が付き，ブレーキをかけたが間に合わず，本件交差点に進入してすぐの場所で，原告車の前部を被告車の右後部（前後方向ではリアタイヤ付近）に衝突させた。

(イ)　被告は，被告車を運転し，時速約 30 km で本件南北道路を北に向かって進行していたところ，本件交差点手前において時速約 20 km に速度を落としたが，一時停止をせずに本件交差点に進入したところ，右側（本件東西道路の本件交差点東側）から原告車が本件交差点に接近してきたのに気が付き，ブレーキをかけた。被告車は，その後部が本件交差点の中央付近に位置する場所（その前部が本件交差点北側出口に差し掛かる場所）で，その右後部に，原告車の前部により衝突された。〔途中略〕

(3)　過失相殺の可否及び過失割合

原告及び被告の各過失の内容（前記(2)）のほか，本件東西道路の本件交差点各入口の幅員と，本件南北道路の本件交差点各入口の幅員とは，前者が後者よりも広いものの，両道路の幅員が同じになるように，本件東西道路にガードレールが設置され，それにより同道路の走行可能な場所の幅員は（本件交差点入口で少し広くなっているものの）約 4.5 m とされたため，本件南北道路等の本件交差点入口の幅約 4 m と近似することになっていた上，本件南北道路の本件交差点入口だけでなく，本件東西道路の本件交差点入口にも同様に，「とまれ」と記載された看板が設置されていたこと（前記(1)ア(イ)，(ウ)），被告車は原告車に対し左方車であったという両車の位置関係（前記(1)イ），原告車及び被告車の本件交差点進入時の各速度は同程度であったこと（前記(1)イ，ウ），原告車は，本件交差点進入直後に，本件交差点を半分程度通過した状態の被告車の，右後部に衝突したのであり，被告車が本件交差点に先入していたと認められること，などの事情を考慮すると，原告の過失の方が重大というべきであるから，本件事故の発生について，原告が 6 割，被告が 4 割の寄与をしていたと考えるのが相当である。」

裁判例 135　東京地判平成28年3月24日（判例秘書 L07130976）

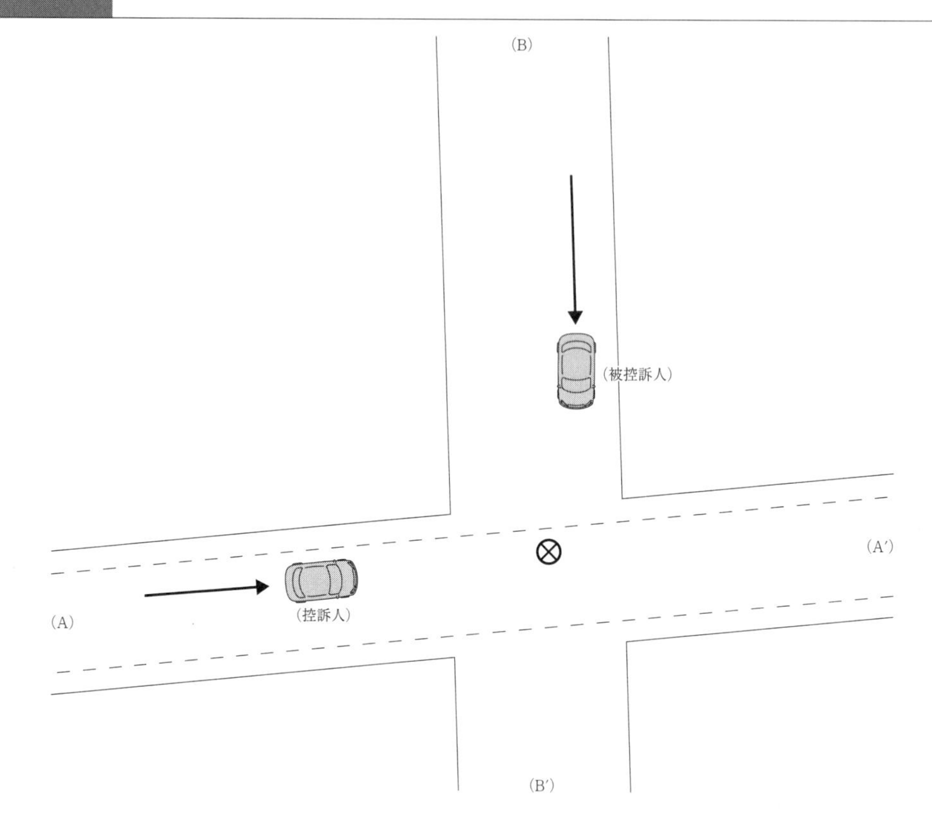

過失割合　**普通乗用自動車(控訴人)** 60 %　**普通乗用自動車(被控訴人)** 40 %

「1⑴　前記前提事実に加え，証拠〔略〕及び弁論の全趣旨によれば，①Cは，被控訴人車を運転して，本件交差道路を図面記載のB方面からB′方面へ進行し，右方の安全を確認することも，徐行をすることもなく，本件交差点（左右の見通しがきかず，交通整理の行われていない交差点）に進入したこと，②他方，控訴人は，控訴人車を運転して，本件道路を図面記載のA方面からA′方面へ進行し，左右の安全を確認することも，徐行をすることもなく，本件交差点に進入して，同車の前部を被控訴人車の右フロントドアに衝突させたこと，③(a)本件道路に中央線の設置はなく，その幅員は約5.9メートル（路側帯を含む。）であること，(b)本件交差道路にも中央線の設置はなく，その幅員は約5.8メートルであること，(c)本件交差点には道路標識等による一時停止すべきことの指定はないが，法定外表示であるドットラインは設置されていることが認められる。

⑵ア　控訴人は，左右の見通しがきかない本件交差点に進入する際，左方の安全を確認することも，徐行をすることもなく，控訴人車を本件交差点に進入させ，同車の前部を被控訴人車の右フロントドアに衝突させたのであって，控訴人には過失があるというべきである。

他方，Cも左右の見通しがきかない本件交差点に進入する際，右方の安全を確認することも，徐行をすることもなく，被控訴人車を本件交差点に進入させたのであって，Cにも過失があるといわざるを得ない。

そして，前記の本件事故の態様，控訴人とCの過失の内容，程度等に加え，①車両は，交通整理の行われていない交差点において，交差道路を左方から進行してくる車両の進行妨害をしてはならにこと（左方優先の原則），②本件道路は優先道路に該当せず，その幅員が本件交差道路のそれより明らかに広いといえないことをも考慮すると，本件事故の過失割合は控訴人60％，C 40％とするのが相当である。

イ　この点，控訴人は，本件ドットラインが設置されていることに照らすと，本件事故の過失割合は控訴人40％，C 60％とするのが相当である旨の主張をするが，ドットライン表示は基本的に優先関係が明確な交差点部に設置されるもので〔証拠略〕，運転者に道路の優先順位や交差点の存在を示すことにより，一時停止や徐行が促進される効果があるとはいえ〔証拠略〕，飽くまで法定外表示であり，道路の交通に関し，規制又は指示を表示するものではないのであって，加害者と被害者との間の損害の公平な分担という観点に照らすと，仮に控訴人において本件ドットラインを本件交差点における優先順位を示す表示と認識していたなどの事情があったとしても，このことを控訴人の利益に斟酌しCの不利益に斟酌するのは相当でない。」

裁判例 136　東京地判平成23年10月17日（交民44巻5号1357頁，自保ジャーナル1864号143頁）

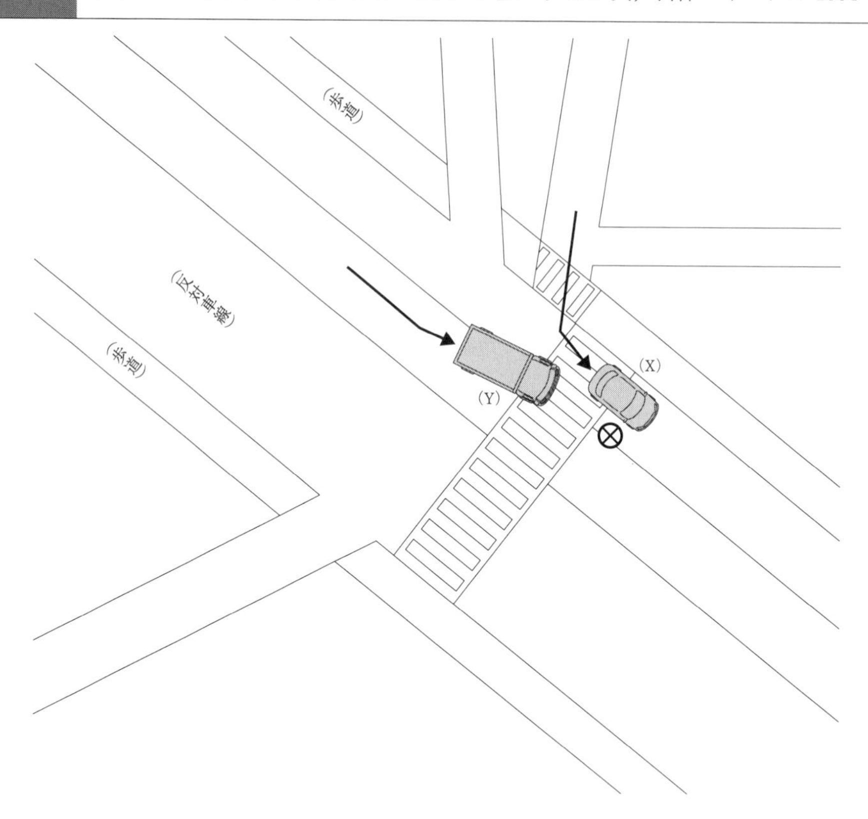

過失割合　**普通乗用自動車(X)** 70 %　**普通貨物自動車(Y)** 30 %

「ア　本件事故現場は，北西（白鬚橋方面）と南東（亀戸方面）とを結ぶ片側2車線の本件道路（明治通り）に複数の側道が交わる交差点（以下「本件交差点」という。）である。本件交差点の北西（白鬚橋方面）から南東（亀戸方面）に向かう車線側の側道は，北西側（白鬚橋方面）から，まず南北に走る幅員4mの本件交差道路があり，家屋1棟を挟んで，南北に走る幅員2mの側道と東西に走る幅員3mの側道が合流して本件道路に交わっている。本件道路には縁石で車道と区画された歩道が設置されている。この歩道は本件交差点があるために途切れているが，本件交差点には，本件道路に沿って長さが最大で20mの横断歩道（以下「本件横断歩道」という。）が設置されており，上記歩道に通じている。本件交差点に信号機は設置されていない。本件交差点においては，交差点の中まで本件道路の中央線及び車両通行帯が連続しているため，本件道路は優先道路となる。本件道路の指定最高速度は時速50キロメートルである。本件交差道路には一時停止の規制があり，左折以外の進行が禁止され，自転車を除き本件道路からの進入は禁止されている。本件事故現場の概況（ただし，本件横断歩道の長さ，本件道路の幅員は除く。）は別紙のとおりである。

イ　本件交差点の付近にあるB特許事務所を出た原告は，本件事故の日の午後4時5分ころ，原告車を運転し，本件交差道路から本件交差点に向かって進行し，交差点の手前で一時停止した上，本件道路の右方を確認し，複数の車両が走行してくるのを確認したが，左折を開始し，本件道路の第1車線に入った。

ウ　被告Y1は，被告車を運転し，本件道路の第2車線を走行していたが，本件交差点付近において，第1車線に進路変更を開始した。そして，本件道路の第1車線を走行していた原告車とその右後方から同車を上回る速度で走行していた被告車がほぼ並走した状態になった際，原告車の右側面前部と被告車の左側面前部が衝突した。

〔途中略〕

(3)　(1)の認定事実によれば，本件交差点に左折進入しようとした原告は，交通整理の行われていない本件交差点において，優先道路である本件道路を通行する車両等の進行妨害をしてはならず(道路交通法36条2項)，本件交差点の状況に応じ，本件道路を通行する車両等に特に注意し，かつ，できる限り安全な方法と速度で進行すべき義務があったのに（同条4項)，本件道路の右方から複数の車両が進行してくるのを認めたものの，それらの車両の動静を十分確認しないまま左折し，原告車を被告車に衝突させたものと認められる。したがって，原告には，優先道路を走行していた被告車の動静に十分注意を払わずその進行を妨害した過失があり，本件事故の主たる原因は原告の過失にあるというべきである。

原告は，本件事故は，被告車が，ほぼ並走していた原告車の走行車線に進路を変更したため，原告車と側面衝突した事故であり，原告に過失はないと主張する。しかしながら，衝突時の原告車は，長さが最大でも20mの本件横断歩道の側方を通過し終えておらず，衝突部位は右側面の前部である上，衝突後，左斜め前方に進行し，本件横断歩道に車体を一部入り込ませた状態で停止しており，原告が，長さが20ないし22m程度ある本件横断歩道の左横を15m走行した地点で衝突した，原告車は被告車に押されて10mくらい進行し，歩道の縁石に乗り上げて停止したなどと供述していることにも照らすと，本件事故については，被告車が並走していた原告車の走行車線に進路変更をして原告車と側面衝突した事故とみるのは相当ではなく，左折車である原告車と優先道路を走行中に進路変更をした被告車との出合い頭の事故とみるのが相当である。したがって，原告には上記の過失があり，原告の上記主張は採用することはできない。

他方，(1)の認定事実によれば，被告Y1は，第1車線に進路を変更しようとし，第1車線を走行していた原告車に被告車を衝突させたもので，左側方を走行する車両の有無及びその安全を十分確認しなかった過失があるというべきである。そして，被告Y1が，原告車の右後方を走行していた際に進路変更を開始したこと，衝突時，原告車と被告車がほぼ並走していたことに照らし，被告Y1が左方の安全確認を行って進路変更をしていれば本件事故を回避することはそれほど困難ではなかったものと認められるから，その過失は小さくない。

以上の原告及び被告Y1の過失の態様を比較すると，過失割合は，原告70パーセント，被告Y1・30パーセントとみるのが相当である。」

裁判例 137　東京地判平成25年8月6日（判例秘書 L06830485）

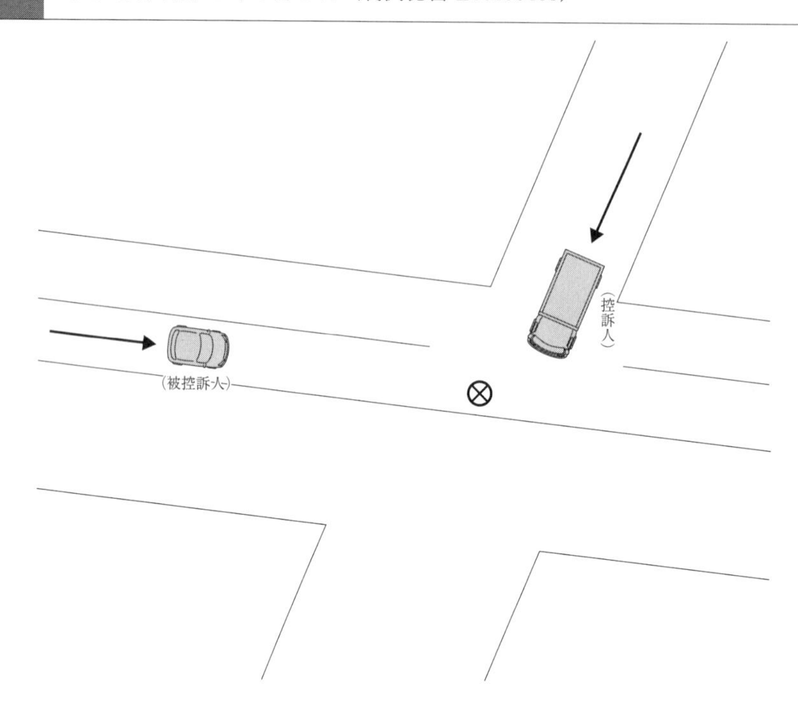

過失割合　普通貨物自動車（控訴人）80％　普通乗用自動車（被控訴人）20％

「ア　本件事故発生場所は，東大和市方面（東方向）と瑞穂町方面（西方向）を結ぶ新青梅街道と，所沢市方面（北東方向）と立川市方面（南西方向）を結ぶ市道（以下「本件市道」という。）とが交差する，信号機により交通整理の行われていない交差点（本件交差点）である。新青梅街道は，車道全幅員が13メートルの片側2車線の道路であり，その両側にはガードパイプにより区分された幅員2.5メートルと3.6メートルの歩道が設置され，中央線は白色ペイントの実線で本件交差点の中まで連続して表示されており，最高速度は時速50キロメートルに制限されていた。本件市道のうち，本件交差点から所沢市方面（北東方向）は車道幅員が2.8メートルであり，本件交差点から立川市方面（南西方向）は車道全幅員が6.0メートルであり，本件市道から本件交差点に進入しようとする車両に対しては，一時停止の交通規制がされていた。本件交差点の約75メートル西方には，お伊勢の森神社前交差点（以下「別件交差点」という。）がある。別件交差点には，新青梅街道を横断する横断歩道を規制する歩行者用信号機及び当該歩行者用信号機と連動する新青梅街道の車両の交通を規制する信号機（以下「車両用信号機」という。）が設置されていたが，新青梅街道と交差する脇道の車両の交通を規制する信号機は設置されていなかった。

イ　被控訴人Bは，被控訴人車を運転し，脇道を進行して別件交差点に至り，別件交差点の車両用信号機が赤色灯火の信号に変わるのを待って，別件交差点を右折して新青梅街道に進入した。被控訴人Bは，新青梅街道の東大和市方面（東方向）に向かう2車線のうちの右側車線（以下「右側車線」といい，新青梅街道の東大和市方面に向かう2車線のうちの左側車線を「左側車線」という。）を進行したところ，前方の本件交差点において，控訴人車が左方の交差道路から本件交差点に進入して左側車線をほぼ塞ぐ形で停止しているのを認めた。被控訴人Bは，控訴人車は新青梅街道を横断するか新青梅街道に右折進入するために被控訴人車の通過を待っているものと考え，そのまま進行を続けたところ，控訴人車が前進を始めたことから危険を感じ，クラクションを鳴らしながらブレーキをかけたものの間に合わず，新青梅街道の中央線付近で控訴人車の右前部側面付近と被控訴人車の左前部とが衝突した。

ウ　控訴人は，控訴人車を運転し，所沢市方面（北東方向）から本件交差点に向かって本件市道を進行して本件交差点に至り，新青梅街道を横断するため，控訴人車の車体の前部を左側車線に進入させて一時停止をし，左右を確認した。控訴人は，その後，控訴人車を前進させて，左側車線をほぼ塞ぐ形で再度一時停止をし，再び，左右を確認した。控訴人は別件交差点の車両用信号機が赤色灯火の信号を表示しており，右方から車両が進行して来ないことを確認して，更に前進し始めたが，左方から車両が進行して来たのを認めて，新青梅街道の中央線付近で控訴人車を停止させたところ，右方から進行してきた被控訴人車と衝突した。控訴人車が新青梅街道の中央線付近で停止してから衝突までは一瞬であった。控訴人は，別件交差点の車両用信号機が赤色灯火の信号を表示していれば，右方から進行して来る車両はないものと考えていたため，同信号機が赤色灯火の信号を表示しているのを見て右方を確認した後は，被控訴人車と衝突するまで，右方を確認することはなかった。

〔途中略〕

(3)　検討

ア　以上で認定した事実関係によると，控訴人は，控訴人車を運転し，優先道路である新青梅街道を横断するに当たり，適宜速度を調節し，新青梅街道の右方から走行してくる車両の有無を確認すべき義務があるのにこれを怠り，前記(1)アのとおり，別件交差点の車両信号機は脇道の車両を規制するものではないから，同信号機が赤色灯火の信号を表示していたとしても，車両が脇道から新青梅街道に進入してくる可能性があったにもかかわらず，同信号機が赤色灯火の信号を表示していたことから，右方から走行してくる車両はないものと軽信し，右方に対する注意を欠いたまま漫然と新青梅街道の横断を続けようとした過失により，本件事故を発生させたものと認められる。したがって，控訴人は，民法709条に基づき，被控訴人車の所有者であるCが本件事故により被った損害を賠償すべき責任を負うというべきである。

他方，以上で認定した事実関係によれば，被控訴人Bは，被控訴人車を運転して新青梅街道を走行するに当たり，前方に控訴人車が停止しているのを認識していたのであるから，適宜速度を調節しつつ控訴人車の動静に注意をすべきであるのにこれを怠り，控訴人車が被控訴人車の通過を待っているものと軽信して漫然と走行を続けた過失により，本件事故を発生させたものと認められる。

以上のような双方の過失の内容，程度等を，前記(1)で認定した本件事故発生場所付近の状況や本件事故の態様を踏まえて比較すると，本件事故の発生に対する被控訴人Bの過失の寄与度を2割，控訴人の寄与度を8割と認めるのが相当である。」

第2　丁字路

(1)　信号機による交通整理が行われている事例

裁判例 138　東京地判平成15年7月30日（判例秘書 L05833139）

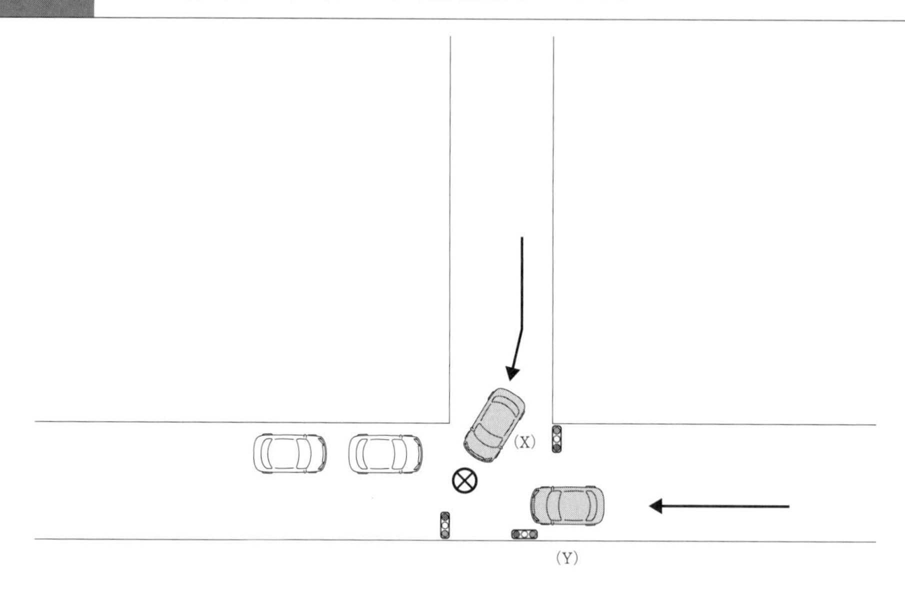

過失割合　普通乗用自動車(X) 0 %　普通乗用自動車(Y) 100 %

「ア　本件現場は，東西に走る国道125号線（以下「本件国道」という。）に南北に走る道路（以下「南北道路」という。）が突き当たり交差する丁字型交差点（以下「本件交差点」という。）である。

イ　平成14年2月7日午前11時14分ころ，原告は，原告車を運転し，取引先事務所に向かうため，南北道路を進行し，本件交差点を右折して本件国道を古河市方面に向かおうとしていた。一方被告は，本件国道を土浦市方面から古河市方面に向かって直進していた。

ウ　本件交差点は，信号により交通整理がされており，原告進行方向の信号が15秒間青色を表示している間，被告進行方向の信号は赤色を表示し，3秒間双方が赤色を表示した後，被告進行方向の信号が青色を表示し，その間原告進行方向の信号は赤色を表示する。原告進行方向の信号は感応式であり，停止線手前の感知器に感知されるか，歩行者用押しボタンが押されることによって青色表示になる。

エ　本件事故による損傷として，原告車の左側ヘッドライト付近及び左前コーナー部分の表面が捲られて塗装が剝がれており，その下側部分には白く擦られたような跡が残っている。他方，被告車は，右後部ドアの下側部分に車体と平行に横長の損傷があり，その付近に横線状に青色塗料が付着している。

オ　原告は，本件交差点を右折して古河市方面に向かうため，南北道路を南下して本件交差点に差しかかったところ，本件交差点の対面信号が赤であったので，既に停止している前車に続き2台目で停止線前で停車した。その間に，本件国道に車両が流れて進行しているのを確認した。その後，前車のブレーキランプが消え，同車が本件交差点を左折していったので，前車に続いて進行し，対面信号の青色表示を確認するとともに，右側である古河市方面に車両が3台くらい停車していることも確認し，さらに，左側である土浦市方面も見たが，左折する前記車両の陰になっており，同方面から本件交差点に向かって進行する車両は確認できなかった。原告は，時速20 km以下の低速度で本件交差点に進入し，右折したところ，被告車が，本件国道を土浦市方面から直進してきた。原告は，原告車の左側に並列して被告車が接近しているのを感じたので，ブレーキを踏むとともにハンドルを右に切ったが，対向車が停止していたためにそれ以上避けきれず，原告車の前部左側が被告車の右側面と擦れるような状態で同車と衝突した。原告はすぐ車両を停止させたが，被告車は全く減速せずに進行し，原告がクラクションを鳴らしてから，ようやく停車した。

(2)　以上によれば，本件においては，原告は対面信号の青色表示に従って右折進行したのに対し，被告は，対面信号が赤色を表示しているにもかかわらず，これを無視したまま進行し，本件事故を発生させたものと認められる。

これに対し，被告は，自車が対面信号の青色に従って本件交差点を進行したところ，交差道路を右折してきた原告車の前部が右後方から被告車の側面に衝突したと主張し，証拠として，被告が「進行道路が上り坂になっているので，自然に青色信号が目に入ってくる状況で本件交差点手前停止線の約39メートル手前で確実に信号が青だったのを確認し，その後も視界に入ってくる青信号を確認して直進した。原告車が被告車運転席の右側面ガラス越しに直進して来るように見えた」旨説明する損害調査会社の調査報告書（乙1）を提出する。しかしながら，前記(1)エで認定した原告車及び被告車の損傷の部位，状態からすれば，原告車と被告車はともに動いている状態で，擦られるように接触に近い状態で衝突したことが推認され，被告の主張するような衝突態様であれば，かかる損傷状態が生じるとは考え難い。また，被告の前記説明は，衝突時の態様や本件事故前後の状況を具体的に述べるものではない上，被告進行方向の本件交差点手前105メートル地点での海抜が25.36メートル，本件交差点付近の海抜が24.97メートルであること（甲6の1ないし3，19）からすれば，本件国道は本件交差点に向かって上り坂になっているとは認められず，証拠上認められる道路状況とも整合しない。以上のとおり，前記調査報告書は，前記認定を覆す証拠とは到底言えず，被告は，指定された尋問期日に出廷せず，自ら本件事故態様についての供述をしなかったもので，他に被告の主張する事実を認めるに足りる証拠はない。

したがって，本件事故については，被告に100％の過失があるというべきであるから，民法709条により原告に生じた損害を賠償する責任がある。」

裁判例 139　東京地判平成24年3月27日（交民45巻2号405頁，自保ジャーナル1873号54頁）

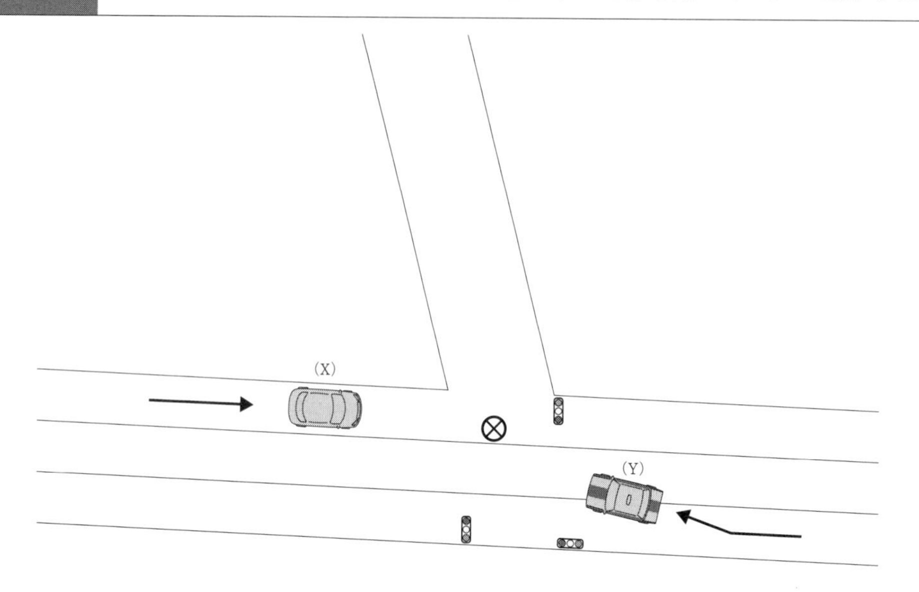

過失割合　普通乗用自動車(X) 10 %　タクシー(Y) 90 %

「ア　本件事故現場は，新宿方面（東南東）と杉並方面（西北西）に延伸する直進路（早稲田通り）と新井薬師方面（北北西）に延伸する道路とが交差する本件交差点（中野五丁目交差点）である。

原告車が進行する杉並方面から新宿方面に至る道路は幅員約3.4 mの片側1車線道路であり，被告車が進行する新宿方面から杉並方面に至る道路は片側2車線道路であり，第1車線の幅員は3.0 m，第2車線の幅員は2.6 mであった。本件事故現場は，夜間であっても街路灯により明るく，見通しは良い。本件事故現場付近の道路の指定最高速度は，時速40 kmである。

本件事故により，原告車の前部と被告車の左前端部が衝突し，原告車の前部は大破し，被告車の左前端部は破損した。（甲2）

〔途中略〕

ウ　上記ア及びイを踏まえ，原告車が本件交差点進入した時点における信号表示について検討する。

D〔Y〕は，本件事故直後の実況見分において，対面信号が黄色を表示していることを認めたのは，被告車が停止線に差し掛かった当たりからであり，本件衝突地点は同地点から13.4 m進行した地点であると説明しており，この説明は信用できると認められる。そして，Dが対面信号の黄色表示を確認してから本件衝突までの間の被告車の平均速度を上記イのとおり時速20 kmないし時速30 kmであるとすると，13.4 m進行するために要する時間は約1.6秒（計算式：13.4÷30000×3600≒1.6）から約2.4秒（計算式：13.4÷20000×3600≒2.4）である。

他方で，原告車の平均速度は上記アのとおり時速40 kmであることから，Dが対面信号の黄色表示を確認してから本件衝突までの時間である1.6秒から2.4秒の間に，原告車が走行する距離は約17.8 m（計算式：40000÷3600×1.6≒17.8）から約26.7 m（計算式：40000÷3600×2.4≒26.7）である。

また，Dが上記実況見分において指示説明するとおり，本件衝突地点は，原告車から向かって本件交差点手前の停止線から20.4ｍ地点であると認められる。そうすると，Dが対面信号の黄色表示を確認した時（本件衝突より1.6秒から2.4秒ほど前の時点）には，原告車は本件交差点手前の停止線手前約6.2ｍ（26.7−20.4＝6.2）から同停止線より先約2.6ｍ（20.4−17.8＝2.6）までの間を走行していたといえるから，本件交差点に進入していたか，少なくとも，本件交差点手前で安全に停止できないほど本件交差点に近接していたものであったと認められる。

したがって，原告車は，対面信号が黄色表示になったときまでには，本件交差点に進入していたか，少なくとも，本件交差点手前で安全に停止できないほど本件交差点に近接していたものと認めることができる。

ところで，原告は，本件交差点進入時に本件交差点付近の歩行者用信号もまた青色を表示していた旨供述するが，原告の供述を直ちに信用することはできないことは上記イのとおりであることや，Dの実況見分時における指示説明内容及び被告車に搭乗していたGの供述内容からすると，上記にみたとおり，原告車が本件交差点に進入する際には，対面信号は黄色表示又は黄色表示になる直前であったものと認められるから，本件交差点付近の歩行者用信号は赤色を表示しており，その数秒前には点滅していたものと認めるのが相当である。

(4)　以上を前提として原告の過失相殺率について検討する。

本件事故の態様は，信号機による交通整理の行われている丁字路交差点において，対面信号が黄色表示になったときまでには，本件交差点に進入していたか，少なくとも，本件交差点手前で安全に停止できないほど本件交差点に近接していた直進車である原告車と，右折車である被告車が衝突したというものである。

Dは，被告車を右折進行させるに当たり，直進車である原告車の進行妨害をしてはならないにもかかわらず，本件衝突直前まで原告車に気付かなかったという著しい前方不注視により，本件事故を発生させた過失があると認められる。

他方で，原告においても，本件交差点進入に当たり，付近の歩行者用信号の表示が数秒前には点滅し，赤色を表示しており，対面信号が黄色表示になることは予測し得たことや，前方の見通しはよかったことからすれば，対向車線から右折進行してくる被告車の動向に注意して走行すべきであり，これを怠り，本件事故を発生させた過失が認められるというべきである。

以上にみた本件事故現場の状況，原告及びDの過失の内容，程度等を総合考慮すると，過失割合は原告につき10％，Dにつき90％とするのが相当である。

したがって，原告の損害に対する過失相殺率は10％と認められる。」

裁判例 140　東京地判平成15年9月8日（交民36巻5号1214頁）

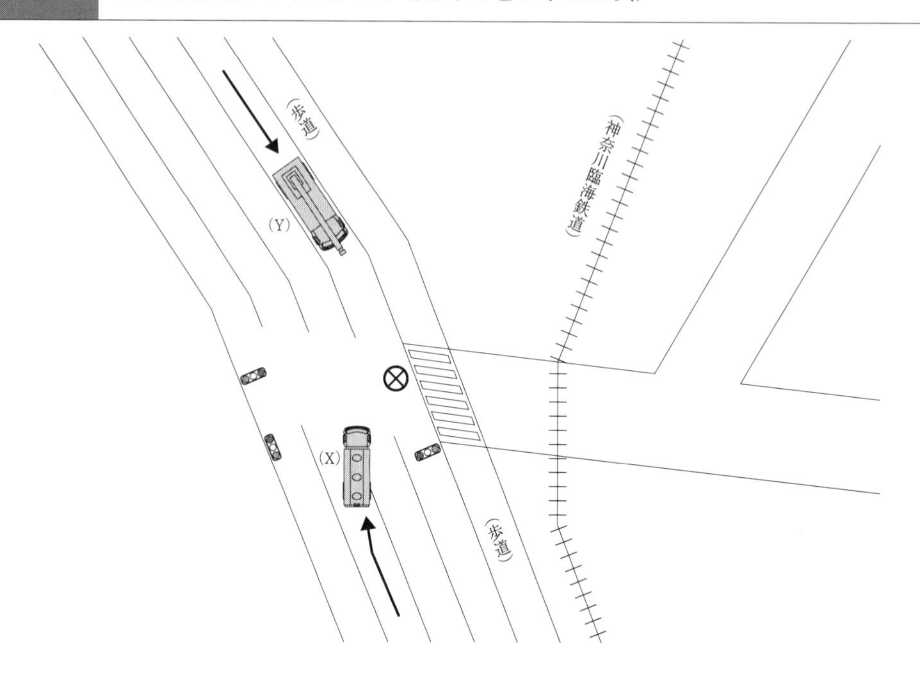

過失割合　タンクローリー車(X) 20 %　クレーン車(Y) 80 %

「ア　本件交差点は，別紙図面のとおり，水江町方面と産業道路方面とを結ぶ市道（以下「本件市道」という。）と夜光方面に向かう道路とが交わる変形T字路交差点（通称「池上町交差点」）である。本件市道は歩車道の区別があり，車道は片側2車線である。路面は，アスファルトで舗装され，平坦である。産業道路方面から本件交差点に向かっては，右に緩やかにカーブしているが，前方の見通しは良好であり，〈1〉地点からであれば，本件交差点に進入しようとする対向車の有無は優に認識することができる。最高速度は，時速50キロメートルに規制されている。

イ　本件交差点において本件市道を通行する車両の通行を制御する信号は，円滑な通行を確保する観点から，時差式となっていた。すなわち，水江町方面から進行してきて本件交差点を右折して夜光方面に向かおうとする車両の渋滞を回避するため，産業道路方面から水江町方面に向かって進行してくる車両に対する信号が青色から黄色に変わった時点でも，水江町方面から産業道路方面に向かって進行してくる車両に対する信号は依然として青色を表示したままであり，前者の信号に8秒間遅れて，黄色に変わるサイクルが採用されていた。そして，黄色の表示は，いずれの信号も3秒間継続することになっていた。また，前者の信号については，赤色の表示が11秒間継続した後，産業道路方面から進行してきて本件交差点を左折して夜光方面に向かおうとする車両のため，左折の青矢印の表示に変わることになっていた。そのため，第1通行帯は，事実上，左折する車両のための車線となっていた。

ウ　被告A〔Y〕は，本件事故当日の午前5時30分ころ，川崎市内にある石油会社のプラントの保守点検のため，被告車を運転して，東京都江戸川区にある被告Cの車庫を出発し，本件市道の第1通行帯を産業道路方面から水江町方面に向かって，時速約45キロメートルの速度で走行していた。本件交差点の手前では，被告車の前方を走行している車両は，第2通行帯も含めてなかった。

被告車は，ラフタークレーン車と呼ばれる車両であり，ブームが運転席の位置から約7.2メートル前方に突出している。被告Aのラフタークレーン車の運転経験は，本件事故当時，延べにして1年間にも満たなかった。また，被告Aは，本件市道を走行したことはほとんどなかったため，本件交差点の信号が時差式になっていることは知らなかった。

エ　他方，B〔X〕は，本件事故当日，横浜市〈省略〉にある高圧ガスの生成工場で高圧ガスを積み込むため，原告車を運転して，本件交差点から約1キロメートル離れた，水江町にある原告の川崎営業所の車庫を出発し，本件市道の第2通行帯を本件交差点に向かって走行していた。そして，本件交差点を右折しようとしたところ，対面信号が赤色を表示していたため，本件交差点の手前で停止した。直前にライトバンが，その前方にはタンクローリー車が，それぞれ信号待ちで停止していた。

なお，Bは，通勤のため，ほぼ毎日自家用車で本件交差点を走行していたため，本件交差点の信号が時差式になっていることは知っていた。

オ　Bは，対面信号が赤色から青色に変わると，前方の車両が少し進んで本件交差点内で一旦停止したのに引き続いて，原告車を前進させ，対向車が通過するのを待っていた。対向車が途切れると，2台前のタンクローリー車が右折し，これに引き続いて直前のライトバンが徐行しながら右折を開始した。その時，□地点に設置されている歩行者用信号機は，青色点滅から赤色に変わった。

Bは，前記タンクローリー車が右折を開始したころ，初めて被告車が約60ないし80メートル先の地点を本件交差点に向かって進行してくることを認識し，前記ライトバンが右折した後，本件交差点内で一旦停止して被告車の通過を待とうとも考えたものの，その時点では被告車と停止線との間の距離がタンクローリー車にして2台分くらい（約20ないし22メートル）あったことや，右ドアに設けられたバックミラーで確認した対向車側の対面信号の表示が赤色であったことから，被告車が停止線付近で停止するであろうと考え直し，そのまま右折することとした。

カ　被告Aは，〈1〉地点で，□地点に設置されている対面信号機の表示が青色であることを確認し，そのまま第1通行帯を走行した。そして，〈2〉地点で，前記信号の表示が黄色であることを確認したが，そのまま本件交差点を通過することができるものと考え，減速も加速もしなかった。被告Aは，〈3〉地点に至って初めて原告車が〈ア〉地点にいるのを発見し，危険を感じたため，ブレーキをかけたが，〈4〉地点に達した時点で，クレーンのブームが原告車の左側面に衝突し，被告車は，〈5〉地点で停止した。

他方，Bは，右折した先に貨物の引込線が横断しており，一時停止する車両があった場合，原告車の後部が本件交差点に残ってしまう可能性があることから，右折した先に停止している車両がいるかどうかに神経をとがらせていた。そのため，Bは，右折の途中で，被告車がそのまま本件交差点に進入してくることに気付き，このままでは衝突すると思い，アクセルを踏んだ瞬間，衝突の衝撃を感じた。原告車は，〈イ〉地点で右側面を下にして横転した。

(2)　前記(1)において認定した事実によれば，被告Aは，〈2〉地点で対面信号が黄色であることを確認したのであるから，停止線の手前で安全に停止することが可能か否かを直ちに判断した上で，可能であれば減速・停止の措置を，不可能であれば前方を注視し，対向車線から右折してくる車両があれば，これとの衝突を回避する措置を，それぞれ採るべき義務を負っていたというべきである。それにもかかわらず，被告Ａは，〈３〉地点に至るまで原告車の存在に全く気付いていなかったのであるから，著しい前方不注視があったものといわなければならず，過失があったことは明らかである。

他方，Ｂにおいては，対面信号が青色であったとはいえ，右折した先の道路状況に気を取られて，対向直進してくる被告車が停止線の手前で停止するかどうかを十分見極めないまま右折を開始した点において過失があったものといわざるを得ない。

そこで，これらの事情を総合的に考慮すると，被告ＡとＢの過失割合は，８割対２割とみるのが相当である。」

裁判例 141　東京地判平成24年11月26日（自保ジャーナル1891号106頁）

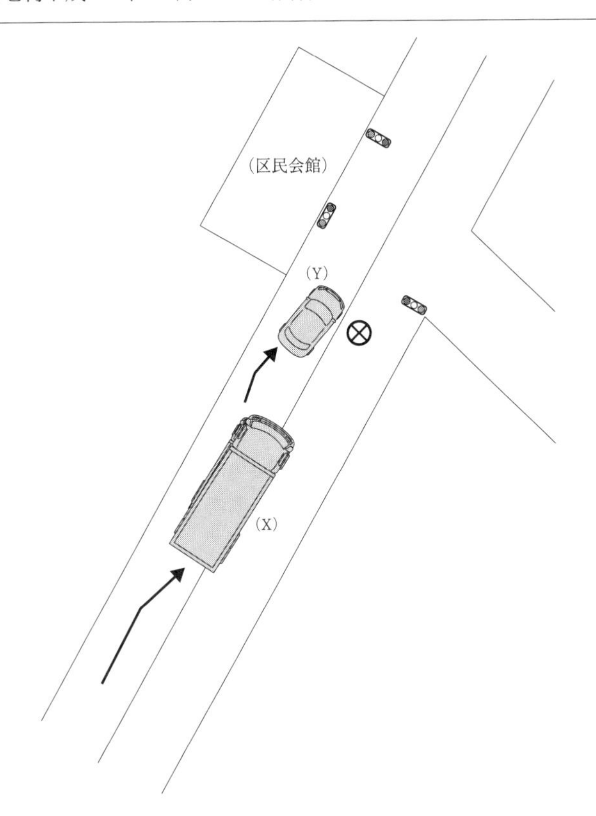

過失割合　大型貨物自動車(X)　50　%　普通乗用自動車(Y)　50　%

「(ア)　本件事故の場所は，取手市方面と土浦市方面とを結び，南西方向から北東方向に走る国道6号線（片側1車線）と，上柏田一丁目方面に向かい南東方向に走る市道とが交わる丁字路交差点(以下「本件交差点」という。）で，信号機により交通整理が行われているところ，本件交差点の付近において，国道6号線は，車道幅員が3メートル程度の直線道路で，前方の見通しは良好であり，追越しのための右側部分はみ出し通行禁止，制限速度毎時50キロメートルの交通規制がされていた。

本件交差点で交わる市道の向かい側は，区民会館の出入口となっており，その手前の歩道縁石も低くなっていて，国道6号線を取手市方面から車両で走行してきた場合には本件交差点を左折すると，そのまま区民会館に入れるようになっていた。

(イ)　被告Y1は，平成23年5月16日午前2時10分頃，原告車両（トレーラー）を運転し，国道6号線を取手市方面から土浦市方面に向かい時速57キロメートル程度で走行して本件交差点に差しかかったところ，先行車両である被告車両が左折のウインカーを点滅させて左に寄ったことから，左折するものと考え，被告車両の右方から追い越そうとしたものの，被告車両が右折をしてきたことから，ブレーキをかけるとともにハンドルを右に切ったが間に合わず，原告車両の左前部が被告車両の右側面と衝突した。

㈦　他方，被告Ｙ２も，同じ時刻頃，被告車両を運転し，国道６号線を取手市方面から土浦市方面に向かっていたところ，本件交差点の手前において左折の合図を出して減速をし，左に寄ったものの，道を間違えたことに気がつき，右折の合図を出すことなく右折を始めると，後方から走行してきた原告車両と衝突した。

ウ　これに対し，被告Ｙ１本人尋問の結果（被告Ｙ１本人の陳述書（甲20）を含む。）中には，被告車両を追い越そうとしたことはなく，被告車両が左折をして車体が車道からほとんど出たような状態になってから右折をしてきたとの供述部分があるものの，証拠（甲23）及び弁論の全趣旨によると，被告Ｙ１は，警察官に対し，「前の車が左にウィンカーを出して左に寄ったので，右側から抜かそうとしたら，いきなり右に曲がってきてぶつかった。」と説明していること，警察官が作成した本件事故に係る交通事故概要書には，事故の概要として「信号交差点において，龍ヶ崎市方面から進行し，丁字路交差点を右折しようとしたＹ２運転車両の普通乗用自動車が，同車の後方から同車を追い越そうとしたＹ１運転車両の大型貨物自動車と衝突し，Ｙ２運転車両が標識及び石塀に衝突し，Ｙ１運転車両が交差点北東の展示車両２台に衝突したもの」と記載されていることが認められるから，採用することができない。

他方，被告Ｙ２本人尋問の結果（被告Ｙ２本人の陳述書（乙４）を含む。）中には，左に寄ったことはなく右折するつもりで誤って左折の合図を出しただけであるとの供述部分があるものの，証拠（甲23）及び弁論の全趣旨によると，被告Ｙ２は，警察官に対し，「左にウインカーを出して左に寄ったとき，道を間違えたことに気付き，右に曲がったところ，後ろから来たトラックとぶつかった」旨説明していることが認められるから，採用することができない。

エ　以上の事実関係によると，被告Ｙ２は，被告車両を運転して，本件交差点において右折をするに当たり，その直前に左折の合図を出して左に寄るという，後続車両の運転者に対し誤解を与える運転をしているのであるから，右後方から進行してくる車両の有無及び動静を通常の場合以上に確認すべき注意義務があるのにこれを怠った上，右折の合図を出すこともなく漫然と右折をした結果，本件事故を発生させたということができるから，民法709条に基づき，原告Ｘ１が本件事故により被った損害を賠償すべき責任を負うというべきである。

〔途中略〕

⑷　過失相殺について

⑵において判示したところによると，被告Ｙ１は，原告車両を運転して，本件交差点を直進するに当たり，先行車両の動静を注視し，進路の安全を確認すべき注意義務があるのにこれを怠り，被告車両が本件交差点の手前において左折の合図を出して減速をし，左に寄ったことから，左折をするものと軽信し，追越しが禁止されているにもかかわらず，漫然と被告車両の右方を追い越そうとした結果，本件事故の発生を招いたということができ，本件事故の発生につき相当の落ち度があるというべきであるところ，その過失割合は，被告Ｙ２が左折の合図を出して左に寄った後，右折の合図を出すことなく右折をしていることなど前示事実関係に照らして５割とするのが相当である。」

裁判例 142　東京地判平成21年1月13日（判例秘書 L06430198）

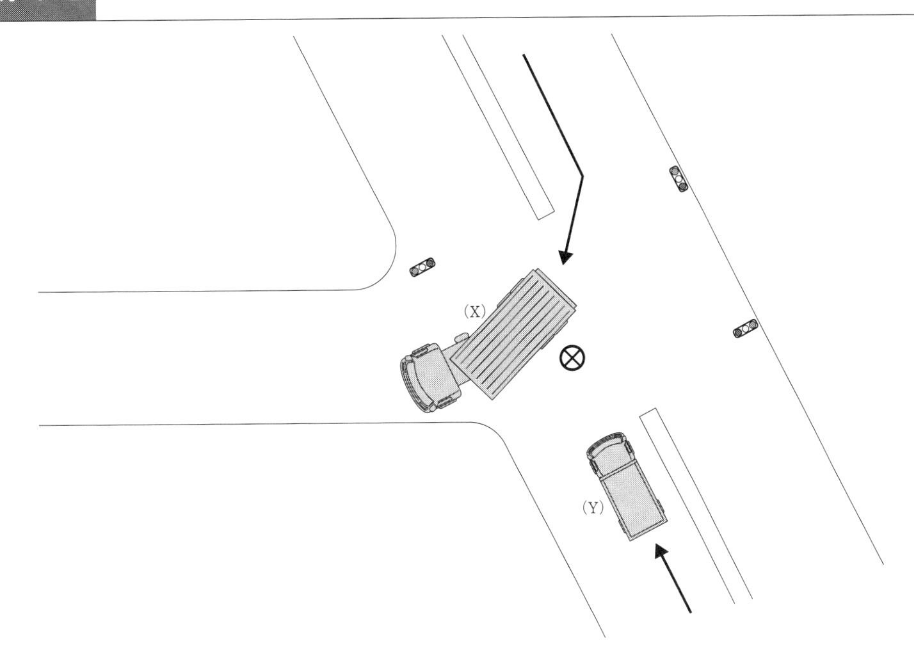

過失割合　大型貨物自動車(X) 65 %　普通貨物自動車(Y) 35 %

「請求原因(1)の事実並びに同(2)の事実のうち本件事故の発生した当時に本件交差点が信号機により交通整理の行われているものであったこと及び本件事故は甲事件被告Ｙ１がその使用者である甲事件被告会社の事業を執行するにつき発生したものであることは，当事者間に争いがないところ，証拠（甲２の１ないし４，５ないし８，９の３ないし７，乙１，丙１，証人A，甲事件被告Ｙ１，調査嘱託の結果）及び弁論の全趣旨によれば，本件事故の発生した当時において，甲事件原告車及び甲事件被告車の進行していた道路の規制に係る最高速度は時速50キロメートルで，甲事件原告車の進行していた道路の左側部分には車両通行帯が５設けられ，甲事件原告車はそのうちの第５車両通行帯を進行して丁字路交差点である本件交差点において中央分離帯を含めて幅員が約14.9メートルの交差道路の左側部分に右折しようとしていたものであり，一方，甲事件被告車の進行していた道路の左側部分には車両通行帯が４設けられ，甲事件被告車はそのうちの第４車両通行帯を進行して本件交差点において直進しようとしていたものであること，甲事件原告車の長さは5.68メートルで，これに牽引されていた甲事件原告所有に係る本件トレーラーの長さは12.53メートルであって，牽引された状態での全体の長さは15，6メートル程度であったこと，甲事件被告車の色は白であったこと，本件事故が発生した当時に天候は小雨で交通量は少なかったこと，本件事故における衝突地点は，甲事件被告車の進行していた車両通行帯の本件交差点の手前に設けられたり，停止線から約13.9メートルで，上記の車両通行帯のおおむね延長上の本件交差点内であったこと，上記の地点において甲事件被告車は本件トレーラーの中央よりやや後部にほぼ正面から衝突し，その左側前部を中心に損壊したこと，上記の地点付近に甲事件被告車により印象されたスリップ痕等は存在しなかったことが認められる。
〔途中略〕
　本件においては，事故の態様を客観的に裏付ける証拠は乏しく，上記のように検討したところによっても，甲事件被告車が本件交差点に進入した時点において，甲事件原告の主張するようにその対面する信号機の表示が赤信号であったと認めるに足りる証拠ないし事情があるとまではいい難いところである。その上で，甲事件原告車が本件交差点に進入した後にその対面する信号機の表示が青信号から黄信号に変わった旨のＡ〔Ｘ〕の説明は，その骨子において刑事被疑事件の捜査段階から一応一貫しており（甲２の１ないし３，８，９の３ないし６，証人Ａ），他方，甲事件被告Ｙ１の供述等には前記のような問題がみられることを考慮し，Ａが証言するところに沿って，甲事件被告車が本件交差点に進入した時点においてその対面する信号機の表示が黄信号であったと認めるにしても，Ａにおいては，大型で相当の長さの甲事件原告車につき右折を開始させるに当たり，甲事件被告車の有無又はそれとの距離の確認が不十分で，反対方向から進行してくる自動車が相当の遠方にあって本件交差点の手前で停止するであろうと思い込んでいたものであり，他方，甲事件被告Ｙ１においては，前方の注視が不十分で，右折を開始していた甲事件原告車の発見が遅れたものと認めるのが相当であると考えられる。
　そうすると，本件事故は，Ａ及び甲事件被告Ｙ１の双方の過失が競合して発生したものと認めるのが相当であり，Ａ及び甲事件被告Ｙ１のいずれも中央分離帯に植え込みがある等の本件交差点の状況を認識していたこと（Ａ，甲事件被告Ｙ１）等の事情も考慮した上で，双方の過失の割合については，Ａが65パーセント，甲事件被告Ｙ１が35パーセントと判断する。」

裁判例 143　東京地判平成23年3月29日（判例秘書L06630088）

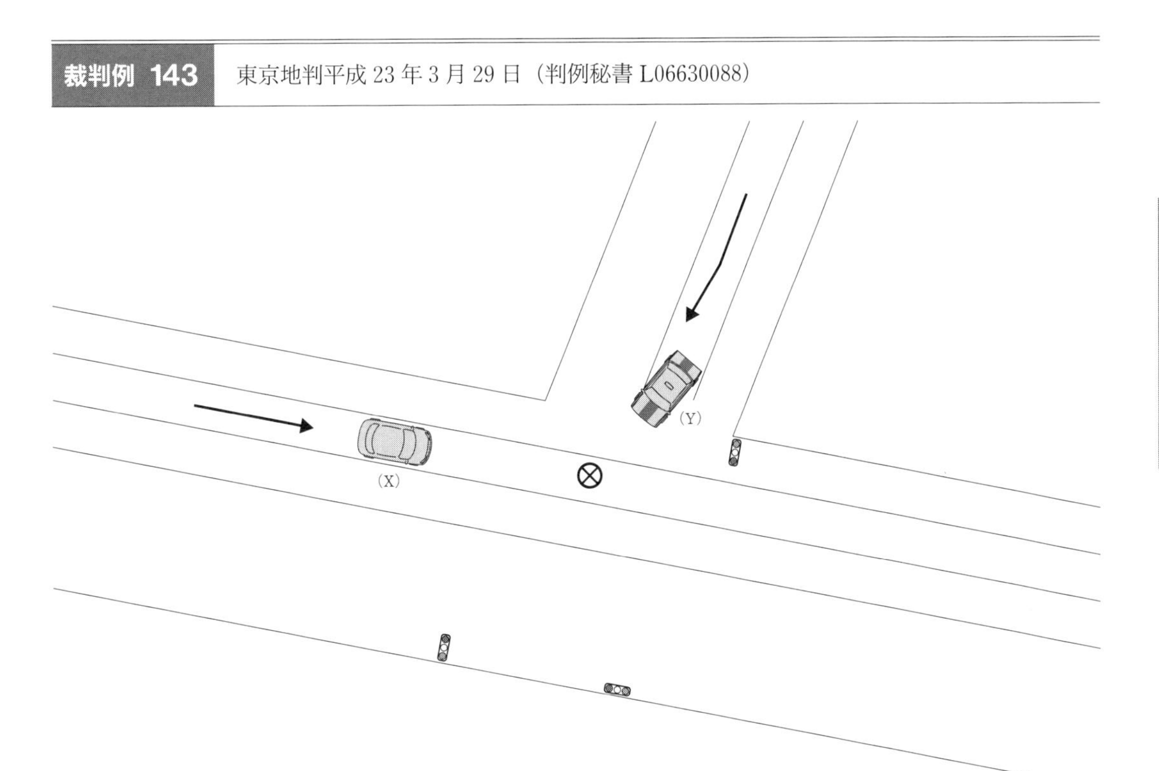

過失割合　普通乗用自動車(X) 100 %　タクシー(Y) 0 %

「ア　本件交差点は，弁天橋方面と羽田空港第１旅客ターミナル方面を結ぶ環八通りと，羽田空港第２旅客ターミナルへと通じる道路が交わる丁字路であり，信号機が設置されている。（甲６）
〔途中略〕

イ　そこで，各供述の信用性について，上記(1)の認定事実を前提として検討する。

Ａ〔Ｘ〕及びＢ〔Ｙ〕は，いずれも原告車が本件交差点に進入する直前に，原告車の走行する環八通りの第１車線から本件交差点を左折して羽田空港第２旅客ターミナル側へと進行する自動車が存在した旨述べる。原告車の走行する環八通りから本件交差点を左折することが可能なのは，原告車の対面信号が青色表示のとき又は赤色及び左折矢印表示のときであり，前者（青色表示）のときの被告車の対面信号は赤色であり，後者（赤色及び左折矢印表示）のときの被告車の対面信号は青色である。一般に，交差道路から交差点を左折してくる車両が存在する場合には，本件交差点において原告車の対面信号機が青色であるときの場合のように，他方の交差道路側の対面信号は赤色であることが多いことからすれば，Ｂにおいて，交差道路である環八通りからの左折進入車両を認識していたにもかかわらず，被告車の対面信号を十分に確認せずに青色を表示していると軽信して本件交差点に進入したとは考えにくい。他方で，Ａにおいては，自車の前方において交差点を左折進行する車両を確認したことからすれば，直進進行も可能であると軽信して，対面信号の確認を怠る可能性も十分に考え得るところであり，上記のようにＢがその対面信号を確認しなかった可能性に比してＡがその対面信号を確認しなかった可能性の方が相対的に高いといえる。

また，本件事故について警察官が作成した物件事故報告書（甲６）には，「同乗者にあっては「青信号でハイヤーが交差点に進入した時にいきなりぶつかったような衝撃を感じました。」と言動している。」との記載があり，被告車の同乗者であった客において，本件事故後に警察官に対して被告車の対面信号が青色であったと述べていたことが認められる（Ｂも証人尋問等においてこれと同様の趣旨を述べる。）。

これらに加えて，Ｂは，証人尋問において，本件事故前後の状況について具体的かつ詳細に述べており，その内容に不自然な点はみられないのに対し，Ａは，陳述書を提出するのみで，その尋問を予定していた口頭弁論期日に三度にわたり出頭せず，その供述は反対尋問を経ていない。

以上にみた客観的な状況，被告車の同乗者の事故後の発言内容，各供述内容等からすれば，Ｂの供述は信用することができ，他方，Ａの供述は信用することができないというべきである。

そうすると，本件事故当時，原告車の対面信号は赤色であり，被告車の対面信号は青色であったと認められる。

⑶　以上によれば，本件事故は，原告車を運転していたＡにおいて，対面信号が赤色であったにもかかわらず，本件交差点に進入した過失によって発生したものと認められる。これに対し，被告車を運転していたＢに過失は認められない。

したがって，被告は，本件事故による原告車の損害について賠償する責任を負わず（争点⑵については判断する必要がない。），Ａは，本件事故による被告車の損害について賠償する責任を負う。」

(2)　信号機による交通整理が行われていない事例

裁判例 144　東京地判平成21年1月14日（判例秘書 L06430202）

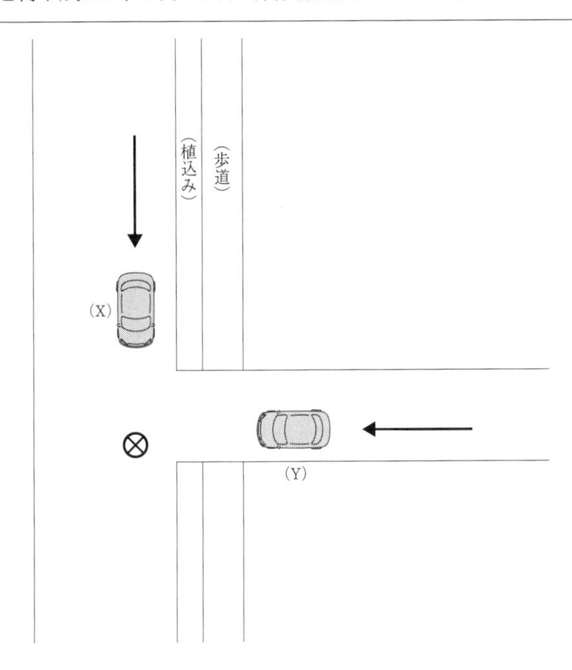

過失割合　**普通乗用自動車(X)** 0 %　**普通乗用自動車(Y)** 100 %

「ア　本件事故現場は丁字形交差点であり，南北道路の東側に東西に走る道路が接している。南北道路は片側一車線の優先道路で，時速40キロメートルの速度規制がされている。南北道路には歩道が併設されているが，歩道に沿って植え込みがある。東西道路は本件交差点の手前で一時停止規制がされている。

イ　反訴原告X1は，Dを助手席に同乗させてX1車両を運転し，南北道路を北から南に向かって時速30ないし40キロメートルで進行していた。反訴被告Y2は，Y2車両を運転して東西道路を東から西に向かって進行し，一時停止の規制線を2メートルほど越えた別紙図面①地点で停止した。その後，ゆっくりとした速度で進行し，同②地点で同(ア)地点にいるX1車両に気付いたが，X1車両の速度が速いように感じ，X1車両が先に本件交差点を通過すると思い，そのままY2車両を進行させた。これに対し，反訴原告X1は，本件交差点に進入しようとして少しずつ進行してくるY2車両に気付いたが，Y2車両が停車するものと思い，そのままX1車両を進行させた。反訴被告Y2は，同③地点で危険を感じてブレーキを掛けたが，同(ア)地点から17.3メートルの同(イ)地点に進行したX1車両と衝突し，Y2車両の左前部とX1車両の左後部ドアからタイヤ部分が接触した。これにより，X1車両は路外に逸走し，電柱に衝突して停車した。なお，本件事故当時は雨が降っていた。

〔途中略〕

反訴原告X1は，別紙図面(ア)地点で同②地点のY2車両に気付いており，他方，反訴被告Y2も同②地点で同㋐地点のX１車両に気付いているのであるから，歩道に沿って存在する植え込み等が存在することも考慮すると，両者が上記地点で初めて相互に発見可能であったというべきである。そして，反訴原告X１の走行道路が優先道路である上，別紙図面②地点で同㋐地点にいるX１車両に気付きながらも，X１車両の速度が速いように感じ，X１車両が先に本件交差点を通過すると思い，Y２車両を停車させることなくそのまま進行させたため，本件事故を発生させたのであるから，反訴被告Y２の過失は重いというべきである。これに対し，反訴原告X１は，別紙図面㋐地点で別紙図面②地点のY２車両に気付き，その動静から危険を感じて急制動の措置を講じたとしても，本件事故当時は雨が降っていたのであるから，衝突を避けられたといえるか疑問である（摩擦係数0.4，空走時間0.8秒とした場合，X１車両が時速30キロメートルであれば，停止距離は約15.3メートルであり，時速40キロメートルであれば，停止距離は24.2メートルである。)。

したがって，本件事故の発生につき，反訴原告X１に過失があったということはできない。」

裁判例 145　東京地判平成22年10月13日（判例秘書L06530511）

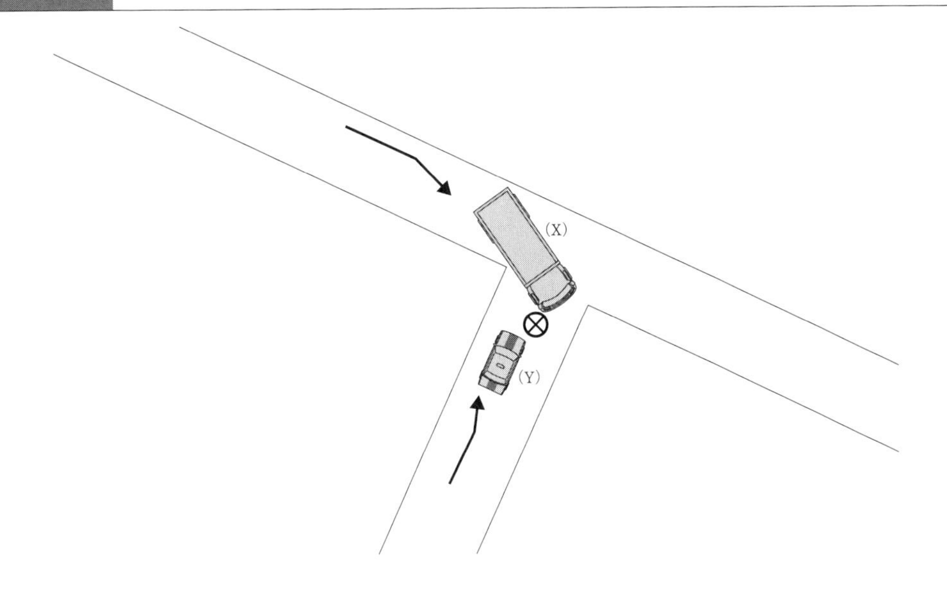

過失割合　大型貨物自動車(X)［0］%　タクシー(Y)［100］%

「ア　本件事故現場は，多摩川の提道である直線路と登戸駅（小田急小田原線・南武線）方面からの突き当たり路からなる信号機により交通整理の行われていない丁字路交差点である。

直線路，突き当たり路は，川崎市主要地方道幸多摩線（多摩沿線道路の一部をなす）であり，提道である直線路は，本件交差点から先，宿河原方面に向かい一方通行路となり，多摩沿線道路と再び接続している。

直線路，突き当たり路のいずれも，中央線のない道路で，およそ6mの幅員であり，歩道は設置されておらず，最高速度は30 km/hに制限されている。直線路は，本件交差点手前で堤防の天端を外れ，本件交差点に向かい下り坂となっており，登戸駅方面から上り坂となっている突き当たり路と接する。〔証拠略〕

イ　本件交差点は，通常の大きさの車両同士であれば，右折車と左折車とはスムーズに行き交うことができたが，原告ダンプは，長さ920 cm，幅249 cmの大きさがあり，内輪差のため，本件交差点においては，左折車両とスムーズに行き交うことができず，左折車両の進行を妨害し，右折途中で動きが取れなくなる恐れがあった。

原告ダンプのような大型貨物自動車が本件交差点を右折する際は，直線路の左側に一杯に寄った上で，本件交差点角の電信柱スレスレに大回りをしている。〔証拠略〕

ウ　A〔X〕は，本件事故当時，原告ダンプを運転し，日の出町にある砂利採石場から生コン用の骨材，砂利採石を積載し，多摩沿線道路沿い（川崎市高津区）にあるC株式会社まで運搬する途中であった。

Aは，多摩水道橋の交差点を直進し，直線路を進行してきたところ，直進路右側に立つマンションの切れ目から突き当たり路を進行してくる被告タクシーを確認した。

Ａは，当時，毎日，本件交差点を利用しており，本件交差点では，右折する自車と左折車両とがスムーズに行き交うことができないため，タイミングをずらし，交互に曲がるようにしていた。

〔証拠略〕

エ　被告Ｙ１は，本件事故当時，午前５時から勤務についており，登戸駅で乗客を降ろした後，狛江通りにある慈恵医科大学附属病院で乗客待ちをしようと，交差道路を直進し，本件交差点を左折しようとして，本件交差点に差し掛かった。

被告Ｙ１は，本件交差点を左折する際，脱輪を避けるため，いったん右に振ってから左にハンドルを切っており，本件事故時も同様であった。

被告Ｙ１は，本件交差点を左折するため，いったん右に振った時点で，原告ダンプに気付いたが，そのまますれ違うことができると考え，ブレーキを掛けたものの，そのまま進行した。

〔証拠略〕

オ　原告ダンプと被告タクシーとは，原告ダンプの右ステップ付近と被告タクシーの右前バンパーとが衝突した。

【前提事実】

カ　原告ダンプは，本件事故で，右ステップがフロントタイヤと接触し，ハンドルが切れない状態となったが，交通の邪魔になるのを避けるため，そのまま直進し，直進路脇に停車した。

【証人Ａ】

⑵　以上を前提に検討する。

本件交差点は，通常の大きさの車両同士であれば，右折車と左折車とはスムーズに行き交うことができたが，原告ダンプは，長さ 920 cm，幅 249 cm の大型車両であり，内輪差で，本件交差点においては，左折車両とスムーズに行き交うことができず，左折車両の進行を妨害し，右折途中で動きが取れなくなる恐れがあったため，Ａは，タイミングをずらし，交互に曲がるようにしており，被告Ｙ１も，その本人尋問において，右折車が大型ダンプであれば，大型ダンプをやり過ごしてから本件交差点を左折する旨供述している。

被告Ｙ１は，本件交差点を左折するため，いったん右に振った時点で，原告ダンプに気付いたが，そのまますれ違うことができると考え，ブレーキを掛けたものの，そのまま進行しているが，そのことにつき，原告ダンプに気づくのが遅れ，やり過ごすことができなかった，判断ミスであることを認め，思ったより塞がれたようになってしまった旨本人尋問において供述している。

被告Ｙ１の供述するところが，原告ダンプが右折を開始し，内輪差のため被告タクシーの進路を塞いだというのであれば，原告ダンプにも過失があることになろうが，被告タクシーが衝突したのは，内輪差で被告タクシー側に食い込んでくるであろう原告ダンプの後部ではなく，その前部である右ステップ付近にすぎない。原告ダンプの右ステップ付近が本件交差点中央付近を通過したというのであれば，原告ダンプは，本件交差点をショートカットするように進行したということになろうが，内輪差を考えると，その進路は，原告ダンプの右折開始時から被告タクシーに対して正面衝突の危険を感じさせるようなものとなろうが，そのような危険を被告Ｙ１が供述していない以上，実際の進路とは考え難い。そうすると，被告タクシーと原告ダンプの衝突は，被告タクシーが本件交差点を左折するに際し，右に膨らんだところ，本件交差点中央付近を大きく越えてしまったために惹起されたと推認するのが相当である。そのことは，本件事故後，ハンドルが切れない状態となった原告ダンプが退避した場所が直進路脇であり，本件事故時，原告ダンプが停止した位置が本件交差点に侵入し，若干ハンドルを切った位置にあったことや被告タクシーが原告ダンプに突っ込んできたように見えた旨の証人Ｂの証言とも合致する。

したがって，本件事故は，専ら，被告Ｙ１の過失に帰することになる。」

裁判例 146　東京地判平成17年9月28日（判例秘書 L06033575）

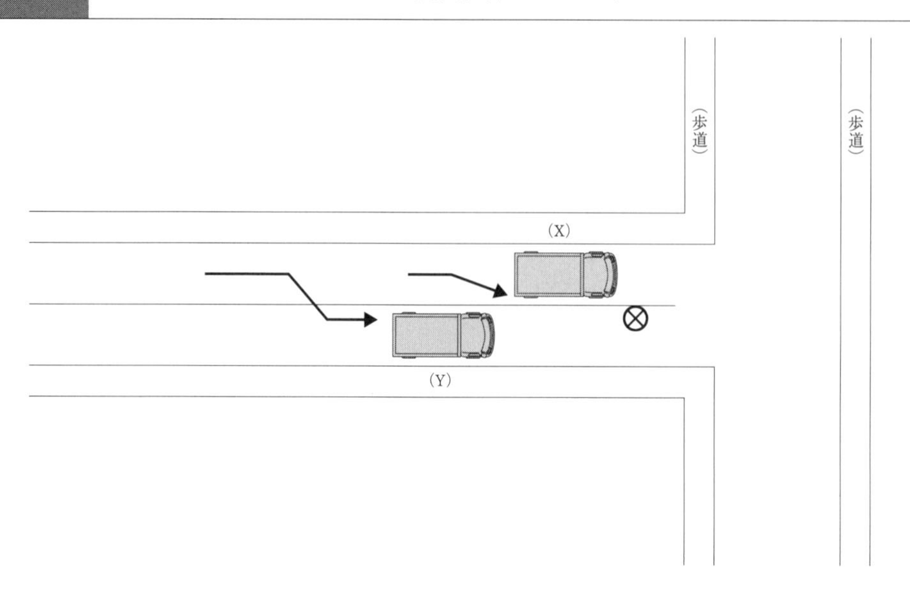

過失割合　普通貨物自動車(X) 10 %　普通貨物自動車(Y) 90 %

「ア　本件事故の場所は，ほぼ東西に走り，歩車道の区別のある片側1車線の道路（幅員約7メートル。以下「東西道路」という。）と，ほぼ南北に走り，歩車道の区別のある片側1車線の道路（幅員約7メートル。以下「南北道路」という。）とが交わる丁字路交差点（以下「本件交差点」という。）であり，信号機により交通整理は行われておらず，見通しは良好であった。また，駐車禁止の交通規制がされ，制限速度は時速30キロメートルであった。

イ　原告A〔X〕は，平成15年12月25日午後3時45分ころ，原告会社所有の原告車両を運転し，東西道路を東に向かい走行中，本件交差点を右折するため右折の合図をして，本件交差点に向かったところ，右方から車両が出てきたことから，少し左にハンドルを切って右折しようとしたところ，後方から走行してきた被告運転の被告車両が，センターラインを越えて反対車線側から原告車両を追い越そうとして，原告車両の右側面に接触した。

ウ　他方，被告も，平成15年12月25日午後3時45分ころ，被告車両を運転して，東西道路を東に向かい時速約20キロメートルで走行中，前方約10.8メートルの地点に，原告車両が左側に車体を寄せる（原告車両の後部右端と歩道との距離は約2.3メートル）のを認め，原告車両の右側からこれを追い越そうとして，センターラインを越えて約17メートル進行を続けたところ，前方約1.9メートルの地点に，右折しようとする原告車両を発見して危険を感じ，ブレーキを掛けたものの間に合わず，被告車両の左前角が原告車両の右側面に接触した。

〔途中略〕

前示事実関係によると，原告Aも，本件交差点を右折しようとするに当たり，後続車両の有無及び動静に注意すべき義務があるのにこれを怠り，漫然と右折を開始した結果，本件事故を発生させたというべきであり，原告らの損害につき1割の過失相殺をするのが相当である。」

裁判例 147　東京地判平成18年10月26日（交民39巻5号1472頁）

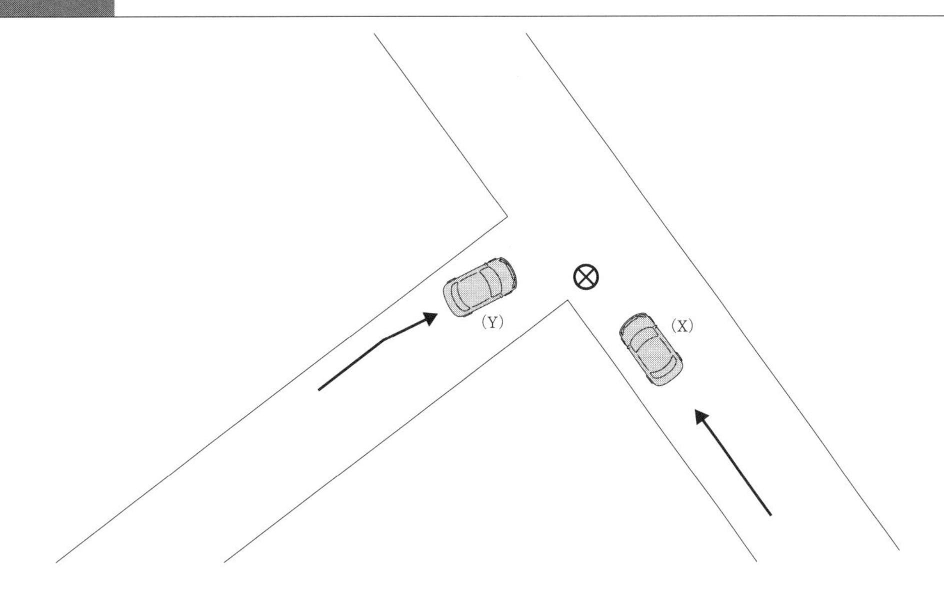

過失割合　普通乗用自動車(X) 10 %　普通乗用自動車(Y) 90 %

「ア　本件道路1は，本件交差点と北西・南東に交わる道路であり，両脇に路側帯が設けられ，路側帯を含めた本件道路の幅員は約5.5メートルである。また，本件道路1の制限速度は時速40キロメートルである。

イ　本件道路2は，本件交差点と南西に交わる道路であり，その幅員は約4.5メートルである。

ウ　本件交差点は，信号機で交通整理がされていない丁字路交差点であり，本件道路2北西にブロック塀が設置され，同道路南東に高さ約1.3メートルの生垣が設置されているので，本件道路2から本件交差点左右の見通しは悪い。また，本件道路1南西に生垣が設置されているので，本件道路1南東方面から本件交差点左の見通しも悪い。

(2)　本件事故態様

甲12号証及び乙1号証並びに弁論の全趣旨によれば，本件事故態様は次のとおり認められる。

ア　原告X2は，原告X1を乗せて，原告車で本件道路1を阿見町方面に向かって直進し，本件交差点を通過しようとした（被告らは，原告車が制限速度を超過する高速度で進行していた旨主張するが，これを認めるに足りる証拠はない。）。

イ　被告Y1は，被告車で本件道路2から本件交差点を右折しようとして，別紙図面記載の①地点に一時停止し，その後，右折を開始したところ，原告車側面と衝突した（原告らは，被告車の上記一時停止を否定するが，原告X2立会のもとで作成された実況見分調書である乙1に照らせば，原告らの上記主張は採用できない。）。

(3)　責任及び過失割合

ア　前記本件事故現場の状況及び本件事故態様によれば，被告Y1は，本件道路2から本件交差点を右折するに当たっては本件道路1の状況を確認すべき義務があり，さらに，本件道路2から本件交差点左右の見通しが悪いことからするとその注意義務はより強く要求されるところ，その注意義務を怠って，右折を開始したということができるので，民法709条に基づく責任を負う。

イ　他方，前記本件事故現場の状況及び本件事故態様によれば，原告X２は，本件道路１から本件交差点を直進通過するに当たっては，本件道路２の状況を確認すべき義務があり，さらに，本件道路１南東方面から本件交差点左の見通しが悪いことからするとその注意義務は相当程度強く要求されるところ，その注意義務を怠って，直進通過したといえるので，原告X２には過失があるといわざるを得ない。

ウ　以上の本件事故現場の状況，本件事故態様並びに被告Y１及び原告X２の過失内容によれば，本件事故における原告X２の過失割合は，１割を下回らないといえる。

エ　そして，原告X１は，前提事実(5)のとおり，原告X２の妻であり，専業主婦として家事に従事していたのであるから，原告X２と身分上ないしは生活関係上一体をなすとみられる関係にあるといえるので，原告X１の損害賠償請求について上記本件事故における原告X２の過失割合である１割の過失相殺をするのが相当である。」

裁判例 148　名古屋地判平成19年4月13日（交民40巻2号545頁）

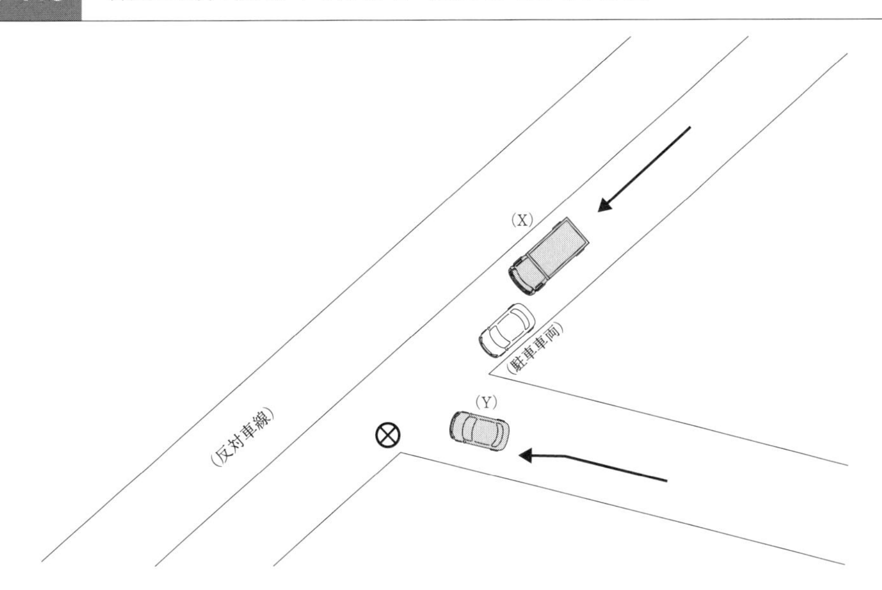

過失割合　普通貨物自動車(X) 10 %　普通乗用自動車(Y) 90 %

「(1)　証拠〔略〕及び弁論の全趣旨によれば，本件事故の状況について，以下の事実が認められる。

ア　原告車が，本件交差点を直進して通過しようとしたところ，原告車の左後輪フェンダー前部と，本件交差点を左折しようと同交差点内に進入してきた被告車の右前部とが衝突した。

イ　被告は，本件交差点を左折する際，一時停止をしなかった。

ウ　原告X１は，本件交差点を通過する際，左側を確認しなかった。

エ　本件事故当時，原告車が走行する路線上の本件交差点手前左側，被告車から見て右方に駐車車両が存在した。

(2)　以上を前提に判断するに，被告は本件交差点に進入する際，一時停止をしておらず，右方の安全確認を十分に行わなかったと認められること，原告X１は本件交差点において左方の安全確認を怠ったものであるが，駐車車両が存在したために安全確認をしづらい状況にあったこと等を考慮すると，過失割合は原告X１・10パーセント，被告90パーセントとするのが相当である。」

裁判例 149　東京地判平成 23 年 11 月 11 日（判例秘書 L06630512）

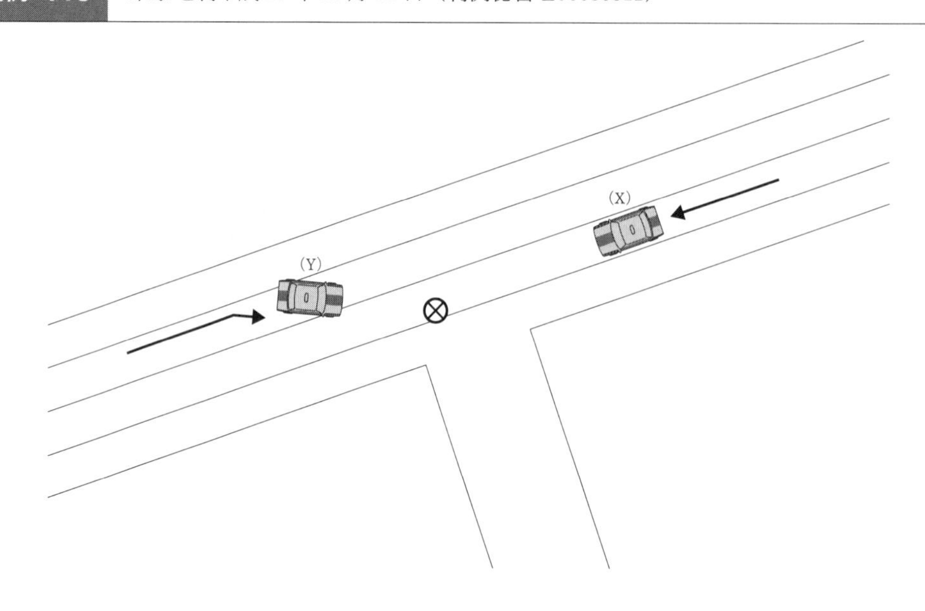

過失割合　タクシー(X) 10 %　タクシー(Y) 90 %

「ア　本件交差点は，三軒茶屋方面と渋谷駅方面とを結ぶ片側 2 車線の宮益道玄坂通り（車道幅員 12 m）と幅員 5.7 m の道路とが交差する，信号機による交通整理の行われていない丁字型交差点である。

上記各道路は，いずれも最高速度が時速 40 km に規制されている。

イ　原告は，原告車を運転して，宮益道玄坂通りの渋谷駅方面から三軒茶屋方面に向かう第 2 車線を走行してきて，本件交差点をそのまま直進しようとしていた。

A〔Y〕は，被告車を運転して，原告車の対向車線の第 2 車線を走行してきて，本件交差点を右折しようとしていた。

ウ　Aは，被告車を減速させた上，本件交差点に進入する付近で右折の合図をした後，すぐに右にハンドルを切った。Aは，右折の合図をする時点で，約 38 m 前方に対向直進車である原告車を認めたが，右にハンドルを切る時点では，右折先の道路上の車両に気を取られて原告車の動静を注視するのを怠っており，被告車の左前角部が原告車の前部と衝突して初めてブレーキをかけた。

エ　他方，原告は，本件交差点に進入しようとしたところで被告車が右折の合図を出してすぐに右折してきたのを認め，とっさに急ブレーキをかけたが間に合わず，原告車の前部と被告車の左前角部が衝突した。

オ　本件事故により原告車のフロントバンパー等と被告車の左前フェンダー等が損傷した。原告車の修理費用は 5 万 3025 円，被告車の修理費用は 5 万 7435 円であった。

(2)　検討

上記(1)の認定事実によれば，Aは，右折をすべくハンドルを右に切る直前になって右折の合図をした上，右折の合図をした時点で対向直進車である原告車の存在に気付いていながら，ハンドルを右に切る時点では，右折先の道路上の車両に気を取られて原告車の動静の注視を怠ったため，原告車の直近で右折する形となった過失が認められる。

他方，①被告車は右折前後には時速5～10 km程度に減速していたこと（乙5，8），②本件事故直後に行われた実況見分におけるAの指示説明によれば，被告車は右折の合図をしてから衝突するまで6.8 m進行し，その間に原告車は約30 m進行したことになること（乙5），③上記(1)で認定したとおり，原告は，本件交差点に進入しようとしたところで被告車が右折してきたのを認めて急ブレーキをかけたことを併せ考慮すると，原告車は本件交差点に進入するときには時速20 kmを上回る速度で走行していたことが推認される。原告には，被告車が本件交差点手前から減速していたことから，被告車が本件交差点を右折しようとしていることを認識し得たものと認められるから，原告にも，被告車の動静を注視せず，本件交差点に進入するに当たり十分な減速をしていなかった過失が認められる。

そして，本件事故が右折車と対向直進車の衝突事故であることを前提として，Aと原告の過失の内容を比較すると，本件事故に関する過失割合は，A 90%，原告10%とするのが相当であり，本件事故により原告に生じた損害については，10%の過失相殺をするのが相当である。」

裁判例 150　東京地判平成 22 年 10 月 1 日（判例秘書 L06530506）

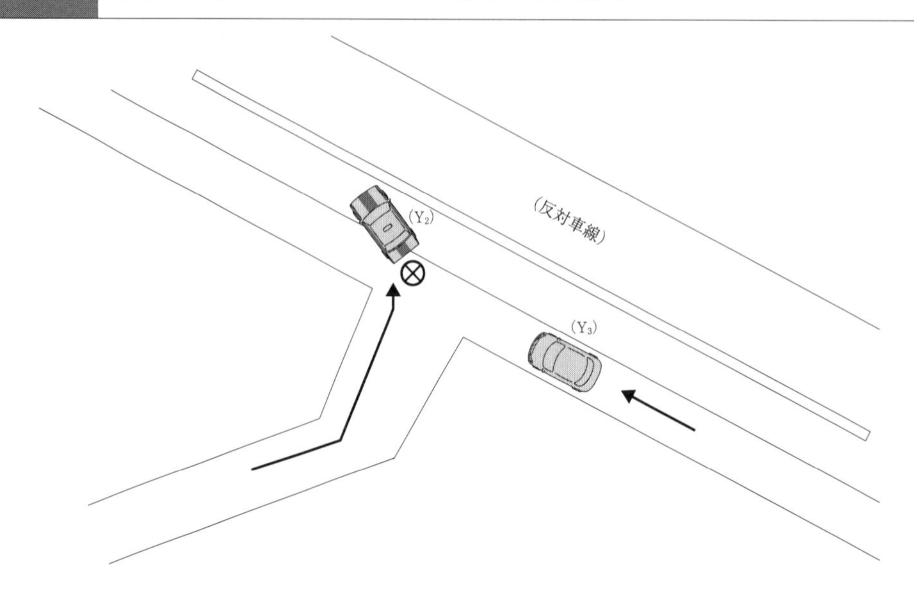

過失割合　　普通乗用自動車(Y3) 15 %　タクシー(Y2) 85 %

「ア　本件事故現場は，前提事実(1)イ記載の場所に所在する桜木町方面から新横浜駅方面へ向かって南東から北西に走る中央分離帯の設けられた片側２車線の道路上であり，本件道路と団地から本件道路に抜ける側道とが交わる丁字路（以下「本件交差点」という。）となっている。本件道路の車道幅員は，約 6.5 メートルであり，桜木町方面から横浜駅方面へと走行する場合，本件事故現場は，緩やかな左カーブでかつ上り勾配で，その後右カーブへと変化する中間点にあたり直線である。また，本件道路の指定最高速度は時速 50 キロメートルである。

本件側道は，幅員約 3.30 メートルの下り傾斜路で，本件道路と交差する地点では間口が約 6.6 メートルであるが，交差する手前は鋭角に左方に屈曲して本件道路に左折進入する構造となっており，本件側道と本件道路の交差点には一時停止規制や停止線は存しない。また，本件側道の右側はコンクリートの斜面になっており，本件側道から本件道路へ進入する際の右方の見通しは悪い。

イ　被告Ｙ３は，前提事実(1)アの日時ころ，職場から帰宅する際に本件事故現場付近にさしかかった。被告Ｙ３は，本件道路の第１車線を走行していたところ，本件交差点手前約 40 メートルの地点付近でＹ２車の前照灯の明かりを認め，続いてＹ２車が本件道路に左折進入するのを認めたため，急制動の措置をとるとともに右に転把して回避しようとしたが，Ｙ２車が第２車線に進入したことから，左に転把して回避しようとするも間に合わず，Ｙ３車の右前部とＹ２車の左後部が衝突し，Ｙ３車は左側の路肩縁石にも接触した。

他方，被告Ｙ２は，付近で乗客を降車させた後，本件側道を経由して本件道路に左折進入するにあたり，本件道路を見つつ本件側道を下り，本件交差点手前では時速 2.8 キロメートルまで減速をして右方を見たものの，一時停止することなく時速 5.7 キロメートルで進入し，本件道路を進行した後に右折する予定であったことから直接第２車線に進入しようとしたところ，左折が完了する前に上記のとおりＹ３車と衝突した。Ｙ２車は，衝突後，Ｙ２車の右前部が中央分離帯に衝突し停車した。なお，衝突時のＹ２車の速度は時速15.5キロメートルであった。

〔途中略〕

(ア)　まず，被告Ｙ３は，被告Ｙ２について，本件道路に進入する前に一時停止していないことや第２車線に進入したことをもってＹ２車の全面的な過失による事故と評価すべきと主張する。本件事故は，優先道路に交差する丁字路からの進入車と直進車の事故であることに照らせば，直進車両であるＹ３車には，側道からの進入車の有無，動静に注意をしなければならない義務を負っており，また，指定最高速度を遵守すべきであったのであるから，被告Ｙ３はいずれもこれらの注意義務を怠ったと認められるため，被告Ｙ３は不法行為責任を負うことは明らかである。また，確かにＹ２車は本件交差点に進入する際に一時停止をしていないが，本件交差点は一時停止規制が存する交差点ではないこと，Ｙ２車は右方への見通しの悪い本件交差点に進入する際時速5.7キロメートルで進入したことに照らせば，この点をもってＹ２車の過失を増大させると解するのは困難である。また，Ｙ２車が第２車線に直接進入したことについても，適切な進入方法とは言い難いが，この事情をもって直ちに被告Ｙ３の無過失を根拠付ける事情とまで認めるのは相当ではない。

他方，被告Ｙ１及び被告Ｙ２は，Ｙ２車は本件交差点を左折進入するにあたり右方の安全を十分確認しながら本件交差点に進入したところＹ３車から追突された旨を主張し，被告Ｙ２には過失はないと主張する。この点，Ｙ２車は，優先道路である本件道路に進入する際には，本件道路を通行する車両等の進行妨害をしてはならない注意義務を負っていること（道路交通法36条２項）からすれば，被告Ｙ２による確認は必ずしも十分であったものとは言い難い上，十分な加速が得られない状態で第２車線に直接進入しようとしたことからすれば，被告Ｙ２に過失がないとは到底認められず，被告Ｙ２は不法行為責任を免れない。また，被告Ｙ２は被告Ｙ１のタクシー乗務中に本件事故を惹起したのであるから，被告Ｙ１の業務の執行につきなされたものといえるので，被告Ｙ１も使用者責任を免れない。

(イ)　次に，Ｙ３車とＹ２車の過失の程度について検討する。

上記のとおり，本件事故は，優先道路を通行中のＹ３車が信号機により交通整理がなされておらず，一時停止規制もなされていない丁字路交差点からの進入車であるＹ２車と第２車線上で衝突したという態様であること，Ｙ２車が直接第２車線に進入しＹ３車の進路を妨害したこと，Ｙ３車は指定最高速度を相当程度超過して走行していたと認められ，それにより適切な回避行動をとることができなかったといえることを総合考慮し，Ｙ３車15対Ｙ２車85とするのが相当である。

この点，被告Ｙ１及び被告Ｙ２は，本件事故は追突として評価すべきと主張し，また，Ｙ２車が明らかに本件交差点に先入したものであると主張するが，上記認定のとおり，左折が完了していたとまでは言えず，本件道路の指定最高速度は時速50キロであるのに対し，Ｙ２車の衝突時の速度は時速15.5キロメートルであり，いまだ十分な加速を得られた状態ではなかったこと，Ｙ３車の走行速度が指定最高速度を相当程度超過していたとしても，Ｙ２車が第２車線に直接進入してＹ３車の進路を妨害したことを併せて考慮すれば直ちに容易に衝突を回避できたと認めるのは困難であるといえるので，単なる追突と同視することは到底困難であるし，明らかな先入があったと評価することも相当ではない。

その余の被告Ｙ１及び被告Ｙ２の主張を踏まえても上記判断は左右されない。」

裁判例 151　東京地判平成 28 年 7 月 6 日（判例秘書 L07131734）

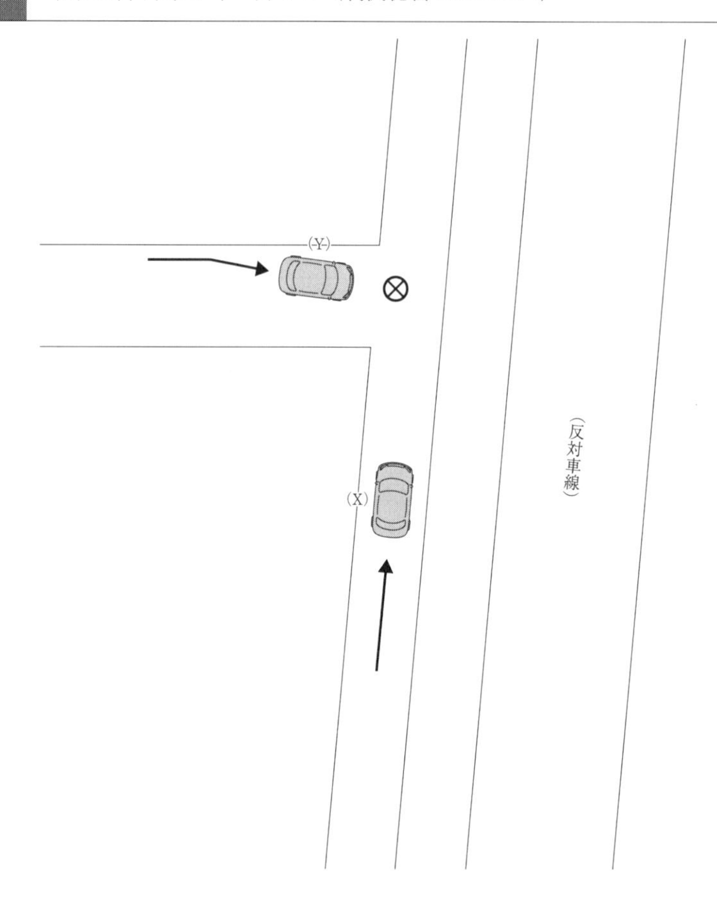

過失割合　普通乗用自動車(X) 15 %　普通乗用自動車(Y) 85 %

「⑵　原告は，原告車を運転し，本件交差点（丁字路）の本件道路（片側２車線）の第１車線を，大久保通り方面から早稲田通り方面に直進進行した。

⑶　被告Ｙ２は，被告車を運転し，本件左方道路を杉並方面から本件交差点に向け進行し，交差点に進入する手前の一時停止線で一度停止した後，本件交差点に進入したが，その際，その右方から第１車線を進行してくる原告車を全く認識せずに進入したことにより，原告車の左方後部ドア付近と被告車の前部右付近とを衝突させた。

２⑴　被告Ｙ２は，本件交差点に進入するに当たり，その右方から走行する車両の有無を十分確認せずに被告車を進行させたことにより，同車の前部右付近を原告車の左後部ドア付近に衝突させて本件事故を惹起させたものであり，被告Ｙ２には過失がある。

他方，証拠〔略〕によれば，原告は，手前の交差点の対面信号機の青色表示に従って同交差点に進入したとして，その直後にある本件交差点において本件左方道路から進入する車両に対する安全確認が甘くなっていた事実が認められるから，原告にも過失があるといわざるを得ない。

そして，本件事故の態様や本件事故現場の道路状況，原告と被告Ｙ２の過失の内容，程度などを総合考慮すると，その過失割合は，原告15%，被告Ｙ２は85%とするのが相当である。被告らは，本件交差点の右方の本件道路に沿う歩道上に一群の人がおり本件道路右方が見えない状況にあった，手前の交差点の原告車の対面信号が黄色表示になっていた，被告車の進行速度が時速約３km であったが，本件左方道路状況が不明というべき原告車の進行速度は時速約36 km であった，被告Ｙ２は，本件道路を走行する車両は普段第２車線を走行すると認識していたなどとして，被告の過失割合が50%にとどまる旨主張する。しかしながら，被告車の進行速度が時速約３ km であったことや手前の交差点の原告車の対面信号の表示状況を認め得る的確な証拠がないほか，基本的には本件道路が本件左方道路に優先すること，被告Ｙ２が上記主張どおりの認識を有していたとしても，その認識自体不相当というほかないことなどに照らすと，被告らの上記主張を勘案しても，上記過失割合をもって相当というべきである。」

裁判例 152　大阪地判平成19年12月18日（交民40巻6号1646頁）

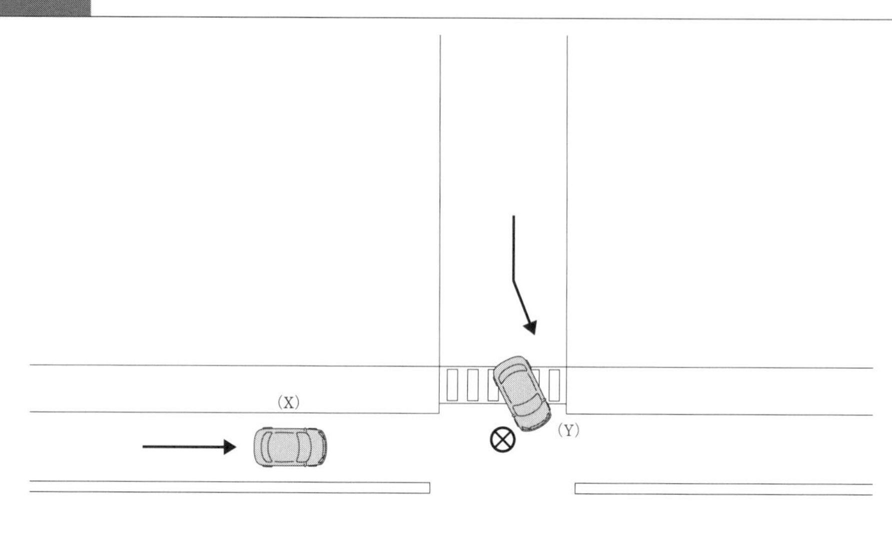

過失割合　普通乗用自動車(X) 20 %　普通乗用自動車(Y) 80 %

「ア　本件事故現場は，いずれもアスファルト舗装された東西に走る片側1車線の直線路（以下「東西道路」という。）に，南北に走る片側1車線の突き当たり路（以下「南北道路」という。）がほぼ直角に交わる丁字路交差点（本件交差点）内である。

東西道路の北側には，幅員約2.2メートルの歩道が設けられており，東西道路中央部分付近には，阪神高速道路の橋脚が設置されており，同橋脚に沿って，幅約1.5メートルの中央分離帯が設けられている。東西道路の東行き車線の車道の幅員は約4.0メートルであり，同西行き車線の車道の幅員は約4.7メートルである。東西道路の最高速度は時速30キロメートルに制限されており，同道路の東行き車線及び西行き車線には，それぞれ一方通行の規制がある。本件交差点の東側にある，東西道路に設けられた中央分離帯の西端部分付近には，東西道路の東行き車線を走行する車両から，南北道路から本件交差点に進入する車両の状況を確認することができるよう，ロードミラー（以下「本件ロードミラー」という。）が設けられている。なお，本件ロードミラーは本件事故当時破損していたが，南北道路から本件交差点に進入する車両の状況を確認すること自体は，一応可能であった。

南北道路の幅員は東西道路の幅員よりも狭く，同道路の本件交差点入口付近（東西道路の北側に設けられた歩道の北端線よりも北側に入った場所）には一時停止標識が設置され，路面にも一時停止線が引かれている。南北道路の最高速度は，時速20キロメートルに制限されている。

南北道路の両側には，建物が建ち並んでおり，同道路の路面に引かれた一時停止線よりも南側まで建物が張り出しているため，南北道路から本件交差点に進入する際の左右の見通しは不良であり，東西道路から本件交差点に進入する際の左方の見通しも不良である。

（甲2，甲39，原告X2本人）

イ　原告X２は，原告車両を運転し，東西道路の東行き車線中央部分付近を先行車両に追従して時速約30キロメートルで走行し，本件交差点手前に差しかかった。この際，原告X２は，本件ロードミラーによって，被告車両が本件交差点に進入しようとしていることを確認したが，被告車両が一時停止線で停止するものと考え，それ以上，被告車両の動静に注意を払わないまま，減速等することなく本件交差点に進入した。

なお，原告車両の運転席は同車両の左側にあり，助手席には原告X１が，後部座席には原告X３が乗車していた。（別件乙３，原告X２本人）

ウ　被告は，友人を同乗させて被告車両を運転し，時速10キロメートル程度のスピードで南北道路を北から南に向けて進行して本件交差点手前に差しかかった際，一時停止線手前で停止したものの，右方の確認を十分行わないまま本件交差点に進入しようとしたところ，本件交差点内に，東西道路を西から東に進行してきた原告車両を認め，制動措置をとったが，及ばず，被告車両右前部を原告車両左側面に衝突させた。（別件乙２，被告本人）

〔途中略〕

(2)　前記(1)で認定した事実によれば，被告には，南北道路から本件交差点に進入するに際して，同道路両側に存在する建物の影響で本件交差点入り口付近の左右の見通しが不良であったにもかかわらず，同所付近で右方の確認を十分行わないまま本件交差点に進入した過失があるところ，原告X２においても，本件交差点に進入するに先立って，本件ロードミラーによって被告車両の存在を確認しながら，被告が一時停止の交通規制に従って一時停止をし，原告車両が本件交差点を通過するまでの間，被告車両が本件交差点に進入することはないものと軽信し，被告車両の動静に注意を払うことなく，漫然と本件交差点に進入しているのであるから，本件事故の発生について，原告X２にも過失があるというべきである。

また，前記認定のとおり，原告X１は本件事故当時，原告X２と内縁関係にあり，原告X１の未成年の子である原告X３を含め，原告らは肩書地において同居して生計を共にしていたというのであるから，原告X２と原告X３との間には，未だ，身分上の関係は存しないものの，原告X２は，原告X１及び原告X３と経済的基盤を共通にし，生活関係上一体をなすとみられる関係にあったということができる。そうすると，原告X２の上記過失は，本件事故によって原告X２に生じた損害の額のみならず，原告X１及び原告X３に生じた損害の額を算定するにあたっても，被害者側の過失として斟酌することができると解するのが相当である。

そして，前記認定・説示した被告及び原告X２の過失の内容，程度，本件事故現場付近の道路の状況，本件事故の態様等の諸事情を勘案すると，原告らの損害から，過失相殺として，それぞれ２割を減ずるのが相当である。」

裁判例 153　大阪地判平成20年3月14日（交民41巻2号340頁，自保ジャーナル1751号11頁）

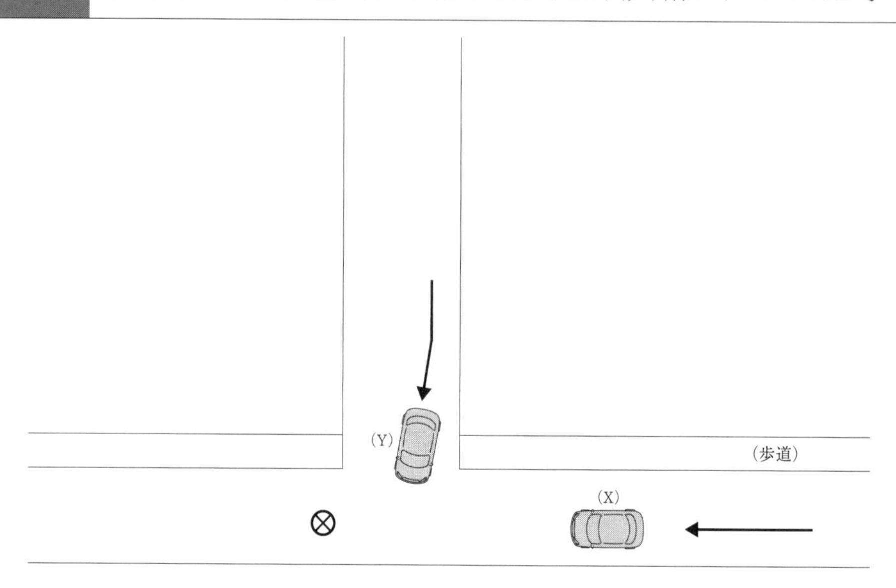

過失割合　普通乗用自動車(X) 20 %　普通乗用自動車(Y) 80 %

「ア　本件事故現場は，JR新幹線高架橋に沿った幅員約5.2メートル（ただし，歩道側植え込みから約1.5メートルに外側線がある。）の西行き道路（以下「本件西行き道路」という。）と，高架橋下を通って，本件西行き道路に北から突き当たる形で交差する幅員約5.5メートルの南北道路（以下「本件南北道路」という。）とからなる丁字路交差点（以下「本件交差点」という。）であり，信号機による交通整理は行われておらず，本件西行き道路に一方通行（自動車，原付自転車）の規制があるほか，最高速度時速40キロメートル，駐車禁止の各交通規制がある。

本件事故は，平成15年11月29日午後0時50分ころ発生したものであり，当時の天候は雨であった。また，高架橋下には高架柱が立ち並び，高さ2.2メートルのフェンスで囲まれており，原告走行道路である本件西行き道路と本件南北道路とは互いに見通しが悪い。〔略〕

イ　被告Y2は，本件南北道路を走行し，本件交差点を北から西方向に右折するに際し，一時停止をしたものの，高架柱が重なり左方の見通しが悪く，別紙「現場見取図」記載(P)点から直線距離で11メートル程度を見通せるにすぎない状況であった（当該車両が本件交差点に進入するまでの距離としては当然に更に短距離となる。）にもかかわらず，上記認定の左方の車両発見可能な(P)点よりも手前（別紙記載の被告Y2の指示説明については，後述のとおり距離や位置関係の正確性に疑問もあるが，仮にこれに基づいても，運転席を基準として①の位置で停止したというものであり，(P)点より更に左方の見通しが悪いことは明らかということができる。）で停止して左方を見ただけで発進し，更に前進して左方の遠方まで見通せる位置で停止するなどして左方の安全確認をすることもなく，右折を開始する際にも左方を見なかった。被告Y2は，衝突して初めて原告車に気づいた。

ウ　原告は，本件西行き道路を時速約40キロメートルで走行していたところ，本件交差点から100メートル弱程度西方にある，信号機により交通整理の行われている交差点の信号表示が赤色に変わるのを見たのと同時くらいに，被告車が本件南北道路をじわじわと出てくるのを発見し，エンジンブレーキ程度の減速をしたが，被告車が停止するのかと思っていた。ところが，被告車は停止せず，運転者が全く原告車の方を見ていないことがわかったので，原告は，ハンドルを大きく左に切るとともに急ブレーキをかけたが，急ブレーキをかけた直後位に，本件交差点を西側に出た辺りで，被告車の左前角付近が原告車の右側面に衝突した。

〔途中略〕

(3)　以上の認定事実によれば，被告Ｙ２は，突き当たり路である本件南北道路から丁字路交差点に進入するにつき，高架柱等により左方の見通しの悪い状況であったから，右折に際し，徐行のうえ，左方の交通を見通せる位置で適宜停止するなどして，十分左方の安全確認を行うべきであるのにこれを怠り，左方の見通しが悪い地点で一時停止したにとどまり，更にそのような状況で発進した後は，全く左方を見ずに本件交差点を右折進行した著しい過失により本件事故を惹起したというべきである。一方，原告においても，右方の見通しの悪い本件交差点に進入するに際しての安全確認が不十分であった過失があったというべきであり，前記認定の本件事故態様に基づく原告と被告Ｙ２との過失割合は，２割対８割と解することが相当である。

被告らは，原告のハンドルの保持体勢が不適切であったことを過失相殺事由として主張するが，原告が特に異常なハンドルの持ち方をしていたとまではいえないし，原告が，被告Ｙ２が原告車に気づかずに接近していることを認識して，とっさに左に大きくハンドルを切って衝突を回避しようとしたことなどの前記認定の本件事故態様からすれば，原告のようなハンドルの持ち方をしていなかったとしても，右手が外れて手首を反らす形になって受傷することが不自然とはいえないから，上記に判断した過失割合を左右する事由と評価することはできない。」

裁判例 154　東京地判平成23年2月22日（判例秘書 L06630047）

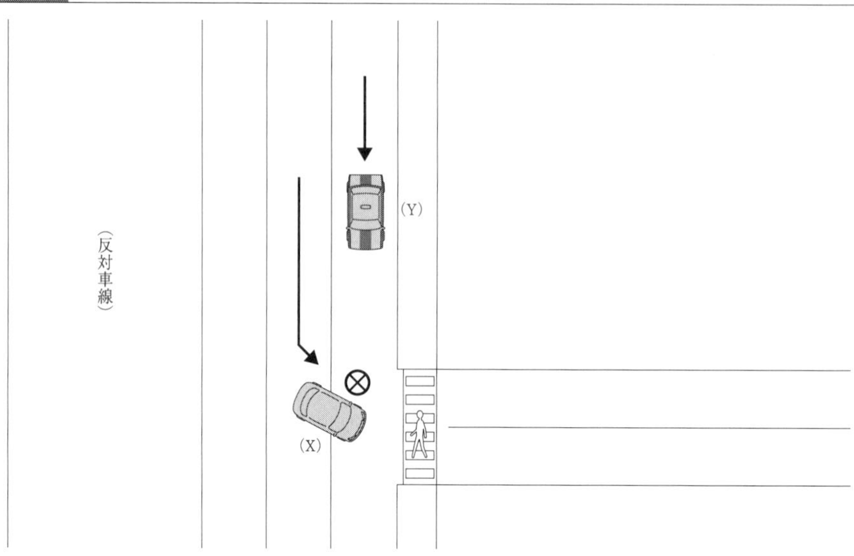

過失割合　普通乗用自動車(X) 20 %　タクシー(Y) 80 %

「(1)　本件事故の態様は，証拠（各項に記載）によれば，次のとおりであると認められる。

ア　本件交差点は，南北方向の道路（国際通り）と，東から国際通りに突き当たる道路（花屋敷方面への道）が交わる丁字路である。本件交差点付近では，国際通りは，片側3車線で歩道があり，花屋敷方面への道は，片側1車線ずつで両側に路側帯がある。国際通りの歩道は，本件交差点では途切れて，横断歩道となっている。（甲8，乙3）

イ　X2は，原告車を運転し，北から南に向かって国際通りを進行し，本件交差点で花屋敷方面への道へ（東方向へ）左折しようとしたが，本件交差点すぐ手前の第1車線には被告車があり，停止しているように見えたため，第1車線と第2車線の境界線をまたぐようにして被告車の右側を通過し，ハンドルを左に切って進行方向を変えた。ところが，横断歩道に歩行者がいたので，その手前で斜めに停止した。停止してすぐ，左後方から被告車が低速で近付いてくることに気づき，クラクションを鳴らしたが，被告車の前バンパーの右角部が原告車の左前ドア部に衝突した。（甲5，6，10の2，11，16，乙3，X2本人）

ウ　Y2は，客を捜しながら，被告車を国際通りの第1車線をごく低速（時速5キロ以下）で北から南に向かって進行していた（被告車が停止していたのではなく，ごく低速で進行していたことは，被告車に設置されていた走行記録（乙2）から明らかである。）。本件交差点に近付き，Y2は，花屋敷方面への道の様子を見るために前方から視線を外して左を見ながら，そのまま進行を続けたところ，原告車のクラクションが鳴り，原告車が前方に停止しているのを見て，ブレーキを掛けたが，ブレーキが効く前に原告車に衝突した。（乙2，3，Y2本人）

(2)　以上の事実によれば，Y2は，前方注視をせずに被告車を進行させた過失により本件事故を起こしたと認められ，被告らは民法709条，715条により損害賠償責任を負う。

他方，Ｘ２は被告車が停止していると思い，被告車進行方向の先に原告車を停止させたものであり，被告車の動きを注視し安全確認を十分に行わなかった過失が認められ，民法709条により損害賠償責任を負う。原告車は原告Ｘ１の所有であり，Ｘ２は原告Ｘ１の代表者として原告車を使用していたというべきであるから，原告Ｘ１は，会社法350条により，損害賠償責任を負う。

双方の過失の程度を検討すると，Ｙ２は交差点において前方から視線を外していたのであり，過失は極めて重大である。これに対し，原告車が停止してから被告車が衝突するまでに数秒はあったと認められるから，原告車が被告車の進路直前に進入したものではない。Ｙ２が前方を見ていれば，被告車が停止することは容易であったと認められる。被告車の速度はごく低速であったから，停止しているように見えたことも理解できないではないこと，Ｘ２はクラクションを鳴らして警告を発していること等の事情も考慮すると，Ｘ２の過失は重いとはいえない。また，Ｘ２は被告車が停止していると思ったことと被告車の位置を前提とすると，原告車が道路左端に寄らずに左折を始めたことを，特に重大な過失ということはできない。以上の各事情を勘案すれば，過失割合は，Ｘ２・20，Ｙ２・80とするのが相当である。」

裁判例 155　東京地判平成25年7月23日（判例秘書 L06830427）

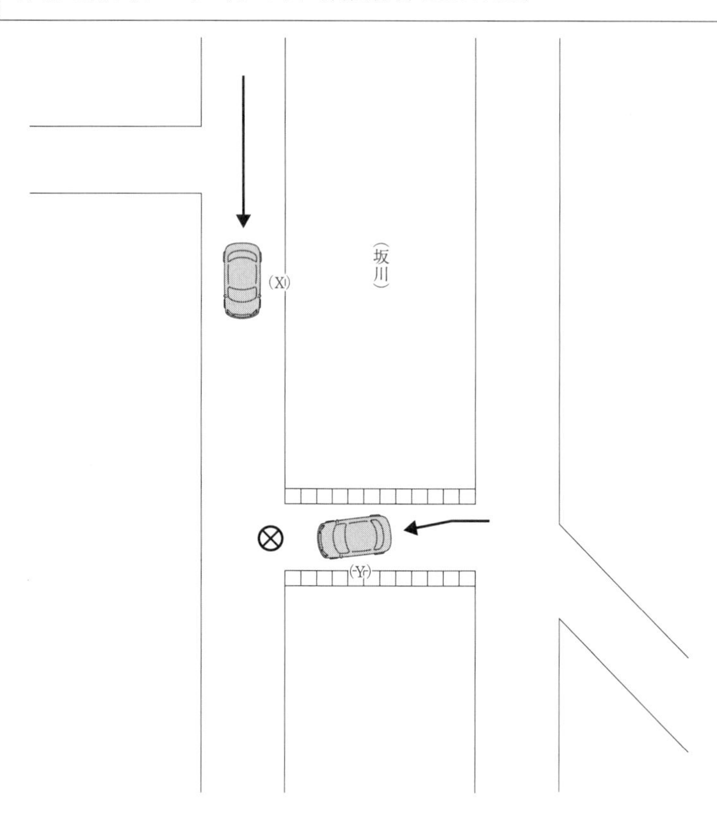

過失割合　普通乗用自動車(X) 20 %　普通乗用自動車(Y) 80 %

「ア　本件交差点は，信号機による交通整理が行われていない丁字路交差点で，松戸市栄町5丁目方面から松戸市旭町方面に南北に向かう，道路中央線，外側線の区分がない幅員約5.5ｍの市道（以下「本件道路」という。）と，松戸市栄町7丁目方面から本件道路方面に向かう，道路中央線，外側線の区分がない，坂川に架かる橋梁上の幅員約4ｍの道路（清川橋）とが交差している。橋梁上の道路（清川橋）から本件道路に向けての見通しは，清川橋の欄干のために良くなかった。

イ　被告は，Ｙ1車を運転して，松戸市栄町7丁目方面から本件道路方面に向けて清川橋上の道路を進行し，本件交差点において左折しようと一時停止したところ（原告Ｘ2は，Ｘ2車を運転中にＹ1車が停止していたのを見た。），本件道路を松戸市旭町方面に向けた車両が本件交差点手前約10ｍのところに停止していると思って，松戸市旭町方面から松戸市栄町5丁目方面に向けて本件道路を直進していたＸ2車に十分な注意を払うことなく（被告が本件事故の衝突までにＸ2車を認識していたとの主張や証拠はない。），本件道路にＹ1車を左折進入させたため，Ｙ1車の右前部のバンパーを，Ｘ2車の左側面の助手席ドア等に衝突させた。

⑵　上記認定した事実によれば，本件事故は，被告が，丁字路交差点において，本件道路を直進しているＸ2車の進行を注視し，左折進入によってＸ2車との衝突を回避すべき安全運転義務があ

るにもかかわらず，安全確認不十分のまま，本件丁字路交差点を左折したことによってＸ２車と衝突したのであって，基本的には，左折進入したＹ１車を運転する被告の過失が大きいというべきであるが，他方，原告Ｘ２にも，本件交差点手前で一時停止していたＹ１車を認識していたのであるから，Ｙ１車が本件道路に進入することによる衝突を回避するよう安全運転すべきであったから過失として斟酌すべき事情があるところ，本件事故現場の状況，Ｘ２車とＹ１車の接触箇所及び接触状況，被告及び原告Ｘ２のＸ２車及びＹ１車の認識状況を含めた運転状況等を総合考慮すると，本件事故についての過失割合は，被告が８割，原告Ｘ２が２割とするのが相当である。」

裁判例 156　東京地判平成 19 年 12 月 26 日（判例秘書 L06235874）

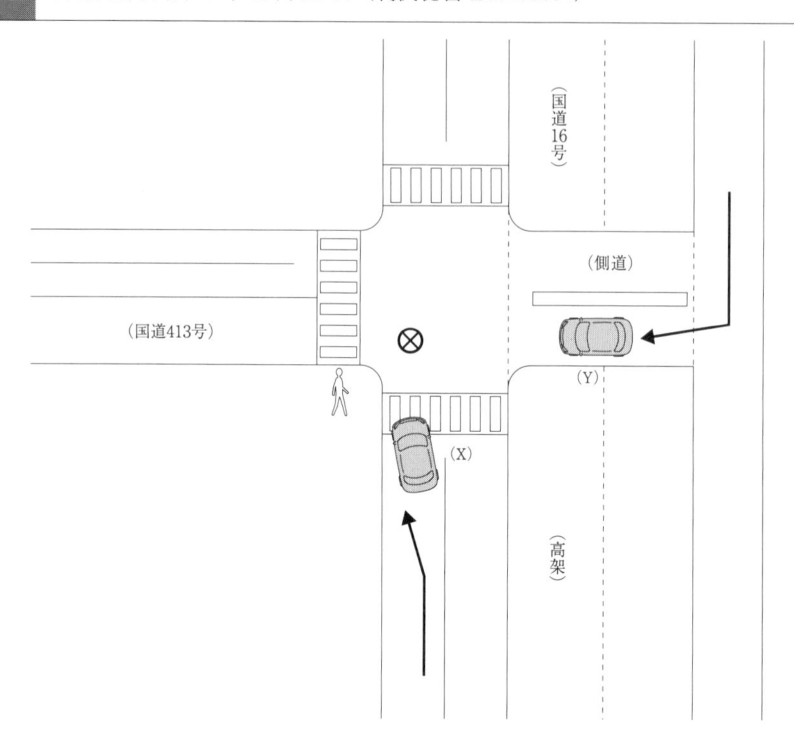

過失割合　　普通乗用自動車(X) 50 %　普通乗用自動車(Y) 50 %

「ア　本件交差点は，国道 16 号と国道 413 号が丁字に交わる，信号機による交通整理の行われていない交差点である。国道 16 号は，国道 16 号高架線の真下部分に相当する幅員約 17.4 メートルの分離帯を挟むようにその両脇に，横浜方面から八王子方面に向かう一方通行の車線（以下「第 1 車線」という。）と，八王子方面から横浜方面に向かう一方通行の車線（以下「第 2 車線」という。）がそれぞれ存在しており，国道 16 号と丁字に交わる国道 413 号のほぼ延長上に，国道 16 号の第 1 車線と第 2 車線を結ぶ片側 1 車線の 2 車線道路（以下「側道」という。）が存在している。側道の長さは十数メートルである。国道 16 号の第 1 車線には，本件交差点の手前に一時停止の規制がある。

国道 413 号は，本件交差点から津久井方面に向かう車線は，幅員が路側帯を含め約 3.8 メートルの 1 車線道路であり，右側部分はみ出し禁止の規制がある。他方，対向する津久井方面から本件交差点に向かう車線は，右折車線と直進車線の 2 車線道路となっている。また，津久井方面から本件交差点に向かう手前に国道 16 号と並行する形で横断歩道（以下「本件横断歩道」という。）が設置されている。（甲 2，乙 4 の 8，4 の 11）

イ　原告は，原告車両（オートマチック車）を運転し，国道 16 号の第 1 車線の中央付近を本件交差点に向かって進行し，本件交差点で左折して国道 413 号に進入しようと考え，本件交差点手前で一時停止し，側道から国道 413 号に進行する車を 1 台やり過ごした後，やや大回りで左折を開始した。すると，左折先の本件横断歩道の手前で，徒歩で歩道から本件横断歩道へ進行しようとしていたA（以下「A証人」という。）がいたため，原告はいったんブレーキペダルを踏んで原告車両を横断歩道に対してやや斜めに停止させた。しかし，A証人が原告に向けて手を左右に振り，本件横断歩道を渡らないという合図をしたことから，原告はブレーキペダルから足を離して原告車両が前進を始めた。発進する際，原告は，右ないし右後方の安全確認はしなかった。

他方，被告は，被告車両を運転し，国道16号の第2車線を本件交差点に向かって進行し，右折して側道に入り，直進して国道413号へ進行しようとした。そのとき，本件横断歩道の手前で原告車両が停止しており，その右側を被告車両が通過して国道413号へ進行しようとしたところ，本件横断歩道付近において，前進を始めた原告車両の右前部と，被告車両の左後部が衝突した。衝突後，原告車両は本件横断歩道上に停止し，被告車両は本件横断歩道を超えて国道413号に入り前進した道路左側に停止した。

〔途中略〕

ア　本件事故は，丁字路交差点における左折車（原告車両）と右折車（被告車両）との衝突事故という側面もあるが，他方，国道16号の第1車線と第2車線が分離帯を挟んでそれぞれ離れて存在し，その間をつなぐ側道が設置され，被告車両が国道16号の第2車線から右折して国道413号に進行するためには，側道を走行することになり，その側道は十数メートルの距離があるため，左折車（原告車両）と直進車（被告車両）との衝突事故という側面もあり，かつ，左折車の側に一時停止の規制がされている。

このように，本件交差点は変則的な形態の交差点であるが，本件交差点の手前では，原告車両の進行方向（国道16号の第1車線）に一時停止の規制がされていることからすると，国道16号の第1車線を直進し又は左折して国道413号へ進行する車両には，側道から国道413号へ直進進行する車両の有無及び安全を確認し，その進路を妨げないようにする注意義務があるものというべきである。そして，原告車両は，本件横断歩道の手前で停止した際，既に相当程度左折した状態であったとはいえ，車体は本件横断歩道に対して斜めの状態にあり，完全に左折を完了して国道413号へ進入した状態にあったものとは認め難く，また，原告車両の右側を車が進行するだけの余裕が全くなかったわけではないから，そのまま前進すれば，側道から国道413号へ直進進行する車両の進路を妨げるおそれがあり，前進するに際しては，右ないし右後方の安全を確認すべき注意義務があると解すべきである。しかし，原告は，本件横断歩道の手前で停止後，発進するに際し，右ないし右後方の安全を確認しないまま進行し，被告車両と衝突したものであるから，本件事故発生につき過失があるというべきである。

イ　他方，被告は，側道から国道413号に向かって本件交差点を直進進行する際，既に原告車両が相当程度左折した状態で停止していたのであるから，その動静に十分注意して進行すべき注意義務があるというべきところ，これを怠った過失があるものというべきである。

ウ　双方の過失割合は，本件交差点は原告側に一時停止の規制のある交差点であること，原告が停止状態から発進した際に本件事故が発生しており，発進に際して右ないし右後方の安全を確認しなかった原告の過失は必ずしも小さいとはいえないこと，しかし，原告車両は既に相当程度左折した状態で停止していたのであるから，原告車両が停止状態から発進することは被告としても十分予測可能であり，原告車両の動静を十分確認せず進行した被告の過失も小さくはないと解されること等を勘案すると，原告が50パーセント，被告が50パーセントと解するのが相当である。」

裁判例 157　東京地判平成19年12月27日（自保ジャーナル1744号18頁）

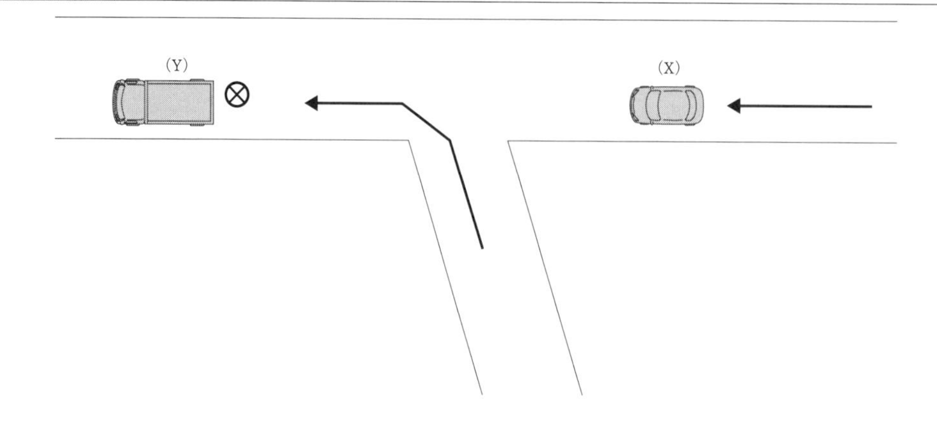

過失割合　普通乗用自動車(X) 55 %　普通貨物自動車(Y) 45 %

「ア　本件事故現場となった県道大野東松山線は，幅員6.4mで，中央線が設けられている。指定速度は時速40kmである。同県道は，越生町に至る村道と交差しており，同村道は幅員4.2mで，中央線は設けられていない。〔証拠略〕

イ　A〔X〕は，上記県道を，東松山市方面から秩父市方面に向かって，原告車両を運転して時速60〜70kmで走行していた。他方，被告Y1は，上記県道と上記村道が交差する交差点において，上記村道から上記県道に進入して左折しようとし，交差点の手前で一時停止した後，右方道路から進行してくる原告車両を約79.8m先の地点で確認したが，自車が先に左折を完了できるものと考え，上記県道に進入した。

なお，被告車両は，車体の長さが約5.81mで車体の幅が約2.2mであったことから，上記交差点で左折を終えるのに5秒以上の時間が必要であった。〔証拠略〕

ウ　被告車両が，上記交差点の手前で一時停止した地点から約19.8m進行した地点（被告Y1が交差点に入り，左にハンドルを切り始めた地点からは約15.6m進行した地点）で，被告車両の後部に原告車両が衝突した。〔証拠略〕

エ　Aは，平成13年12月1日午後4時47分，入院先で死亡したが，Aの血液からは，血液1ミリリットル中1.7ミリグラムのアルコールが検出された。〔証拠略〕

(2)　上記の事実によれば，被告Y1は，上記交差点を左折する際，右方から原告車両が走行してきているのを認識したのであるから，原告車両の走行道路が優先道路であり，自車が左折を完了するに時間が要することを踏まえ，原告車両の動静を注視してその安全を確認しながら進行すべきところ，これを怠ったものと認められるから，被告Y1には過失があり，損害賠償責任が認められる。被告Y1は，追突事故であるとして，過失を否認するが，上記のとおり，被告車両が一時停止後左折を開始してから約19.8mの地点で衝突していることからすると，出会い頭の事故ということはできないにしても，原告車両の走行道路が優先道路であり，被告車両の車体の大きさや被告車両が左折に要する時間等を考慮すると，Aの一方的な過失による事故と見ることはできない。なお，被告会社は，本件事故時，被告車両を保有していたから，自賠法3条に基づく責任がある。

(3)　他方，Aに前方不注視の過失があったことは否定できず，また，被告車両は明らかに原告車両よりも先に交差点内に進入し，左折を完了した状態で衝突されたこと，Aには速度違反及び飲酒運転が認められることからすると，Aと被告Y1の間における過失割合は，Aが55，被告Y1が45とするのが相当である。そして，Bは，本件事故前，Aとともに飲酒しており，原告車両に同乗したことすら記憶がない程度に酩酊し，AはそのようなBを自宅に泊めるつもりで原告車両に乗せていたこと（乙1の26）からすると，Bとの関係においても，Aと同程度の過失割合による減額を認めるのが，公平の見地に照らし，相当である。」

裁判例 158　東京地判平成23年8月9日（判例秘書 L06630356）

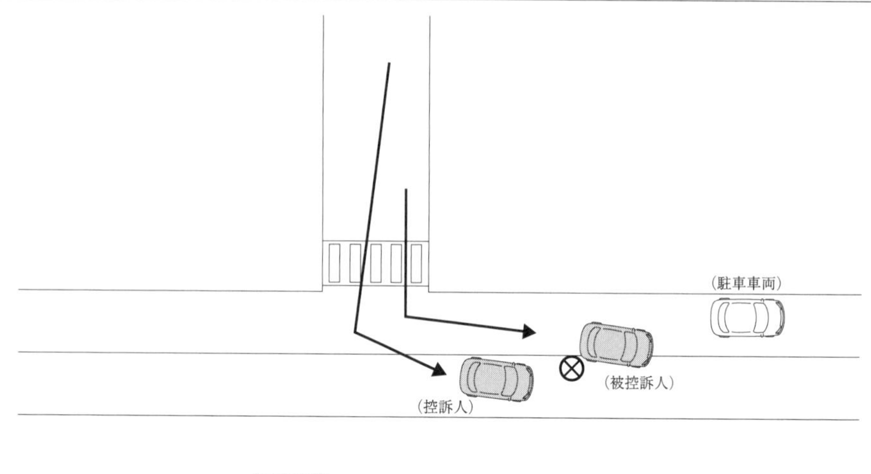

過失割合　普通乗用自動車(控訴人) 60 %　普通乗用自動車(被控訴人) 40 %

「ア　本件交差点は，東西に走る都道10号線（葛西橋通り。以下「本件直進路」という。）と，本件直進路に突き当たる部分を南端として南北に走る片側1車線の道路（以下「本件突き当たり路」という。）とが交差する丁字路交差点である。本件直進路の明治通り方面（西方向）から葛西方面（東方向）に向かう側の車道は2車線となっている。

イ　被控訴人Aは，被控訴人車を運転し，本件突き当たり路を本件交差点に向かって走行し，その左側端に寄って本件交差点の左折を開始したところ，本件交差点出口に設置された横断歩道（以下「本件横断歩道」という。）を歩行者が横断していたため，本件横断歩道の手前で一時停止をした。

ウ　控訴人車を運転していた控訴人は，本件突き当たり路を被控訴人車の後方から走行し，本件交差点に差しかかったところ，本件横断歩道手前で被控訴人車が停止したため，停止した被控訴人車の右側を通過して本件交差点を大回り左折し，本件直進路第2車線に進入した。

エ　他方，被控訴人Aは，一時停止中，控訴人車が被控訴人車の右後方から被控訴人車の右側を大回り左折しようとしていることは認識していたが，被控訴人車が控訴人車に接触するおそれはないと思い，歩行者が本件横断歩道を横断し終わったことから，再び発進し，前方約20ないし30m先の本件直進路第1車線上に駐車車両があったことから，これを避けるため，右ウインカーを点灯させた上で進路を第2車線寄りに変更し，第1車線から第2車線に若干はみ出して走行し始めた。その直後に本件事故が発生した。

オ　本件事故により，控訴人車のフロントバンパ，左フロントフェンダ，左ドアミラー等の左側面前部と被控訴人車の右リアフェンダ等の右側面後部が接触し，接触箇所に擦過傷等が生じた。控訴人車の損傷は11時の方向からの入力によるものであった。

〔途中略〕

イ　上記(1)の認定事実によれば，本件事故により，控訴人車の左側面前部と被控訴人車の右側面後部が接触し，接触箇所に擦過傷等が生じたこと，控訴人車の損傷は11時の方向からの入力によるものであり，控訴人車の左前方から右後方に向かって力が作用したことが認められるところ，このような損傷状況は，左折中の被控訴人車とその右後方から大回り左折中の控訴人車とが接触したという本件物件事故報告書記載の事故態様と整合する。

ウ　控訴人は，本件横断歩道から約20ないし30m離れた地点で本件事故が発生したと主張し，これに沿う供述をするが，これを裏付ける他の証拠は何もなく，かえって本件直進路第2車線への車線変更をしたのは本件横断歩道付近における1回のみであるとする被控訴人の供述と矛盾する。

エ　以上を総合考慮すると，本件事故は，本件横断歩道付近において，本件直進路第1車線から本件直進路第2車線に若干はみ出して走行しようとした被控訴人車の右側面後部と，被控訴人車の右後方から大回り左折して本件直進路第2車線に入ろうとしていた控訴人車の左側面前部とが接触したというものであったと認めるのが相当である。

(3)　上記(1)，(2)で認定した事実によれば，被控訴人Aについては，控訴人車が被控訴人車の右後方から大回り左折をしようとしていることを認識していたにもかかわらず，被控訴人車と接触する危険はないものと安易に判断し，前方の駐車車両を回避するため，本件直進路第2車線に若干はみ出して進行しようとして，控訴人車の動静に関する注意を怠った過失があり，民法709条に基づき，控訴人に生じた損害を賠償すべき責任があるというべきである。また，控訴人についても，前方を走行する被控訴人車の動静に関する注意が不十分であった過失が認められ，民法709条に基づき，被控訴人Aに生じた損害を賠償すべき責任があるというべきである。

そして，以上の被控訴人Aと控訴人の過失の態様に加えて，交差点，横断歩道及びその手前の側端から前に30m以内の部分では追越しが禁止され（道路交通法30条3号），交差点を左折しようとするときは，あらかじめその前からできる限り道路の左側端に寄り，かつ，できる限り道路の左側端に沿って進行しなければならない（道路交通法34条1項）にもかかわらず，控訴人があえて被控訴人車の右後方から大回り左折をしようとしたことなどを考慮すると，控訴人と被控訴人Aの過失割合は，控訴人60パーセント，被控訴人A 40パーセントとするのが相当であり，控訴人の損害については60パーセントの，被控訴人Aの損害については40パーセントの過失相殺をすべきである。」

裁判例 159　東京地判平成 18 年 12 月 7 日（判例秘書 L06134993）

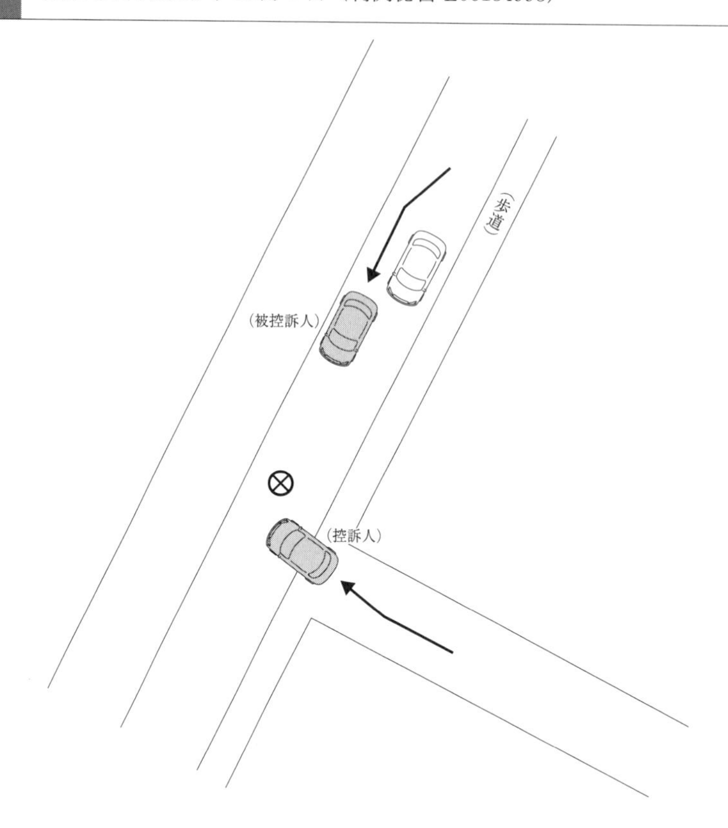

過失割合　**普通乗用自動車（控訴人）** 70 %　**普通乗用自動車（被控訴人）** 30 %

「ア　本件道路 1 は，片側 1 車線の道路であり，国道 16 号方面に向かう車線（以下「本件車線」という。）の幅員は，約 4.5 m であり，その車線の南東には幅員約 1.5 m の歩道が設けられている。本件道路 1 には，黄色の中央線（以下「本件中央線」という。）が引かれており，追い越しのための右側部分はみ出し通行禁止の規制が設けられている。本件道路 1 の最高速度の規制は時速 30 km である。

イ　本件道路 2 は，幅員約 2.8 m の道路であり，その北東には無蓋側溝が設けられている。

ウ　本件交差点は，本件道路 1 と本件道路 2 が交差する信号機によって交通整理されていない三叉路交差点である。本件交差点東には看板が設置されている。本件交差点内には本件中央線が引かれており，本件道路 1 は道路交通法 36 条 2 項の優先道路である。

⑵　本件事故態様

前記本件事故現場の状況並びに甲 3 号証の 2 ないし 5，甲 6 号証，甲 7 号証の 1 ないし 4， 7 及び 8，乙 4 号証によれば，本件事故態様は次のとおり認められる。

ア　被控訴人車は，本件停車車両の後方から本件車線を本件交差点に向かって進行していた。

イ　控訴人車は，本件交差点を右折しようとして，本件道路 2 を時速約 20 km で進行していた。

その際，控訴人は，上記アの被控訴人車と本件停車車両の進行状況を認識し，本件停車車両が本件交差点を通過してから右折しようと考えた。

ウ　控訴人車は，右折の合図を出して別紙図面記載①地点で一時停止したところ，本件停車車両が本件車線の進行方向左端から約2.3ｍの同図面記載Ⓐ地点に停車し，前照灯を消した。

そこで，控訴人は，本件停車車両が道を譲ってくれたものと考え，本件交差点を右折するために控訴人車を本件車線に進入させ，同図面記載②地点で停車させた。

エ　控訴人は，進行方向左方の本件車線の反対車線の状況を確認した。その後，控訴人車が同図面記載③地点に進行し，右折を開始したところ，本件中央線をまたいで本件停車車両の進行方向右側方を進行してきた被控訴人車と，同図面記載（×）地点で衝突した。その際の衝突箇所は，被控訴人車の左リアドア付近と控訴人車左前部であった。

〔途中略〕

ア　控訴人には，上記本件停車車両の位置からすると（なお，甲３によれば，被控訴人車の車幅は約1.84ｍであり，本件中央線をまたがずに本件停車車両の進行方向右側方を進行することも不可能ではない。），非優先道路である本件道路２から優先道路である本件道路１に進入し，本件交差点を右折するに当たっては，本件車線から本件停車車両の進行方向右側方から進行してくる車両の状況を的確に把握すべき注意義務があったといえる。しかも，控訴人は，本件停車車両の後方から進行してくる被控訴人車を認識していたにもかかわらず，上記注意義務を怠って，右折を開始したということができるから，民法709条の責任を負う。

イ　他方，Ｂも，本件道路２から本件交差点に右折ないし左折のために進入してくる車両の状況に注意すべき義務があり，前記本件事故態様のとおり，本件交差点手前で本件停車車両が停車しているのであるから，その注意義務はより強く求められるところ，その注意義務を怠った過失があるといえる（なお，本件事故において，被控訴人車は停車していた本件停車車両の側方を進行しているのであるから，控訴人の主張する左側部分通行の原則，はみ出し通行禁止の規制及び追越禁止規制違反は認められない。）。

ウ　以上の控訴人及びＢの過失態様に照らせば，原判決が認定した過失割合である控訴人70対Ｂ30は相当なものと解される。

エ　控訴人は，本件のように被控訴人車の前方を走行していた本件停車車両が本件交差点手前で停止して，控訴人車の右折を優先させた場合には，控訴人には，本件車線の本件停車車両の右側方を道路交通法17条４項，５項４号に違反して本件中央線をまたいで走行してくる車両を予見すべき義務はなく，このような状況では，控訴人車が優先する旨を主張する。

しかし，前記のとおり，被控訴人車には道路交通法17条４項，５項４号違反がない。さらに，上記認定の本件停車車両の停車位置からすれば，車両が本件中央線をまたがずに進行してくる可能性は十分にあるといえる。また，本件停車車両が本件交差点手前で停車したからといって，本件停車車両の後方を走行する車両が必ずしも本件道路２から本件交差点を右折しようとする車両があることを予測すべきものとはいえない。以上の事実に照らせば，本件においては，控訴人が主張するように控訴人車が優先するとはいえない。

オ　また，本件停車車両が本件交差点手前で停車していたという本件事故態様の状況によれば，被控訴人が主張する過失割合も採用できない。」

裁判例 160　東京地判平成19年3月15日（判例秘書 L06231186）

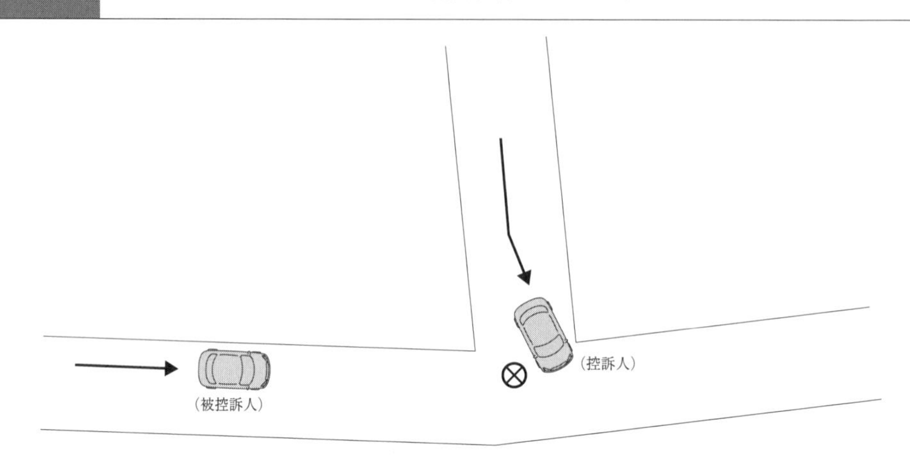

過失割合　**普通乗用自動車**（控訴人）70 %　**普通乗用自動車**（被控訴人）30 %

「本件事故の現場付近は住宅街であり，被控訴人側道路及び控訴人側道路の幅員は，それぞれ4.7メートルである（乙1・写真②，⑥）。控訴人側道路，被控訴人側道路ともに，法定速度規制以外の速度に関する規制はない。

本件交差点の控訴人側道路手前には，道路標識により一時停止の規制がなされており，停止線から本件交差点に向かって，徐々に広くなっている（乙1・写真②）。控訴人側道路から被控訴人側道路の左方の見通しは，住宅の塀や植樹が控訴人側道路及び被控訴人側道路に沿って設置されていることにより，悪くなっている（乙1・写真②，⑥）。ただし，控訴人側道路の先（丁字路の突き当たり）には，左折方向の道路の状況を確認するためのカーブミラーが設置されているため，これによって左方の見通しは確保されている（乙1・写真②）。

また，控訴人側道路から被控訴人側道路の右方の見通しは，背の高い植え込みが控訴人側道路及び被控訴人側道路に沿って設置されているため，停止線付近から見ると，極めて悪い（乙1・写真④）。

一方，被控訴人側道路は，被控訴人車の進行方向から見ると，本件交差点手前から左に緩やかにカーブしている（甲2・写真④，乙1・写真⑧）。

被控訴人側道路から控訴人側道路の見通しは，住宅の塀，植え込み及び電信柱が，被控訴人側道路に沿って設置されているために悪くなっている（乙1・写真⑥）。

イ　本件事故に至る経緯

(ア)　控訴人は，控訴人側道路を進行して一時停止線の手前に差し掛かり，同停止線で一旦停止して，左右の状況を確認した（乙5）。その後，徐行して1メートル程度進行して停止し，進行方向右側を確認したところ，被控訴人側道路については，十五，六メートル程度先の，やや緩やかにカーブしている地点付近まで見通すことができたものの，同方向から本件交差点に向けて走行する車両はないことを確認した（乙5）。そこで，控訴人は，停車したまま左方を確認したところ，やはり走行する車両や人はなかったため，そのまま進行方向である左方を見ながら，ブレーキから足を離して，アクセルを踏まない状態で左折を開始した（乙５）。

(イ)　一方，被控訴人は，被控訴人側道路を本件交差点手前から，時速約30キロメートルの速度で進行していたところ，本件交差点手前で，控訴人車が一時停止しているのを視認した（乙５）。

(ウ)　控訴人は，左方を見ながら左折していたところ，右方に影のようなものを確認したためブレーキを踏んだが，被控訴人車の左スライドパネルの後方下部と，控訴人車の右フロント角の部分とが側面衝突した（甲４，６，乙２，３）。

〔途中略〕

上記控訴人及び被控訴人の過失割合につき検討するに，上記アのとおり，一時停止規制のある控訴人側道路から本件交差点に進入する際には，交差する道路である被控訴人側道路の進行妨害をしてはならない（法43条）のであるから，被控訴人側道路の進行を妨害した被控訴人の過失は大きいものといわざるを得ない上，控訴人側道路から右方の見通しは，15メートル程度しかなかったにもかかわらず，右方から接近してくる被控訴人車を衝突の直前まで全く認識していなかったことからしても，控訴人の過失は被控訴人と比較して大きいものといわざるを得ない。

しかしながら，被控訴人としても，本件交差点の手前で控訴人車が一時停止しているのを視認したのであるから，同車が本件交差点に進入してくる可能性があることを認識した上で，減速するなどして控訴人車の動静に注意しつつ進行すべきであったといえる。

以上を総合すれば，本件事故における控訴人と被控訴人との過失割合を，控訴人７割，被控訴人３割とした原審の判断は，結論において相当である。」

裁判例 161　東京地判平成 21 年 12 月 11 日（判例秘書 L06430637）

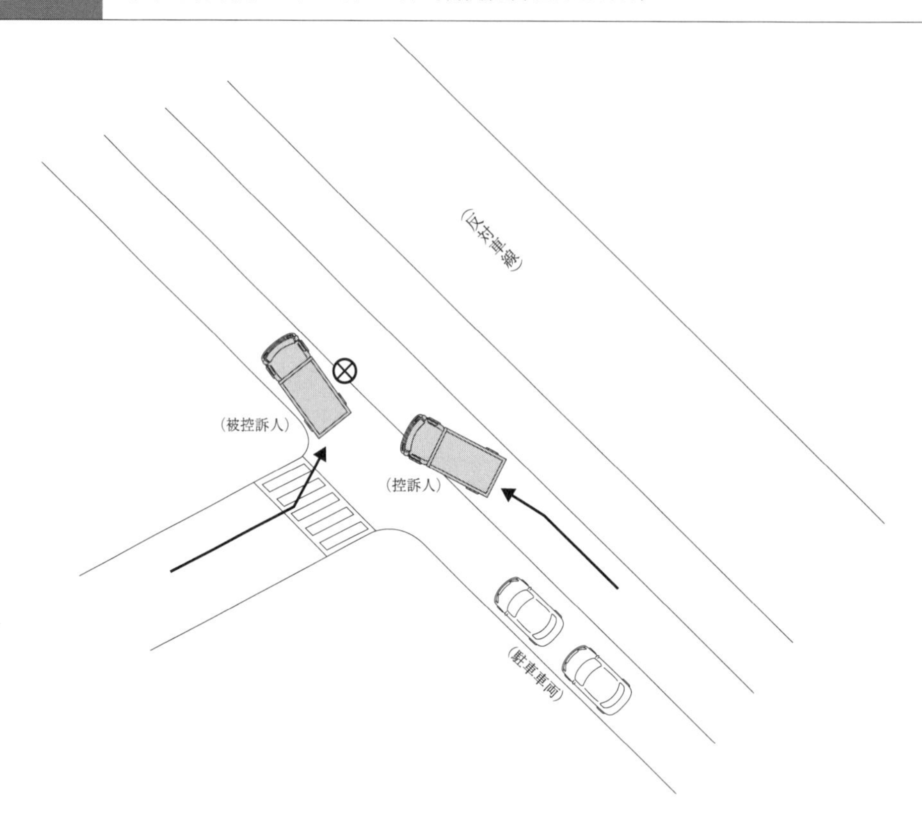

過失割合　**普通貨物自動車(控訴人)** 70 %　**普通貨物自動車(被控訴人)** 30 %

「本件交差点は，別紙現場見取図のとおり，本件直線道路（中山道）にE車の進行方向左側から本件突き当たり道路が接続している丁字路交差点である。

本件直線道路は，別紙現場見取図のとおり，片側3車線であり，幅員は，歩道（5メートル幅）右端から，第1車線が3.7メートル，第2車線が3.3メートル，第3車線が3.2メートル，中央分離帯までの路側帯0.2メートルであり，片側全体の幅員は10.4メートルである。本件交差点の滝野川方面寄りの沿道には郵便局（敷地の間口は94メートル）がある。

本件突き当たり道路は，その両端に白色外側線が設けられ，外側線で挟まれた車道部分の幅員は3.3メートルで，本件交差点の手前で右に湾曲し，本件交差点の手前には一時停止の規制があって，本件交差点の入口に横断歩道（信号機は設置されていない。）が設けられている。

なお，本件交差点では，本件直線道路が優先道路となっている。

〔途中略〕

(3)　控訴人Eの供述の信用性

同人の供述する事故態様は，「E車が車線変更を完了したところ，突き当たり道路から本件直線道路に進入してきたA〔被控訴人〕車に衝突された」というものである。そうすると，A車は本件直線道路に進入してきたところでＥ車に衝突したことになるから，Ａ車は，左折を開始したばかりでありＥ車に対して角度をもって衝突したことになるが，そうすると，上記(2)に検討したＥ車及びＡ車との衝突形態と合致していないといわざるを得ない。

したがって，控訴人Ｅの供述を採用するには，重大な疑問を差し挟まざるを得ない。

(4)　被控訴人Ａの供述の信用性

同人の供述する本件事故の形態は，「Ａ車が本件突き当たり道路から本件直線道路に左折して進入し，車線にまっすぐの態勢になって走り出そうとしたところ，後斜めから入ってきたＥ車の左側後部分に自車の右前部を接触された」というものである。そうすると，Ｅ車は，進行方向に前部を向けた状態にあるＡ車をかすめるようにして第１車線に進入したことになるから，Ｅ車とＡ車とが角度がない状態で接触することになる。

しかるに，前記のとおり，Ｅ車及びＡ車の損傷状態から，Ｅ車の左後部とＡ車の右側面前部があまり角度がついていない状態で擦れるようにして衝突したと推測されるところであるが，被控訴人Ａの上記供述内容は，Ｅ車及びＡ車の損傷状態に合致している。

〔途中略〕

本件事故の態様は，Ａ車が本件突き当たり道路から本件直線道路に進入して左折を完了したところ，車線変更をしてきたＥ車がＡ車に衝突したものであるが，Ｅ車には，車線変更をするに当たって変更先の車線に進入してくる車両有無及びその動静に関する注意が不十分であったということができ，他方，Ａ車にも，後方から車線変更をしてくる車両の有無及びその動静に関する注意が不十分であったと認めることができるものの，その他，Ａ車側にさらなる落ち度を認めるに足りる証拠はない。

したがって，控訴人Ｅと被控訴人Ａとの過失割合について，前者の過失を70パーセント，後者の過失を30パーセントと認めるのが相当である。」

裁判例 162　大阪地判平成21年10月7日（交民42巻5号1298頁，自保ジャーナル1834号141頁）

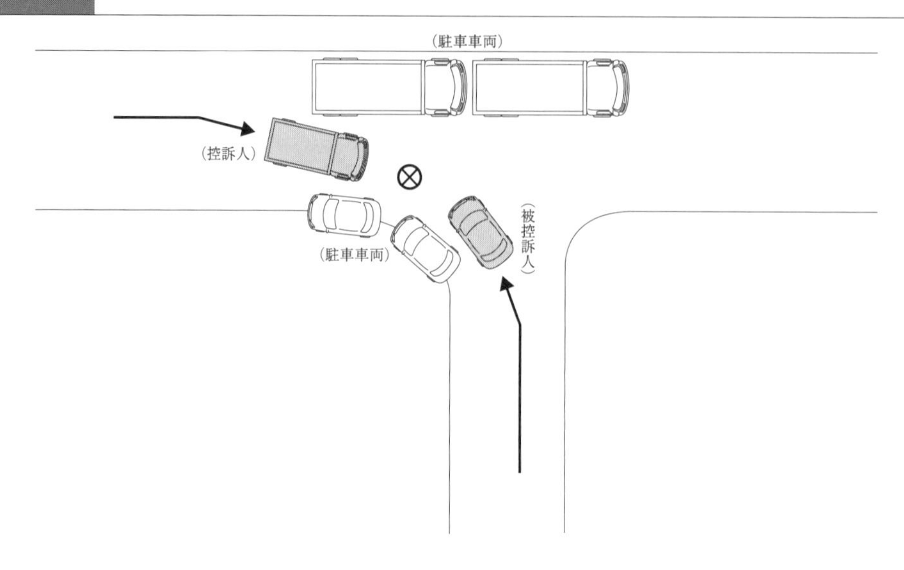

過失割合　**普通貨物自動車（控訴人）75％**　**普通乗用自動車（被控訴人）25％**

「ア　東西道路の幅員は，本件交差点の西側で約7.2メートル（路側帯を含む。以下同様），北行道路の幅員は約6.7メートルであるが，本件交差点では南西角の空き地の角が弧を描く形状になっており，交差点内の道路の幅員が広がっている。東西道路北側の道路端には，無蓋の側溝と隣地の塀がある。また，本件交差点の南西部分（控訴人車からみて右側，被控訴人車からみて左側）は空き地であるが，その北西部分（本件交差点の南西角）付近には，草木が繁った部分がある。

本件交差点付近の道路には，最高時速30キロメートルの速度規制がある（甲2）。

本件事故当時，本件交差点西側の東西道路上には，北側に10トン程度の大型ダンプカーが，本件交差点に掛かるか掛からないか位に1台，その四，五メートル手前にも1台駐車していた。また，南側（控訴人車から見て右方）には，上記空き地の草木が繁った部分の手前（西側）辺りに乗用車2台が駐車していたため，東西道路は，控訴人車の進行方向から見ると，右方の見通しを妨げられるとともに，通行可能な幅員が中央ないし右寄りにせいぜい3メートル程度に制限されていた（なお，控訴人Aは，甲11，甲20の1において，東西道路には，三，四メートルの余地があった旨供述するが，上記のような道路の幅員，駐車状況等からすれば，にわかに採用できない。）。

イ　軽自動車（スバル　サンバー）である控訴人車の車幅は，1.47メートル（甲7），被控訴人車の車幅は，1.69メートル（乙1）である。

ウ　控訴人Aは，上記駐車車両を避けて東西道路の中央付近を走行し，制限速度を若干超える時速約35キロメートルの速度で本件交差点に進入したところ，右前方1時過ぎないし2時方向に被控訴人車を発見したが，左側のダンプカーに当たらないように，明らかに右にハンドルを切り，ブレーキを掛けたものの，間に合わず被控訴人車に衝突した。

エ　被控訴人は，上記認定のとおり本件交差点の左方の見通しが悪かったため，手前の停止線で一時停止した後，左折のため左にハンドルを切った状態で，少し前進し，左右の安全確認のため本件交差点内で再度停止し，まず左方を見たところ，ハンドルを明らかに右に切った状態で進行してくる控訴人車を目前に認め，その直後に衝突した。
〔途中略〕
(3)　以上に認定，判断した本件事故の態様に基づけば，控訴人Ａは，東西道路の両側に駐車車両，特に左側（北側）に２台の大型ダンプカーが駐車し，車道の中央かやや右寄りを走行せざるを得ない，見通しの悪い丁字路交差点にさしかかったのであるから，直進車といえども，十分徐行して安全確認を行うべきであるにもかかわらず，制限時速をやや上回る時速35 kmで走行した過失及び右方の安全確認を怠った過失が認められるうえ，被控訴人車を右前方１時過ぎから２時方向に発見し，危険を感じながら，ハンドルを右に切ったことは，不適切なハンドル操作と見ざるを得ない。本件事故当時の道路状況等に照らせば，これらの控訴人Ａの過失が，本件事故の主な原因となったことは明らかである。

一方，被控訴人は，交差点の形状等や，駐車車両等のため左方の見通しが悪いという状況に照らし，本件交差点内にある程度進入しなければ，左方の交通の確認ができなかったことは理解できるものの，一時停止義務のある道路を走行し，見通しの悪い丁字路交差点である本件交差点手前の停止線で一時停止して発進した後，再度左右の安全確認のため停止するに際し，十分な注意を払わずに本件交差点に進入し，直進道路の走行車を妨げた過失があることは否定できない。

(4)　以上のような本件事故当時の道路状況と控訴人Ａ及び被控訴人の過失の態様とを比較考慮すれば，本件事故における過失割合は，控訴人Ａ 75パーセント，被控訴人25パーセントとすることを相当と解する。」

裁判例 163　東京地判平成23年7月26日（判例秘書 L06630289）

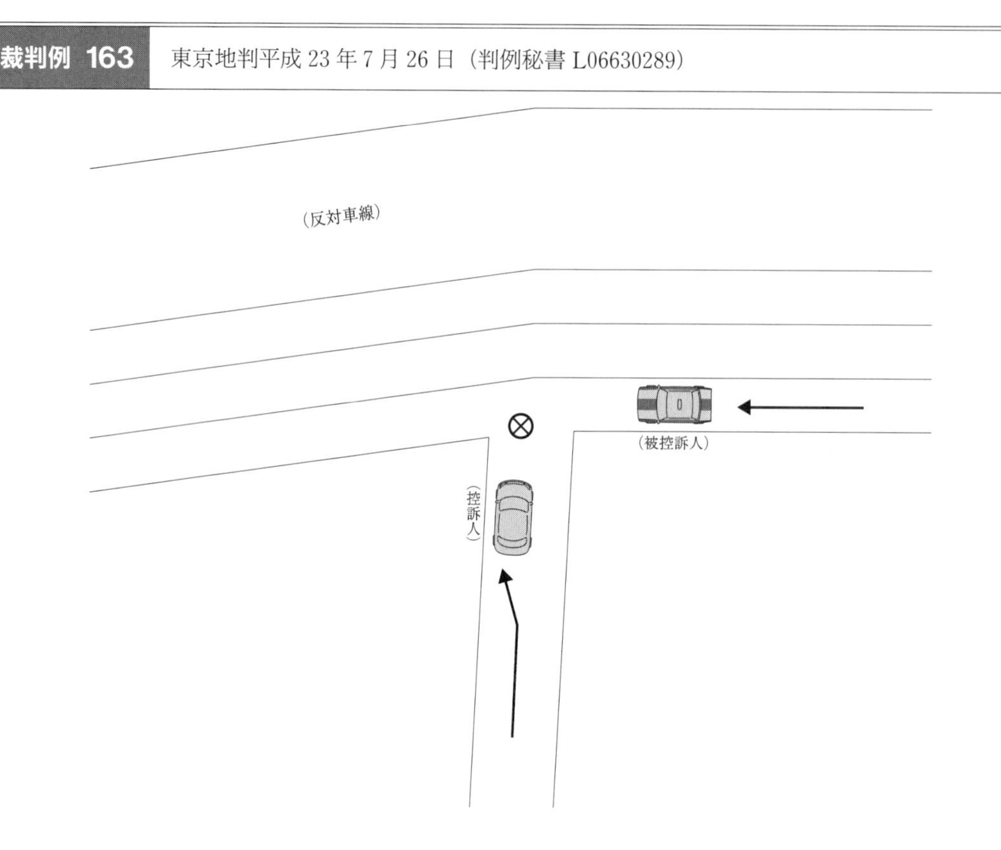

過失割合　普通乗用自動車（控訴人）80％　タクシー（被控訴人）20％

「ア　本件交差点は，東方（市ヶ谷駅方面）と西方（新宿方面）に通じる靖国通りと，靖国通りの南方に接続する本件側道との信号機による交通整理の行われていない丁字路交差点となっている。

靖国通りは，本件交差点付近においてはゼブラゾーンによる中央分離帯により区分されており，東方から西方へ向かう車線として3車線が設置されている。3車線のうち第1車線と第2車線は直進車線であり，第3車線は右折専用車線となっており，各車線の幅員は，第1車線が3.5メートル，第2車線が3.0メートル，第3車線が2.8メートルである。靖国通りは，本件側道と接続している部分の中央付近から西側にかけて左方に緩やかに湾曲している。靖国通りの南側には，幅員4メートルの歩道が設置されており，本件交差点には本件側道を横断するための横断歩道（信号機の設置はない。）が設置され，ゼブラゾーンのペイントにより標示されている。本件交差点は，左方向以外への進行禁止の規制があるため，本件側道から靖国通りへは左折で進入することとされている。

本件側道の幅員は5.8メートル（車道幅員3.0メートル）であり，本件交差点手前に一時停止規制がされており，上記横断歩道の南端から約1.6メートルの地点に停止線が標示されている。本件側道は，南方から北方へ向かう一方通行路であり，本件交差点が一方通行の終点となっているため，靖国通り側から本件側道へは車両進入禁止（自転車は除く。）となっている。

イ　控訴人車は，本件側道を北進し，本件交差点手前の一時停止規制に従い停止した。Aは，本件交差点を左折すべく停止と進行を繰り返しつつ本件交差点の横断歩道上まで徐々に進行し，控訴人車の先端が横断歩道のゼブラゾーンを越えて靖国通り側に進入した。

他方，B〔被控訴人車〕は，タクシードライバーとして乗務中，靖国通りの東方から西方へ向かう第1車線の中央付近を時速30キロメートルを超える程度の速度で走行し，本件交差点の40ないし50メートル手前付近で，本件交差点において本件側道から靖国通りに進入しかけている控訴人車を認めた。Bは，控訴人車の前方を通過することができると考え，控訴人車の動静を注視することなく，そのまま直進したところ，控訴人車の前方を通過した際に，被控訴人車の左側面後部と控訴人車の前部が接触した。

〔途中略〕

(4)　以上の認定事実に基づき，双方の責任及び過失相殺について以下検討する。

ア　本件事故の発生につき，Bは，信号機による交通整理の行われていない本件交差点から靖国通りに進入しようとしていた控訴人車を本件交差点の40ないし50メートル手前で認めていたのであるから，優先道路を走行していたとしても，控訴人車の動静に注意し，衝突，接触することがないよう十分に注意して走行すべき義務があるにもかかわらず，これを怠り，漫然と直進した過失があったと認められる。被控訴人は，Bの使用者であり（争いがない。），本件事故はその業務の執行中に生じたものであると認められる（乙2，証人B《甲13》）から，民法715条に基づき，本件事故により控訴人に生じた損害について賠償する責任を負う。

イ　Aは，本件交差点を左折進行するに際し，被控訴人車の走行していた道路は優先道路であることから，その進行を妨害してはならない義務があるにもかかわらず，漫然と前進した過失により，本件事故を惹起したことが認められる。Aは控訴人の代表者であり，本件事故は控訴人の業務を行うにつき発生したものであるから（争いがない。），控訴人は，被控訴人に対し，会社法350条に基づき，損害賠償責任を負う。

ウ　以上で検討したとおり，被控訴人及び控訴人は，それぞれ控訴人及び被控訴人に対して損害賠償責任を負うところ，①本件事故は，Aが本件交差点手前の一時停止規制に従っていったん停止した上，靖国通りに左折進入しようとした際に生じたものであること，②Bは，靖国通りに左折進入しようとしている控訴人車の存在を認識していたにもかかわらず，特に衝突等回避措置をとることなく漫然と直進したこと，③被控訴人車に生じた損傷状況に照らし，被控訴人車が控訴人車と接触したのは，被控訴人車が概ね本件交差点を通過し終えようとした時点であるといえることを考慮すると，双方の過失割合としては，A 80パーセント，B 20パーセントと認めるのが相当であり，控訴人の損害については80パーセントの，被控訴人の損害については20パーセントの過失相殺をすべきである。」

裁判例 164　東京地判平成24年9月18日（判例秘書 L06730465）

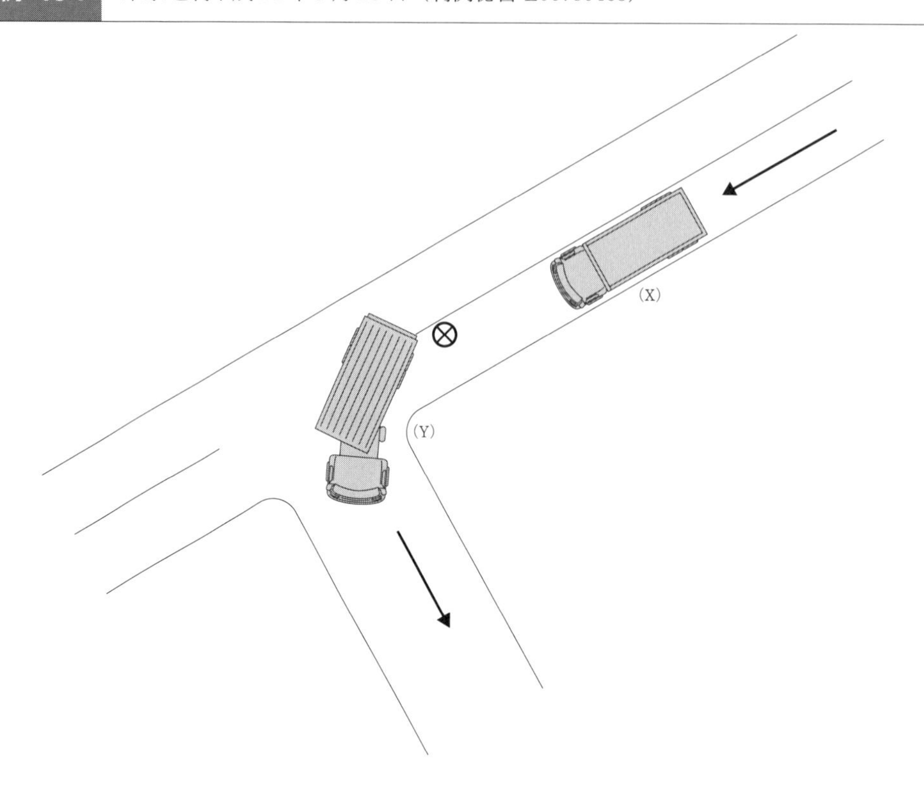

過失割合　　大型貨物自動車(X) 80 %　トレーラー(Y) 20 %

「(1)　被告会社は，一般貨物自動車運送事業等を目的とする株式会社であるところ，平成22年3月5日，関東地方整備局長から，次の条件に従うこととして，被告車及びその他1台のトラクタ並びにベッショPT－41S及びその他1台のトレーラについて，長さ21メートルの形鋼を積載貨物とし，千葉県市川市（以下略）J東京物流センターと同県浦安市（以下略）株式会社NC浦安工場との間の往復等を経路として，道路法47条の2第1項に基づく特殊車両通行許可を取得した。

ア　通行経路全区間については，許可車両の前後に誘導車を配置して通行すること

イ　通行時間は，21時から6時までとすること

(2)　被告B〔Y〕は，平成23年1月12日，被告車にベッショPT－41Sのトレーラを牽引し，同トレーラには，トレーラ天台から約2メートル程度はみ出すような状態でNAB鋼材を積載し，上記J東京物流センターから上記株式会社NC浦安工場に向けて走行した。

なお，被告車は，幅249 cm，長さ848 cm，高さ313 cmであり，ベッショPT－41Sトレーラは，幅249 cm，長さ495 cm，高さ143 cmであり，被告車のヘッド部の2箇所に緑色回転灯が設置され，NAB鋼材の後部には，赤灯棒及び赤旗，大1個，小1個の赤提灯が付けられていた。

(3)　被告Bは，上記許可条件の通行時間が終了する同日午前6時0分ころ，千葉県浦安市港1丁目先道路を，株式会社NC浦安工場に向けて左折したが，トレーラ全部が左折を終了しないうち

に，後続の訴外C〔X〕が運転する原告車がトレーラ天台からはみ出たNAB鋼材に追突し，原告車の前部が損傷した（本件事故)。なお，原告車は，幅員約7.5メートルの片側1車線の直線道路を直進していた。また，被告車には，上記許可条件にもかかわらず，被告車の後方には誘導車を配置していなかった。

以上によれば，原告車からの前方の見通しは良く，被告車には，緑色回転灯が設置され，NAB鋼材の後部には，赤灯棒及び赤旗，大1個，小1個の赤提灯が付せられるなど後続車に対する一定の注意措置がされていたのであるから，本件事故は，主として訴外Cの前方不注視が原因で発生したものというべきであるが，他方，被告Bも，特殊車両通行許可の条件に反して被告車の後方に誘導車を配置せず，トレーラの天台にNAB鋼材を約2メートルもはみ出した状態で積載し，特に後方の車両の動静に注意することなく，被告車を左折させた過失があり，その過失の割合は，訴外C 80%，被告B 20%とするのが相当である。」

裁判例 165　東京地判平成18年1月26日（判例秘書 L06130964）

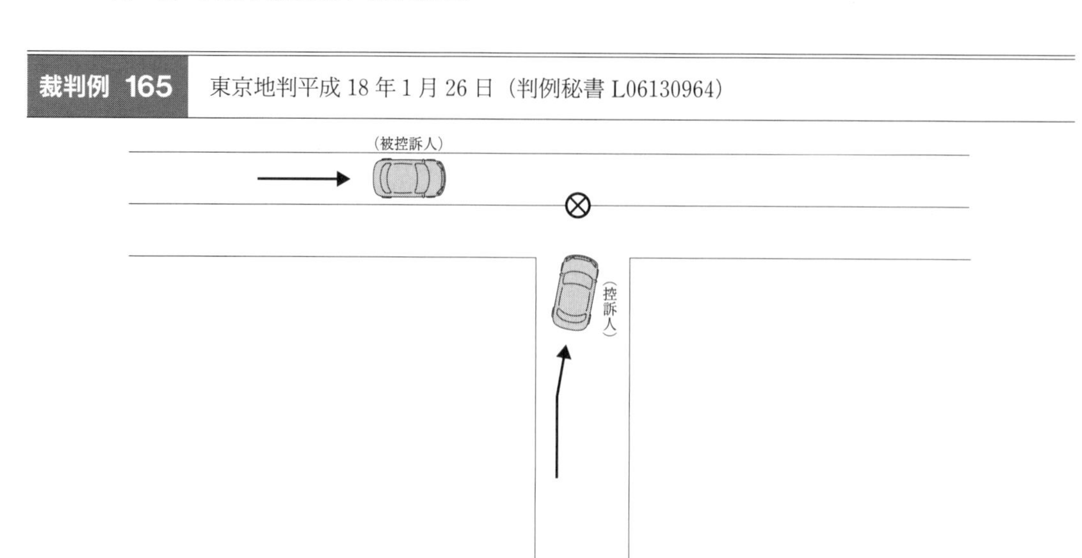

過失割合　普通乗用自動車（控訴人）90%　普通乗用自動車（被控訴人）10%

「ア　本件交差点は，被控訴人車両の進行していた道路（以下「本件道路1」という。）に，控訴人車両の進行していた道路（以下「本件道路2」という。）が丁字に交わる交差点である。本件道路1は，本件交差点内にも黄色のセンターラインが引かれた片側1車線の優先道路であり，本件交差点付近はほぼ直線で，最高速度は時速40キロメートルに制限されている。本件道路2は，センターラインの表示はなく，最高速度は時速30キロメートルに制限され，本件交差点の手前に一時停止の規制がされ，本件交差点に向かって上り坂になっている。本件道路1の被控訴人車両進行方向から見て左側は＊＊川土手になっており，同右側は民家やぶどう園が並んでいる。本件道路1の被控訴人車両の進行方向から見て右方の本件道路2への見通しは悪く，本件道路2の控訴人車両の進行方向から見て左方の本件道路1への見通しも悪い。本件道路1，本件道路2ともに交通は閑散としている。（甲5，6）

イ　被控訴人車両は，本件道路1を＊＊・＊＊方面から調布市方面へ向け直進進行していたところ，右方の本件道路2から控訴人車両が右折進入し，被控訴人車両の右側面に衝突した。被控訴人車両は右フロントドア後部（車両の右側面ほぼ中央付近）にへこみ等の損傷を受け，その内側の右センターボディーアウタピラーにも損傷を受けたほか，右リアドアから右リアフェンダー付近にかけて横線状の損傷ないし樹脂痕の付着が認められる。（甲4，5，10）

なお，被控訴人車両及び控訴人車両の本件事故時の速度については，本件の証拠上はいずれも不明といわざるを得ないが，本件事故後，双方の車両が回転（スピン）したり制御不能となったりした事実を認めるに足りる証拠はなく，車両の損傷の程度（甲4）や控訴人の主張の変遷（前記第2の3⑴）も考慮すると，被控訴人車両の最高速度超過の事実を認めるに足りる証拠はないといわざるを得ない。ただし，被控訴人が主張する，被控訴人車両の前方を走行していた車両の存在は，証拠上これを裏付けるものがなく，本件道路1が交通閑散な道路であることも考慮すると，その車両の存在が明らかであるとはいえない。

ウ　控訴人は，Ａが飲酒運転であったと述べるが，控訴人の供述（主張）のほかには，Ａが本件事故時飲酒運転であったことを認めるに足りる客観的な証拠がない上，控訴人の主張も，前記第２の３(1)のとおり原審以来一貫せず，にわかに信用し難い。また，本件事故後，警察官が本件事故現場に臨場したことは当事者間に争いがないが，その際，本件事故から数十分以内のことと解されるから，控訴人主張のようにＡに酒臭がしたり目が充血したりしていたのであれば，警察官から指摘されるなどして飲酒検知等の検査をしたはずであるが，本件において，警察官からＡが同人の飲酒運転について指摘されたり，控訴人がその場で警察官にＡの飲酒について指摘したりした事実を認めるに足りる証拠はない。さらに，本件事故は物件事故として処理されており（甲１），Ａが本件事故に関して何らかの刑事処分を受けたことを認めるに足りる証拠はない。したがって，これらの点に照らすと，Ａの飲酒運転は認められない。

(2)　以上を前提に，双方の過失について検討する。

ア　控訴人は，非優先道路である本件道路２から優先道路である本件道路１へ右折進入するにあたり，左方道路の安全を十分に確認せず，かつ，優先道路を走行する被控訴人車両の進行を妨げた過失がある。

イ　Ａは，優先道路を進行中とはいえ，進路前方及び右方道路の安全，進入車両の有無等に留意し，事故を防止又は回避すべき義務があるところ，本件事故直前まで控訴人車両に気付かず事故を回避できなかったものであり，本件事故について過失がある（もっとも，前記のとおり，Ａに過失があること自体は被控訴人も認めるところである。）。

ただし，被控訴人車両の速度違反及び飲酒運転については，前記(1)のとおりこれを認めるに足りる証拠がない。

ウ　以上の事故態様及び双方の過失内容を考慮すると，双方の過失割合は原判決のとおり，Ａが１割，控訴人が９割とするのが相当であり，控訴人はＡに対し，被控訴人車両の損害のうち９割相当額について，民法709条に基づく賠償責任を負う。」

裁判例 166　東京地判平成 23 年 7 月 5 日（判例秘書 L06630279）

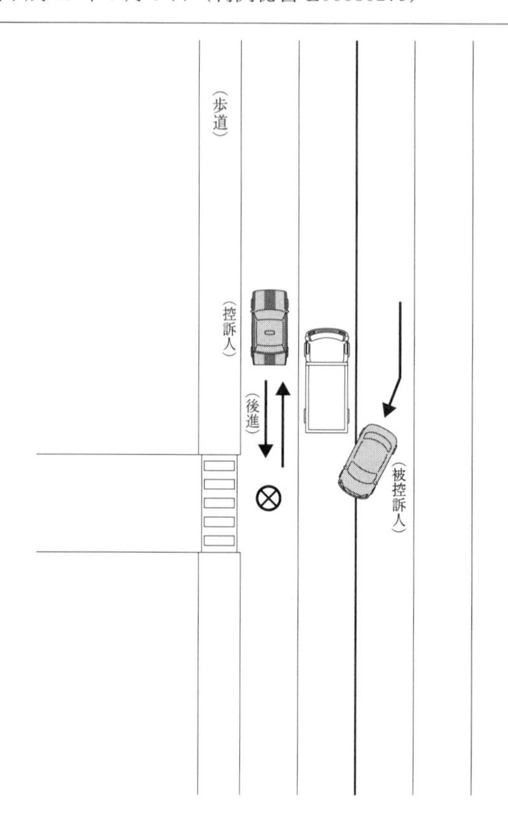

過失割合　タクシー（控訴人）90 %　普通乗用自動車（被控訴人）10 %

「ア　本件交差点は，番所橋の南側に隣接し，南北に通じる片側 2 車線の都道 477 号線と西方へ向かう幅員 5.5 メートルの側道との信号機による交通整理の行われていない丁字路交差点となっている。都道 477 号線は，中央線により区分され上下線で合計 4 車線の設置されている幅員 12 メートルの道路（1 車線の幅員は 3 メートル）であり，南方から北方へ向かう車線の西側には幅員 4 メートルの歩道が設置されている。また，本件交差点には上記側道を横断するための横断歩道（信号機の設置はない。）が設置されている。

イ　控訴人Bは，都道 477 号線を南方から北方に向かい走行し，本件交差点手前の第 1 車線上で乗客を乗せて出発したところ，本件交差点を通過しようとしていた辺りで乗客から本件交差点を左折するよう指図されたため，本件交差点を越えたところでいったん停止し，まっすぐ後退して本件交差点を再度通過した上で改めて本件交差点を左折することにした。控訴人Bは，隣の第 2 車線にトラックが停止していたため右後方を十分に確認することができなかったものの，本件交差点の方向に後退を開始した。

他方，C〔被控訴人〕は，都道 477 号線の北方から南方に向かう第 2 車線を走行し，本件交差点を右折するため方向指示器を点灯させて第 2 車線上に停止した。Cは，対向車線の第 2 車線を走行してきたトラックと第1車線を走行してきた控訴人車が本件交差点を通過して番所橋付近で並んで停止したのを認めた。Cは，右折先の側道に設けられた横断歩道上の歩行者の有無等，横断歩道上やその付近の状況を十分に確認することができなかったものの，右折を開始した。

控訴人Bは，後退開始後，右折してきた被控訴人車を認め，急ブレーキをかけたが間に合わず，他方，Cは，右折開始後，控訴人車が後退してくるのを認め，ハンドルを左に切って衝突を回避しようとしたが間に合わず，控訴人車の後部と被控訴人車の右側面後部が衝突した。

〔途中略〕

ア　本件事故の発生につき，控訴人Bは，正常な交通を妨害するおそれがあるときは後退してはならないため，後退するに当たり，後方の安全を十分に確認し，後方を走行する車両等に衝突，接触することがないよう十分に注意すべき義務があるにもかかわらず，これを怠り，漫然と後退した過失があったと認められる。したがって，控訴人Bは，被控訴人に対し，民法709条に基づく損害賠償責任を負う。

また，控訴人会社は，控訴人Bの使用者であり，本件事故はその業務の執行中に生じたものであるから（争いがない。），民法715条に基づき，本件事故により被控訴人に生じた損害について，控訴人Bと連帯して賠償する責任を負う。

イ　Cは，控訴人車やトラックが本件交差点を通過するのを認め，その後，トラックが遮へいとなり，右折先の状況を十分に確認することなく右折進行を開始したものであり，本件交差点には信号機が設置されておらず，幅員の狭い側道と接続する丁字路交差点であることからすれば，Cにとって，本件交差点付近で後退をする車両が存在することを予見し得ないものではなく，トラックにより右折先の視認状況が必ずしもよくないのであるから，Cには，対向車線を横断して右折する際には，対向車線上の交通状況に応じて後退車両との衝突を回避しうるような速度と方法で運転しなければならない義務があるというべきである。Cには，かかる義務を怠り，対向車線上を後退中の控訴人車の後方へ進行した過失があると認められる。

これに対し，被控訴人は，Cには，交差点を通過した後に対向車線を後退してくる車両が存在することまでを予見することは困難であり，被控訴人車が控訴人車の後方を通過しようとしていたところに，突然，控訴人車が後退してきて衝突したので，衝突を回避することは困難であったと主張する。しかしながら，上記の本件交差点の形状や交通規制の状況からすれば，本件交差点を通過した後に対向車線を後退してくる車両が存在することについて予見可能性がないとまではいえないし，結果回避可能性の不存在に関する被控訴人の主張については，前記(2)で検討したとおり，その主張の前提となる事実が認められないから，採用することができない。

以上のとおり，Cには本件事故について過失があるところ，Cは被控訴人の代表者であり，弁論の全趣旨によれば本件事故は被控訴人の業務を行うにつき発生したものであると認められるから，被控訴人は，控訴人会社に対し，会社法350条に基づき損害賠償責任を負う。

ウ　以上で検討したとおり，控訴人ら及び被控訴人は，それぞれ被控訴人及び控訴人会社に対して損害賠償責任を負うところ，控訴人Bは，本件交差点をいったん通過した後に，後退して本件交差点を再度通過した上で改めて本件交差点を左折しようとしていたのであるから，通常の後退をする場合以上に後方の安全には特に注意をする必要があったと認められるのであり，本件交差点を右折して控訴人車が後退する進路上に進入した被控訴人車の右折態様を考慮しても，本件事故の主要な原因は控訴人Bの後方確認が不十分であったことにあるというべきである。
　よって，双方の過失割合としては，控訴人B 90 パーセント，C 10 パーセントと認めるのが相当であり，控訴人会社の損害については 90 パーセントの，被控訴人の損害については 10 パーセントの過失相殺をすべきである。」

第3　車線変更

裁判例 167　東京地判平成 23 年 11 月 21 日（判例秘書 L06630516）

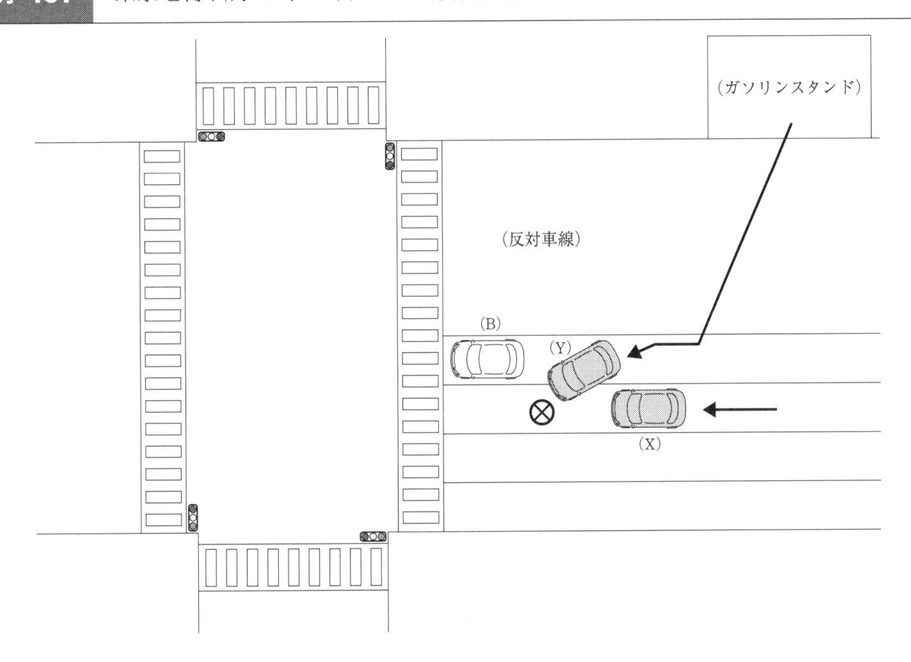

過失割合　普通乗用自動車(X) 0 %　普通乗用自動車(Y) 100 %

「(2)　本件交差点付近の蔵前橋通りは，本件事故の時間帯，千葉方面から蔵前橋方面に向かう車線が 4 車線となっており，第 4 車線は右折専用車線，第 3 車線は直進車線とされていた。その反対車線側の路外にはガソリンスタンドがあった。

(3)　A〔X〕車は，蔵前橋通りを千葉方面から蔵前橋方面に向かって走行し，本件事故日の午前 7 時 33 分ころ，本件交差点の手前において，対面信号が赤信号であったことから，第 3 車線の先頭の停止車両から数台後方の位置に停止していた。

(4)　他方，被告車は，A車の停車中に，上記ガソリンスタンドから出て右折し，千葉方面から蔵前橋方面に向かう側の第 4 車線に進入した。被告Y 1は，本件交差点を直進するため，第 3 車線に車線変更をしようとしていた。

(5)　A車は，対面信号が青信号になったことから，第 3 車線を直進した。B車は，その当時，本件交差点入口に設置されている横断歩道付近の第 4 車線で停止しており，A車はB車の左側方を通過しようとした。ところが，被告車も第 3 車線に進入しようとしたことから，被告車の左前部とA車の右側面が衝突するとともに，被告車の右前部とB車の左後部が衝突した。

本件事故により，A車には，右フロントドア，右リアドア，右リアフェンダー，リアバンパー等に損傷が生じた。また，被告車も，A車との衝突によって，左前部のドアやライト等が損傷したほか，B車との衝突によって，右前部ドア及び右後部ドアが凹損するなどした。
〔途中略〕
(3)　(1)の認定事実及びAの証言によれば，対面信号が赤信号から青信号に変わった後，A車が時速15ないし20 kmで第3車線を直進していたところ，被告車が第4車線から第3車線に進入しようとしたため，A車がB車の左側方を通過しようとした際，被告車がA車とB車との間に挟まるように，被告車の左前部とA車の右側面中央から後部付近が衝突し，被告車がB車にも衝突したこと，Aは，衝突まで被告車の存在を認識していなかったことが認められる。そして，被告車がA車とB車との間に挟まるようにして衝突しており，被告車の左前部がA車の右側面の中央付近から後方に衝突していること，Aが衝突まで被告車の存在を認識していなかったことを総合すると，A車は，第3車線への車線変更を行っていた被告車と並走していたか，その前方を走行していたものと推認される。

被告Y2は，A車が信号待ちのために停止したり，対面信号が赤信号から青信号に変わったりはしておらず，A車は時速30ないし40 kmで走行していた，A車は警笛を鳴らし，右に寄ってきたなどと主張するが，これらの事実を認めるに足りる証拠はない。

(4)　以上の認定事実によれば，被告Y1は，第3車線に車線変更をするに当たり，第3車線を走行する車両の動静を確認し，第3車線の走行車両と接触しないように走行する注意義務があるのに，これを怠り，第3車線の走行車両の動静を確認せず車線変更をし，第3車線を走行していたA車に被告車を衝突させた過失があるというべきである。

したがって，被告Y1は，民法709条に基づき，A車に生じた損害を賠償すべき責任がある。また，被告Y2は，被告Y1の使用者であり，被告Y1が被告Y2の業務中に本件事故を起こしたのであるから，民法715条1項に基づき，A車に生じた損害を賠償すべき責任がある。

(5)　他方，Aは，衝突まで，被告車の存在を認識していなかった。また，A車が，第3車線への車線変更を行っていた被告車と並走していたか，その前方を走行していたことに照らし，Aが被告車の車線変更を予測することができたと認定することもできない。したがって，Aに過失相殺をすべき落ち度は認められないというべきである。」

裁判例 168　東京地判平成24年9月18日（判例秘書L06730464）

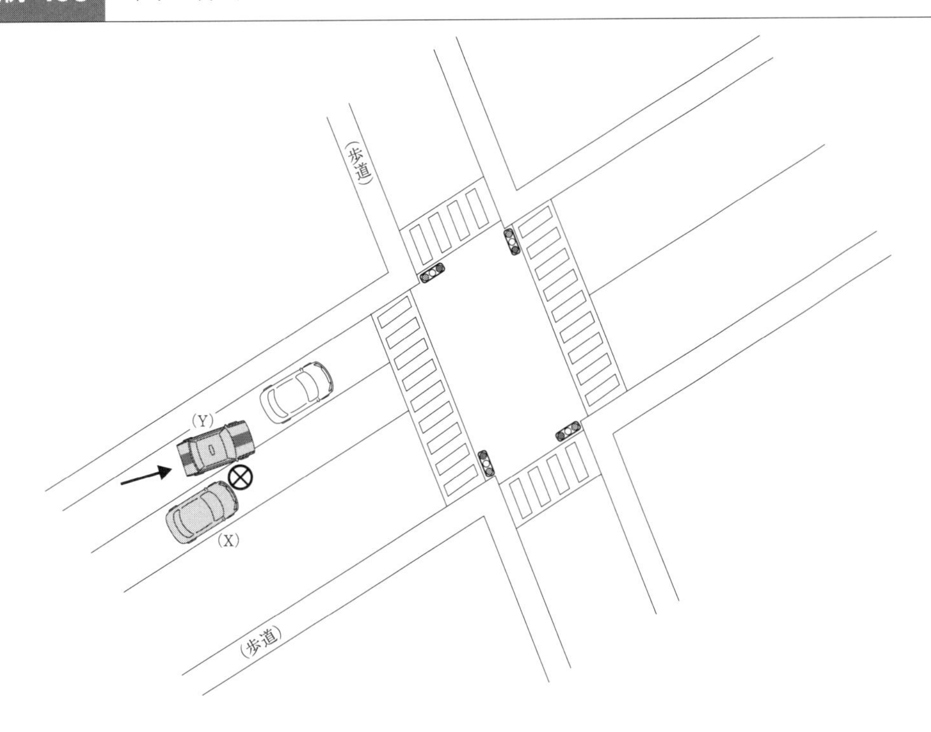

過失割合　普通乗用自動車(X) 0 %　タクシー(Y) 100 %

「本件事故の現場は，山手通り方面から渋谷橋方面に向かう駒沢通りの広尾町ガード付近の道路上であり，直進及び右折のための第1車線及び直進及び右折のための第2車線の片側2車線になっており，同ガードを越えると，道路全体が渋谷橋に向けてゆるやかに右にカーブしていること，本件事故の現場付近の第1車線の左側には停止車両があったため，第1車線を走行していた被告車は，それを避け，かつ，渋滞のため，車線を跨がって停止したこと，第2車線を走行していた原告車は，被告車の右斜め後方の極めて接近した位置に停止したこと，そして，被告車の前方の車両が発進したため，被告車もそれに次いで発進したが，被告車の右リアドア部分が停止していた原告車の左フロントフェンダー及び左バンパー部分に接触したことなどが認められる。

被告会社及び被告A〔Y〕は，被告車がハンドルを左側に切って発進したにもかかわらず，原告車もほぼ同時に被告車の方に向けて発進し，被告車に接触した旨主張する（乙3，17)。しかしながら，渋谷警察署警察官作成の物件事故報告書（甲7の3）には，事故の態様として，被告車が駐車車両をよけようとしたところ，原告車に接触したものとの記載がされている上，証人Eの証言によれば，被告Aは，被告会社に対し，警察には停止中の原告車に接触した旨を述べたと報告していたことが認められること，被告車が左側にハンドルを切った場合には，被告車のオーバーハング現象によって被告車の右リアフェンダー後端部から右リアバンパー付近が原告車と接触するはずであるが，そのような損傷はないこと（甲40）などから，被告会社らの上記主張は採用できない（なお，被告会社らは，被告Aは，被告車の後部は右側に振れてせり出して原告車に接触したと誤認していたというが，被告車の損傷箇所は，後輪より前方にある後部ドア付近であり，被告Aは経験のあるタクシー運転手であることなどに照らし，採用できない。)。被告会社及び被告Aは，被告車の右リアドア部分の擦過痕について，小さな細い接触痕から次第に大きな太い接触痕になっているのではなく，いきなり太い接触痕となっていることから，原告車も発進していたなどと主張するが，原告車の左フロントフェンダーのタイヤハウスには，最上部付近からバンパー取付け部分の付近に掛けて被告車と同様の黄色系の塗料が付着していることから，被告車が接触した箇所と認められるところ，原告車のタイヤハウスは最も外に張り出している部分であって，その接触面積は広くなること，黄色系の塗料の付着状況は，外力が原告車の後方から前方に向かっていることを示していること（甲39）などに照らし，採用できない。

そうすると，本件事故は，第1車線と第2車線に跨がって停止していた被告車が発進した際に，第2車線に停止中の原告車に接触したものであるから，被告Aに100％の過失があり，被告G〔X〕には過失がないものというべきである。

したがって，被告Aは，民法709条に基づき，被告会社は，同法715条に基づき，本件事故により原告会社が被った損害を賠償する義務を負う。」

裁判例 169　東京地判平成28年6月3日（判例秘書 L07131545）

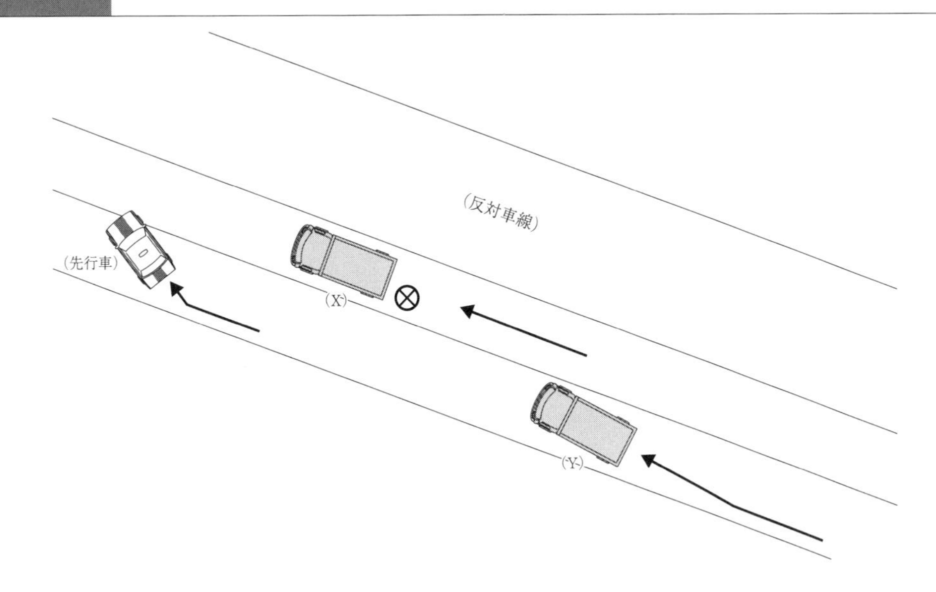

過失割合　普通貨物自動車(X) 0 %　普通貨物自動車(Y) 100 %

「ア　第1車線を走行していたタクシーが同車線上に停車したことから〔略〕，その後続車（以下「被告先行車」という。）が右ウインカーを出して第2車線に車線変更した〔略〕。

イ　被告は，被告先行車の約19m後方を時速約50km（秒速約13.8m）の速度で走行していたところ〔略〕，図面②地点で，第1車線に停止していたタクシーを認めて被告先行車を見ながらやや減速してハンドルを右に切り，第2車線に車線変更しようとした。（〔証拠略〕，被告本人）。

ウ　イの後，図面②地点から約7.5m進行した図面（×）地点で，被告車の右前部が原告車の左後方に接触した〔証拠略〕）。

エ　被告は，第2車線に車線変更する際，第2車線の安全を確認しなかったことから，原告車が被告車のすぐ右側を走行していることに気付かなかった（被告本人）。また，被告は，第2車線に車線変更する際，右ウインカーを出さなかった（原告本人，被告本人，弁論の全趣旨）。

オ　原告は，被告車の右後方を時速約60km（秒速約16.6m）の速度で走行していたところ〔略〕，被告車を追い越した辺りで被告先行車が第2車線に車線変更してきたことから，被告先行車との衝突を避けるためにブレーキをかけた（原告本人）。

カ　オの後，間もなく被告車が原告車に接触した（原告本人）。

〔途中略〕

(3)　被告の過失について

前記認定の本件事故の態様によれば，本件事故の発生について被告に過失があることは明らかである。

(4)　原告の過失について

被告は，原告は被告車が車線変更することを予見できたにもかかわらず，制限速度を時速約20

km超過する速度で被告車を追い越そうとしたから，原告にも3割の過失があると主張する。

確かに，原告は制限速度を時速約10 km超過する速度で走行しており（時速約20 km超過する速度で走行していたとは認められない。），本件事故直前，被告車を追い越そうとしていた。しかし，被告車は右ウインカーを出さずに原告車と被告車が接触した地点の約7.5 m手前で車線変更しようとしたこと，被告車が車線変更しようとしたとき，原告車は被告車と併走した状態で被告車よりもやや前に出ていたこと（前記認定の本件事故の態様によれば，そのように推認される。）に照らすと，本件事故の発生について原告に過失相殺すべき過失があったとは認められない。」

裁判例 170　東京地判平成21年3月16日（判例秘書L06430235）

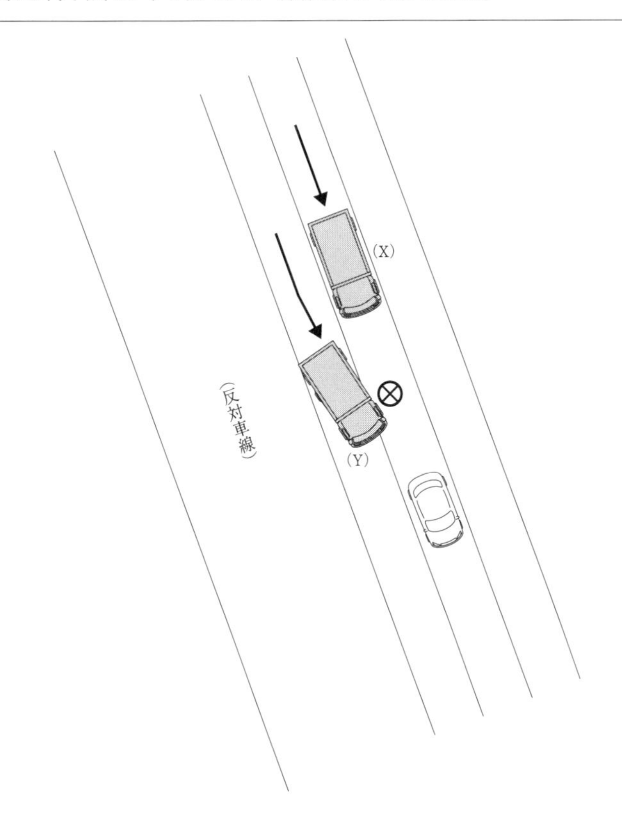

過失割合　**普通貨物自動車(X)** 10 %　**普通貨物自動車(Y)** 90 %

「ア　A〔X〕は，環状7号線の内回りの第3車線を，大原交差点に向けて，走行しており，原告車両の前には被告車両が走行していた。そして，Aは，大原交差点の手前で，第3車線は右折車のために渋滞することから，第2車線に車線変更をした。Aは，被告車両も第2車線に車線変更するのではないかと思い，被告車両が車線変更をすることができるスペースをあけて走行していたが，被告車両に車線変更する気配がなかったことから，被告車両の左側を通り抜けようとした。〔証拠略〕

イ　被告Y1は，上記のとおり，第3車線を走行していたが，前方で工事をしていたことから，第2車線に車線変更しようと思い，被告車両の最後尾の斜め後方3～4mの地点に原告車両が走行していたことを確認し，第2車線への車線変更を開始した。

被告Y1は，車線変更の途中，前方に停止車両がいたことから，急ブレーキをかけた。

そして，被告車両の左後部，左後側部と，原告車両の上段最前部に積載中のホンダアコードが接触した。〔証拠略〕

ウ　その後，被告車両は，B車両の左後部に衝突した。〔証拠略〕

(2)　上記の事実によれば，被告Y1は，被告車両を運転して第3車線を走行していたが，第2車線への車線変更を開始し，車線変更の途中で急ブレーキをかけたところ，第２車線を走行してきた原告車両が被告車両と衝突したことが認められるから，被告Ｙ１には過失があり，民法709条に基づく損害賠償責任がある。そして，証拠（乙３，被告Ｙ１本人）及び弁論の全趣旨によれば，本件事故は，被告Ｙ１が被告会社の業務を遂行中に生じたものと認められるから，被告会社には民法715条に基づく損害賠償責任がある。

⑶　なお，被告らは，原告車両には全長規制義務違反と重量規制義務違反があり，これらが本件事故の発生の原因となった旨主張している。

しかしながら，道路交通法57条１項，同法施行令22条４項イは，大型自動車における，積載物の積載方法について，「自動車の車体の前後から自動車の長さの十分の一の長さ（大型自動二輪車及び普通自動二輪車にあっては，その乗車装置又は積載装置の前後から0.3メートル）を超えてはみ出さないこと。」と規定しているのであって，被告らが主張するように前部と後部を併せて全体として，自動車の長さの10分の１の長さを超えてはならない旨規定していると解することはできない。そして，原告車両の積載方法が，上記規定に違反していることを認めるに足りる証拠はない。したがって，被告らの全長規制義務違反の主張は採用することができない。

また，被告らは，重量規制義務違反も主張するが，道路交通法57条１項，同法施行令22条２項は，自動車における積載物の重量は，自動車検査証に記載された最大積載重量を超えてはならない旨規定されているところ，本件における原告車両の積載物の重量は必ずしも明確でなく，それ故に重量規制義務違反の事実を認めることはできないが，仮に上記規定に反する積載物の重量であったとしても，本件事故の態様に照らすと，この点が本件事故の発生若しくは損害の拡大に寄与したとまで認めるに足りる証拠はないから，いずれにせよ被告らの上記主張も採用することができない。

⑷　証拠（乙３，被告Ｙ１本人）によれば，被告Ｙ１は，車線変更に際し，進路変更の合図をしたことが認められるが，Ａがこれを認識して，衝突を回避するための適切な措置を講じることができるような位置において，上記合図をした事実を認めるに足りる証拠はないから，被告Ｙ１が車線変更の合図をした事実を，被告Ｙ１に格別に有利にしんしゃくすることはできない。そして，被告Ｙ１は，車線変更の途中であるにもかかわらず，急ブレーキをかけているのであって，その危険性は軽視することができない。被告らは，Ａにおいて，被告車両が進路変更後にスムースに直進を続けると軽信したために，被告車両の速度変化に対応できなかったことに原因があると主張するが，そもそも本件事故は車線変更中に生じた事故であって，車線変更終了後の事故ではなく，車線変更の途中で，車線変更車が急ブレーキをかけることは，後続直進車の運転者としては通常予見し難く，むしろ，車線変更の途中で前方に停止車両がいたために急ブレーキをかけなければならないような車線変更を行った被告Ｙ１の運転方法が非難されてしかるべきである。被告らは，被告車両が停止したところに，原告車両が衝突したと主張するが，衝突時，被告車両が停止していたのか否かについては争いがあるところ，仮に停止していたとしても，上記のとおり，被告Ｙ１は，車線変更の途中で，急ブレーキをかけた結果であることに照らすと，この点も被告らに有利にしんしゃくすることはできない。

したがって，本件事故の態様に照らし，本件事故の発生については，Ａにも一定の過失割合が認められるべきであるが，その割合はせいぜい10％程度にとどまるというべきである。」

裁判例 171　東京地判平成22年3月17日（交民43巻2号372頁，自保ジャーナル1828号124頁）

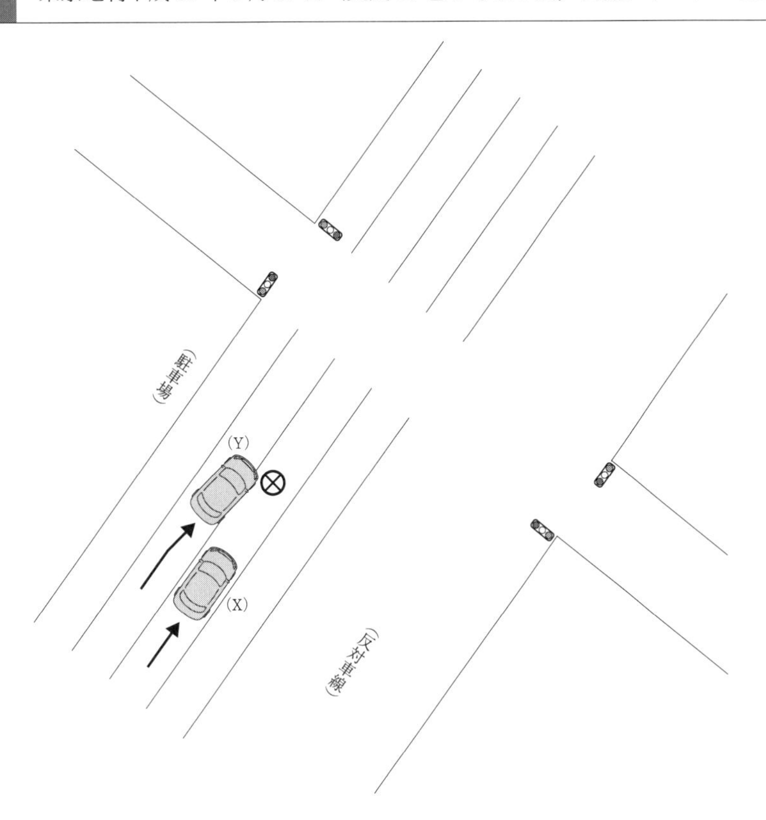

過失割合　**普通乗用自動車(X)　10 %　普通乗用自動車(Y)　90 %**

「ア(ア)　本件交差点は，信号機による交通整理の行われている交差点であり，美浜方面（南西）から幕張西4丁目方面（北東）に向かって延びる道路（以下「本件道路」という。）と真砂方面（南東）から芝園2丁目方面（北西）に向かって延びる道路が交差している。

美浜方面から本件交差点に至る道路は，片側4車線で，歩道と路側帯を除いた片側車線の幅員は約10.2メートルであり，時速50キロメートルの時速制限がある。

本件交差点の西側角には幕張メッセ駐車場がある。本件事故当時は，幕張メッセで行われていたイベントのため，同駐車場に進入しようとする車両が，同交差点やその周辺で待機するなど，本件事故現場は比較的混雑していた。

(イ)　本件事故当時，本件交差点内には，本件道路と交差する真砂方面から芝園2丁目方面に向かう道路を走行する車両が，前記混雑のため停車しており，本件道路の第1車線と第2車線がその停止車両のため塞がれている状態であったため，本件道路の第1車線と第2車線を走行してきた車両の進行は妨げられ，渋滞していた。他方，本件道路の第3車線上には，交差道路を走行してきた車両は停車していなかったため，その進行は妨げられておらず，いわゆる車が流れている状態であった。

(ウ)　被告車は，美浜方面から幕張西４丁目方面に向かって，本件道路の第２車線を走行し，対面する青色信号表示に従って本件交差点に進入したが，前記のとおり交差道路上に停車していた車両によって，第２車線が塞がれていたため，被告車の前車２台が，前記停車車両の手前で停車し，被告車もその後方に停車を余儀なくされた。

そして，停車した前車２台のうち，先頭の車両が，第３車線に進路変更して先に進行し，続いて２台目の車両も，先頭車と同様に第３車線に進路変更して進行していった。その後，被告車は，若干前進して，車線を塞いでいた停車車両との間をつめ，同車との間に車１台分くらいの間を空けて，別紙図面１の①地点に停止した。そして，被告Ｙ１は，若干の間，前記第２車線を塞いでいる停車車両が動かないか待ったが，動く様子がなかったため，右ウィンカーを出して，ブレーキペダルから足を離し，右ハンドルを切りつつ，ドアミラーで後方を確認し，第３車線に進路変更しようとしたところ，第３車線を後方から進行してきた原告車と衝突した。被告車は，その右前部を原告車の左前部から左側面に衝突させ，その衝撃で，被告車のバンパーは脱落した。

なお，被告Ｙ１は，右ウィンカーを出して，ハンドルを右に切ったのは，ほぼ一挙動で行ったと供述しており，右ウィンカーを出すのとほぼ同時に車を進行させ，第３車線に進路変更をしたと認められる。

(エ)　他方，原告は，ワンボックスカーである原告車の助手席に原告の妻であるＡを，後部座席に長男（当時９歳）と次男（当時７歳）を同乗させて，原告車を運転し，本件道路の第３車線を走行して美浜方面から本件交差点に進入しようとした。当時，第３車線は渋滞もなく，円滑に車両が走っている状態であった。原告は，本件交差点の手前約30メートルの地点において，第２車線が本件交差点内で渋滞しており，第２車線に停車していた２台の車両が，相次いで第３車線に進路変更して進行していったのを視認した。

原告車は，時速約40キロメートルの速度で，第３車線を走行して本件交差点内に進入し，停止していた被告車の側方を通過しようとしたところ，前記のとおり，第２車線から発進して第３車線に進路変更してきた被告車と衝突した。

本件事故においては，被告車の右前部が，原告車の左前端部から左側面にかかる箇所に衝突し，原告車の左側のスライドドアが波打ち状に変形するなど，原告車の主に左側面部が損傷した。

〔途中略〕

ア　前記１(1)に認定した事故態様によれば，被告Ｙ１は，本件交差点内で進路変更するにあたっては，後方から進行してくる車両の有無や動静を注視し，その安全を確認すべき注意義務があるところ，これを怠った過失がある。

イ　他方，原告も，本件交差点内が当時混雑しており，被告車の前方は交差道路から進行してきた車両が停車していて進路が塞がれ，被告車の前車が順次第２車線から第３車線に進路変更して進行したことに照らすと，被告車の進路変更を予測し，その動向を注視しつつ進行すべき注意義務があったのに，これを怠った過失があるというべきである。

そして，被告車が，右ウィンカーを出すとほぼ同時に進路変更を始めたこと等の本件事故状況や本件事故現場の道路状況，双方の過失態様に照らすと，本件事故発生についての原告の過失割合は10パーセント，被告Ｙ１の過失割合は90パーセントと認められ，原告の後記損害については上記過失割合に従って過失相殺するのが相当である。」

裁判例 172　東京地判平成26年10月16日（判例秘書 L06930649）

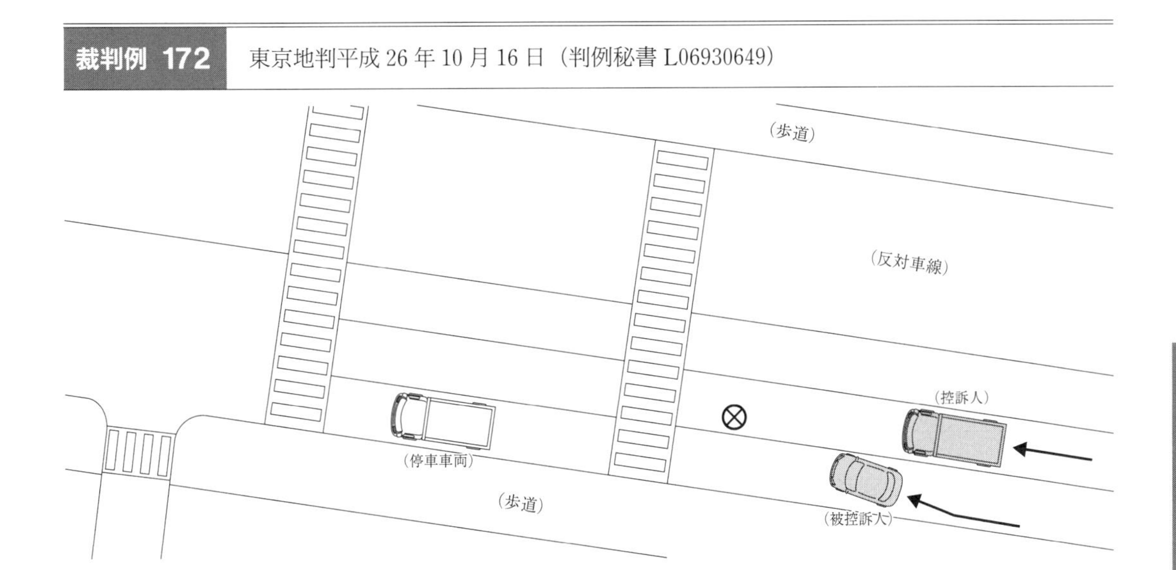

過失割合　**中型貨物自動車(控訴人) 10 %**　**普通乗用自動車(被控訴人) 90 %**

「ア　本件事故は，晴海通りを数寄屋橋交差点方面から日比谷交差点方面へ向かう片側3車線の本件道路上で発生した。第1車線の幅は約3.15 m，第2車線の幅は約3.11 mであり，本件事故現場の前方には歩行者用横断歩道が設けられ，その先の交差点（以下「本件交差点」という。）手前の第1車線の歩道寄りには，本件事故当時，配送用トラックが停車していた。控訴人車は幅2.18 mであり，被控訴人車は幅1.79 mであった。

イ　Aは，控訴人車を運転して本件道路の第2車線を走行し，本件交差点において左折する予定であった。

ウ　被控訴人Y1は，被控訴人車を運転して本件道路の第1車線を走行していたが，前方に上記配送用トラックが停車していたことから，同車を追い越すため，右方向への進路変更の合図を出すことなく第2車線にはみ出して走行したところ，後方から第2車線を走行してきた控訴人車の荷台左側面と被控訴人車の右側面及び右ドアミラーとが接触し，これらの箇所が損傷した。

⑵　上記認定に対し，被控訴人らは，本件事故態様は前記第2の3⑴被控訴人らの主張のとおりであり，①本件事故当時の状況において，被控訴人車が自車の一部を第2車線にはみ出して走行することは通常考えられない，②被控訴人車が第2車線に車線変更した場合，車体右前部に損傷を生じるはずであるが，被控訴人車の右フロントフェンダーに損傷はない，③本件事故後，控訴人車は停車せずに進行し，被控訴人車がこれを追走しているところ，これは通常被害者の取る行動ではない，などと主張する。

しかしながら，前記のとおり認められる本件事故時の本件道路の客観的状況からすれば，被控訴人車の前方には配送用トラックが停車していたから，被控訴人車が，これを追い越すため第1車線から第2車線にはみ出して走行したとするのは自然であり，物件事故報告書〔証拠略〕の事故発生略図上も，被控訴人車の走行経路を示す矢印は，第1車線から第2車線方向に向けて記載されている。他方，控訴人車は，本件先交差点で左折予定であったとはいえ，上記配送用トラックを追い越してから左折する必要があったから，あえて第1車線にはみ出して走行する理由は見出しがたく，上記物件事故報告書の事故発生略図上も，控訴人車の走行経路を示す矢印は第2車線上にほぼ真っ直ぐ記載されている。そして，被控訴人車は第2車線に車線変更をしようとしたのではなく，前方停車車両を追い越すために第2車線にはみ出して走行した際に，被控訴人車と接触したこと，及び控訴人車の荷台左側面に張り出した金具が複数設置されていること〔証拠略〕によれば，被控訴人車の右フロントフェンダー部分に損傷が生じていないことは特段不自然ではない。また，本件事故は本件先交差点の手前で発生しており，直ちに停車することは困難であったと考えられるから，被控訴人車がすぐに停車しなかったことをもって，Aにおいて自分が加害者であると認識していたと推認することはできない。以上によれば，被控訴人車らの主張は採用できない。

⑶　前記のとおりの本件事故態様によれば，本件事故は，主として，被控訴人Y1が後方及び右方の安全確認を怠り，合図を出すことなく第1車線から第2車線にはみ出して走行した過失により発生したと認められ，他方，Aにおいても，前方及び左方の安全確認を怠った過失が認められ，両者の過失割合は，被控訴人Y1が9割，Aが1割と認めるのが相当である。」

裁判例 173　東京地判平成10年3月24日（交民31巻2号416頁）

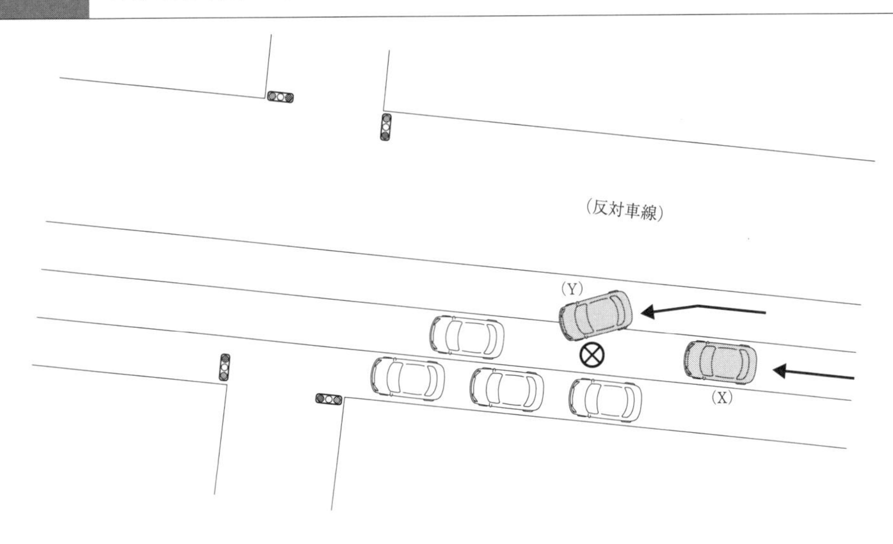

過失割合　普通乗用自動車(X) 15 %　普通乗用自動車(Y) 85 %

「㈠　本件道路（通称言問通り）は，言問橋方面から昭和通り方面に向かう，片側3車線の直線道路であり，本件事故現場前方の通称花川戸二丁目交差点（以下「本件交差点」という。）において，交差道路（通称馬道通り）と交差しており，本件道路の第1車線と第2車線は直進用（第1車線は，交差点内左折進行可。），第3車線は右折専用車線となっている。

本件事故当時，本件道路の第1車線の路上には，多くの車両が駐車していた。

㈡　A〔X〕は，本件事故当時，勤務先（東京都足立区青井3－7－17）から秋葉原に買い物に行くため，A車両を運転し，本件道路の第2車線を時速約40ないし50キロメートルで進行中，A車両の右側前部（右前輪付近）と，B〔Y〕車両の左側前部（左フロントフェンダーないし左フロントドア付近。乙1）が衝突した。

Aは，本件事故が発生するまで，B車両が進路変更をしているのに気づかなかった。

本件事故当時，第2車線のA車両の前方を進行中の車両は，約100メートル先までいなかった。

㈢　Bは，本件事故当時，埼玉県川越市内の自宅に帰るため，友人を同乗させてB車両を運転し，本件道路の第2車線を時速約40キロメートルで進行し，本件交差点を直進するつもりでいたところ，交差点の手前まで来たとき，本件道路が1車線増え，B車両が第3車線に入っていることに気づいたが，同車線が右折専用車線になっており，同車線上に右折待ちの停車車両数台を認めたため，左側に車線変更しようとして，ウィンカーを出して減速しながら，車線変更の機会を窺ったものの，左後方を見た際，第2車線後方のA車両のライトまでかなり距離があるように見えたため，車線変更したところ，本件事故が発生した。

Bは，本件事故発生まで停車はしなかった。

本件事故後，さらに，B車両は，前方のC車両の右側部をこする形でC車両と接触した。

本件事故後，現場付近において，AとBが話しをした際，Bは，Aに対し，すべて自分が悪いと述べた。

㈣　Aは，本件事故当時，B車両は進路変更の合図を出していなかったと主張するが，Aは，本件事故発生までB車両に気づいていない上，B車両が合図を出していたかどうかについての法廷供述は，あいまいであり採用できない（この点は，むしろAの前方不注視を推認させる事情と認められる。）。

Bは，A車両がかなりの速度を出していたと主張するが，単に憶測を述べるにとどまり，採用できない。

2　右の事実をもとにして，本件事故の態様について検討するに，本件事故は，同一方向に進行する車両同士（進路変更車と後続直進車）の接触事故であるが，Bは，進路変更しようとしていたのであるから，左後方の安全を十分確認しなければならないというべきところ，A車両がB車両の直後まで接近していたのにかかわらず，これを遠くにいるものと軽信し，その直前で車線を変更したため，本件事故が発生したものであるから，この点に過失がある。

他方，Aとしても，前方を十分注視していれば，B車両が車線変更をしようとしているのを容易に確認できたのであるから，この点に過失がある。

そして，A，B双方の過失を対比すると，その割合はA 15，B 85とするのが相当である。」

裁判例 174　大阪地判平成28年9月9日（判例秘書 L07150912）

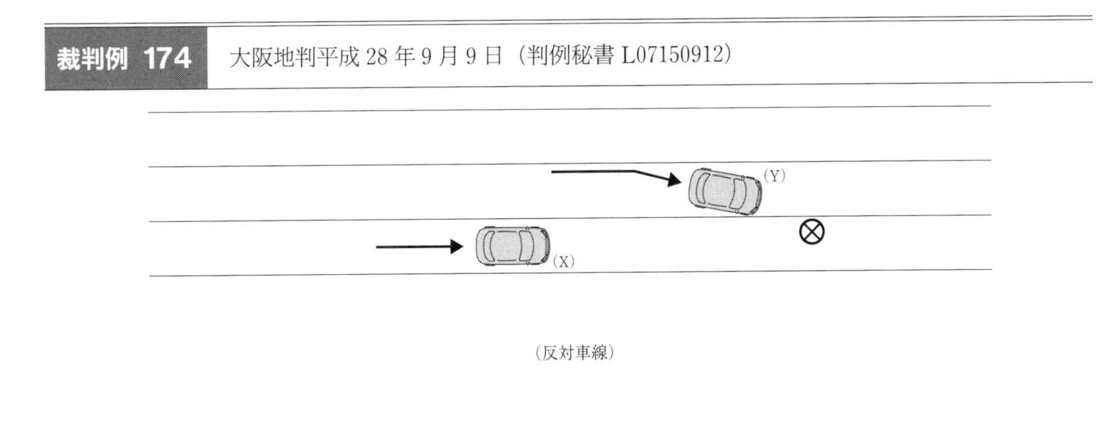

過失割合　普通乗用自動車(X) 20 %　普通乗用自動車(Y) 80 %

「(1)　証拠〔略〕及び弁論の全趣旨によれば，被告車は，渋滞していた第2車線から第3車線に進路変更するに先立って，同車線を直進していた原告車が被告車よりも少なくとも車3台分程度後方を走行している時点で，右側の方向指示器による合図をしたこと，原告は，第3車線に進入する被告車を認めて原告車のブレーキをかけたものの，被告車の右後部と原告車の左前部が衝突したこと，被告は無免許運転をしていたこと，以上の事実が認められる。

(2)　前記(1)の認定事実を基に検討すると，被告には，第2車線から第3車線へ進路変更するに際して，右後方の安全確認を十分に行わなかった過失が認められる。なお，被告は，進路変更時に被告車と原告車との距離はある程度保たれていたと主張するが，前記(1)によれば，被告車のした進路変更は原告車の速度を急に変更させることとなる恐れがあるもの（道路交通法26条の2第2項参照）といわざるを得ず，被告の過失に関する上記認定を左右するものとは認められない。他方，原告車を運転していたAにも前方不注視の過失が認められる。

本件事故は，上記のようなAと被告の過失が競合して発生したものといえるところ（なお，原告は，Aの過失を被害者側の過失として考慮することを積極的に争ってはいない。），被告が無免許運転をしていたことなども考慮すると，本件事故の過失割合については，原告を20，被告を80と認めるのが相当である。」

裁判例 175　東京地判平成20年11月17日（判例秘書L06332653）

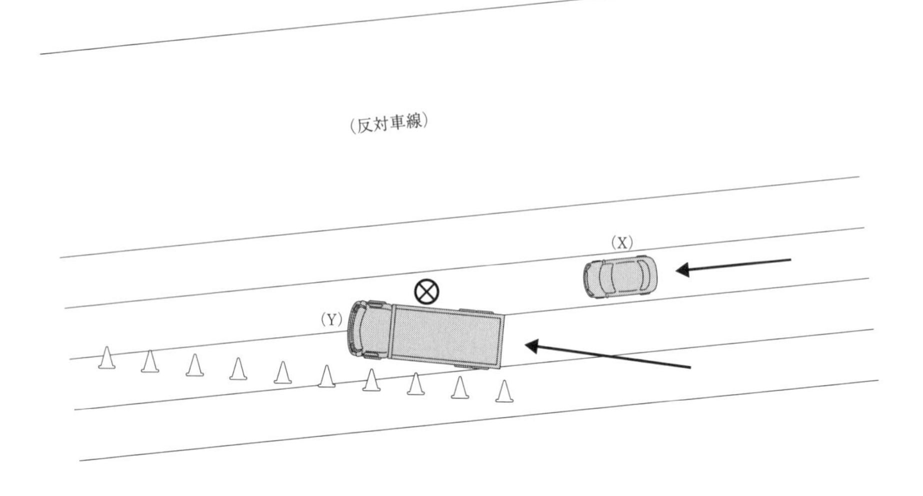

過失割合　普通乗用自動車(X) 30 %　大型貨物自動車(Y) 70 %

「ア　本件事故現場は，六本木通り（都道412号線）と青山通り（国道246号線）とが合流し，玉川通り（国道246号線）となる渋谷警察署前である。

六本木通りから玉川通りへは直進であり，片側4車線の通りとなっており，六本木通り～玉川通りの進行方向右から青山通りが合流する。

六本木通り～玉川通りは，本件事故当時，鉄道工事のため渋谷警察署前で車線規制が行われ，最も左側の第1車線及びその隣りの第2車線が塞がれ，両車線を走行する車を第3車線，第4車線へ誘導するようにロードコーン等が設置されていたため，青山通りからの合流車両と第1車線や第2車線からの車線変更車両とで渋滞し，第3車線へは交替交替で入るような形になっていた。〔証拠略〕

イ　A〔X〕は，原告車を運転して青山通りを渋谷方面へ向かって走行し，渋谷警察署前交差点で六本木通り～玉川通りへ入り，渋滞の中，第3車線へと進み，本件事故現場へ差し掛かった。〔証拠略〕

ウ　被告は，被告車を運転し，六本木通りを六本木方面から明治通り方面へと向かい，第1車線か第2車線を走行し渋谷警察署前交差点を直進したが，第1，第2車線が工事区域となり塞がれていたため，渋滞の中，第3車線へと進路を変更していった。

〔途中略〕

⑵　前提事実及び上記⑴認定事実によれば，本件事故は，被告車が，渋滞の中，かなりの低速でのろのろと第3車線へと進路を変更していったところ，原告車が渋滞の中，青山通りから合流して第3車線へと進入し，被告車よりやや速い速度で直進し，被告車の後方から接触，原告車のフロントバンパー左コーナー部と被告車の右リアドアプロテクターモール上端部とが衝突したものと認め

るのが相当である（位置関係は，別紙図面のとおり）。

この点，原告は，信号待ちで停止していた原告車に被告車が衝突してきた旨主張し，Ａは，陳述書及び原告代表者本人尋問において，同趣旨を供述するが，上記(1)で認定したとおり，本件事故によって損傷と認められる原告車のフロントバンパー左コーナー部の擦過傷は，11時から12時の間の方向からの入力によって形成されたものであり，同入力方向によれば，原告車の速度が被告車の速度を上回っていたことが認められるから，Ａの供述を直ちに信用することはできず，他に原告主張を裏付けるに足る証拠はない。

他方，原告車と被告車の衝突形態からすれば，原告車は既に青山通りからの合流を終え，第３車線を走行していたと認めるのが相当である。

被告は，車線変更にあたり，後方から進行してくる車の走行を妨げてはならない義務があるにもかかわらず，同義務に違反したから，民法709条により，本件事故により生じた損害を賠償する義務を負う。

〔途中略〕

上記１で認定したとおり，本件は，車線変更車と後続直進車との事故であり，原告にも３割の過失が認められる。」

裁判例 176　東京地判平成22年5月31日（判例秘書 L06530243）

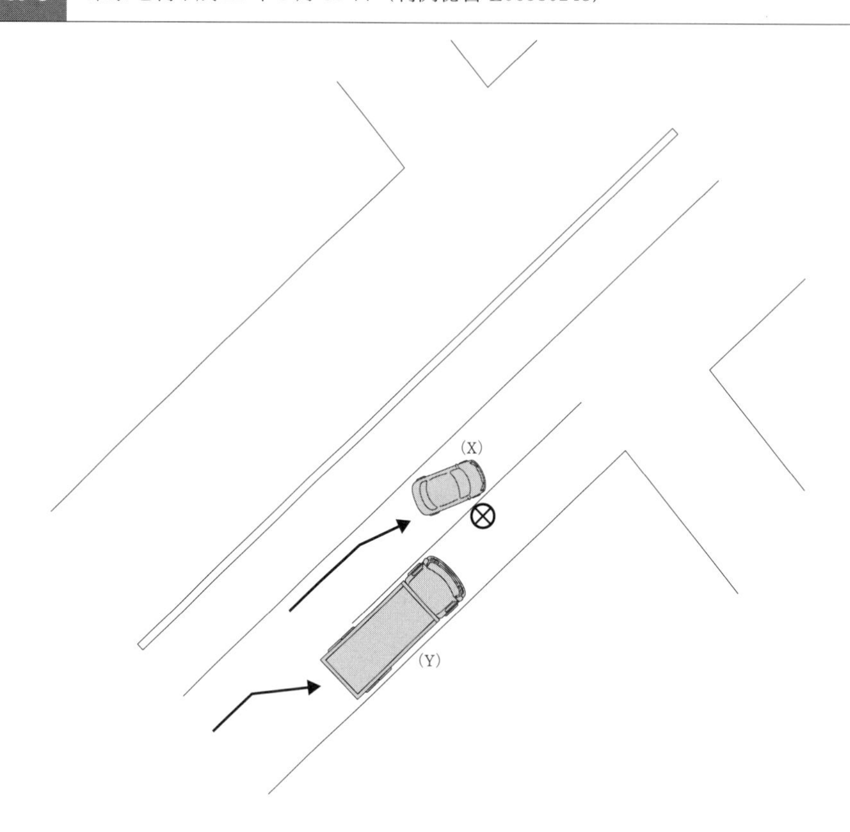

過失割合　普通乗用自動車(X) 45 %　大型貨物自動車(Y) 55 %

「ア　本件道路は，岡宮方面から陣場方面に向かう片側2車線の道路（国道246号線）であるが，別紙図面のとおり，柏葉尾交差点から約60m手前から右折車線が設けられて3車線となっており（以下，道路左方の車線から順に，第1車線，第2車線，第3車線という。），各車線は，同交差点の停止線の30m手前から，白色実線で区切られている。本件道路の指定最高速度は時速60kmで，反対車線とは中央分離帯で区切られている（乙1，4）。

本件事故当時の本件道路付近は，照明灯はあったが暗かった（乙1，4）。

イ　A〔Y〕車は，時速60〜70kmで，前方を走るB〔X〕車との車間距離を20m程度に保ちながら本件道路を走行していたところ，B車が，本件道路の2車線から3車線になる辺りで減速したため，後続のA車との車間距離がかなり縮まった（甲15，乙1，9，原告B本人，被告A本人）。

ウ　A車は，追突を回避するため，急ブレーキをかけながら，柏葉尾交差点の手前30mの地点を過ぎた辺りで，ウインカーは出さずに第3車線に進路を変更したが，折から，前車のB車も，柏葉尾交差点を右折するため，第3車線に進路を変更したことから，第2車線と第3車線の区分線付近で，A車の左前部がB車の右後部に追突し，両車が損傷した。B車は，追突後，柏葉尾交差点を経て対向車線にまで押し出されて停止した（甲2，15，乙1，原告B本人，被告A本人）。

なお，司法警察員が作成した現場の見分状況書（乙4）には，A車が第3車線への進路変更を完了した後に前車のB車が進路を変更したためA車が急ブレーキをかけた旨の見分結果が記載されているが，この見分結果は，本件事故現場には，交差点手前30m以内でA車が急ブレーキをかけつつ第2車線から第3車線に進路を変更したことを示す同車のブレーキ痕が残されていること（乙1）と整合しないことが明らかであるから，上記見分状況書記載のとおりに本件事故の具体的態様を認定することはできない。また，被告ら及び原告Kは，B車は急ブレーキをかけた・進路変更の際にウインカーを出していなかったと主張し，原告Bは，進路変更の際にウインカーを出したと主張するところ，B車が急ブレーキをかけたと的確に認めるべき証拠はなく，また，B車のウインカーの有無を証すべき証拠もない。

(2)　検討

前記(1)の本件事故の経緯や具体的態様に照らすと，後車たるA車は，前車たるB車が急に停止したとしても追突を回避できる距離を保持しなければならなかったのにこれを怠った過失があり（道路交通法26条参照），また，B車にも，交差点の30m以内の部分で，速度を落として進路を変更した過失がある（同法30条3号参照）というべきであり，被告Aが民法709条の責任を負い，被告Aの使用者でありA車の保有者でもある被告会社が同法715条ないし自賠法3条の責任を負うとともに，原告Bも，民法709条の責任を負うこととなる。そして，B車が交差点手前で進路を変更しなければA車がB車に追突する本件事故は生じなかったと考えられるものの，A車において車間距離を的確に保持してさえいれば，急ブレーキや第3車線への進路変更をすることなく，B車の減速及びそれに続く進路変更にも適切に対応することができたというべきであるから，両車の過失の程度を比較すれば，A車のそれがやや重いと見ることができる。そうすると，B車とA車の過失割合は45：55とするのが相当である。」

裁判例 177　東京地判平成24年8月29日（判例秘書 L06730383）

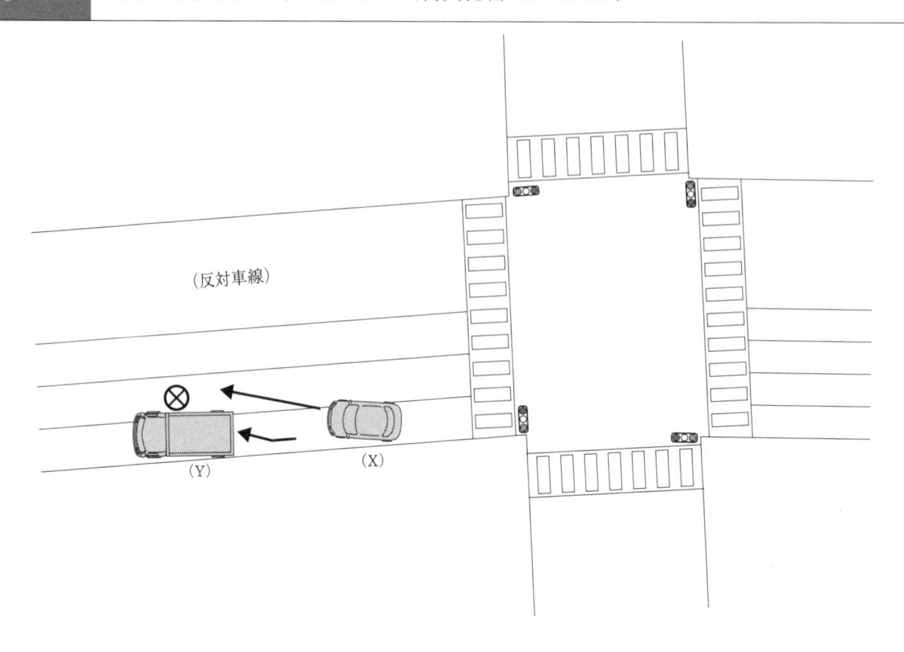

過失割合　普通乗用自動車(X) 50 %　普通貨物自動車(Y) 50 %

「平成23年4月20日午後5時20分ころ，東京都文京区関口1－47にある江戸川橋交差点（以下「本件交差点」という。）付近において，原告が所有し運転する普通乗用自動車（レクサス，GS 350。原告車）の右側面後方と被告が運転する普通貨物自動車（日産，クリッパートラック。被告車）の左前角及び左側面前方とが接触する本件事故が発生した（甲2，甲5の1ないし4，甲7，甲8の1，乙2）。

ア　本件事故の現場の状況

本件交差点は，概ね東西に延びる道路（本件交差点の東側が目白通り，西側が新目白通り。以下「本件東西道路」という。）と概ね南北に延びる道路（本件交差点の北側が目白通り，南側が江戸川橋通り。以下「本件南北道路」という。）とが交差して形成される交差点である。本件事故は，本件東西道路の東方（飯田橋方面）から西方（早稲田方面）に向かう部分（以下「西向道路」という。）上で発生した。西向道路は，本件交差点の手前（東側）においては4車線であり，第1車線には左折及び直進の，第2車線には直進の，第3及び第4車線には右折の，各指示標示が存し，本件交差点を越えると3車線となる。

〔途中略〕

原告は，本件事故以前に，本件事故の現場を，自動車を運転して何度も走行していた。原告車は，本件事故当時，西向道路を西進し，本件交差点手前では第1車線を走行していたところ，本件交差点手前で，対面する信号機の赤色灯火信号に従い，前車（原告車の前方にはこの1台のみがあった。）に続いて停止した。その後，青色灯火信号に代わり，前車が左折した後，原告車は加速し，本件交差点を越えた後の第2車線に進入しようとした。原告は，その際，右前方を走行していた被告車を追い抜こうとした。原告は，被告車の前方に停止していた車両が本件交差点を越えた後の第3車線に進入しようとしていたことから，被告車も同車線に進入するものと考え，被告車を追い抜いて原告車を，本件交差点を越えた後の第2車線に進入させるに当たり，被告車の動静を確認することはしなかった。

被告は，本件事故以前に，本件事故の現場を，自動車を運転して何度も走行していた。被告車は，本件事故当時，西向道路を西進し，本件交差点手前では第2車線を走行していたところ，本件交差点手前で，対面する信号機の赤色灯火信号に従い，前車（被告車の前方には2，3台の車両があった。）に続いて停止した。その後，青色灯火信号に代わり，前車に続いて走行を再開し，本件交差点を越えた後の第2車線に進入しようとした。被告は，本件交差点手前の第1車線から本件交差点を越えた後の第2車線に進入する車両が存することを理解していたが，被告車を本件交差点を越えた後の第2車線に進入させるに当たり，原告車の動静を確認しなかった。

そして，原告車の右側面後方と被告車の左前角及び左側面前方とが接触した。

（甲6，乙5，原告本人，被告本人）

〔途中略〕

前記(1)のとおり，被告は，本件交差点手前の第1車線から本件交差点を越えた後の第2車線に進入する車両が存することを理解していたのであるから，本件交差点手前の第2車線から本件交差点を越えた後の第2車線に進入するに当たり，かかる車両の有無及びその動静に十分注意すべき義務があったにもかかわらず，これを怠り，原告車の動静を確認していなかったのであるから，この点に過失が存するといえ，被告は，原告に対し，民法709条に基づき，本件事故により原告に生じた損害を賠償する責任を負う。

(3)　過失割合

もっとも，前記(1)のとおり，本件交差点手前の第2車線から本件交差点を越えた後の第2車線に進入する車両が存するのであるから，原告は，本件交差点手前の第1車線から被告車を追い抜いて本件交差点を越えた後の第2車線に進入するに当たり，かかる車両の有無及びその動静に十分注意すべき義務があったにもかかわらず，これを怠り，被告車の動静を確認することはしなかったのであるから，この点に過失が存するといえ，これを考慮して損害賠償の額を定めることとする。

そして，上記原告及び被告の各過失の内容のほか，本件交差点手前の第1車線を走行していた車両とその第2車線を走行していた車両のいずれもが本件交差点を越えた後の第2車線に進入することは許されていること（前記(1)ア），とはいえ，実際の交通の状況は，本件交差点を越えた後の第2車線に進入するのは本件交差点手前の第1車線を走行していた車両がほとんどであったこと（前記(1)イ），本件事故は，原告車が被告車を追い抜く際に生じたものであること（前記(1)ウ）などの事情を考慮すると，原告の過失と被告の過失とは同等のものということができるから，本件事故の発生について原告及び被告が5割ずつの寄与をしていたと考えるのが相当である。」

裁判例 178　東京地判平成28年1月12日（判例秘書 L07130341）

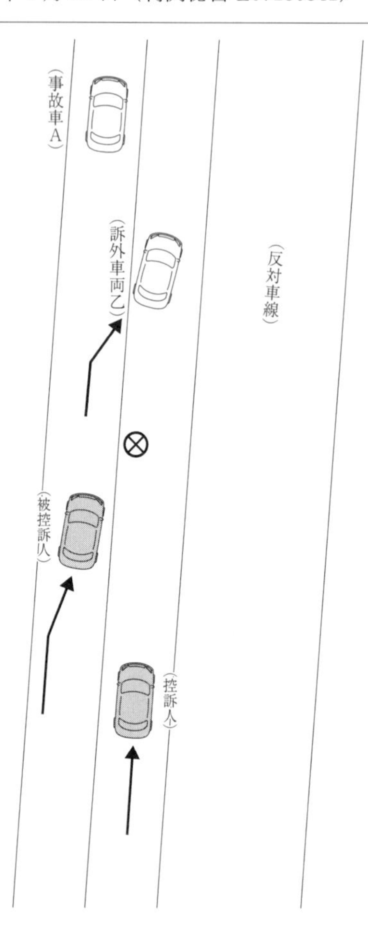

過失割合　**普通乗用自動車（控訴人）50%**　**普通乗用自動車（被控訴人）50%**

「ア　本件事故当時，第1車線には事故車が駐車しており（図の駐車車両（A）。以下「事故車A」という。），第1車線を走行していた車は，順次，第2車線に車線変更をしていた。そのため，第1車線及び第2車線はいずれも渋滞していた。

イ　控訴人は，図の㈦地点で，第1車線を走行していた車（図の（乙）。以下「車乙」という。）が第2車線に車線変更をしてくるのを認識し，図の㈦地点に控訴人車を停止させた。

ウ　被控訴人は，車乙に続いて第1車線を時速約10ないし15kmの速度で走行していたところ，図の①地点で右ウインカーを点灯し，図の②地点で第2車線にいた控訴人車の動静をミラー越しに確認し，図の②地点から図の③地点の間で，第2車線にいた控訴人車との間に距離があると思ったことから，車乙に続いてそのまま第2車線に車線変更をしようと考え，図の③地点でハンドルを右に切って第2車線に車線変更をした。

〔途中略〕

エ　控訴人は，車乙が第2車線に車線変更をした後，時速約10ないし15kmの速度で走行を再開したところ，図の(イ)地点で第2車線に車線変更をしてきた被控訴人車に気付き急ブレーキをかけたが間に合わず，図の(ウ)地点で控訴人車の左前部が被控訴人車の右後部に接触した。

(2)　過失割合

前記認定事実によれば，被控訴人は，車乙が車線変更をするために停止した控訴人車が，車乙の車線変更完了後に走行を再開することを予見できたにもかかわらず，控訴人車より先に進行しようとして，控訴人車の動静をよく確認しないまま車乙に続いて第2車線に車線変更をしたと認められる。よって，被控訴人には過失がある。

他方，前記認定事実によれば，控訴人は，第2車線の走行を再開する際，前方を注意すれば被控訴人車が車乙に続いて第2車線に車線変更をしてきたことに気付けたにもかかわらず，前方を注視せずに控訴人車の走行を再開したため，控訴人車の左前部を被控訴人車の右後部に接触させたと認められる。よって，控訴人にも過失がある。

以上の被控訴人及び控訴人の過失を対比すると，控訴人車の動静をよく確認しないまま車線変更をした被控訴人の過失は大きいが，控訴人も，時速約10ないし15 kmと低速で走行していたにもかかわらず，被控訴人車の右後部に控訴人車の左前部を接触させており，控訴人の前方不注視の程度は著しかったといえる。以上の事情を総合すると，過失割合は，控訴人5割，被控訴人5割とするのが相当である。」

裁判例 179　大阪地判平成28年2月16日（判例秘書 L07150463）

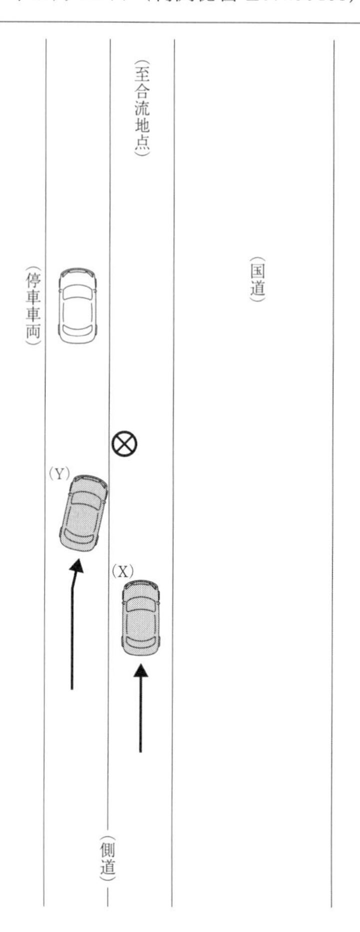

過失割合　普通乗用自動車(X) 50 %　普通乗用自動車(Y) 50 %

「原告車は，本件側道の第2車線を走行していた。B事件被告は，左前方（本件側道の第1車線上）を走行する被告車の横から時速80 kmを超える速度で追い抜こうとしたところ，第2車線へ進路変更をしてきた被告車が原告車の左後方に衝突した。原告車は上記衝突の反動で後部が右に振られ，前方が左斜め前を向いたまま走行を続け，本件側道の西側に設置されていた橋の欄干に衝突して停止した。B事件被告は，上記追い抜きを行う際，被告車が右合図を点灯していることには気付かなかった。

イ　被告車の走行状況

被告車は，本件側道の第1車線を時速40ないし50 kmで走行していた。被告Y1は，被告が本件側道の上り坂を登り終え，平坦となった地点において，第1車線の前方に停車中の車両があることに気付いたため，右後方を確認し，被告車の右合図を点灯して第2車線へ進入を開始したところ，同車線を後方から走行してきた原告車の左後方に被告車の右前側面が衝突した。被告Y1は，上記衝突まで原告車に気付かなかった。

(2)　過失割合について

車両等の運転者は，当該車両等のハンドル，ブレーキその他の装置を確実に操作し，かつ，道路，交通及び当該車両等の状況に応じ，他人に危害を及ぼさないような速度と方法で運転しなければならない（道交法70条）。しかるに，B事件被告は，法定速度を時速20 km以上超過した状態で原告車を走行し，かつ，被告車が第2車線へ車線変更をすべく右合図を出していたのを見落として被告車の側方から追い抜きを図った過失により本件事故を惹起したものである。なお，被告らは，原告車は時速100 km以上の速度で走行していた旨主張するが，本件に顕れた全証拠を検討しても，これを認めるには足りないから採用しない。

他方，車両は，進路を変更した場合にその変更した後の進路と同一の進路を後方から進行してくる車両等の速度または方向を急に変更させることとなるおそれがあるときは，進路を変更してはならない（道交法26条の2第2項）ところ，被告Y1は，これを怠り，後方確認が不十分なまま原告車の存在に気付かずに進路を変更したものであるから，本件事故の発生について過失があることは明らかである。被告Y1は，本件側道の上り坂を上り終えた地点で進路変更を開始しているが，右後方は坂となっており，後方車両の存否を確認しづらい状況であるのは明らかであるから，そのような場所において進路変更を行う際には，より慎重に後方の確認を行うべきである。

以上のとおり，本件事故は，B事件被告の前記過失と被告Y1の上記過失が競合して発生したものであるが，両者の過失の内容・程度を比較すると，その過失割合は，B事件被告が5割，被告Y1が5割とするのが相当である。」

裁判例 180　東京地判平成9年7月18日（交民30巻4号994頁）

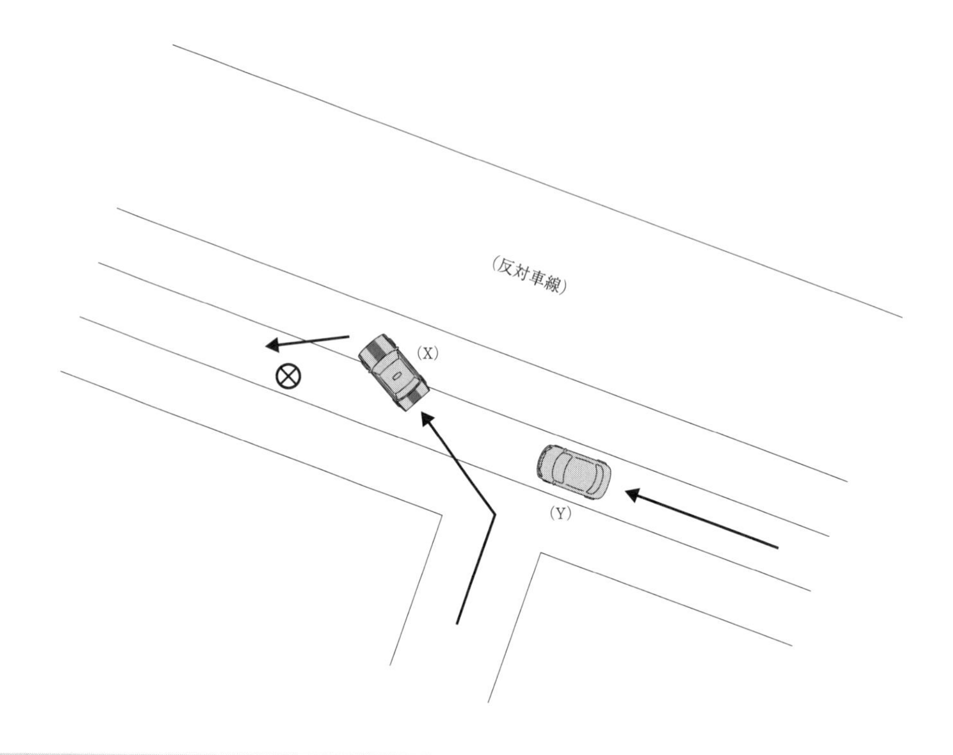

過失割合　タクシー(X) 60 %　普通乗用自動車(Y) 40 %

「(一)　本件事故直前に，原告Xは個人タクシーの営業として乙車を運転していたが，東京都新宿区改代町方面から片側3車線の目白通りに左折して進行し，その先の交差点を右折して車庫に戻るつもりであった。原告Xは車庫に戻るときは右交差点の右折車線につながる第3車線を走行するようにしていた。原告Xは第3車線に乙車の車体を半分位進入させた時点で，進路左側にあるコンビニエンスストアーに寄ろうと考え，左折の合図を出したものの，後方を確認せず第2車線に進路変更した。

被告Yは甲車を運転して，本件事故現場付近の目白通りの第2車線を時速50キロメートルで進行していた。被告Yは乙車が第3車線に半分位進入したのを見て，乙車がそのまま第3車線を進行するものと考えた。

乙車は甲車との距離が15メートル位のとき，第3車線から第2車線に進路変更した。被告Yは急ブレーキをかけたが，乙車の後部に追突した。

(二)　なお，原告Xは第3車線には進入していないと供述するが，目白通りに左折進入するまでは車庫に戻るつもりでいたのであるから，通常の行動としては第3車線に進入したであろうことが推測されるのであって，右供述部分は採用できない。

また，原告Xは進路左側のコンビニエンスストアーに立ち寄ることを急に思いついたのち，駐車車両の脇を過ぎても第2車線を進行して第1車線に進入しなかった理由については合理的な供述がなく，この点もむしろ原告Ｘが第３車線から第２車線に進入直後に追突されたことを示すものと考えられる。

２　責任

右事実によると，原告Ｘには後方を確認せずに車線変更をした過失が，被告Ｙには，乙車が完全に第３車線に進入していなかったのであるからその動静に十分な注意を払うべきであるのに，第３車線を進行するものと軽信してその動静に十分な注意を払わなかった過失がそれぞれあると認められ，いずれも民法709条の責任がある。

３　過失相殺

右事実によると，本件事故についての過失割合は，原告Ｘを６割，被告Ｙを４割とするのが相当である。」

裁判例 181　東京地判平成24年1月26日（判例秘書 L06730025）

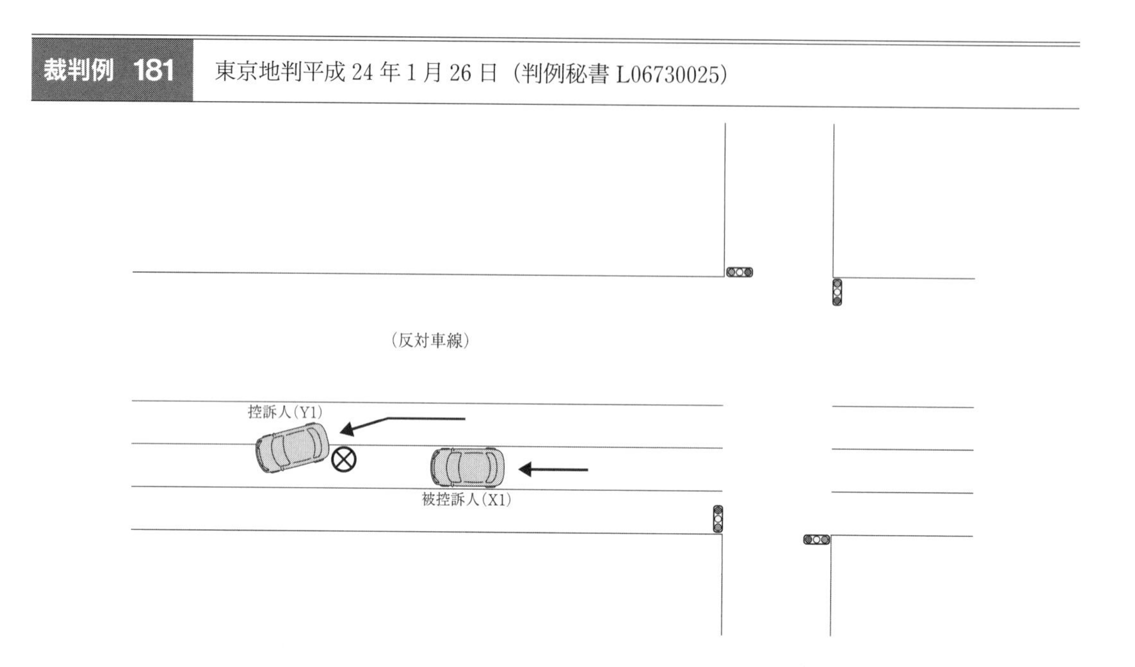

過失割合　**普通乗用自動車（控訴人（Y1））** 70 %　**普通乗用自動車（被控訴人（X1））** 30 %

「(2)　本件事故現場は，国立三中交差点（以下「本件交差点」という。）から日野・八王子方面に至る片側3車線のバイパス道路（以下「本件道路」という。）上であるが，本件交差点から約53ｍ及び約89ｍの各付近には車線数減少の標識（以下，それぞれ「第1標識」，「第2標識」という。）が存する。第3車線上には，本件交差点から約49ｍの付近に白色ペイントで左斜め矢印が標示されている。第3車線の道幅は，第1標識の付近から徐々に狭くなり，本件交差点から約173ｍの付近で第2車線に合流する。本件交差点方面から日野・八王子方面に第2車線を道なりに進行するとそのまま第2車線に至る。なお，制限速度は時速50kmである。（甲3ないし5，9，乙3の1ないし3の12，乙5，12）

(3)　本件事故により，Y1車の左後部クォーターパネル部分とX1車の前方右フェンダー部分が接触した。

〔途中略〕

1　控訴人は，概ね，「Y1車は，X1車が本件交差点の少し手前付近で第2車線に進路変更をしたので，X1車を追い抜くために第3車線を直進したところ，本件交差点から10ｍないし20ｍを越えた地点で接触した」旨供述し（乙6，10，原審における控訴人本人尋問の結果），他方，被控訴人は，概ね，「X1車は，第1標識の手前付近で方向指示器を出して第2車線に車線変更をしようとしたところ，第3車線を走行するY1車がX1車の右側を追い越して第2車線に車線変更をしようとして接触した」旨供述している。（甲7，乙9，原審における被控訴人本人尋問の結果）

本件道路は，第3車線の幅員が徐々に狭くなって第2車線に合流しているというのであるから，第3車線を走行するY1車が第2車線に進行するには左に進路変更をする必要があるところ，被控訴人の上記供述は，このような本件道路の形状に整合し，Y1車の左後部クォーターパネル部分と

X１車の前方右フェンダー部分が接触したという事故態様とも矛盾していないこと，他方，本件道路の第２車線を道なりに進行するとそのまま第２車線に至るという形状からして，第２車線を直進するX１車が右にハンドルを切るという運転行為は特段の事情がない限り想定し難いところ，本件では特段の事情も認められないことからすれば，被控訴人の供述の方がより信用できるものというべきである（もっとも，訴状及び被控訴人作成の陳述書（甲７）には，X１車が第２標識の手前で方向指示器を出したとも記載されており，被控訴人の主張にはやや混乱も見られるが，Y１車が第２車線に車線変更をしようとしたために本件事故が生じたという事故態様に関する供述内容は，事故直後から一貫しており（甲３，７），この点は，事故態様に関する供述の信用性を左右しないというべきである。）。これに反する控訴人の上記供述等（甲４，乙６，10，原審における控訴人本人尋問の結果）は採用できない。

また，控訴人は，X１車がふらついてY１車と接触したとも主張するが，これを認めるべき的確な証拠はない。

さらに，控訴人は，X１車及びY１車の各損傷状況からすれば，X１車が右にハンドルを切ったことが明らかであると主張するが，Y１車の損傷状況を撮影した写真（乙７の１ないし７の５）は不鮮明で，本件事故により生じた全ての損傷が撮影されているとは限らず，また，X１車のバンパー部に存する損傷（甲６）について十分な考慮がされていない上，その主張を基礎付ける控訴人作成の意見書（乙13，14）も，Y１車が直進したという前提の下で両車両の相対的な位置関係を分析したものに過ぎないところ，その前提が何ら証明されていないことに照らすと，客観的証拠や合理的根拠に基づかない独自の見解といわざるを得ない。

２　そうすると，本件事故は，第３車線を走行するY１車が，X１車の右側をすり抜けてこれを追い越し，X１車よりも先に第２車線に進入しようとして，本件交差点から約110ｍの地点において進路変更をしたことにより生じたものであると認めるのが相当である。なお，Y１車が加速した事実があるとしても，制限時速を20km超過し，時速70kmまで加速したことを認めるに足りる的確な証拠はない。

３　以上によれば，本件事故は，主として，進路変更に際し，安全確認を怠った控訴人の過失により生じたものというべきであるが，他方，被控訴人においても，周囲の車両の動向に配慮し，安全な方法で進行すべき義務があったのにこれを怠った過失がある。これらを総合考慮すれば，控訴人の過失割合を７割，被控訴人の過失割合を３割とするのが相当である。」

裁判例 182　東京地判平成21年10月28日（判例秘書L06430521）

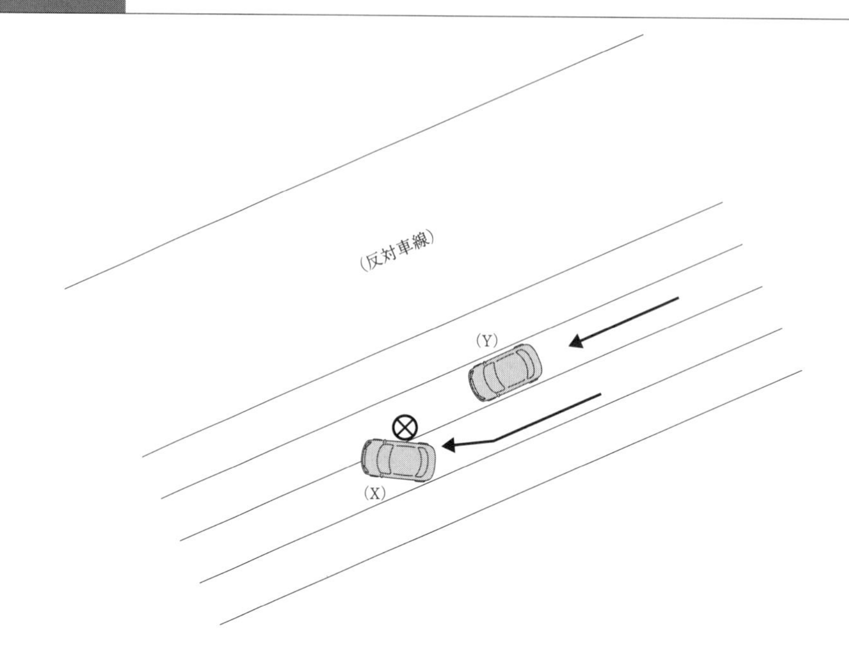

過失割合　普通乗用自動車(X) 80 %　普通乗用自動車(Y) 20 %

「本件事故は，国道246号線（青山通り及び玉川通り）上での追突事故で，本件現場は，歩道から車道に入って8.9メートル，大橋信号機が設置されている脇道との丁字交差点から31.7メートル先で，かつ，高速道路の橋脚（渋―278）から17.2メートルの地点にあり，その先10.3メートルの地点に駐車禁止の標識（橋脚に設置されている。）があり，そのまた先には信号機が設置され，停止線ももうけられ，停止線付近には高速道路の橋脚が設置されている。

本件現場における国道246号線は，片側の幅員が13.4メートル，各車線の幅員は，歩道寄りから，第1車線が4メートル，第2車線が3.2メートル，第3車線が3.3メートル，第4車線が2.9メートルとなっており，制限速度は時速60キロメートル（法定速度），駐車禁止区域である。

〔途中略〕

ア　原告は，当事者尋問において，原告が国道246号線（青山通り及び玉川通り）に入ってからは第3車線を一貫して走行していることを供述しており，矛盾がないと主張する。しかしながら，同一車線を一貫して走行していたこと自体は単純な事実であって経験に基づくか否かにかかわらず供述することは容易であり，直ちに，原告の供述を信用することができるわけではない。

また，原告は，国道246号線の第3車線を走行する経緯について，国道246号線に進入するまでは3車線道路を走行しているが，国道246号線に進入すれば自然と第3車線に入ることになると供述している。確かに，原告が国道246号線に進入する前に走行していた外苑西通りは3車線であり，南青山交差点を外苑西通りから右折して国道246号線に入るには，中央車線から右折専用レーンである第3車線（中央線よりの車線）に入ってから右折することになる。しかし，外苑西通りの第3車線から右折した場合，国道246号線は4車線の道路であるから，第3車線を走行することになる可能性は十分あるとしても，必然的に第3車線を走行することになるわけではないのであって（甲13，18），原告の上記供述は，必ずしも客観的に明確な裏付けのあることを供述しているわけではない。

また，南青山交差点から本件現場まで相当の距離（3キロメートル以上・甲24）があるから，原告車がその途中で車線変更を行う可能性も否定できず，仮に，原告車が，南青山交差点において国道246号線の第3車線に進入したとしても，そのことから，本件現場でも当然に第3車線を走行していたということができるわけではない。

〔途中略〕

ア　被告の供述は，第3車線を走行していたところ，かなりのスピードで左から原告車が車線変更をしてきてブレーキを踏んだため，自分もブレーキを踏んだが間に合わずに追突したという内容である。

被告は，原告車が車線変更をしてきた位置について，実況見分調書（乙1）では，被告車の8.4メートル先と指示説明しているのに対して，本人尋問では，「原告車との車間距離はほとんどなかった，よくわからないが，1メートルもないというぐらいの気持ちである」といった供述をしているが，本人尋問での発言は，正確な車間距離はわからないが，車間距離が迫っていたという趣旨のものであって，具体的な車間距離を供述しているわけではなく，実況見分調書における指示説明と矛盾する供述というわけではない。

そして，被告は，かなりのスピードで左から原告車が車線変更をしてきてブレーキを踏んだと供述しているが，かなりのスピードで車線変更をしてきたのであれば，スピードを緩めないと先行車に衝突してしまう危険があることからすると，原告車が第3車線に進入後にブレーキをかけたというのは十分理解できる行動であり，そのため，自分もブレーキを踏んだが間に合わずに追突したというのは事故状況として極めて自然な内容である。

そうすると，被告の供述は前後矛盾しているところがなく，特に信用性について疑問を差し挟むところは見当たらないというべきである。

〔途中略〕

(2)　信用性の認められる被告の供述を前提に本件事実を認定すると，本件事故は，被告車が第3車線を走行していたところ，原告車が第2車線から第3車線に車線変更してきた際に生じた衝突事故であるが，被告車が第3車線に進入した時点において，原告車と被告車の車間距離は8.4メートル程度はあったのであるから，被告車が原告車との衝突を全く避けることができなかったというわけではないが，他方，原告車は，相当の速度で車線変更を行っており，その結果，第3車線進入後にブレーキをかけていることからすると，無理な車線変更を行い，後続車である原告車の進路を妨害しないよう注意することを怠っていたほか，その結果，不適切なブレーキ操作を行ったことは明らかである。

したがって，原告と被告との過失割合は原告が80に対して被告が20とするのが相当である。」

裁判例 183　東京地判平成24年5月25日（自保ジャーナル1878号114頁）

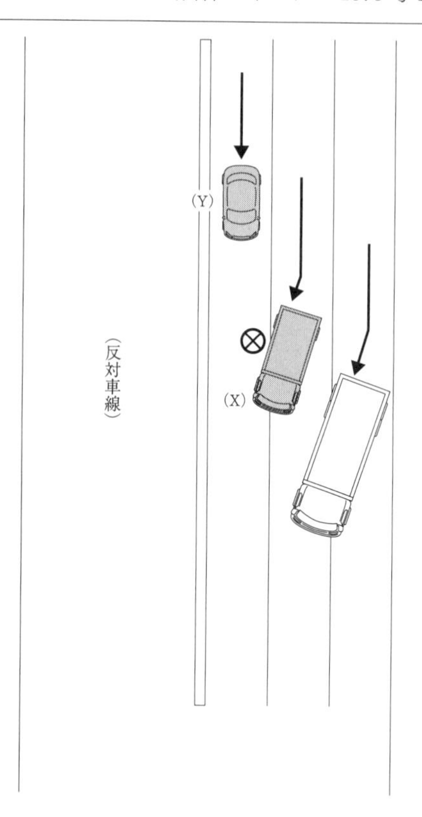

過失割合　普通貨物自動車(X) 90 %　普通乗用自動車(Y) 10 %

「ア　墨堤通りは，南北に走る幹線道路であり，最高速度は時速50 kmに制限されている。墨堤通りは，本件事故発生場所付近ではほぼ直線であり，前方左右ともに見通しが良好である。

本件事故が発生したのは，墨堤通りの南行車線である。墨堤通りの南行車線は，千住方面（北）から明治通り方面（南）に至る途中に，鐘ヶ淵陸橋下のトンネル，白髭橋交差点を順に経由する。墨堤通りの南行車線は，鐘ヶ淵陸橋下のトンネル内では2車線であるが，トンネルを出ると緩やかな上り坂となり，その坂を上りきったところで，鐘ヶ淵駅方面からの道路が左側から合流し，左側に1車線増える形で3車線となる。すなわち，鐘ヶ淵陸橋下のトンネル内の第1車線を走行していた車両は，片側3車線となった後は自然と第2車線を走行することになり，同トンネル内の第2車線を走行していた車両は，片側3車線となった後は自然と第3車線を走行することになる。

本件事故発生場所は，鐘ヶ淵陸橋下のトンネルを出てからしばらく進行したところであり，片側3車線（全幅員9.2 m）となっており，中央分離帯としてグリーンベルトが設けられ，車道の両端に縁石とガードパイプにより仕切られた歩道が設けられている。

イ　原告X1は，顧客から運送を依頼された荷物を東京都江東区辰巳まで運ぶため，原告車を運転し，鐘ヶ淵陸橋の1 kmほど手前で墨堤通り南行車線に進入し，鐘ヶ淵陸橋下のトンネル内では第2車線を走行していた。

原告X1は，白髭橋交差点を左折するつもりであったため，鐘ヶ淵陸橋下のトンネルを越えて片側3車線になった後，そのまま第3車線に入らずに第2車線に車線変更するとともに，左方向指示器を出し続けた。

原告X1は，片側3車線のうち第2車線を走行中，第1車線に停止していた大型トラックが右方向指示器を出して右斜めになり，その運転手が第3車線を走行してくる車両ばかりを見ているのに気が付いたが，上記大型トラックが第1車線から出てくるとは思わなかったため，そのまま第2車線を進行しようとしたところ，上記大型トラックが原告車の前を通って第3車線に進入しようとしたため，危険を感じて急ブレーキをかけた。その際，原告X1は，上記大型トラックとの衝突を避けるべく，とっさに右に若干ハンドルを切ったため，原告車の右側が第3車線に若干はみ出る形となった。その直後，第3車線を後方から走行してきた被告車の左前角付近が原告車の右後角付近に衝突した。

ウ　被告Y1は，東京都江東区（以下略）所在の勤務先に出勤するため，被告車を運転して自宅を出発し，首都高速の高架下脇を左折して墨堤通りの南行車線に進入した。墨堤通りは，被告車が左折進入した付近では片側2車線であり，被告車は，当初，歩道寄りの第1車線を走行していたが，墨堤通りに進入して最初の信号を通過した後，中央分離帯寄りの第2車線に車線変更したため，その後，鐘ヶ淵陸橋下のトンネルを出て片側3車線になってからは，自然と第3車線を走行することになった。

被告Y1は，勤務先まで，しばらく墨堤通りを直進する予定であり，また，第2車線は第1車線から車線変更してくる車両があり混雑しやすいため，通勤時は常に一番右側の車線を走行することにしていたことから，本件事故当日も，中央分離帯寄りの車線に車線変更した後は，常に中央分離帯寄りの車線（鐘ヶ淵陸橋下のトンネルを過ぎて片側3車線になった後は第3車線）を時速40 km程度の速度で走行していた。被告Y1の勤務先は，墨堤通りを南進したかなり先にあるため，第3車線が右折用車線となる白髭橋交差点（甲10の⑤の地図によると，本件事故発生場所から5つめの信号機のある交差点である。）の手前に至るまで，第2車線に車線変更をする必要はなかった。

被告Y1は，左前方の第2車線を走行している原告車を追い抜こうとして被告車を加速させたところ，原告車が右方向指示器を出すなどの合図をすることなく右に進路変更をした。被告Y1は急ブレーキをかけたが間に合わず，被告車の左前角付近が原告車の右後角付近に衝突した。

〔途中略〕

上記(1)，(2)で認定した事故態様を前提とすると，本件事故は，進路変更車（原告車）と後続直進車（被告車）との衝突事故であり，①原告X1には，第1車線に停止していた大型トラックが右方向指示器を出して右斜めになり，第2車線に進入してきそうな気配を示していることに気が付いていたにもかかわらず，上記大型トラックが第2車線に進入してくるとは思わず，その動静への注視が不十分であったため，原告車を減速させる等の措置を執るのが遅れ，その結果，上記大型トラックが原告車の前を通ろうとした際に急ブレーキをかけざるを得なくなった過失が認められ，②被告Y1には，上記大型トラックや左前方の第2車線を走行中の原告車の動静に対する注意が不十分であった過失が認められる。そして，原告車が右方向指示器を出していなかったこと（上記(1)で認定したとおり，原告車は，むしろ左方向指示器を出していた。）も踏まえて，双方の過失の内容を比較すると，本件事故に関する過失割合は，原告X1・90%，被告Y1・10%とするのが相当である。」

裁判例 184　東京地判平成23年2月14日（自保ジャーナル1854号79頁）

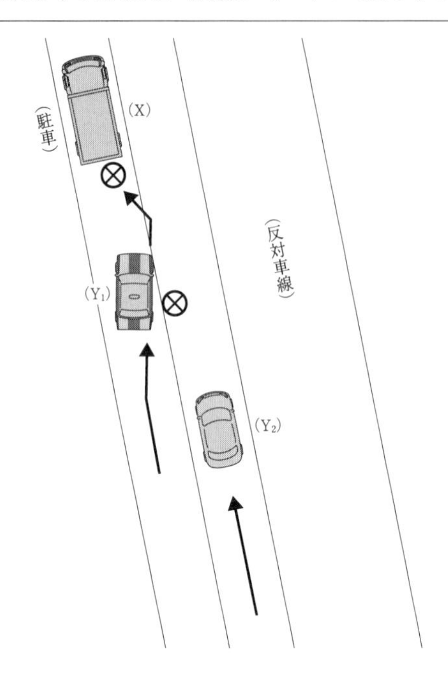

過失割合　普通貨物自動車(X) 1 : タクシー(Y1) 14 : 普通乗用自動車(Y2) 5

「ア　本件道路は，片側2車線の都道305号線（明治通り）の，新宿方面から池袋方面へ向かう側の車道であり，指定最高速度が時速50 kmで，終日駐車禁止の交通規制がされている。左側の第1車線（以下，単に「第1車線」という。）の幅員は4.0 m（道路左端から白色破線までの幅1.2 mを含む。），右側の第2車線（以下，単に「第2車線」という。）の幅員は3.2 mである。本件事故当時の本件道路の交通状況は閑散であった（甲3，乙ロ18の1～4，19，証人B 3・6頁，被告Y 1本人1頁，被告Y 3本人18頁）。

イ　本件トラック（長さ645 cm，幅214 cm，高さ299 cm）は，平成20年10月9日午前4時30分ころ，本件事故現場付近にあるスーパーマーケットに品物を納入するため，本件事故現場付近の第1車線の左端に寄って駐車した。本件トラックはハザードランプを点滅させていなかったが，本件トラックの駐車した場所は街灯のほぼ真下であり，原告X 1の従業員であるトラック運転手のBがスーパーマーケットに品物を搬送している間，本件トラックの保冷庫は，室内灯を点灯したまま開閉式の後面扉が開け放しにもなっていた（甲2，10，証人B 14頁）。

ウ　本件タクシー（長さ469 cm，幅169 cm，高さ144 cm）は，若干下りとなっている第1車線を時速50 km以上の速度で直進進行していたところ，本件事故現場付近の別紙現場見取図（以下，単に「見取図」という。）②地点に至って，第1車線上に駐車する本件トラックを認め，これを回避するため，右折合図を出すのとほぼ同時に第2車線に進路変更を開始した（甲3，乙イ4，乙ロ18の1～4，原告Y 1本人。なお，被告Y 1本人は，本件タクシーの速度は時速40 kmくらいだった旨供述するが〔乙イ4，被告Y 1本人18頁〕，本件タクシーに搭載されていたタコメーター〔乙イ3〕によれば，本件事故直前のタクシーの速度は上記認定のとおりと認められる。)。

エ　一方，本件ベンツは，第２車線を直進進行していたところ，見取図(ア)地点において，第２車線に進路変更を開始する本件タクシーを認めたが，ブレーキをかけたかかけないうちに，自車の左前部と本件タクシーの右後部とが衝突する事故が起きた（以下，この衝突を「第１衝突」という。)。本件ベンツが，本件タクシーを認めてから第１衝突に遭うまでに15.6ｍ（見取図(ア)地点～同(イ)地点）進行したところ，本件タクシーは，この間，10.6ｍ（見取図③地点～同④地点）進行した（甲３，乙イ２，乙ロ５，15，被告Ｙ３本人)。

オ　本件タクシーの運転手である被告Ｙ１は，第１衝突によって気を失ったこと等から，本件タクシーは制動を失い，前方に駐車していた本件トラックの右後部に衝突し（以下，この衝突を「第２衝突」という。)，その衝撃で，本件トラックは前方に押し出され，見取図(A)地点まで移動した（甲３，乙イ２，証人Ｂ，被告Ｙ１本人)。

(2)　検討

ア　第１衝突について見ると，第１車線を時速50 km以上の速度で進行していた本件タクシーは，おおむね20ｍ先（見取図②地点～同③地点の距離3.9ｍ＋同③地点～同④地点の距離10.6ｍ＋同④地点～同（×）２地点の距離6.9ｍの合計21.4ｍよりも，第２衝突による本件トラックの移動距離の分，短くなる。）に駐車中の本件トラックを認めるや，右折合図を出すのとほぼ同時に進路変更を開始し（(1)ウ)，進路変更開始直後に第１衝突を起こしている（被告Ｙ１本人５頁)。このような事情に照らすと，第１衝突は主に，本件タクシーの後方確認の懈怠や右折合図の遅れといった過失に起因するというべきである。他方，後車である本件ベンツも，本件事故当時，指定最高速度を20 km以上超過する時速73.5 km以上の速度（時速50 km以上の速度で進行する本件タクシーが10.6ｍ進む間に本件ベンツは15.6ｍ進んだから〔(1)エ〕，時速50 km×15.6/10.6≒時速73.5 kmとなる。）で第２車線を進行していたと認められる（本件ベンツが上記程度の速度で進行していたことは，①本件タクシー後部の破損状況〔乙イ２〕や本件ベンツのエアバッグが作動したこと〔乙ロ５〕から，第１衝突の衝撃自体かなり大きかったと推認されること，②本件タクシーは，本件ベンツとの第１衝突の後，第２衝突直前には，時速80 kmに達しており〔乙イ３〕，第１衝突直前の速度よりもかなり速度が上がっていることといった事実からも裏付けられる。上記認定と異なる実況見分調書の記載は採用できない。)。したがって，本件ベンツにも，速度違反等の過失があり，相応の責任があると認められる。

イ　さらに，本件トラックの責任について見る。比較的車幅のある本件トラックのような車両が本件道路端に駐車していたことが（(1)イ)，第１衝突の主因となった本件タクシーの進路変更のきっかけとなったことは明らかであるが，本件ではそれに止まらない。深夜，ハザードランプも点滅させずに，本件道路のような幹線道路において，終日駐車禁止の交通規制のされている場所で違法に駐車した本件トラックにも，本件タクシーが後方確認等を怠って進路変更をするのを誘発した一定の責任があるというべきである（なお，被告Ｙ１は，本件トラックは第１車線をほぼ塞ぐ形で駐車していた旨供述するが〔乙イ４〕，本件トラックの車幅は214 cmで，本件トラックが駐車していた第１車線の全幅員は4.0ｍあったから，被告Ｙ１の上記供述をそのまま採用することはできない。)。他方で，本件トラックの駐車場所は街灯の真下で，保冷庫の室内灯も外部から視認できたと考えられる上（(1)イ)，本件事故後の実況見分においても本件道路の見とおしは良いとされていたところ（甲３)，実際，本件タクシーは，本件トラックの存在を認めてから進路変更をするまで特に慌てることなく，急ハンドルを切る必要もなく回避行動を取れたというのだから（被告Ｙ１本人17頁），第１衝突が発生したことにつき，本件トラックの違法駐車の寄与の程度は小さいというのが相当である（なお，第２衝突は，第１衝突によって制御不能となった本件タクシーと駐車中の本件トラックとが衝突したものであり，第１衝突の因果の流れの中で生じたというべきであるから，第１衝突についての当事車両の各過失を考えれば足り，第２衝突固有の過失を観念する必要はない。）。

ウ　以上の諸事情を総合すれば，本件事故は，複数の加害者及び被害者の各過失が競合する１つの交通事故であり，一方の当事車両に対し，その余の当事車両が共同不法行為となるという関係にあり，また，原告Ｘ１及び被告Ｙ２の各事業の執行についてその被用者により生じたものといえ（したがって，被告Ｙ３及び被告Ｙ１・被告Ｙ２は，原告Ｘ１に対し，原告Ｘ１及び被告Ｙ１・被告Ｙ２は，被告Ｙ３に対し，原告Ｘ１及び被告Ｙ３は，被告Ｙ２に対し，それぞれ連帯して損害賠償責任を負うことになる。なお，本件タクシーの保有者でもある被告Ｙ２〔争いがない〕は，被告Ｙ３の人損につき自賠法３条の損害賠償責任も負う。），当事車両の各過失割合は，本件トラック：本件ベンツ：本件タクシー＝１：５：14というのが相当である。この場合，いわゆる絶対的過失割合に基づく過失相殺をすることになる。」

(接触)

裁判例 185　東京地判平成25年7月29日（判例秘書 L06830434）

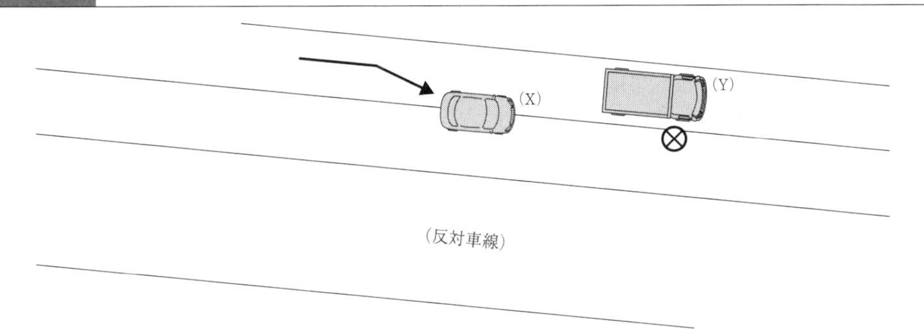

過失割合　普通乗用自動車(X) 15 %　普通貨物自動車(Y) 85 %

「ア　本件事故の場所は，明治通り方面と高田馬場駅方面とを結び，ほぼ東西に走る早稲田通り（片側2車線）であるところ，早稲田通りは，車道幅員が約14.5メートルで，路面はアスファルト舗装されて平たんな直線道路であり，両側には幅員約3.5メートルの歩道が設けられ，最高速度毎時40キロメートル，7時30分から9時までの駐停車禁止，20時から7時30分までの駐車禁止，転回禁止等の交通規制がされていた。

早稲田通りは，市街地にあり，沿道には店舗等の建物が立ち並んでいた。

イ　被告Y1は，平成23年3月25日午後4時30分頃，納品のために被告車両（トラック）を早稲田通りの明治通り方面に向かう第1車線（歩道寄りの車線。幅員約4メートル）にハザードランプを点灯させることなく停止させていた。

他方，原告も，同じ頃，原告車両を運転して，早稲田通りの明治通り方面に向かう第1車線を進行中，約50メートル前方に被告車両が停止しているのを認め，被告車両の右方を通過しようとした（第1車線と第2車線との区分線付近を走行）ところ，被告車両の運転席ドア（右ドア）が開いたことから，ハンドルを右に切るとともに急ブレーキをかけたものの間に合わず，原告車両の左フェンダーミラーが被告車両のドアに接触し（接触した地点は歩道から約2.7メートル離れた位置），原告車両は約4.4メートル進行して停止した。

なお，原告車両からの前方の見通しは，良好であった。

(2)　以上の事実関係によると，原告は，原告車両を運転して，早稲田通りを直進するに当たり，前方に被告車両（トラック）が停止しているのを認めたのであるから，適宜速度を調節しつつ被告車両の動静を注視し，必要に応じて進路を変更すべき義務があるのにこれを怠り，漫然と被告車両の右方を通過しようとした結果，本件事故の発生を招いたと推認することができ，本件事故の発生につき相応の落ち度があるというべきであるところ，その過失割合は，被告車両がハザードランプを点灯させることなく停止していたなど前示した本件事故の態様，被告の過失の程度等を考慮すると，15パーセントが相当である。」

裁判例 186　東京地判平成 25 年 3 月 21 日（判例秘書 L06830122）

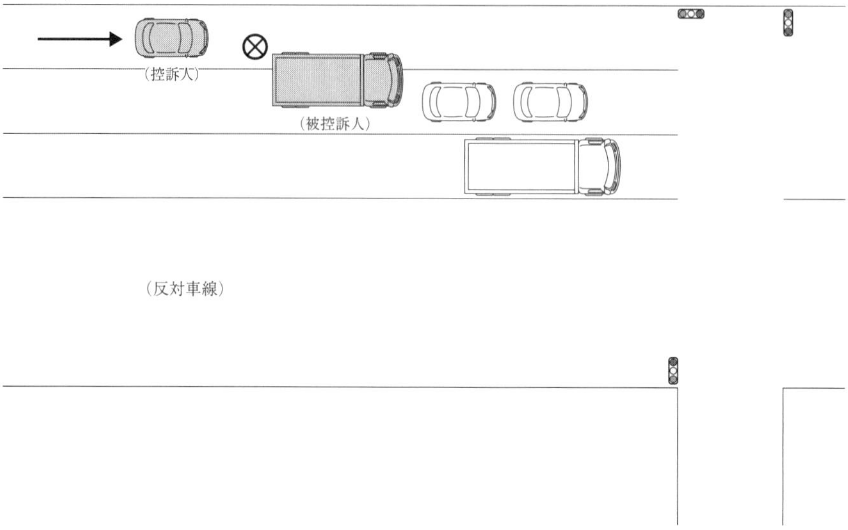

（控訴人）
（被控訴人）
（反対車線）

過失割合　普通乗用自動車（控訴人）80 %　中型貨物自動車（被控訴人）20 %

「ア　本件事故は，東西に延びる道路（甲州街道）と調布駅前に向けて南に延びる道路が交差する丁字路交差点（調布駅入口交差点。以下「本件交差点」という。）手前の甲州街道の東に向かう車線上で発生した。

甲州街道の東に向かう車線は，本件事故現場付近において，直進の指示標示のある第１車線及び第２車線，右折の指示標示のある右折車線からなっており，車道の幅員は，第１車線約３メートル，第２車線及び右折車線各約 2.4 メートルであり，最高速度が時速 50 キロメートルと指定され，駐車禁止，追越し禁止の規制があった。

〔途中略〕

(2)　前記(1)によれば，控訴人Ｙ１には，Ｙ１車を運転して車両の側方を通過するに際し，前方注視義務ないし他の車両との車間を適切に保持して走行すべき注意義務を怠った過失があるといえるのであり，控訴人Ｙ１は，民法 709 条に基づく損害賠償責任を負う。他方，被控訴人Ｘ１には，Ｘ１車を運転するに際し，他の車線にはみ出してそこを走行する車両の進行を妨害しないようにすべき注意義務ないし他の車線にはみ出す際にはそこを走行する車両との接触を避けるために同車両に対する注意喚起の措置をとるべき注意義務を怠った過失があるといえるのであり，被控訴人Ｘ１は，同法 709 条に基づく損害賠償責任を負う。

〔途中略〕

(3)　そして，第１車線の幅員，Ｘ１車が第１車線にはみ出していた程度及びＹ１車の車幅等に照らすと，Ｙ１車はＸ１車と接触せずにその側方を通過して第１車線を走行することができたのであり，後続直進車が進行開始直後の前方車両に接触するという事故の態様等を考慮すると，本件事故が発生したのが夜間であって，被控訴人Ｘ１は第１車線を走行する後続車への注意喚起をしていなかったことや道路の状況等を斟酌しても，控訴人Ｙ１の過失の方が被控訴人Ｘ１の過失より大きいものというべきであるから，過失割合は，控訴人Ｙ１が８割，被控訴人Ｘ１が２割とするのが相当である。」

第4　追越し

裁判例 187　東京地判平成18年4月5日（交民39巻2号508頁）

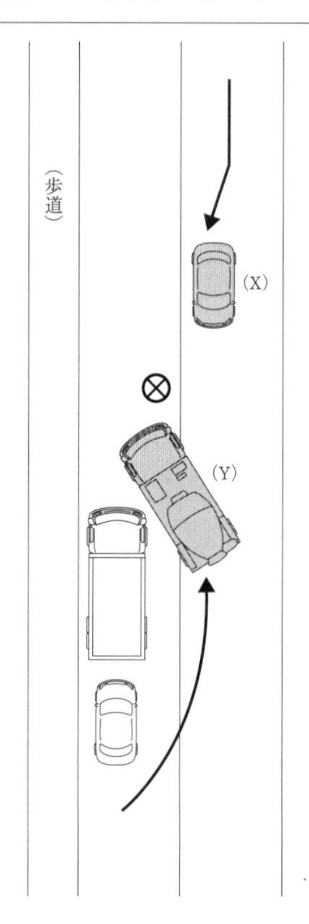

過失割合　普通乗用自動車(X) 30 %　コンクリートミキサー車(Y) 70 %

「ア　本件事故の現場は，南北にほぼ直線の見通し良好な片側1車線の2車線道路（県道川越新座線）であり（以下「本件道路」という。），車道部分の幅員は約6メートルで，道路の西側に幅約2.1メートルの歩道が設置され，車道と歩道の間は縁石で区切られている。本件道路の東側は民家や荒地，西側はビニールハウスとなっている。交通規制としては，最高速度時速40キロメートルで，黄色のセンターラインによる追越しのための右側部分はみ出し禁止，駐車禁止の規制がある。本件事故当時，天候は晴れで路面は乾燥していた。（甲10，11，17，乙2）

イ　被告車両は，長さ7.87メートル，幅2.49メートル，高さ3.7メートルのコンクリートミキサー車である。

原告車両は，長さ3.99メートル，幅1.69メートル，高さ1.25メートルのスポーツカータイプの普通乗用自動車（ホンダCR-Xデルソル）である。（甲10，18）

ウ　被告C〔Y〕は，被告車両を運転して，本件道路を志木市方面（南）から川越市方面（北）に向かい進行していたところ，本件事故の現場の手前付近に，被告車両より前を走行していた4トンくらいのコンテナ車（以下「4トントラック」という。）が被告車両の走行する車線の相当部分をふさぐ形で駐車していた。その後方に，被告車両の直前を走行していた軽自動車（以下，単に「軽自動車」という。）が停止し，軽自動車は4トントラックの後方まで進行したものの追い越す様子がなかったため，被告Cは，軽自動車及び4トントラックを追い越すこととし，軽自動車の6.8メートル後方で，停止はしなかったがほとんど止まる状態にまで減速した。そして，追越しのため右にハンドルを切り，対向車線に進入して被告車両のギアを2速から3速，4速へ入れ加速しながら進行し，駐車している4トントラックのほぼ真横付近まで進行したところ，対向車線の前方約72.1メートル先に原告車両が対向方向から進行するのが見えた。しかし，被告Cは，原告車両との距離が離れているため，自車線に戻る余裕があると考え，時速35ないし40キロメートルで進行したが，原告車両との距離が接近したため，危険を感じてハンドルを左に切るとともにブレーキを掛けたが間に合わず，被告車両が進行方向に向かって左斜めを向いた状態で，かつ，前部が自車線に，後部が反対車線に入った位置で，被告車両の右前部角付近から右前輪にかけての部分と原告車両とが衝突した。衝突地点は，センターラインから被告車両の元の走行車線側に約70センチメートル入った地点であった。衝突後，被告車両は約4メートル前進し，左前部が縁石を乗り越え歩道に入った状態で停止した。

A〔X〕は，原告車両を運転して，本件道路を川越市方面から志木市方面に向かって進行していたが，衝突地点の21メートル手前かややそれより後方の地点（衝突地点の20ないし30メートル手前）で，40ないし50メートル前方に被告車両が自車線をふさぐような形で進行してくるのを発見し，とっさにハンドルを右に切った（ブレーキは掛けなかった。）ところ，被告車両もAから見て同じ方向へハンドルを切ったような動きをしたことから，衝突すると思い左にハンドルを戻そうとしたが間に合わず，原告車両の右前部が被告車両に衝突し，その後，衝突地点の左真横へ8.2メートル離れた路外の荒地内で左斜め前方を向く形で停止した。（甲10，16，乙1，3，証人A，被告本人）
〔途中略〕

(2)　以上の事実を前提に，双方の過失及び過失割合について判断する。

ア　被告Cは，黄色センターラインにより追越しのための右側部分はみ出し禁止の本件道路において，前方に駐車車両があったため追越しをすることはやむを得ないものであったといえるが，追越しに際し，前方の安全を十分に確認することなく，追越しを開始し，対向する原告車両との十分な距離を保持せず進行した過失がある。

イ　他方，Aは，前方72.1メートルは見通しが可能な本件道路において，被告車両が前方40ないし50メートルに接近するまで被告車両に気付かなかったのであるから，前方不注視の過失は明らかというべきであり，かつ，最高速度時速40キロメートルの規制がある本件道路において，これを少なくとも時速20キロメートル超過する速度で進行した過失がある。また，被告車両を発見した後，ブレーキ操作をしていなかったため，高速度のまま被告車両に衝突し，原告車両の前部が大破させるとともにAは前記第2の2(2)記載の傷害を負う結果を生じさせたものであるから，ブレーキ操作の不適切さもAの損害の拡大に寄与しているというべきである。

さらに，Aは被告車両を発見して右にハンドルを切っているところ，原告車両の左側は，本件道路から荒地に少し入った位置に数メートル間隔で樹木があるが，本件道路とそれほど段差のない荒地となっていて，左へ避ける余地が全くなかったとはいえないこと（甲17，乙２），右前方には４トントラックが駐車していたこと，被告車両のスリップ痕の位置や，原告車両の右前部と被告車両の右前部角付近から右前輪にかけての部分が衝突していること（甲10，17）からすると，原告車両が左へハンドルを切っていた場合には衝突を回避し得たか，衝撃のより少ない形での衝突となった可能性があるといえ，原告車両が時速60キロメートル以上で走行中に自車線の前方に被告車両を発見したためＡが慌てたとしてもやむを得ない面はあるものの，Ａが衝突回避措置として右へハンドルを切ったことが損害を拡大させた可能性も否定し得ない。

ウ　以上の双方の過失を考慮すると，Ａが３割，被告Ｃが７割とするのが相当である。」

裁判例 188　東京地判平成 24 年 6 月 28 日（判例秘書 L06730283）

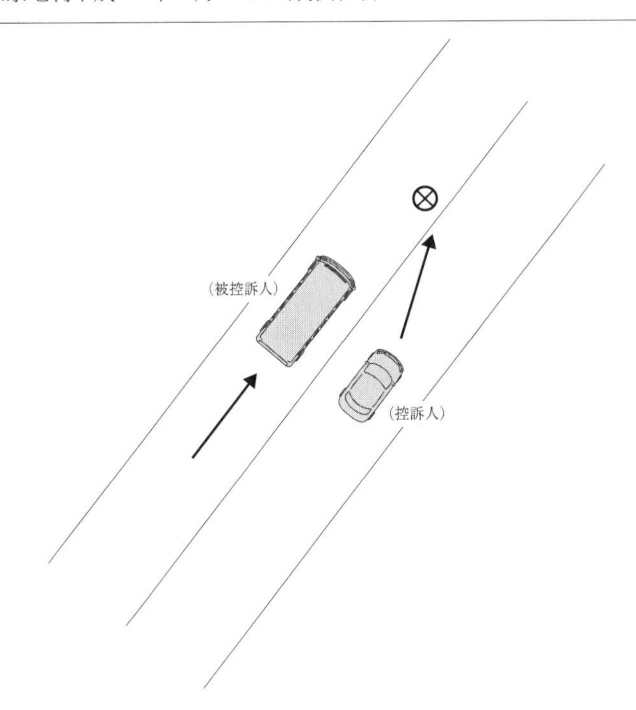

過失割合　普通乗用自動車（控訴人）70 %　路線バス（被控訴人）30 %

「ア　本件道路は，国道 122 号線（岩槻街道）の十二月田交差点から北東に延びる片側１車線の道路であり，本件道路の中央には黄色ペイントで実線の中央線が標示され，追越しのため道路の右側部分にはみ出して通行することが禁止されていた。

イ　被控訴人Ｙ１は，川口駅東口から安行出羽行の路線バス（川 25 系統）であるＹ１車を運転し，本件道路の左側に設置された朝日１丁目バス停留所において，乗客の乗降のためにＹ１車を停車させた。控訴人は，Ｙ１車を追い越すために，Ｙ１車の後方から対向車線上にＸ１車を進入させて停車した。そして，乗客の乗降を終えて，被控訴人Ｙ１がＹ１車を発進させた直後，Ｙ１車の右前部とＸ１車の左後部ドアが衝突した。なお，Ｙ１車を発進させる際，被控訴人Ｙ１は，Ｙ１車の右横の対向車線上にＸ１車が停車していたことを認識していた。

〔途中略〕

(3)　以上の検討に加えて，前記認定事実を総合すると，Ｙ１車がバス停留所に停車したことから，控訴人は，追越しのため道路の右側部分にはみ出して通行することが禁止されていた本件道路において，Ｙ１車を追い越そうとして対向車線に進入してＹ１車の右側を進行したものの，対面する信号機が赤色灯火信号になって前方が渋滞していたため，Ｙ１車の前方に進入することができず，対向車線上でＸ１車を停車させていたところ，対面する信号機が青色灯火信号に変わったため，乗客の乗降を終了していた被控訴人Ｙ１は，Ｘ１車の存在を認識しながらも，Ｙ１車を発進させたところ，Ｘ１車も対向車線からＹ１車の前方に斜めに進入してきたため，Ｘ１車の左後部ドアとＹ１車の右前部が接触したものと認めるのが相当である。

⑷　上記認定によれば，控訴人には，Ｙ１車の追越しをしようとする際，反対の方向からの交通及び前方の交通に十分に注意し，かつ，Ｙ１車の速度及び進路並びに道路の状況に応じて，できる限り安全な速度と方法で進行すべき義務（道路交通法28条４項参照）を怠った過失が認められ，他方，被控訴人Ｙ１には，対向車線上のＸ１車の存在に気付いていたのであるから，Ｘ１車が，対向車の交通を意識して，Ｙ１車の前に進入しようとすることは容易に予見することができたにもかかわらず，Ｘ１車と接触しないような速度と方法で運転すべき義務（同法70条参照）を怠った過失が認められる。

そして，上記控訴人及び被控訴人Ｙ１の各過失の内容，追越しが禁止された場所において追越しをしたＸ１車と追越しをされたＹ１車とが接触をしたという本件事故の態様，本件事故は，Ｙ１車及びＸ１車がともにいったん停車した状態から走行を開始してすぐに発生したものであることなどを考慮すると，控訴人の過失の方が被控訴人Ｙ１の過失より大きいというべきであるから，過失割合は，控訴人が７割，被控訴人Ｙ１が３割とするのが相当である。」

（転回）

裁判例 189　大阪地判平成26年9月9日（判例秘書 L06951019）

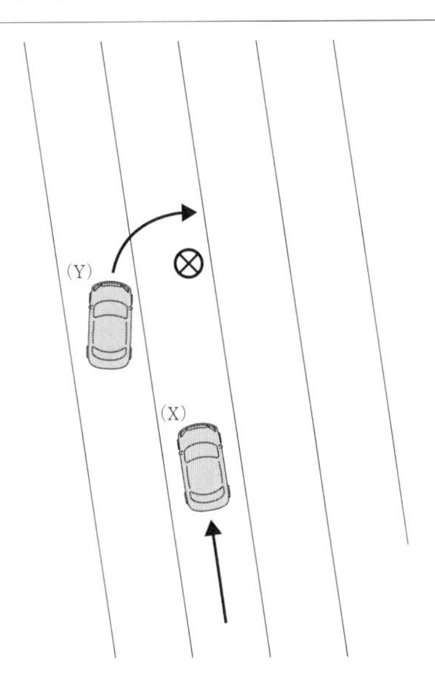

過失割合　普通乗用自動車(X) 20 %　普通乗用自動車(Y) 80 %

「(1)　原告が，平成22年9月29日午前10時20分ころ，普通乗用自動車（以下「原告車両」という。）を運転して，神戸市西区伊川谷町有瀬14－21付近路上の片側2車線の兵庫県道487号線（以下「本件道路」という。）の第2車線を南から北に向かって直進していたところ，第1車線から右側に転回しようとした被告Y2が運転する普通乗用自動車（以下「被告車両」という。）と衝突する事故（以下「本件事故」という。）が発生した。被告車両は，被告Y1が保有しており，また，被告Y2には，本件事故の際，第2車線上の車両の有無を確認すべき義務があるのに，これを怠った（争いがない。）。

〔途中略〕

(1)　上記第2の2(1)の事実に，証拠〔略〕及び弁論の全趣旨を総合すると，被告Y2は，本件事故前，本件道路の第1車線を走行していたが，転回しようと考え，被告車両を減速させ，右合図を出した上，被告車両のハンドルを右に転把したところ，第2車線を走行してきた原告車両と衝突したことが認められる。これに対し，原告本人は，被告車両は，停止しており，合図も出さずにいきなり転回した旨供述するが，現場の見分状況書〔証拠略〕の内容に照らし，採用することはできない。

(2)　前項で認定した事実によれば，本件事故の主な原因は被告Y2の後方安全不確認の過失にあったというべきであるが，原告にも，前方不注視の過失があったと認められ，その割合は2割とみるのが相当である。」

第5　追　　突

裁判例 190　東京地判平成22年3月2日（自保ジャーナル1836号23頁）

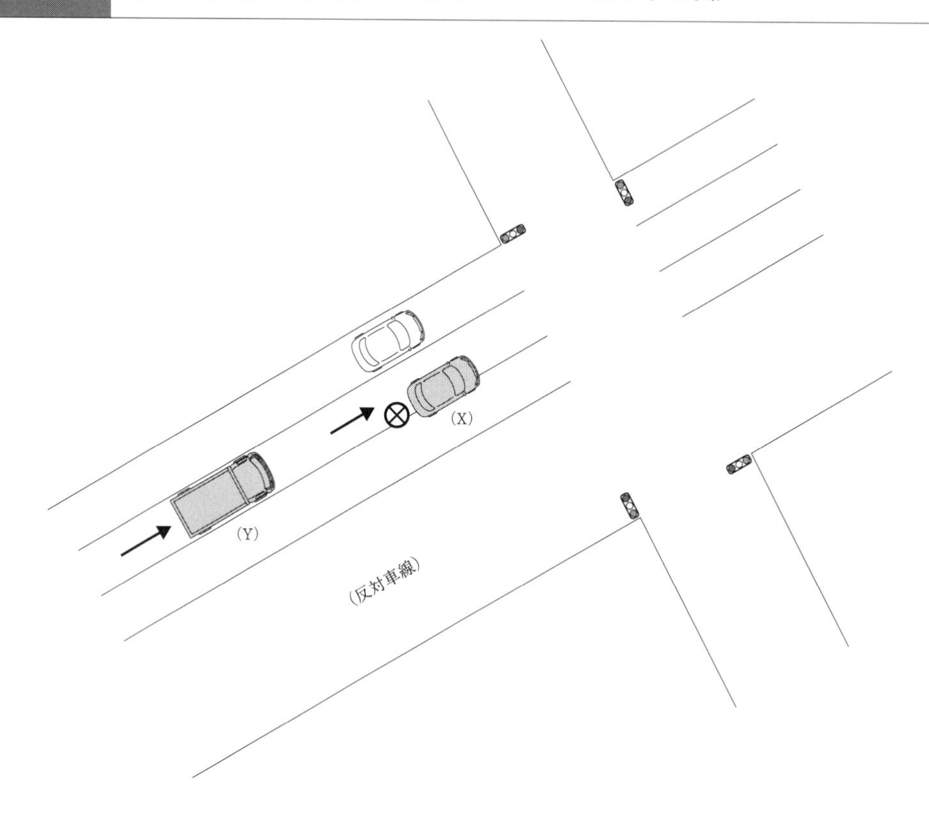

過失割合　普通乗用自動車(X)　0　%　普通貨物自動車(Y)　100　%

「原告車及び被告車が走行していた道路は，等々力方面から環七方面に向かう片側3車線の道路であり，事故現場の先には信号機による交通整理の行われている交差点が存在する。

イ　原告は，本件事故当日，原告車を運転して，環七方面に向かい目黒通りの第2車両通行帯を走行していた。原告は，自車の左前方の第1車両通行帯左側路肩に駐車していた訴外車両がウインカーを出さずに急に発進してきたことから，原告車を右に寄せて訴外車両と併走する状態で，若干第3車両通行帯にかかる位置を走行していたが，上記交差点の対面信号が赤色表示に変わったのを見て，ハンドルを切らずにブレーキをかけ，原告車を上記交差点に設けられた停止線手前の別紙図面の(イ)地点で停止させた。

ウ　一方，被告Y2は，被告車を運転して，原告車及び訴外車両の後方から第2車両通行帯を走行し，別紙図面の①地点で，前方に訴外車両と並進していた原告車を認め減速した。被告Y2は，別紙図面の②地点で，対面信号が赤色表示になっているのと，それに従い原告車が停止していたのに気付き，被告車のブレーキをかけるとともに，ハンドルを右に切ったが間に合わず，別紙図面の③地点で，原告車の右後部に被告車の左前部を追突させた。

〔途中略〕

(3)　上記(1)の認定事実によれば，被告Ｙ２には，被告車を運転するに際しては，前方の信号表示及び進行車両等の状況に注意し，かつ，前方車両との車間距離を十分保持して進行すべき義務があるのにこれを怠り，対面信号の赤色表示及びそれに従い停車した原告車の存在に気付くのが遅れ，交差点の停止線手前において停車中の原告車の右後部に，被告車の左前部を追突させた過失があるというべきである。

一方，原告は，対面信号の赤色表示に従い交差点の停止線手前で停車した後に，被告車から追突されたもので，原告の側において本件事故を回避し得る可能性はなかったものと考えられる。

そうすると，本件における過失割合は，原告が０パーセント，被告Ｙ２が100パーセントとするのが相当である。

なお，被告らは，原告車が第２車両通行帯から第３車両通行帯にはみだす状態で停止して被告車の進行を妨害し，通行区分に違反したことにつき過失がある旨主張するが，本件事故発生の原因が，専ら被告Ｙ２の前方注視義務違反及び車間距離保持義務違反にあることは明らかである上，原告車の停止地点は別紙図面の(イ)地点であって第３車両通行帯にはみだした範囲はわずかであることに鑑みると，原告車が第３車両通行帯にはみ出す状態で停止したことをもって原告に過失があるとまでは認められず，上記被告らの主張を採用することはできない。」

裁判例 191　東京地判平成22年9月1日（判例秘書 L06530480）

（反対車線）

(X)　⊗　(Y)　←

過失割合　普通乗用自動車(X) 15 %　普通乗用自動車(Y) 85 %

「(1)　ア　本件事故現場は，通称明治通りから通称川越通りに延びる東西の道路（以下「本件道路」という。）であり，見通しの良い直線道路である。本件道路の概況は，別紙，現場見取図（原図）（以下「別紙図面」という。）のとおりである。

イ　被告車は，本件事故前，本件道路を東から西に向かって直進していた。被告Ｙ２は，本件事故現場の２つほど手前の交差点内において，原告車が被告車の前方に強引に割り込んできたことに立腹し，原告車を停止させて注意するつもりで，原告車の後方に付いて，原告車に向かってパッシングしながら，これを追尾した。

被告車が，時速約40キロメートルの速度で，原告車を追尾して走行していたところ，別紙図面②地点において，(ｲ)地点付近を走行していた原告車が急制動の措置を講じた。被告Ｙ２は，危険を感じ，急制動の措置を講じて被告車を停止させようとしたが，（×）地点で，原告車の後部に追突した。

前記追突後，原告車は，若干前進して，本件道路の左側に寄って停止し，被告車もその後方に停止した。

ウ　被告Ｙ２は，原告車を追尾している間，被告車との車間距離を詰めて走行しており，被告Ｙ２が危険を感じて急制動の措置を講じた時点で，被告車と原告車との車間距離は，６，７メートル程度であった。

エ　本件事故当時，原告車の前方には，横断歩道や停止車両等，原告車の進行を妨げるようなものはなかった。

(2)　以上の事実によれば，被告Ｙ２は，本件道路を直進進行するにあたっては，先行車両との間に十分な車間距離を保持し，また先行車両の動静に十分に注意して進行すべき注意義務を負っていたところ，これを怠って本件事故を発生させた過失があるというべきであり，前記のとおり，被告Ｙ２が，Ａ〔Ｘ〕の運転態様に立腹して，原告車との車間距離を詰めて，パッシングしながらこれを追尾していたという経緯や状況にも照らすと，被告Ｙ２の過失は大きいといわざるを得ない。

他方，Ａも，前記経緯に照らすと，原告車の後方を走行していた被告車の存在を認識していたと推認されるところ，本件事故現場において，原告車を急停止させる特段の必要性がないにもかかわらず，左に寄ったり，ウィンカーを出す等の措置を講じることなく，急制動の措置を講じたものであるから，原告車の動静を確認して，衝突を回避すべき点について過失があったことは否定し得ないというべきである。

　そして，上記認定の双方の過失態様に照らせば，本件事故発生についてのAの過失割合は15パーセント，被告Y２の過失割合は85パーセントであると認められる。」

裁判例 192　東京地判平成28年3月23日（自保ジャーナル1976号168頁）

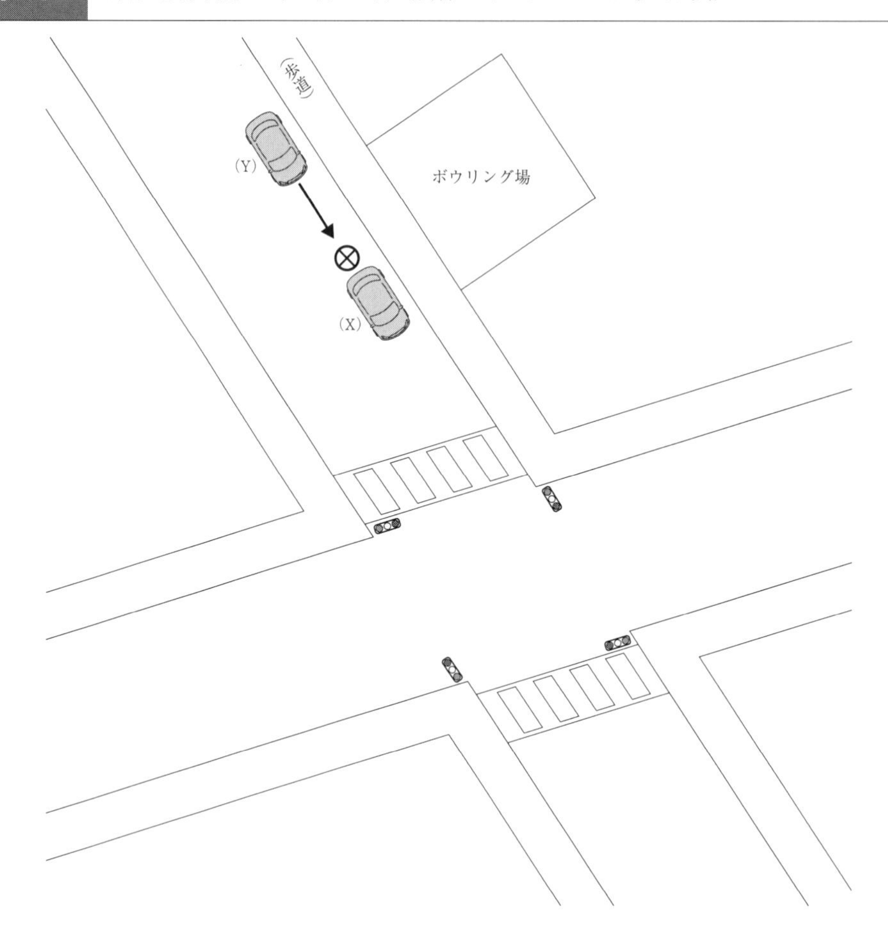

過失割合　普通乗用自動車(X)［15］%　普通乗用自動車(Y)［85］%

「エ　事故態様

被告運転の被告車が，県道107号線（以下「本件道路」という。）沿いにあるボウリング場前の路上に一時停車中の原告車に追突した。

〔途中略〕

(1)　被告が，原告に対し，運行供用者として自動車損害賠償保障法3条に基づく責任を負うことは当事者間に争いがない。

被告は過失相殺を主張するところ，前提事実(1)のほか，証拠〔略〕によれば，被告は，ダッシュボード内のガムを取ろうとしてわき見をした結果，進路前方の車両等の動静を注視し，安全を確認して進行すべき自動車運転上の注意義務に違反した過失があり，その内容に照らして重大な過失というべきである。他方，原告は，原告車を駐車するに当たり，灯火を点灯させず，また，反射板を設置する等，後続車に自車の存在を警告する措置を行っていないところ〔証拠略〕，本件事故について原告にも落ち度があるというべきである。このことに，本件事故が深夜の事故で，視認状況が良好でなかったと考えられることを総合考慮し，過失割合は，原告1割5分，被告8割5分と認めるのが相当である。

(2) 被告は，原告車の停車場所は，横断歩道の直近の駐停車禁止場所であると主張する。しかし，道路交通法44条1項3号は，横断歩道の前後の側端からそれぞれ前後に5m以内の部分について駐停車禁止場所と定めるところ，原告車が停車していた場所が上記に当たることを認めるに足りる証拠はない。また，被告は，原告車が車道外側線から車体の半分以上を車道側にはみ出させていた旨を主張するが，証拠〔略〕に照らしてそのように認めるのは困難である。

他方，原告は，本件事故の現場は深夜でも照明が十分であった旨主張し，写真〔証拠略〕を証拠提出するが，同写真上，本件事故当時の照明状況は明らかでないこと，本件事故が，事故現場付近の施設が営業を終了した後の事故であること（弁論の全趣旨）からすれば，原告の上記主張を採用するのは困難である。他に原告の上記主張を認めるに足りる証拠はない。」

裁判例 193　東京地判平成22年3月2日（判例秘書 L06530125）

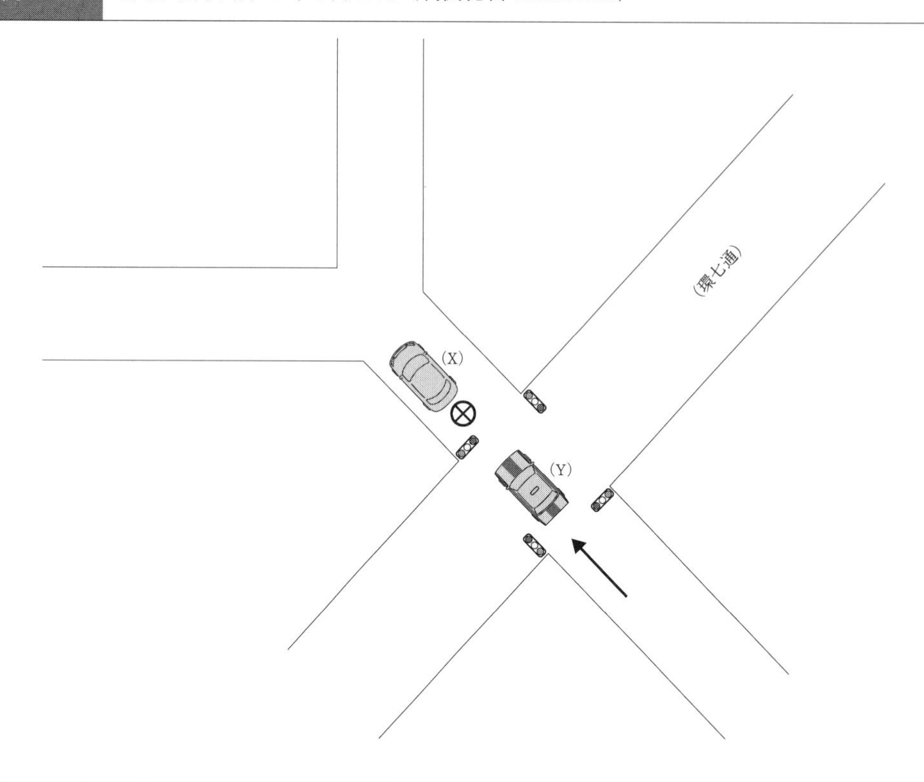

過失割合　普通乗用自動車(X) 20 %　タクシー(Y) 80 %

「ア　原告は，環七交差点の手前の地点で，北西方向に向かって赤信号に従って停止していたが，その際，原告が代表取締役となっている訴外会社の駐車場へ向かおうと考え，右折用ウインカーを出していたところ，信号が青に変わっても，直ちに発進しなかったため，被告Y１からクラクションを鳴らされた。そこで，原告は，右折をやめて，そのまま直進したところ，被告Y１も被告車を発進させたものの，原告車の速度が落ち，原告車と被告車との間隔が狭まったため，被告Y１は，再びクラクションを鳴らした。

イ　原告車も被告車も，環七交差点を，時速20キロメートル前後で直進して通過したが，原告は，被告Y１からクラクションを鳴らされたこともあり，後方をサイドミラーで見ているうちに，右折しようと考えていた本件交差点に達したため，あわててブレーキをかけた。その際，原告は右折のためのウインカーは点滅させていなかった。

ウ　被告Y１は，原告車との距離が狭まった後も，そのままの速度で原告車の後ろを，車間距離を十分にとらないまま進行し，原告がブレーキをかけた直後に，時速約20キロメートルで，原告車の後部右側に被告車の左前部を衝突させた。

被告らは，原告車との車間距離が4，5メートルあったと主張するが，原告車と被告車との間隔はそれよりも近かったと認められる。

エ　原告車は，衝突により前に進み，さらに，自らやや前に出て停止し，原告は，すぐに降車し，被告車は，ほぼ衝突地点に停止した（停止後5秒以内)。

⑵　これらの事情からすると，被告Ｙ１は，原告車が，環七交差点において，原告が右折用ウインカーを出していながら，これを止めて時速20キロメートル前後で環七交差点を直進し，車間距離が狭まった後も，車間距離を取らないまま進行を続けていたため，原告車の停止に対応できずに追突したと認められる。なお，被告らは，衝突時の被告車の速度が時速13キロメートルであったと主張するが，上記のとおりである。

確かに，原告においても，もともと時速20キロメートル程度で走行していたのであるから，その停止が急ブレーキとまではいえないものの，あわてて停止したと陳述（甲13）しており，被告Ｙ１の車間距離が十分でなかったことを考慮しても，本件事故の責任の一端が原告にあることは否定できない。

⑶　そうすると，本件事故における原告と被告Ｙ１との責任割合は，原告20に対し被告Ｙ１・80とするのが相当である。

なお，被告らは，原告が環七交差点で携帯電話を使用していたとするが，本件事故時に使用していたとの主張ではないから，そのこと自体が本件事故に影響を与えているとはいえない。」

裁判例 194　東京地判平成23年2月23日（判例秘書 L06630049）

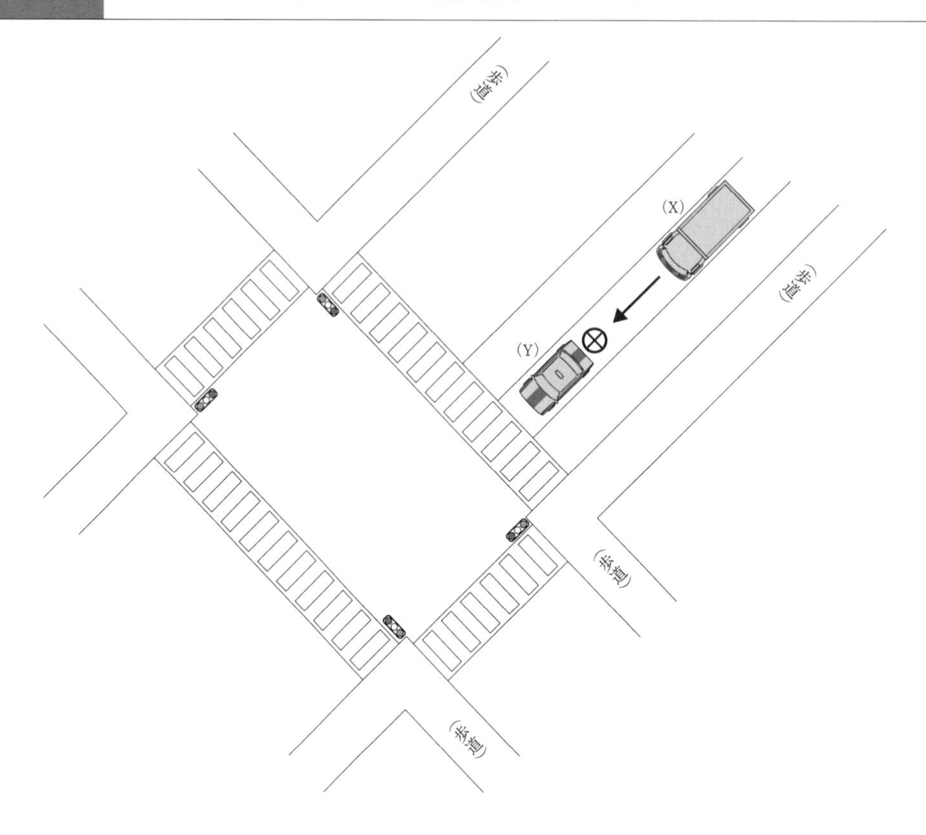

過失割合　普通貨物自動車(X) 100 %　タクシー(Y) 0 %

「ア　本件現場は，清澄通り上で，片側3車線の道路で（なお，道路の両側に歩道が設置されている。），相生橋方面から晴海通り方面に向かう側の幅員は，右車線が3.2メートル，中央車線が3メートル，左車線が3.5メートル，合計9.7メートルであり，同所の制限速度は時速50キロメートルである。

イ　被告車（タクシー）は，相生橋方面から晴海通り方面に向かって，清澄通りの中央車線を時速50キロメートル前後の速度で走行していた。

他方，原告車（トラック，長さ9.43メートル，幅2.49メートル，高さ3.42メートル）は，右車線（中央分離帯寄り）を走行していたが，本件現場の2つ手前の交差点辺りで中央車線に車線を変更し，被告車を追走する形になったが，原告車との車間距離は徐々に詰まっていった。

ウ　原告車は，本件現場の一つ手前の交差点付近で被告車を追い越そうと，右車線で右折待機中の車両（4輪車）と中央車線を走行する被告車との間をすり抜けるようにして右車線に車線変更したが，車線変更をする直前における原告車（トラック）と被告車（タクシー）との車間距離は5メートル（区分線1本の長さ）あるかどうか程度と接近しており，十分な距離が取られていたわけではなかった。

エ　原告車は，被告車と併走する状態となったが（なお，この時点での被告車の速度は時速50キロメートル前後である。），被告車を追い越すのを止め，本件現場の交差点手前辺りで，中央車線に戻り，再び被告車の後ろを追走する状態になったが（この時点での被告車の位置は上記交差点に入った辺りの地点），この時点における原告車と被告車との車間は極めて接近しており，5メートル（区分線1本の長さ）もないような状況で，十分な車間距離がなかった。

なお，原告車が被告車を追い越そうと右車線を走行中，右車線前方には車両が走行していたり停車していたりしていたわけではなく，原告車が右車線を走行することを妨げるようなものはなく，原告車が急いで右車線から中央車線に戻る必要があったわけではなかった。

また，中央車線上も，被告車の後方には後続する車両はなかった。

オ　被告車は，上記交差点の入口辺りで，歩道に人がいて，被告車（タクシー）に対して合図をするかもしれないと思い，減速したところ（実際に制動がかかったのは上記交差点の出口手前辺りで，時速54キロメートル程度から時速37キロメートル程度まで減速），後続車である原告車が，被告車を避けきれず，上記交差点を出た辺りで被告車に追突した。

(2)　上記のとおり，本件事故は，先行車である被告車に後続車である原告車が追突した事案であって，基本的に原告車の不注意が原因で生じた事故ということができるところ，被告車に不適切な運転があったかを検討すると，被告車は，本件事故直前，前記のとおり，時速54キロメートル程度から時速37キロメートル程度まで減速しているが，急ブレーキをかけたというほどの急激な減速というわけではなく，先に指摘したとおり，原告車は，被告車を追い越そうと中央車線から右車線に車線変更した時点でも被告車との車間距離を十分とっていたわけではなく，また，追い越しをやめて右車線から中央車線に車線変更する際にも被告車との車間距離を十分とった上で車線変更をしているわけでもなく，結局，原告車が被告車との十分な車間距離を取って走行していれば，十分避けることができたと考えられることからすると，被告車が減速の措置をとったことは特に被告車の落ち度ということはできないというべきである。なお，原告らは，原告車が被告車を追い越そうといったん右車線を走行した際，被告車が加速して原告車の追い越しを妨害したと主張するが，上記のとおり，被告車は，時速50キロメートル前後で走行しており，仮に速度を上げたとしてもそれほど大きく速度を上げたわけではないし，本件現場付近の制限速度は時速50キロメートルであることからすると，被告車の追越しを妨害するような走行方法ということはできない。

そうすると，本件事故は，いわゆる追突事故であり，もっぱら，原告車の車間距離不十分等の不適切な運転が原因で生じたものであるから，原告車のみに過失があり，被告車に過失があるということはできない。」

第６　路外への出入り

裁判例 195　東京地判平成８年11月13日（交民29巻６号1655頁）

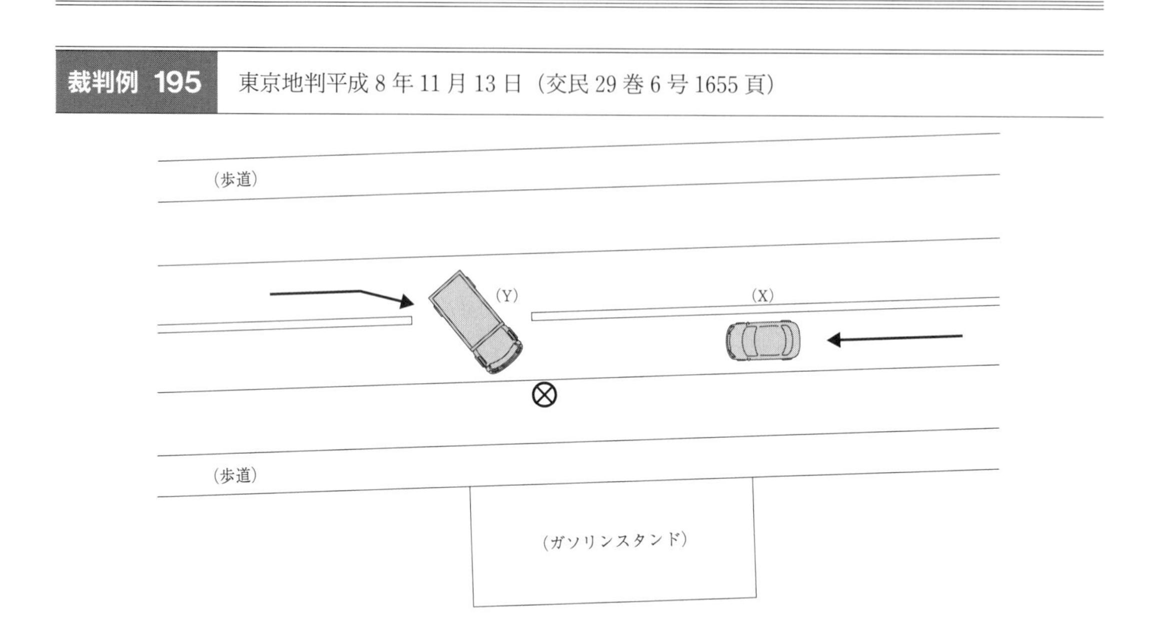

過失割合　普通乗用自動車(X) 10 %　普通貨物自動車(Y) 90 %

「(1)　本件道路は，千葉市方面と成東町方面を結ぶ国道126号線であり，片側の幅員が7.4メートルで，中央分離帯で車線が区分され，かつ，歩車道の区分された片側２車線のアスファルトで舗装された道路である。

本件事故現場付近は直線で，視界は良好であり，速度制限は法定の毎時60キロメートルに規制されている。本件事故当時は早朝で交通量は閑散としていた。

(2)　被告Ｙは，被告車線の第２車線上を進行中，原告車線側路外にあるガソリンスタンドに入ろうとし，中央分離帯の切れ間付近で一旦停止し，原告車線を確認したが，前方約38.5メートル地点の第２車線上を対向進行してくる原告車を発見したが，先に路外に進行できると軽信し，そのまま右折をしたところ，原告車線の第１車線上で原告車と衝突した。

一方，原告は，原告車を運転し，原告車線の第２車線を時速約70キロメートルで直進してきたが，前方約30メートルの地点に路外のガソリンスタンドに入ろうとしている被告車を発見したが，被告車が右折することはなく先に通過できると考え，そのまま直進したところ，被告車が中央分離帯の切れ間から右折してきたため，これを避けようとして左にハンドルを切ったものの，被告車と第１車線上で衝突した。

(二)　右認定の事実によれば，原告にも，制限速度遵守義務違反の過失が認められるので，過失相殺をするのが相当と認められるところ，本件事故は，右折して路外に進行しようとした被告車と直進中の原告車の衝突事故であり，第一次的には被告に原告車の通行を阻害してはならない注意義務が課せられていること，本件事故は片側2車線の幹線道路であり，本件事故現場も直線で見通しが良く，原告車の動静を誤認した被告Yの前方不注視違反の程度は著しいこと，原告にも，制限速度を約10キロメートル超過した時速約70キロメートルで進行していた過失は認められるが，制限速度遵守義務違反の外には原告に過失は認められないことなど，本件事故の態様，原告，被告双方の過失に鑑みると，本件では，原告の損害から10パーセントを相殺するのが相当であると認められる。」

裁判例 196　東京地判平成22年1月15日（自保ジャーナル1830号91頁）

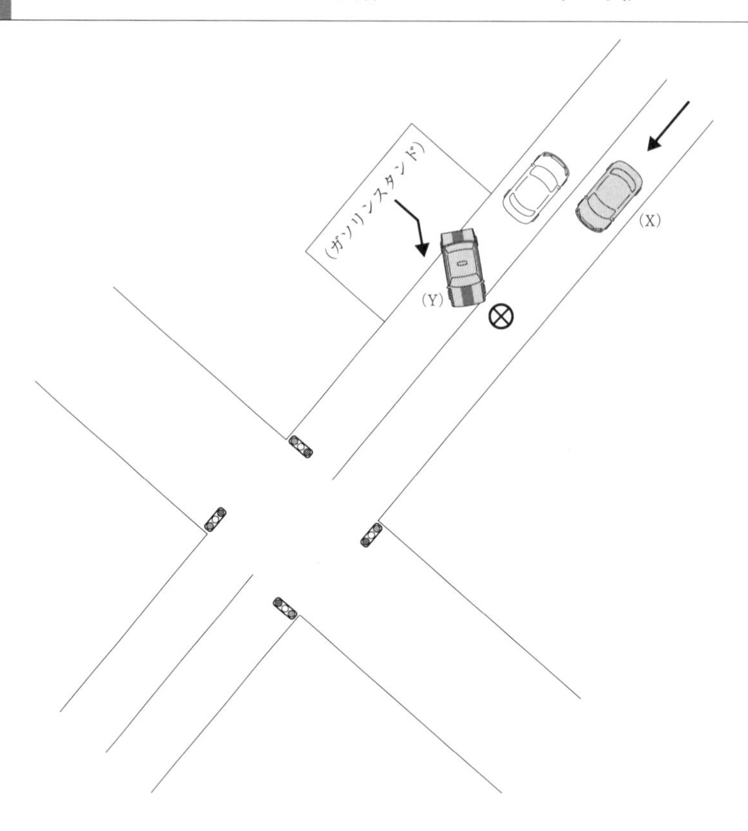

過失割合　普通乗用自動車(X)　10　%　タクシー(Y)　90　%

「イ　第1現場は，山下公園方面と横浜中華街方面とを結ぶ道路と本町方面と元町方面とを結ぶ道路の交差点における山下公園方面側の入口付近であり，片側1車線で道路の車道部分の幅員は8メートル（1車線4メートル），道路の両脇には幅員3.5メートルの歩道が設置されており，山下公園方面からみて右側には，駐車場，その先には本件スタンドが設置されている。

ウ　E〔X〕は，平成12年5月20日，原告車に原告を助手席に同乗させ，東京都文京区内の自宅を出発して横浜中華街に向かい，午後6時50分ころ，第1現場を山下公園方面から横浜中華街方面に向かって走行してきたところ，道路右側に設置されている本件スタンドからY2車が道路に出てきた。

エ　他方，被告Y2は，Y2車（タクシー）の燃料が残り少なくなったことから，同日午後6時40分ころ，本件スタンドに立ち寄り，Y2車に燃料を補給した後，同日午後6時50分ころ，横浜中華街方面に向かおうと，本件スタンドから第1現場である道路に進出する際に一時停止し，左側に停車していたタクシー越しに左方向の交通状況を確認してから，原告車走行車線に進出して右折しようとしたところ，道路から3メートル入った地点（走行距離にして数メートル）で，原告車が山下公園方面から横浜中華街方面に向かって走行してきたのを発見したが，間に合わず，Y2車の左フェンダー方向指示器付近が原告車の右前フェンダー付近に斜めに衝突して，両車は停止した（なお，原告は，原告車とY２車がほぼ90度で衝突したと主張するが，右折するため進入したY２車の進行態様を考えれば，原告車に90度の角度で衝突するとは考え難い上，Eも立ち会っている実況見分調書〔乙３の２〕における衝突角度は90度より浅くなっているから，原告の主張は採用できない。)。

その結果，Y２車は，左フェンダー方向指示器にひびが入り，原告車は，右前フェンダーが凹損した。

オ　原告は，第１現場から，病院に救急搬送されたが，Eは，同日中に，原告車で第１現場から原告が搬送された病院に赴き，原告を同乗させて帰宅した。

(3)　以上によれば，被告Y２は，第１現場において路外から道路に進入する際，道路の左方から走行してくる車両の有無の確認が不十分であった過失が認められるが，他方，Eは，路外の右側に駐車場や本件スタンドが設置されていたのであるから，多少なりとも同所から道路に進出してくる車両の有無を確認すべきであったところ，道路幅が８メートル（１車線４メートル）あることを考えても，その確認が十分ではなかったと認められる。その他，被告Y２は，道路に進出する際，左側にタクシーがあったため左側の交通状況の確認がしづらかったにもかかわらず，慎重な安全確認をしていたとは言い難いことなどの事情を考慮すれば，Eの過失は10パーセントに対して，被告Y２の過失は90パーセントと認めるのが相当である。

そして，原告は，専業主婦であるところ，息子であるEと同居して生活していることからすると，原告車の運転者であるEは，身分上，生活上一体の関係にある者に当たるから，Eの過失は，被害者である原告の過失と評価するのが相当である。

したがって，原告の過失割合は10パーセントに対して被告Y２の過失割合は90パーセントと認められる。」

裁判例 197　東京地判平成 22 年 4 月 22 日（判例秘書 L06530186）

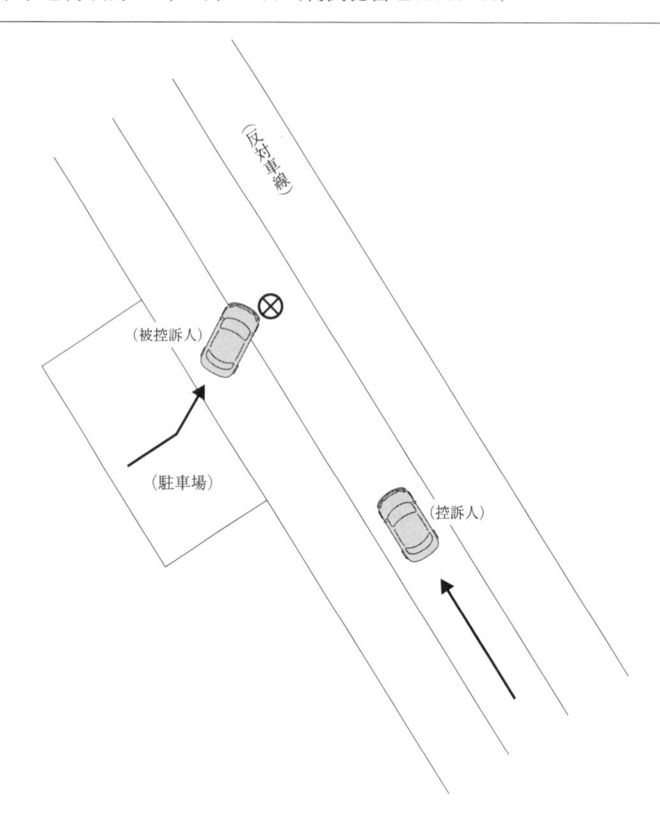

過失割合　**普通乗用自動車（控訴人）** 15 %　**普通乗用自動車（被控訴人）** 85 %

「本件事故現場の道路（以下「本件道路」という。）は，コストコ方面（南東）と国道 16 号方面（北西）とを結ぶ制限速度時速 40 キロメートルの直線道路であり，見通しはよい。本件道路の北西方面に向かう車線は片側 2 車線となっている。本件事故現場の南東側には北東方面と南西方面を結ぶ道路が本件道路と交差する十字路交差点がある。本件道路の南西側には Mr. MAX 多摩境ショッピングセンターとその駐車場（以下「本件駐車場」という。）が併設されている。同ショッピングセンター及び本件駐車場と車道の間には歩道があり，歩道と本件道路第 1 車線との間には本件駐車場への出入りスペースが設けられている。

イ　本件事故発生に至る経緯（甲 10，13 ないし 15，乙 5）

本件事故当日，控訴人X 1 は，本件事故現場から 300 メートルほど離れた飲食店へ行くため，控訴人車両を運転し，上記十字路交差点を北東方面から北西方面に右折進行させ，国道 16 号方面（北西）に向かって本件道路の第 2 車線を時速約 40 キロメートルで走行させていた。やがて，控訴人X 1 は，本件駐車場から本件道路第 1 車線に進入しようとしている被控訴人車両を発見し，被控訴人車両が大回り左折する可能性を考えて減速したが，被控訴人車両が第 1 車線に進入したのを確認した後は，前方を見て控訴人車両を運転した。すると，控訴人X 1 は，控訴人車両左側に衝撃を感じたため，左側を見ると，すぐ近くに被控訴人車両が見えたため，被控訴人車両と衝突したと判断した。
〔途中略〕
(2)　控訴人Ｘ１の責任について
本件事故発生前の両車両の走行経路や走行態様にかんがみると，衝突の際は控訴人車両の速度が被控訴人車両の速度を上回っていたということができる。そして，本件事故は本件道路の第２車線内で被控訴人車両の右前部と控訴人車両の左前部が衝突したものであることも併せ考慮すると，控訴人車両が被控訴人車両の右後方にいる段階で被控訴人車両が既に車線変更を開始していたということができ，控訴人らが主張するように両車両が並走状態になってから，被控訴人車両が車線変更を開始して控訴人車両の真横から衝突したとはいえない。また，(1)イのとおり，被控訴人は，被控訴人車両を第１車線に進入させて引き続き第２車線に車線変更させるに当たり，被控訴人車両の右ウインカーを点灯させている。そうすると，控訴人Ｘ１は，左前方を注視していれば，このような被控訴人車両の挙動を認識し，その車線変更を予見することができたはずである。以上によれば，控訴人Ｘ１は，本件事故の発生につき，左前方の注視が不十分なまま控訴人車両を走行させて，第１車線から第２車線へ車線変更してくる被控訴人車両に控訴人車両を衝突させた過失があると認められるから，被控訴人に対し，民法709条に基づく損害賠償責任を負う。
(3)　過失割合について
第１車線から第２車線へ被控訴人車両を車線変更させるに当たり，第２車線を走行してくる控訴人車両を見落とした被控訴人の過失が左前方の注視が不十分であった控訴人Ｘ１の過失より重いといえること，両車両の速度差，被控訴人車両が右ウインカーを点灯させてから車線変更をするまでの時間がそれほどなかったと考えられることなどの事情に照らすと，本件事故における過失割合は，控訴人Ｘ１・15パーセント，被控訴人85パーセントと認めるのが相当である。」

裁判例 198　東京地判平成24年11月7日（自保ジャーナル1888号53頁）

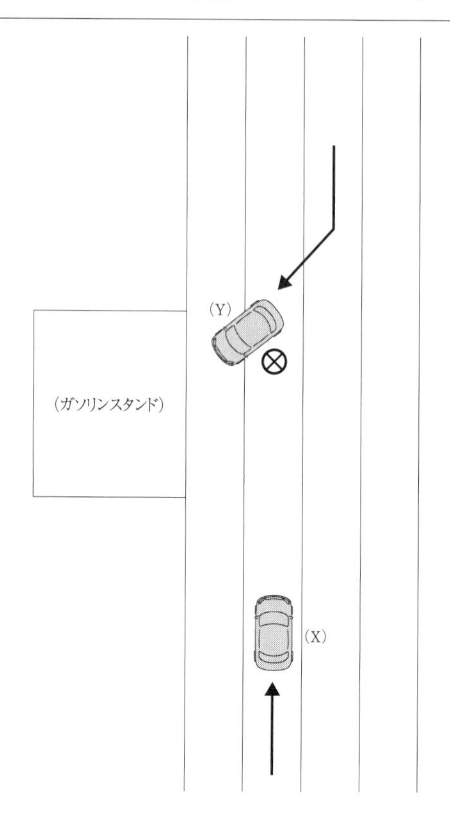

過失割合　普通乗用自動車(X) 15 %　普通乗用自動車(Y) 85 %

「本件事故は，南北に延びる片側2車線の道路（以下「本件道路」という。）のうち，石原町方面（南方面）から新後閑町方面（北方面）に向かう部分（以下「北向道路」といい，逆に向かう部分を「南向道路」という。）で発生した。

本件道路は，その両外側に歩道があり，歩車道の区別がされている。また，車道幅員は，北向道路及び南向道路それぞれ6.5メートルであり，合計13メートルである。

イ　本件事故に至る経緯（甲2，3，12，27，101，乙6）

被告Y1は，南向道路の第2車線を走行していたところ，本件事故現場において，本件道路の西側にあるガソリンスタンドに出るため右折しようとし，南向道路の本件道路中央寄りのところで停止して，右折の合図を出しながら対向直進車が途切れるのを待っていた。そして，被告Y1は，北向道路の第2車線を走行していた原告車を，前方109.6メートルの地点に認めたが，原告車が被告車の脇を通過するより先に被告車が右折を完了することができると考え，時速約10キロメートルで道路外への右折を開始した。しかし，その後，被告車が停止していたところから約8.8メートル進んだところで，被告車の左側後部が原告車の左前部と接触した。

他方，本件道路の本件事故現場付近は，最高速度が時速50キロメートルに指定されていたところ，訴外A〔X〕は，北向道路の第2車線を時速約40ないし50キロメートルで走行し，本件事故現場付近において，第1車線に車線変更をしていたところ，道路外へ右折中の被告車を前方約18.7メートルの地点に認め，その後約14メートル進んだところで，原告車の左前部を被告車の左後部に接触させた。

⑵　過失相殺の可否及び過失割合

前記⑴の事実によれば，本件事故は，原告と身分上，生活関係上一体をなすとみられるような関係にある訴外A（原告の夫）が，原告車が走行する北向道路を横切って対向車線（南向道路）から道路外へ右折する車両の有無の確認を怠り，前方約18.7メートルに迫った地点になって初めて右折中の被告車を認めたという，前方不注視の過失にも起因しているということができるから，これを考慮して原告に対する損害賠償の額を定めることとする。なお，被告らは，訴外Aに最高速度を超過して原告車を運転した過失が存する旨主張するが，かかる主張を認めるに足りる証拠はない。

そして，道路外に出るために右折する自動車と対向直進してきた自動車との衝突事故という事故の態様，訴外A及び被告Y1の各過失の内容，本件事故の現場の道路状況，原告車及び被告車の接触箇所等を考慮すると，被告Y1の過失の方が重大というべきであるから，本件事故の発生について訴外Aは15パーセントの寄与をしていたと考えるのが相当である。」

裁判例 199　東京地判平成28年5月18日（判例秘書L07131360）

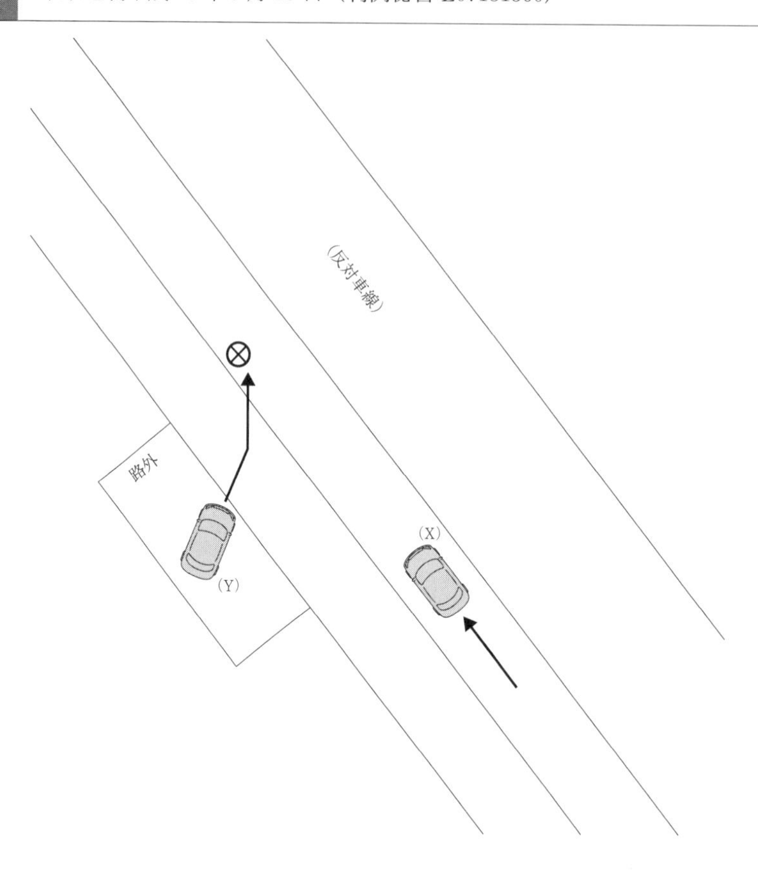

過失割合　普通乗用自動車(X) 15 %　普通乗用自動車(Y) 85 %

「(1)　証拠〔略〕及び弁論の全趣旨によれば，本件事故の態様は，被告車が，幹線道路と認められる本件道路の第1車線の路外から本件道路に進入し，左折して第2車線に進入しようとした際に，右方を確認し，本件道路の第2車線を原告車が走行していることを確認したが，自車が左折して第2車線に進入するまでに原告車が通過するものと軽信し，その後原告車を含む右方の車両の有無及び動静を十分に確認せずに進行したことから，原告車の左側面部と被告車の右前部とを接触させたというものと認められる。したがって，被告には過失があり，民法709条に基づき，本件事故により被告に生じた損害を賠償すべき責任がある。

(2)　他方，同各証拠によれば，原告は，被告車が，路外から本件道路に進入することを現認したが，被告車が第1車線を走行するであろうと軽信するなどして，その後同車の動静を看過した過失がある。

上記までに認定した本件事故の態様，本件道路の状況，原告と被告の過失の内容，程度等を総合考慮すると，その過失割合は，原告15%，被告85%とするのが相当である。」

裁判例 200　東京地判平成18年5月26日（交民39巻3号698頁）

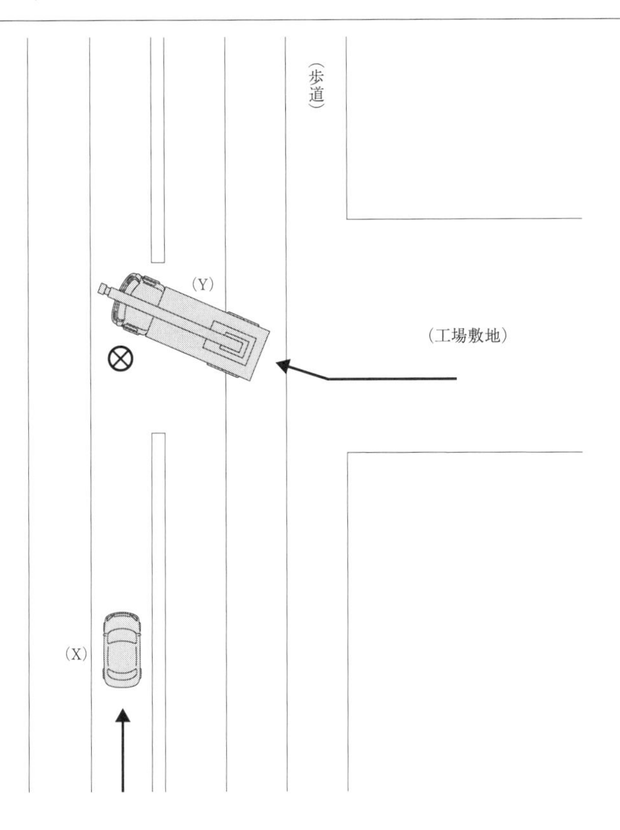

過失割合　普通乗用自動車(X) 20 %　クレーン車(Y) 80 %

「1　本件現場の状況は，別紙現場見取図（以下「本件図」という。）記載のとおりであり，夢の島大橋方面と亀戸方面を結ぶ本件道路を夢の島大橋方面から亀戸方面に向けて走行した場合の進行方向右方の路外には工場敷地（以下「本件工場敷地」という。）が存在した〔証拠略〕。

2　本件道路は，片側2車線で，本件工場敷地が存する側には，幅員約2.8メートルの歩道が設置され，車道の幅員は，亀戸方面から夢の島大橋方面に向かう車線の第1車両通行帯が約3.8メートル，第2車両通行帯が約3.6メートル，幅員約1.2メートルの中央分離帯を挟んで，夢の島大橋方面から亀戸方面に向かう車線の第1車両通行帯が約3.9メートル，第2車両通行帯が約3.5メートルであった。また，最高速度は時速50キロメートルに制限され，駐車禁止，人の横断禁止の交通規制がされていた。路面は，舗装され，平坦で，乾燥していた。そして，本件事故当時，交通は閑散で，夜間でも照明により明るく，原告車が走行していた夢の島大橋方面から亀戸方面に向かう車線の本件現場付近の見通し状況は，前方及び左方が良で，被告クレーン車が本件工場敷地から本件道路に進入してきた方向である右方が不良であった。〔証拠略〕

3　本件工場敷地と本件道路との間には，幅員約16.6メートルの出入口が存在し，出入口には蛇腹式の門扉が設けられ，出入口の前の本件道路は，幅員約14.8メートルにわたり中央分離帯が存在しなかった。そして，本件工場敷地から亀戸方面に向けて本件道路に進入しようとする被告クレーン車からの見通し状況は，前方及び右方が良で，原告車が走行してきた左方が不良であった。本件工場敷地の出入口には，ガードマンがおり，本件工場敷地に出入りする車両の誘導を行っていた。本件工場敷地に出入りする車両による交通事故が過去に10件程度発生しており，本件工場敷地の出入口は，地獄の出入口と呼ばれており，被告は，この事実を認識していた。〔証拠略〕

4　被告クレーン車は，大型特殊自動車（クレーン車）で，車体左前方にはクレーンのアームであるブームが伸びており，運転席から左方の見とおし状況は，ブームの存在により悪かった〔証拠略〕。

5　被告は，平成14年9月2日午後11時ころ，被告クレーン車を運転して本件工場敷地から亀戸方面に向けて右折進入するに際し，本件図〈目〉の地点に立って本件工場敷地に出入りする車両の交通整理を行っていたガードマンの指示に従って本件図〈1〉の地点において一旦停止し，右ウインカーを点灯させ発進した後，本件図〈2〉の地点において再度一旦停止し，ガードマンの「確認してください。」との指示に従い，被告クレーン車のブームの下から左方の安全確認をしたところ，本件道路を夢の島大橋方面から亀戸方面に向けて第2車両通行帯を時速約70キロメートルで走行して来る原告車の前照灯の光を約133メートル先の本件図〈ア〉の地点で認めたものの，被告クレーン車が本件道路に先に右折進入できるものと軽信し，原告車の動静を注視することなく，被告クレーン車を時速約3キロメートルの速度で右折進入し，その後，ガードマンが「来ていますよー」と大声で叫んだが，被告クレーン車をそのまま進行させ，本件図〈3〉の地点において被告クレーン車の左前部を本件図〈イ〉地点の原告車の右前部に衝突させ（衝突地点は本件図×地点），その後，被告クレーン車は，本件図〈4〉の地点で，原告車は本件図〈ウ〉地点で停止した。

〔途中略〕

前記第1認定のとおり，本件交通事故は，被告が運転する被告クレーン車が，路外から本件道路に右折進入しようとしたところ，その左方から走行してきた原告Aが運転する普通乗用自動車と衝突して生じた事故であるところ，本件道路は幹線道路であること，被告クレーン車は，大型特殊自動車であり，路外から右折進入するには，普通の車両に比べて長時間を要する上，本件事故現場は，本件工場敷地に出入りする車両により過去に交通事故が10件程度発生しており，「地獄の出入り口」と言われていることを被告自身が認識していたのであるから，それだけ慎重な運転を要するにもかかわらず，原告車を被告クレーン車から約133メートルの地点で発見しながら安易に右折進入していること，他方，本件道路は制限速度時速50キロメートルのところ，原告Aは原告車を時速約70キロメートルの速度で走行させており，時速約20キロメートルの速度違反が存在することからすれば，原告Aと被告の過失割合は，20：80とするのが相当である。

なお，被告は，被告クレーン車は既右折の状態であった旨主張するが，既右折とは右折が完了又はそれに近い状態をいうところ，前記第1認定の事故態様からすれば，被告クレーン車が右折を完了又はそれに近い状態とはいえない。

また，被告は，原告車にはエアバッグが装着されていたにもかかわらず原告Aがエアバッグを取り外したことをもって過失相殺事由とすべきである旨主張するが，元来，車両にエアバッグの装着することは義務付けられていないから，エアバッグを外したことをもって過失の加算事由とすることはできない。」

裁判例 201　東京地判平成24年2月27日（判例秘書 L06730059）

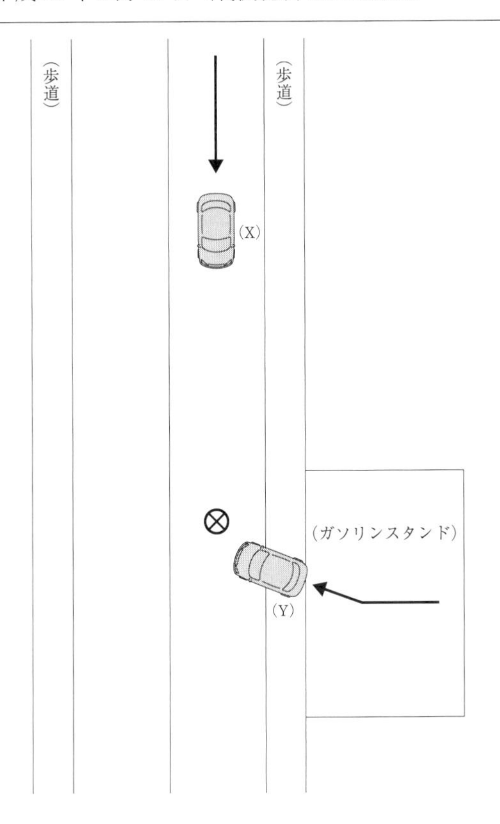

過失割合　普通乗用自動車(X) 20 %　普通乗用自動車(Y) 80 %

「ア　本件道路は，坂東市辺田方面と野田市方面とを結ぶ片側1車線の直線の道路である。本件道路の車道の両側には，縁石で車道と区画されている歩道が設置されており，各車線の左端には幅0.3ｍの車道外側線が白線で表示されている。本件道路の各車線の幅員は3.3ｍである。本件道路の坂東市辺田方面から野田市方面に向かう車線側の路外には，ガソリンスタンド（以下「本件ガソリンスタンド」という。）がある。本件道路の指定最高速度は時速50 kmである。

イ　原告X2は，平成18年2月12日午後3時40分ころ，妻子を同乗させたX2車を運転し，坂東市辺田方面から野田市方面に向かって本件道路を時速約60 kmで走行していた。

ウ　被告は，そのころ，本件ガソリンスタンドでY1車に給油をした後，帰宅するため，Y1車を運転し，本件ガソリンスタンドから歩道を横断して右折し，本件道路に入ろうとした。被告は，歩道上までY1車を進行させて一時停止させ，本件道路の右方約43.7ｍの位置にX2車を認めたが，本件道路に右折進入を開始した。

エ　原告X2は，歩道上から本件道路に右折進入していたY1車に気付き，ブレーキを掛け，衝突直前に若干左にハンドルを切ったが，本件道路の坂東市辺田方面から野田市方面に向かう車線まで進入したY1車の右前輪付近とX2車の右前部が衝突した。（現場の見分状況書〔甲2〕には，被告の上記ウ，エの認定に沿う指示説明が記載されているところ，①　この指示説明にはＹ１車が一時停止していたという原告Ｘ２が主張していない事実も含まれていること，②　本件事故現場の道路状況，本件事故による損傷部位は，Ｙ１車が右前輪付近であり，Ｘ２車が右前部であること〔甲３の２・３，乙３の１・２〕に鑑みると，説明内容に合理性が認められること，③　この見分は本件事故の10日後に行われており，被告の記憶も鮮明であったと推認されることに照らし，被告は，上記現場の見分状況書に記載されたとおり，指示説明をしたものと認められ，その内容も信用することができる。）

⑵　これに対し，被告は，Ｙ１車の前輪が本件道路の車道外側線の白線の位置に達するまで進行し，本件道路の左方約80ｍに３台の車両が走行していたことから，そのまま停止していたところ，本件道路の右方からかなりの高速で走行してくるＸ２車が見え，停止していたＹ１車にＸ２車が衝突してきた，現場の見分状況書（甲２）に記載されているような指示説明を警察官にしたことはない旨供述する。

しかしながら，本件事故によるＹ１車の損傷部位は右前輪付近であり，Ｘ２車の損傷部位は右前部であるから，前輪を本件道路の車道外側線の白線まで出して停止していたＹ１車にＸ２車が衝突したとすると，原告Ｘ２は，本件道路からはみ出て，停止していたＹ１車に向かうように左ハンドルを切ったことになるが，本件道路の道路状況に照らし，そのような運転を原告Ｘ２がするとは考え難い。また，被告の上記供述は，信用することができる現場の見分状況書（甲２）における被告の指示説明にも反している。したがって，被告の上記供述は信用することができない。

⑶　上記⑴の認定事実によれば，被告は，路外から本件道路にＹ１車を右折進入させるに当たり，左右から車両が来ることを予見し，その正常な交通を妨げないことを十分確認してから本件道路に進入すべき注意義務があったのに，これを怠り，漫然と本件道路に右折進入した過失により，本件事故を引き起こしたもので，民法709条に基づき，原告Ｘ２に生じた損害を賠償すべき責任がある。

他方，原告Ｘ２についても，歩道上で一時停止していた際のＹ１車には気付いておらず，前方不注視の過失があったことは否定できないから，民法709条に基づき，被告に生じた損害を賠償すべき責任がある。

⑷　そして，本件事故に関する過失割合については，上記⑶の原告Ｘ２及び被告の過失内容等に照らし，原告Ｘ２・20％，被告80％と認めるのが相当である。」

裁判例 202　東京地判平成18年2月20日（判タ1264号167頁）

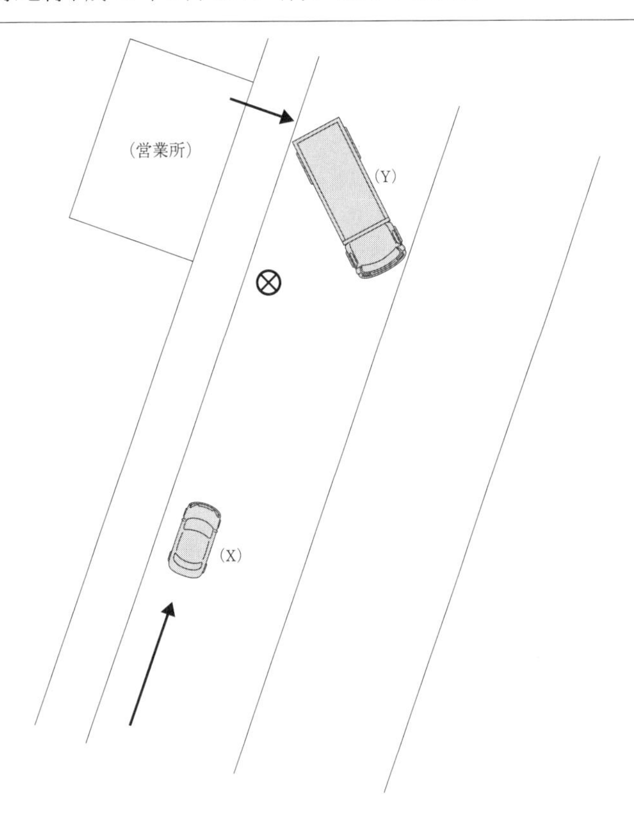

過失割合　普通乗用自動車(X) 40 %　大型貨物自動車(Y) 60 %

「ア　本件事故の場所は，川越市方面と八王子市方面とを結び，アスファルト舗装され，乾燥した平たんな片側1車線の道路（本件道路）であるところ，幅員は約6メートルで，両側には幅員0.8ないし1.2メートルの外側線が引かれ，川越市方面に向かう車線の外側には幅員約2メートルの歩道が設置されていた。

本件道路は，最高速度毎時40キロメートル，追越しのための右側部分はみ出し禁止，駐車禁止の交通規制がされていた。本件道路は，非市街地にあり，交通量は普通であった。

本件道路は，夜間は暗かった。

イ　原告は，平成11年4月14日午後8時30分ころ，原告車両を運転して，本件道路を八王子市方面から川越市方面に向かい時速40ないし50キロメートルで進行中，本件道路の前方約133.2メートルの地点に，被告車両が進路をふさぎ，路外に後退しようとしているのを発見したが，すぐに進路上からいなくなるものと考え，前照灯（下向き）の照射範囲である前方10メートル前後を注視するにとどまり，むしろ左右に注意を払いながら，そのまま同じ速度で約101.8メートル進行を続けたところ，前方約20.3メートルの地点に，被告車両が路外から右折して反対車線に進入しようとして進路を完全にふさいでいるのを発見して危険を感じ，ブレーキを掛けたが間に合わず，原告車両の前部が被告車両の右側面後方と衝突した。

なお，原告車両の進行方向の見通しは，前後左右いずれも良好であった。

ウ　被告Bは，平成11年4月14日午後8時30分ころ，前照灯，ハザードランプ及びマーカーランプ（車体の側面に複数設けられているランプ）を点灯させた被告車両（長さ約11.95メートル，幅約2.49メートル，高さ約3.73メートル，最大積載量9500キログラムの大型貨物自動車）を運転して，本件道路に面したI株式会社入間営業所の出入口（川越市方面に向かって本件道路の左側にあった。）から本件道路に出て八王子市方面に向かい右折しようとしたところ，同営業所の敷地の広さが十分でなく，敷地から出ることなく方向転換を完了することができず，いったん本件道路に進入した後，切り返しのために後退した上で右折する必要があったことから，右にハンドルを切りながら本件道路に進入し，対面側の車線（原告車両の進行車線の反対車線）の端まで被告車両を進めた後，ハンドルを左に切りながら後退し，右方から進行してくる車両の進路を完全にふさいだ状態でいったん停止した（これ以上後退することは，後方に存在する同営業所の建物との関係でできなかった。）。

被告Bは，被告車両をいったん停止させた時点で右方を確認し，原告車両が右方から進行してくるのを認めたものの，マーカーランプ等を点灯させて原告車両の進路を完全にふさいでいる被告車両に気が付いてくれるだろうと考えた。

被告Bは，ハンドルを右に切って右折するため左方を確認し，左方から進行してきた車両が通過するのを待つなどした後，右折を開始して約6.1メートル進行した（このとき，被告車両は，原告車両の進路を完全にふさいだ状態であった。）ところ，停止することなくそのまま進行を続ける原告車両を発見し，危険を感じた直後，原告車両の前部が被告車両の右側面後方と衝突した。

本件道路には，原告車両の右側車輪によるものとして約9.9メートル，左側車輪によるものとして約12.4メートルのスリップこんが印象されていた。

なお，被告Bは，被告車両を運転して本件道路に出るに当たり，誘導員を配置することはなく，原告車両を発見してクラクションを鳴らすこともなかった。

また，被告車両の進行方向の見通しは，前後左右いずれも良好であった。

⑵　以上の事実関係によると，原告は，前方で被告車両が既に路外から本件道路に進入していることを発見していたのであるから，適宜速度を調節し，前方を注視して進行すべき義務があるのに，安易に被告車両がすぐに進路上からいなくなるものと考え，漫然と同じ速度で前方不注視のまま進行を続けた結果，本件事故の発生を招いたということができ，本件事故の発生につき相応の落ち度があるというべきであって，その過失割合は4割とするのが相当である。」

裁判例 203　東京地判平成 26 年 10 月 7 日（判例秘書 L06930645）

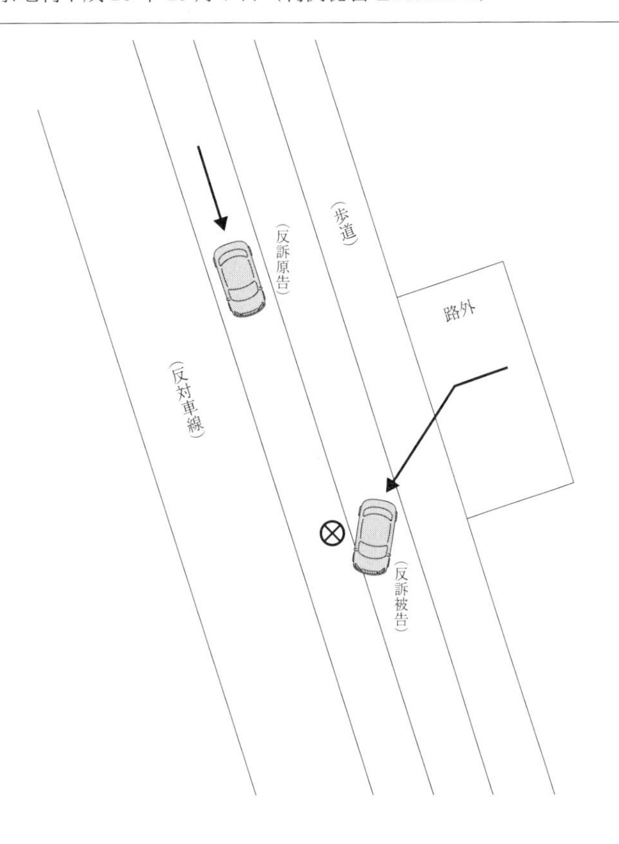

過失割合　**普通乗用自動車（反訴原告）** 40 %　**普通乗用自動車（反訴被告）** 60 %

「(1)　本件事故現場の状況

ア　本件道路（国道 124 号）は，両側に歩道が設置された片側 2 車線の直線道路であり，制限速度は法定速度である時速 60 キロメートル，車道の幅は中央分離帯を含め約 18 メートルである。本件事故は，北から南に向かう第 2 車線で発生した。

イ　本件事故現場付近には，街灯が 1 基しか設置されておらず，付近の商店等の明かりも少なかったが，見通しを妨げる障害物はなく，見通しは良好であった。

(2)　本件事故の発生状況

ア　反訴原告は，本件道路の第 2 車線を走行中，約 197.2 メートル先の左側路外に，反訴被告車両が前部を歩道上に進入させて停止しているのを発見したが，減速せずに加速し，反訴原告車両の走行速度は，時速 100 キロメートル近くに達していた。

イ　その後，反訴原告は，反訴被告車両まで約 70.2 メートルの地点で，反訴被告車両が発進したのを確認してアクセルから足を離し，反訴被告車両まで約 44.5 メートルの時点で，反訴被告車両が第 2 車線に進入してくるのを発見してハンドルを右に切ったが，ブレーキは掛けなかった。

ウ　その結果，反訴原告車両の左前部が，本件道路の第 2 車線に進入して直進する態勢に入った直後の反訴被告車両の後部に衝突した。

(3)　その他の事情

ア　反訴原告は，本件事故が発生した日の前日の平成21年2月12日午後8時50分ころから，生ビールを中ジョッキ1杯くらい飲み，さらに同日午後11時25分ころから翌13日午前1時前まで，焼酎の水割りを3杯くらい飲んだ。なお，反訴原告は，本件事故後，飲酒運転の発覚を恐れて逃走したため，本件事故当時の反訴原告の呼気中アルコール濃度は不明である。

イ　反訴被告は，本件事故が発生する前，本件事故現場付近の飲食店で飲酒し，本件事故後，本件事故現場から採取された反訴被告の血液からは，1ミリリットルにつき0.6ミリグラムのエチルアルコールが認められた。

2　反訴被告の過失の有無について

前記認定事実によれば，本件道路は見通しのよい幹線道路であるから，反訴原告が約197.2メートル先に前部を歩道上に進入させて停止している反訴被告車両を発見している以上，反訴被告も本件道路の第2車線を走行していた反訴原告車両を発見できたと推認される。そして，仮に反訴被告が反訴原告車両を発見していれば，反訴被告は，反訴原告車両が減速せずに相当な高速度で接近してくることを認識できたはずであるから，反訴原告車両が走行してくる第2車線に直接進入するようなことはしなかったと考えられる。ところが，反訴被告は，反訴原告車両が走行していた第2車線に直接進入しているから，路外から本件道路に進入する際，右方向の安全を十分確認しなかったと強く推認される。したがって，反訴被告には本件事故の発生について過失があったと認められる（この点について反訴被告は，一般道を時速約100キロメートルで走行してくる車両を予見することはできないから反訴被告には過失がないと主張するが，採用することができない。）

3　反訴原告と反訴被告との過失割合について

前記認定事実によれば，反訴原告は，約197.2メートル先に前部を歩道上に進入させて停止している反訴被告車両を発見しているのであるから，反訴被告車両が反訴原告車両に気付くことなく，あるいは反訴原告車両に気付いたとしてもその走行速度の認識を誤り，そのまま第2車線に進入してくる可能性があることを考慮し，そのような事態になった場合であっても反訴被告車両との衝突を回避できるような速度に減速する義務があったというべきである（この点について反訴原告は，路外から第2車線に直接進入してくる車両を予想して減速する必要はないと主張するが，採用できない。）。ところが，反訴原告は，その義務を怠り，全く減速しなかったばかりか，逆に加速し，法定速度の時速60キロメートルを大幅に超過する時速100キロメートル近くの高速度で走行を続けたものである。また，前記認定事実によれば，反訴原告は飲酒運転をしており，反訴原告が法定速度を大幅に超過する速度で走行を続けたことには飲酒が強く影響していたと推認される。以上の事実を総合すれば，本件事故の発生については反訴原告にも過失があったと認められ，しかも，その過失は重大というべきである。

もっとも，本件事故の主たる原因は，路外から本件道路に進入する際，右方向の安全を十分確認せず，しかも第2車線に直接進入した反訴被告にあり，また，反訴被告がそのような運転をしたことにも飲酒が影響していると推認されるから，本件事故における反訴原告と反訴被告の過失割合は反訴被告の方が大きいというべきである。したがって，過失割合は，反訴原告が4割，反訴被告が6割とするのが相当である。」

裁判例 204　東京地判平成22年3月31日（判例秘書L06530151）

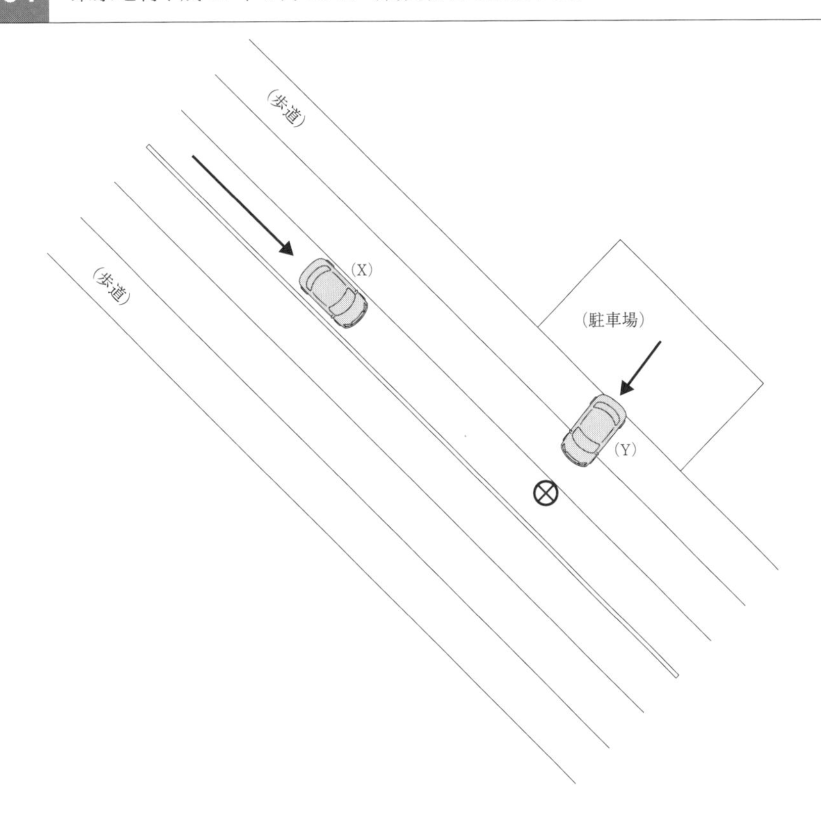

過失割合　**普通乗用自動車(X)** 45 **%**　**普通乗用自動車(Y)** 55 **%**

「①本件現場は，国道412号線で，片側2車線，車道の道幅（片側2車線で合計4車線）は約15メートル，車道の脇には歩道（幅員3.5メートル）が設けられ，駐車禁止区域となっている幹線道路であり（なお，速度制限は設けられていない。），付近は直線道路であるため，道路の見通しは良好であること，②A〔X〕車は，半原方面から中荻野方面に向かって中央帯側の車線を時速70キロメートルから80キロメートルで走行してきたところ，被告車との距離が前方約30メートルになって，初めて道路の左脇から道路に進入しようとしている被告車を発見して急制動をかけたこと，③他方，被告車は，車道脇の歩道で頭出しをした状態で一旦停止し，右側から道路を走行してくるA車を確認し，道路に進入したこと，④なお，本件事故当時，Aは酒気帯び状態にあり，B〔Y〕も居酒屋で飲酒をして本件事故の記憶がない状態にあったことが認められる。

(2)　したがって，本件事故は，幹線道路を走行してきたA車（普通乗用自動車）と路外から道路に進入しようとした被告車（普通乗用自動車）との衝突事故であるところ，被告車は，A車の動静に対する注意が十分でなかった過失があるが，A車も，被告車が路外から道路に進入して来るのに気が付くのが遅れた過失があるというべきである。これらの事情に加えて，A車には時速10キロメートル程度の速度違反があること，A車側には酒気帯び運転の違反行為があること，他方，被告は頭出しをしていったん停止した上で道路に進入していることを考慮しても，被告車の過失割合は55パーセントを下回るものではなく，A車の過失割合は45パーセントを上回るものではないというべきである。」

裁判例 205　東京地判平成18年11月29日（判例秘書 L06134881）

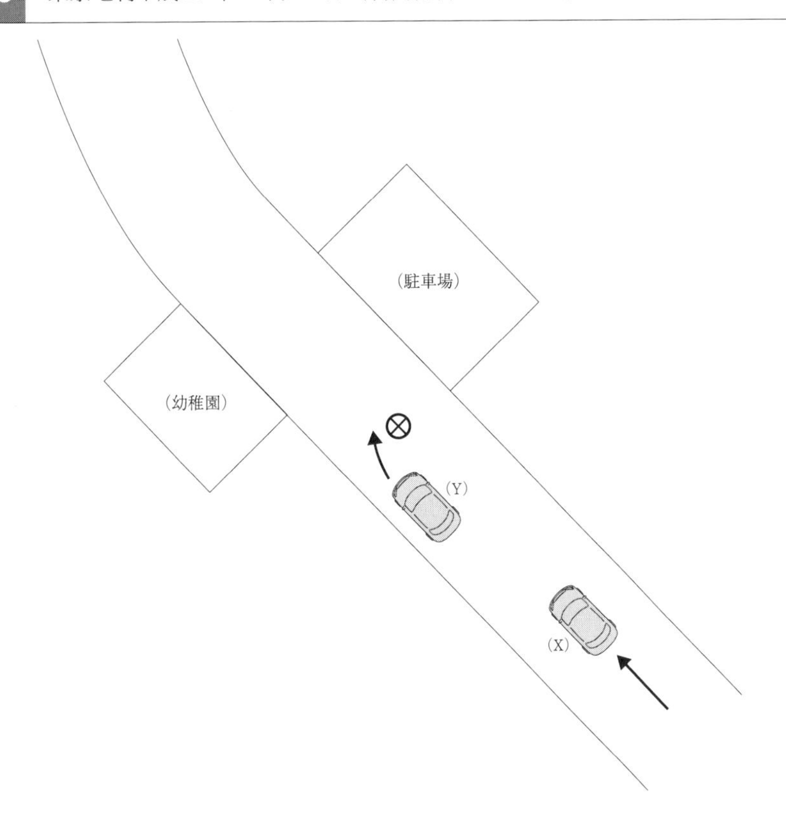

過失割合　**普通乗用自動車(X)** 50 %　**普通乗用自動車(Y)** 50 %

「(ア)　本件事故の場所は，ほぼ南東方向と北西方向とを結ぶ道路（以下「本件道路」という。）で，北西方向に緩やかに右にカーブしているところ，車道幅員は約3.6メートルで，両側に幅員約1.1メートルの路側帯が設けられていた。

本件道路は，最高速度毎時30キロメートル，駐車禁止の交通規制がされていたところ，本件道路沿いには，北西方向にかけて，右側にはTゴルフセンターの駐車場が，左側にはK幼稚園がそれぞれ存在した。

(イ)　原告X1は，平成17年6月8日午前9時25分ころ，原告車両を運転して，本件道路を北西方向に向かい時速約15キロメートルで進行中，前方に停車している被告車両（原告X1は，被告車両のブレーキランプが点灯しているのを確認していた。）の右側方を追い抜こうとしたところ，被告車両が右折を開始したことから，原告車両の左側部が被告車両の右前部と接触し，原告車両の左フロントフェンダから左リヤディスクホイールにかけて損傷が生じた。

なお，原告X1は，通勤のために本件道路を利用していた。

(ウ)　他方，被告も，同じ時刻ころ，被告車両を運転して，本件道路を北西方向に向かい進行中，右折してTゴルフセンターの駐車場に被告車両を駐車させようとしたものの，前方に走行してくる対向車両を発見して停車した後，前方で当該対向車両が右折したことを認めると，後方は確認しないまま駐車場に向かい右折を開始したところ，後方から走行してきた原告車両と接触した。

イ(ア)　これに対し，原告X１本人尋問の結果（原告X１本人の陳述書（甲９，11）を含む。以下同じ。）中には，本件道路の左端に停車中の被告車両が急発進して右折したとの供述部分があるものの，本件事故の際に被告車両が停車していた位置を的確に裏付ける証拠に欠けるし，本件事故について警察官が作成した物件事故報告書（乙２）には，事故の概要として「〔被告〕の車両が駐車場に入ろうと右折の安全確認のため一時停車した際に，駐車車両と思いこんだ〔原告X〕が追い抜こうとして接触したもの」と記載されている（この記載について，原告X１本人尋問の結果中には，被告から一方的に聴取した結果に基づくものであるとの供述部分があるが，当該報告書に特記事項として「〔原告X・被告〕がそろって届け出たため見分を省略した。」と記載されていることや，被告が駐車場に向かい右折するために停車していたと主張していたことに照らし，にわかに採用することができない。）ことをも併せ考えると，直ちに採用することができない。

(イ)　また，原告X１は，被告車両が右折するに当たりウインカーを点灯させなかったと主張し，原告X１本人尋問の結果中にも，これに沿う供述部分があるものの，反対趣旨の被告本人尋問の結果（被告本人の陳述書（乙１）を含む。）に照らし，直ちに採用することができず，他に原告X１主張の前示事実を認めるに足りる証拠はない。

ウ　前示事実関係によると，被告は，夫である原告X２が所有する被告車両を運転して，駐車場に向かい右折をするに当たり，右後方から走行してくる車両の有無及びその動静を確認すべき義務があるのにこれを怠り，漫然と右折を開始した結果，本件事故を発生させたということができるから，民法709条に基づき，原告X１が本件事故により被った損害を賠償すべき責任を負うというべきである。

他方，前示事実関係によると，原告X１も，原告車両を運転して，本件道路を北西方向に向かい進行するに当たり，右前方に駐車場があり，当該駐車場に向かい右折進行をする車両の存在を予見することができたから，適宜速度を調節して，前方に停車している車両の動静に十分な注意を払うべき義務があるのにこれを怠り，漫然と被告車両の右側方を追い抜こうとした結果，本件事故を発生させたということができるから，本件事故の発生につき相当の落ち度があるというべきであり，その過失割合は５割とするのが相当である。」

裁判例 206　東京地判平成19年9月26日（判例秘書 L06234170）

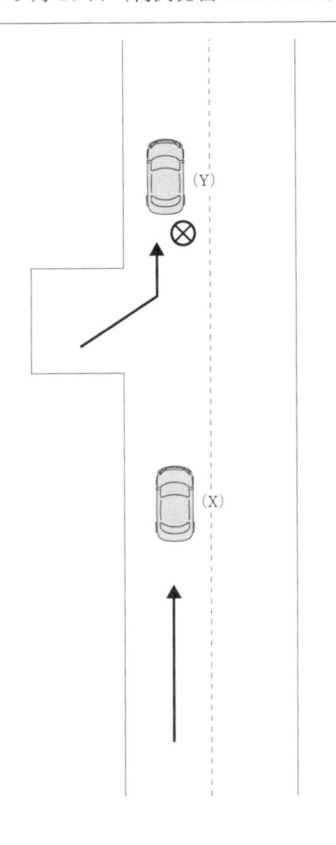

過失割合　**普通乗用自動車(X)** 50 %　**普通乗用自動車(Y)** 50 %

「(ア)　本件事故の場所は，川在方面と磯ヶ谷方面とを結び，ほぼ南北に走る直線道路（片側1車線。以下「本件道路」という。）で，車道幅員は約6.4メートルであり，センターラインは白色破線により引かれるとともに，両側には白色実線により幅員約0.6ないし0.7メートルの外側線が引かれ，路面はアスファルト舗装されて平たんで乾燥していたところ，最高速度毎時40キロメートルの規制がされていた。

本件道路は非市街地にあり，交通は閑散としており，夜間は暗かった。

(イ)　被告X1は，平成18年4月15日午後11時30分ころ，父親である原告X1が所有する原告車両を運転して，本件道路を磯ヶ谷方面から川在方面に向かい時速80キロメートル程度で進行中，ルームミラーに気を取られたまま約20メートル進行して視線を前方に戻したところ，30メートル程度前方に進路左側の路外から本件道路に進入してくる被告車両を発見し（被告車両の後部右角が最も近くに見えた。），危険を感じて急ブレーキをかけたものの間に合わず，約31.1メートル進行して本件道路への左折進入をほぼ完了している被告車両の右後部角に衝突し，原告車両は約5メートル進行して停止した。

なお，原告車両からの見通しは，前方，後方のいずれも良好であった。

(ウ)　他方，被告Y１も，同じ時刻ころ，被告車両を運転して，本件道路を川在方面に向かおうとして路外から本件道路に左折進入することとし，左折に先立ち右方から車両の前照灯が接近してくるのを確認したものの，十分な距離があると判断して左折を開始し，本件道路への左折進入を完了しようとしていたところ，本件道路を磯ヶ谷方面から進行してきた原告車両によって追突された。

なお，被告車両からの見通しは，前方，後方のいずれも良好であった。

イ　これに対し，被告Y１本人尋問の結果（被告Y１本人の陳述書（乙15）を含む。以下同じ。）中には，司法警察員が作成した本件事故に係る交通事故現場見取図（乙１）について，被告X１のみを立会人として作成されたものであり，信用性がないとする供述部分があるが，当該交通事故現場見取図には，被告X１が運転中にルームミラーに気を取られたなど被告X１に不利な点も記載されており，立会人が被告X１のみであるとの一事から直ちにその信用性に疑問を抱くことはできず，他にその信用性を疑うべき事情も見当たらず，被告Y１本人の前示供述部分は，にわかに採用することができない。

また，被告Y１本人尋問の結果中には，原告車両の速度は毎時100キロメートルを超えていたとの供述部分もあるが，これを的確に裏付ける証拠はなく，にわかに採用することができない。

ウ　以上の事実関係によると，被告Y１は，被告車両を運転して，路外から本件道路に左折進入するに当たり，本件道路の右方から進行してくる車両の有無及びその動静を確認すべき義務があるのにこれを怠り，漫然と本件道路に左折進入した結果，本件事故を発生させたと推認することができ，民法709条に基づき，原告X１が本件事故により被った損害を賠償すべき責任を負うというべきである。

他方，前示事実関係によると，被告X１は，父親である原告X１が所有する原告車両を運転して，本件道路を進行するに当たり，前方を注視するとともに適宜速度を調節して，路外から本件道路に進入してくる車両の有無及びその動静を確認すべき義務があるのにこれを怠り，ルームミラーに気を取られて前方に対する注視を欠いたまま制限速度を40キロメートル程度も上回る速度で進行を続けた結果，本件事故の発生を招いたということが推認され，本件事故が被告車両の左折進入のほぼ完了した状態で発生していることをも考慮すると，その過失割合は５割が相当であり，原告X１の請求については５割の過失相殺をすべきである。」

裁判例 207　東京地判平成 24 年 1 月 23 日（判例秘書 L06730017）

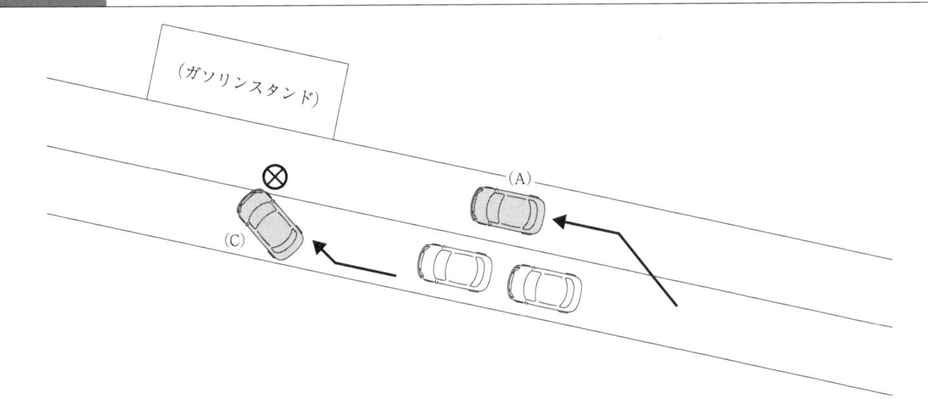

過失割合　普通乗用自動車(A) 50 %　普通乗用自動車(C) 50 %

「ア　C車は，本件ガソリンスタンドで給油をするため，本件事故現場の道路の左側車線において停車し，順番待ちをしていた。その当時，左側車線には，給油の順番待ちの車両が列をなして停車していた。A車も，本件ガソリンスタンドで灯油を購入するため，給油の順番待ちの車列に並んでおり，先に車列に並んでいたC車とA車の間には，複数台の車両が並んでいた。

イ　C車は，順番待ちの車列の先頭車両になった後，本件ガソリンスタンドの従業員に誘導されて，本件ガソリンスタンドに入るために右折を開始した。

他方，被告Aは，自分の順番になるまで相当の時間を待たなければならないと考え，灯油を購入するのを諦め，本件事故現場の道路を直進して帰宅することにし，A車は，給油待ちの車列を追い越すため，右側車線に進入し，停止していた車両の列の右側方を走行した。

ウ　A車が，給油待ちの車列の先頭で停車していたC車の右側方を通過しようとしたところ，右折を開始したC車の右前部と右側車線を走行していたA車の左側面が衝突した。C車は右前部が損傷し，A車は左側面の前部から後部にかけて損傷が生じた。

(2)　以上の認定事実を踏まえ，検討する。

ア　被告Aは，右側車線を走行して左側車線の先行車両の右側方を通過し，先行車両の追越しをしようとしたのであるから，C車を含む先行車両の動静に注意をして進行すべき注意義務があるのに，これを怠り，先行車両の動静に注意を払わずに右側車線を走行し，A車をC車に衝突させた過失があり，民法 709 条に基づき，本件事故により被告Cに生じた損害を賠償すべき責任がある。

他方，被告Cは，左側車線から右折をして路外に進入しようとしたのであるから，右後方の安全確認をして右側車線の後方から進行してくる車両の進行を妨害しないようにすべき注意義務があるのに，これを怠り，漫然と右折を開始してC車をA車に衝突させた過失があり，民法 709 条に基づき，本件事故により原告Dに生じた損害を賠償すべき責任がある。

イ　そして，以上の被告Aと被告Cの過失内容に加え，①被告Aは，右側車線側の路外に本件ガソリンスタンドがあり，左側車線の車列が本件ガソリンスタンドで給油をするために順番待ちをしていることを認識していたのであるから，車列の先頭車両であったＣ車が本件ガソリンスタンドに入るために右折を開始するかもしれないことは容易に予想できたものと認められること，②他方，被告Ｃも，本件事故現場の道路が片側１車線の道路であった上，右折を開始するまで給油の順番待ちのためにＣ車を左側車線に停車させており，その後方にも順番待ちの車両が停車していたのであるから，Ｃ車を含む順番待ちの停止車両を追い越すために右側車線の後方から進行してくる車両があるかもしれないことを容易に予想できたものと認められることに照らし，過失割合は被告Ａ50%，被告Ｃ 50%とするのが相当である。」

裁判例 208　名古屋地判平成 29 年 8 月 30 日（交民 50 巻 4 号 1087 頁）

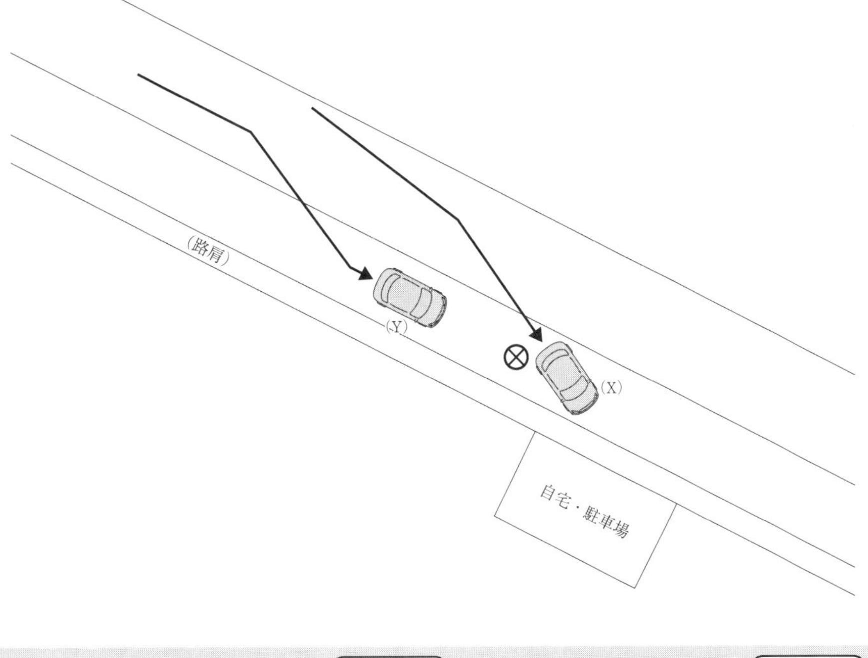

過失割合　普通乗用自動車(原告) 50 %　普通乗用自動車(被告) 50 %

「ア　本件事故現場は，北西から南東に走る片側 1 車線の直線道路（各車線の幅は，3.1 m で，道路の幅は合計 6.2 m。以下「本件道路」という。）であり，追越しのために右側部分にはみ出すことは禁止されていない。また，本件事故現場付近には，本件道路の南西側に隣接する原告の自宅及び駐車場が存在した。本件事故当時，本件道路の両側には雪が 5 ないし 10 cm ほど積もっており，本件道路のうち雪が積もっていない部分の幅は，5.1 m であった。さらに，直線となっている所は，見通しが良好であるが，本件事故現場から北西側に 100 m ほど行った所からは道路が西寄りにカーブしている。その他，本件事故現場付近の具体的な状況については，別紙のとおりである。（原告本人）

イ　原告は，本件事故当時，本件道路の南東行き車線を走行し，進行方向左側の道路端に，ハザードランプを付けて原告車両を停車させ，車から降りて自宅前の雪かきを行った。原告は，雪かきを終えてから，原告車両の運転席に戻り，後方を確認して，ハザードランプを切り，右ウインカーを出した（なお，原告が右折の際に右ウインカーを出したかなどについては争いがあるが，原告は，右ウインカーを出したことなどについて一貫して明確に供述しており，特にその信用性を疑わせる事情や証拠はない。）。原告は，徐行で右折をし始めたところ，原告車両が本件道路の中央線を越えて，その前部が進行方向の路肩に入った辺りで，後方から走行してきた被告車両が，原告車両の右後部に衝突した。なお，原告は，衝突するまで被告車両に気付かなかった。

被告車両は，本件道路の南東行き車線を時速 40 km で走行しており（なお，衝突箇所である原告車両の右後部には目立った損傷がないことなどから，被告が高速度で走行していたとまでは認めがたい。），前方に原告車両が左側に寄せて停車しているのを見つけたことから，対向車線にはみ出して原告車両を追い越そうとしたところ，右折を開始した原告車両と衝突した。

原告車両は，衝突後，その衝撃により回転し，路外にある原告の自宅の駐車場まで押し出されて，堆積していた雪に衝突し，前部が北西方向になった状態で停止した。（原告本人）

⑵　前記のとおり，原告車両の前部が進行方向の路肩に入った辺りで，同車の右後部に，被告車両が衝突していること，原告が右ウインカーを出していること，左側に家や駐車場があったことからすると，被告は，原告車両が右折しようとしていたことを事前に予測できたというべきであり，被告には，原告車両の動静に十分に注意を払わずに，対向車線にはみ出して追い越そうとした過失が認められる。したがって，被告は，原告に対し，民法709条に基づき，本件事故と相当因果関係のある原告の損害について，賠償する責任を負う。

他方，原告は，道路外に出るために右折するに当たり，他の車両の正常な交通を妨害してはならず，後方を確認して被告車両が接近していることを確認すべきであったにもかかわらず，これを怠って右折を開始した過失が認められる。

そして，本件事故は，双方の過失が競合して発生したものと認められるが，その過失の内容からすると，過失割合は，原告：被告＝50：50と認めるのが相当である。」

裁判例 209　東京地判平成 25 年 4 月 16 日（判例秘書 L06830202）

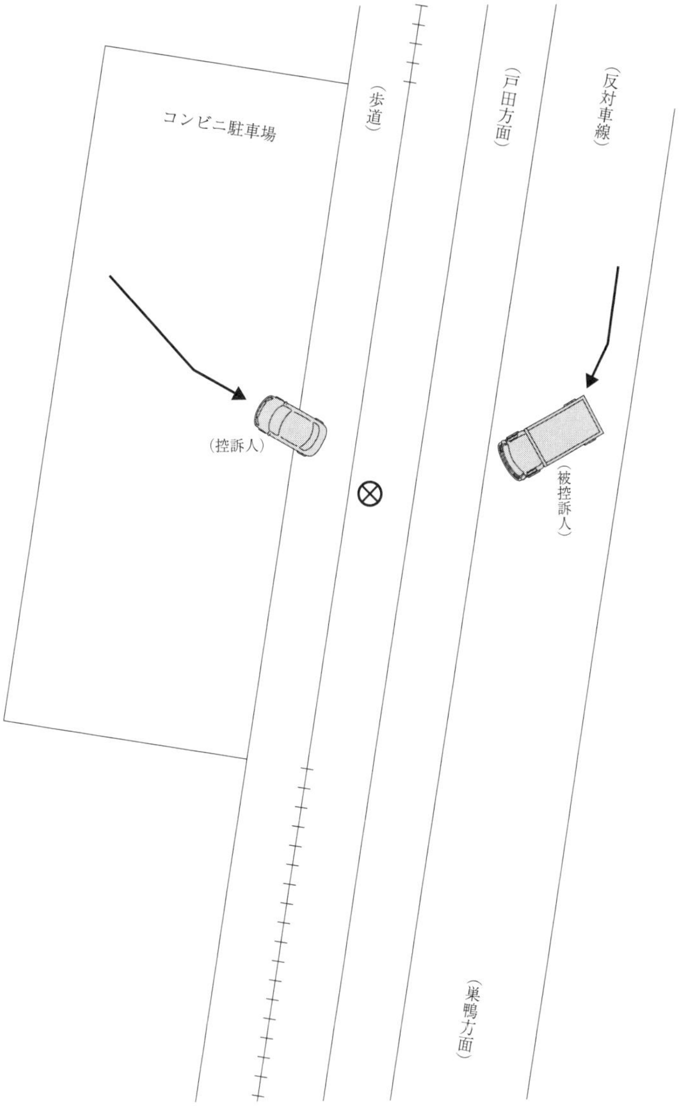

コンビニ駐車場
（歩道）
（戸田方面）
（反対車線）
（控訴人）
（被控訴人）
（巣鴨方面）

過失割合　**普通乗用自動車（控訴人）** 60 %　**普通貨物自動車（被控訴人）** 40 %

「本件事故発生場所は，戸田方面と巣鴨方面を結ぶ片側 2 車線の国道 17 号線（以下「本件道路」という。）の戸田方面行き車線（以下「本件車線」という。）の左端付近である。本件車線に沿って，歩道（以下「本件歩道」という。）を挟んで路外にコンビニエンスストア等の駐車場（以下「本件駐車場」という。）が設けられている。本件駐車場には，車両数台分の駐車区画が標示されている。

本件駐車場前の本件歩道と本件車線との間には，歩道と車道とを区別する柵が設けられていない部分（以下「本件開放部分」という。）があり，本件駐車場を利用する車両は，本件開放部分を通行して本件駐車場と本件道路との間を出入りすることができる。
〔途中略〕
ア　Ａは，コンビニエンスストアで買い物をするため，別紙図面のとおり，本件駐車場内の戸田方面寄りの駐車区画に，後部を本件道路に向ける形でＡ車を駐車させていた。Ａは，買い物を終え，Ａ車を同駐車区画から退出させ，本件車線を戸田方面に向かって進行するため，Ａ車を若干左に旋回させながら後退させて後部から本件車線に進入させ，ハンドルを切り返して戸田方面に向かって進行しようと考えた。そこで，Ａは，Ａ車のハザードランプを点灯させるとともに，本件道路を通行する車両がないことを目視で確認した上で，Ａ車を人が歩く程度の速度で同駐車区画から本件歩道付近までまっすぐ後退させた後，Ａ車を若干左に旋回させながら本件歩道上を後退させた。このとき，歩行者が近くを通行したため，Ａは，Ａ車の速度をほぼ停止する程度の速度まで減速させた（以下，この減速を「一時減速」という。）。歩行者が去った後，Ａは，後退開始当初の速度をやや上回る速度でＡ車を更に左に旋回させながら後退させ始め，数メートル進行して左後輪が本件車線に進入した直後に，本件車線の左端付近において，Ａ車の左後角部がＹ１車の右後角部に衝突した。

イ　他方，被控訴人は，Ｙ１車を運転して反対車線を進行していたところ，コンビニエンスストアで買い物をするため，反対車線から右折して，本件開放部分から本件駐車場に進入しようとしていた。被控訴人は，Ｙ１車の積み荷が崩れることのないように，ゆっくりとした速度でＹ１車を進行させていた。

Ａ車が一時減速をしたころ，Ｙ１車は，反対車線において，既に右折を開始していたか，右折を開始する態勢にあったが，Ａは，後方及び反対車線を目視で確認せず，かつ，車体後部に取り付けられたカメラの映像を太陽光の影響で確認することができなかったため，Ｙ１車が本件開放部分から本件駐車場に進入しようとしているのを確認しないまま，Ａ車を後退させ，Ａ車をＹ１車に衝突させた。

ウ　被控訴人は，進行方向右方の安全を十分に確認せずに，反対車線からＹ１車の右折を開始したが，この時点で，Ａ車は既に左に旋回しながら後退していた。被控訴人は，Ｙ１車が反対車線から本件車線に進入した後になってＡ車が左に旋回しながら後退していることを発見し，衝突の危険を感じたが，本件道路上でＹ１車を停止させるのは危険であると考えたことや，後退車の運転手は通常後方の安全に注意するはずであるから，Ａ車の運転者がＹ１車の進入に気付いてＡ車を停止させるであろうと考えたことから，引き続きゆっくりとした速度でＹ１車を本件開放部分に向けて進行させた。

その後，Ｙ１車の車体後部が本件車線をほぼ通過し終えるところで，Ｙ１車の右後角部とＡ車の左後角部が衝突した。

⑵　責任原因について

前記⑴で認定した事実によれば，Ｙ１車が右折を開始しようとしていた時点で，Ａ車は，既にハザードランプを点灯し，本件開放部分に向かって後退していたのであり，Ｙ１車がいったん右折を開始してしまうと本件道路上で停止することには危険が伴うのであるから，被控訴人は，Ｙ１車を右折させるに当たり，進行方向右方の安全を確認するとともに，後退中のＡ車と衝突する危険がある場合は，Ｙ１車の右折を控えるべき注意義務を負っていたと認めるのが相当である。

しかるに，被控訴人は，上記注意義務を怠り，進行方向右方の安全を十分確認せずにＹ１車の右折を開始させた上，ＡがＹ１車の進入に気付いてＡ車を停止させるであろうと軽信して，後退中のＡ車のすぐ後方を通過しようとした過失により，本件事故を発生させたというべきであるから，被控訴人は，控訴人に対し，民法709条に基づき，本件事故により控訴人に生じた損害を賠償する責任を負う。

なお，前記(1)で認定した事実によれば，被控訴人に本件事故を回避できる可能性がなかったということはできない。

(3)　過失相殺について

「被控訴人には，本件事故の発生について前記(2)のとおりの過失が認められる。これに対し，前記(1)で認定した事実によれば，Ａには，Ａ車を後退させるに当たり後方の安全確認を怠った過失が認められるところ，①本件開放部分は，その位置及び形状からみて，本件道路と本件駐車場との間を出入りするために複数の車両が同時に通過することが容易に予見できる場所であること，②本件事故が発生した際，Ｙ１車はゆっくりとした速度でＡ車の後方をほぼ通過し終えるところであったのであり，Ａが後方を確認していれば，Ｙ１車の存在に容易に気が付き，Ａ車を停止させるなどして本件事故を回避することができたと考えられること，③Ａは，一時減速の後，後退開始当初を上回る速度でＡ車を後退させていたこと等にかんがみると，Ａの上記過失の程度は，被控訴人の過失と比較して重いといわざるを得ない。

以上のほか，本件事故発生場所付近の状況（前記前提となる事実(2)）や前記(1)で認定した本件事故の態様を踏まえて双方の過失の内容を比較すると，本件事故の発生に対する寄与の程度は，Ａの過失が６割，被控訴人の過失が４割と評価するのが相当である。したがって，本件事故により控訴人に生じた損害については，６割の過失相殺を行うのが相当である。」

裁判例 210　東京地判平成26年9月30日（判例秘書 L06930570）

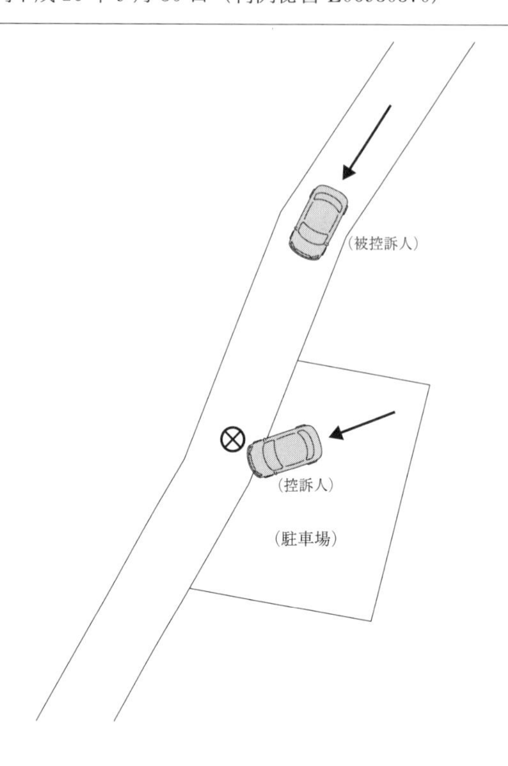

過失割合　普通乗用自動車(控訴人) 70 %　普通乗用自動車(被控訴人) 30 %

「ア　Aは，平成24年3月18日午前10時27分頃，被控訴人車を運転して，時速30キロメートルで本件道路を直進走行し，本件駐車場の手前にある左カーブを抜けた後，本件道路の左側に進路をとって，本件駐車場の前に差し掛かった。

他方，控訴人X2は，同じ頃，控訴人車を運転し，本件駐車場から本件道路に進入するため，本件駐車場から本件道路に向かって進行し，左にハンドルを切りながら，控訴人車の右前部が路側帯を越えて車道に少なくとも30センチメートルほど進入した地点まで前進していたところ，控訴人車の右前部が本件道路を直進していた被控訴人車の左後部と接触し，本件事故が発生した。

なお，控訴人X2は，本件事故が発生するまで，被控訴人車の存在に気が付くことはなかった。

イ　Aは，本件事故後，その場で停車することなく走り去ったため，控訴人X2は，直ちに控訴人車を前進させて被控訴人車を追跡した。

その後，控訴人X2が控訴人車で被控訴人車に追いつき，Aに声を掛けたところ，Aは，控訴人X2に対して謝罪の言葉を述べた。

〔途中略〕

争点(1)において認定した本件事故の態様によれば，控訴人X2は，本件駐車場から本件道路へ左折進入するに当たり，本件道路を走行する直進車両の交通を妨害しないよう，その動静を注視し，衝突，接触することがないように注意すべき義務があったにもかかわらず，これを怠り，本件道路を直進走行していた被控訴人車に気が付くことなく，控訴人車を本件道路の車道に前進させ，本件事故を発生させたというべきであるから，この点で控訴人X２には過失が認められる。そして，既に認定したとおり，本件安全ミラーや路側帯からの目視による確認によって，本件駐車場の手前にある左カーブ付近（本件安全ミラーから約28メートル）まで車両の有無を確認できるところ，被控訴人車の時速は30キロメートルであるから，控訴人X２は，被控訴人車が本件駐車場の前に至る３秒ほど前から，本件安全ミラーや路側帯からの目視による確認によって，被控訴人車の存在を確認することが可能であったにもかかわらず，本件事故が発生するまで被控訴人車の存在に気が付くことなく，控訴人車の右前部を本件道路の車道に少なくとも30センチメートル進入させて本件事故を発生させたのであるから，控訴人X２の過失は大きいというべきである。

⑵　他方，Aは，被控訴人車を運転して本件駐車場の前を通過するに当たり，本件駐車場から本件道路へ進入する車両がある場合には，その動静を注視して運転すべき注意義務があったにもかかわらず，これを怠り，進行方向の左前方にある本件駐車場から控訴人車が進入しようとしていたのに，左前方の注視を怠って，本件駐車場の前で本件道路の左側に進路をとり，控訴人車の直前を通過したのであるから，この点で，Aにも過失があるというべきである。

⑶　以上の控訴人X２とAの過失の内容を比較すると，双方の過失割合は，控訴人X２が７割，Aが３割と認めるのが相当である。なお，Aは，本件事故後，その場に停車せず，追跡してきた控訴人X２に対して謝罪の言葉を述べているが，その事実によって，Aに著しい過失があったと推認することはできないから，この事実は，前記過失割合の判断を左右するものではない。」

裁判例 211　東京地判平成18年4月27日（判例秘書 L06131807）

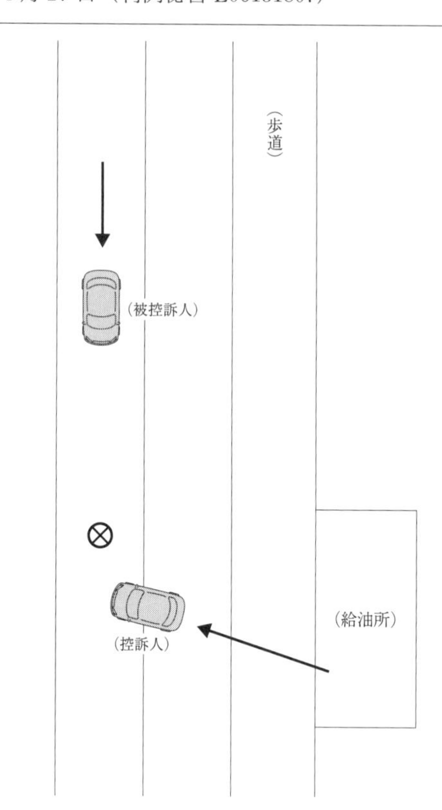

過失割合　普通乗用自動車(控訴人) 75 %　普通乗用自動車(被控訴人) 25 %

「(1)　本件道路は，片側2車線の4車線道路（国道16号線）であり，本件事故の現場付近は，ほぼ直線かつ平坦で見通しは良好である。川越方面から八王子方面に向かう車線の幅員は，歩道寄りの車線（第1通行帯）が約4.7メートル（ただし，歩道側のゼブラゾーンの部分を含む。），中央線寄りの車線（第2通行帯）が約3メートルで，川越方面から見た場合，車道の左側に幅約5メートルの歩道が設置され，その歩道の左に本件給油所がある。また，川越方面に向かう車線の幅員は，約6.7メートルである。本件道路の最高速度は，法定速度である時速60キロメートルとされている。（乙5）

(2)　控訴人は，本件給油所で給油を行った後，控訴人車両を運転し本件給油所を出て本件道路に進入し，センターライン付近で右折して川越方面へ向かう予定であったところ，八王子方面へ向かう車線は車の往来が少なかったが，川越方面へ向かう車線は車の往来が激しかったため，本件道路の八王子方面へ向かう車線にいったん進入し，停止して川越方面へ向かう車線の車の流れが途切れるのを待って右折しようと考え，本件給油所を出て歩道を横切り本件道路の八王子方面へ向かう車線へ進入し，同車線の第2通行帯に控訴人車両の前部がはみ出るような形で第1通行帯と第2通行帯の中間付近に停止した。

他方，被控訴人は，被控訴人車両を運転し，本件道路の八王子方面に向かう車線の第2通行帯を川越方面から八王子方面へ向かい時速60キロメートル程度で直進していたところ，衝突地点の30ないし40メートル手前で，助手席に同乗していた被控訴人の長女が，「お父さん車が出てくるよ。」と言ったため左前方を見ると，本件給油所の前方出入口から本件道路に向かって歩道上を進行する控訴人車両を現認したが，ブレーキ等による減速措置をとらず走行を続けた。ところが，被控訴人車両が衝突地点の20ないし30メートル手前まで進行した際，控訴人車両が本件道路に進入し第2通行帯に控訴人車両の前部が張り出すような形で停止した。そして，センターラインと控訴人車両との間に被控訴人車両が通り抜けるだけの余裕がなく，反対車線（川越方面へ向かう車線）は交通が混雑していたため，被控訴人はとっさにハンドル操作により衝突を回避することは困難であった。そのため，被控訴人は，ハンドルを切らず急ブレーキを掛けたところ，タイヤがロック状態となってそのまま進行し，被控訴人車両の左前部と控訴人車両の右前部が衝突した。

衝突後，被控訴人車両は衝突付近の数メートル右前方のセンターライン上に停止し，控訴人車両は衝突地点付近に停止した。（甲2，6，8，乙3，5，6，原審原告本人，原審被告本人）

〔途中略〕

2　以上の事実を前提に，過失及びその割合について判断する。

(1)　控訴人は，本件給油所から幹線道路である本件道路へ進入するに際し，右方からの車両の有無と安全を十分確認し，右方から直進する車両の進行を妨げないようにすべき注意義務があるにもかかわらず，これを怠り，漫然と本件道路へ進入した上，本件道路の八王子方面へ向かう車線上で停止して，右方から直進進行してきた被控訴人車両の進路を妨害した過失がある。

(2)　他方，被控訴人は，控訴人車両が本件給油所から本件道路に向かって歩道上を進行するのを衝突地点の30ないし40メートル手前で現認した際，控訴人車両の動静に注意し，直ちに適切な減速措置をとっていれば，本件事故を回避し，又は，少なくとも衝突の衝撃をより少ないものとすることができたと考えられるところ，これを行わず，衝突地点の20ないし30メートル手前に至って急ブレーキを掛けたが間に合わず衝突したものであるから，控訴人車両の動静に注意し適切な減速措置を行わなかった過失がある。

(3)　そして，前記(1)の控訴人の過失は，幹線道路を進行する直進車の進行を妨げるものであって重大なものであり，本件事故の主たる原因は控訴人の過失行為にあるといわざるを得ないこと，控訴人車両が10秒以上停止していたとは認め難いこと，被控訴人は，本件道路が幹線道路である上，控訴人車両を現認した時点で，控訴人車両が右折する（川越方面へ進行する）のか左折する（八王子方面へ進行する）のかとっさの判断ができなかったと述べており（甲8），被控訴人が直ちに減速措置をとらなかった点については，その状況に照らして過失の程度が著しいものとまではいい難いことなどを考慮すると，被控訴人の過失割合が原審認定の25パーセントを上回るものとは評価し難いというべきである。」

裁判例 212　東京地判平成16年9月30日（判例秘書L05933972）

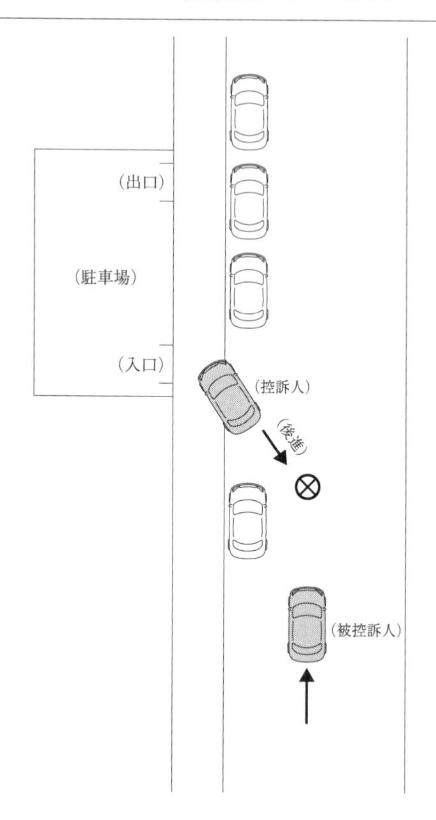

過失割合　**普通乗用自動車（控訴人）** 80 %　**普通乗用自動車（被控訴人）** 20 %

「ウ　本件道路は，片側1車線の道路で，○○小学校方面から見て左側には，多数の駐車車両があり，本件駐車場の出入口手前にも，駐車車両があった。本件駐車場の出入口手前の駐車車両は，ワンボックスカーであった。

本件道路の○○小学校方面から××交差点に向かう車線は，××交差点入口においては，直進車用の車線と右折車用の車線の2車線に分かれるため，○○小学校方面から見て本件駐車場の出入口の少し手前から××交差点入口にかけて，道路の中央に導流帯があった。

エ　控訴人が，控訴人車両を本件駐車場の出入口付近の歩道上から左後方に向けて後退させる際には，上記ウのワンボックスカーが駐車されていたことから，左後方の本件道路を見通すことはできない状態であった。控訴人には，本件道路を進行してくる車両があるかどうかわからなかったが，控訴人は，控訴人車両を左後方に後退させたところ，本件道路を進行してきた被控訴人車両に衝突した。被控訴人は，控訴人車両と衝突する直前まで控訴人車両に気付かず，衝突前にブレーキをかけ，又はハンドルを右に切ることはできなかった。

〔途中略〕

(3)　上記(1)認定の事実からすれば，控訴人には，本件駐車場出入口付近から後退するに際し，本件道路を○○小学校方面から進行してくる車両の有無を十分に確認しなかった過失があるというべきである。他方，被控訴人にも，前方を注視し進路の安全を確認して走行すべき注意義務があるのに，前方を十分に確認しないまま漫然と走行した過失があるというべきである。

なお，被控訴人は，本件事故は，控訴人車両が急に飛び出してきたことによって生じたものであって，被控訴人には過失はないと主張するが，本件事故により被控訴人車両に生じた損傷の程度からすれば，控訴人車両は，低速で後退していたものと認められるから，上記のとおり，被控訴人にも前方を十分に確認しなかった過失があるというべきである。また，控訴人は，被控訴人車両が導流帯の上を走行していたとして，被控訴人には重大な過失があると主張するが，上記認定のとおり，本件駐車場の出入口の手前にはワンボックスカーが駐車されていたのであり，導流帯の上を通らずに走行することが可能であった（甲16の1ないし3）とはいえ，駐車車両との間に安全な距離を保って走行するためには導流帯の上を走行することもやむを得ない措置であると考えられるから，被控訴人車両が導流帯の上を走行していたとしても，そのことが被控訴人の過失となるものではないというべきである。

そして，これらの事情のほか，本件事故の態様等を総合的に考慮すると，本件事故についての控訴人と被控訴人の過失割合は，80対20と認めるのが相当である。」

裁判例 213　東京地判平成21年9月17日（判例秘書L06430456）

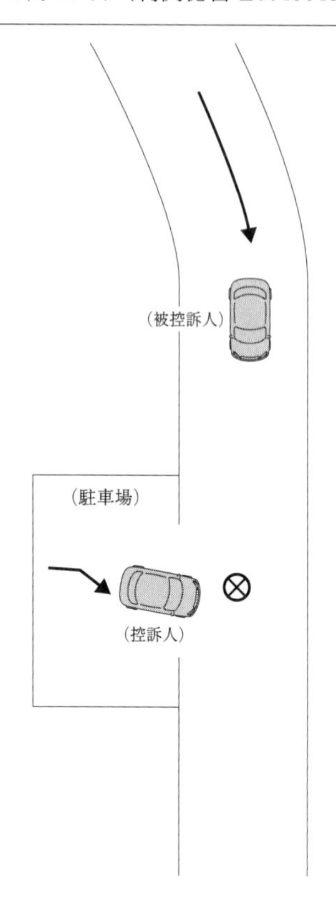

過失割合　普通乗用自動車（控訴人）80％　普通乗用自動車（被控訴人）20％

「⑴　本件事故発生場所付近の本件道路は，南北に延びる中央線がない幅員約3.7メートルの道路であって，その東側には民家が，その西側には幅員約0.6メートルの側溝及び本件駐車場があった。

本件事故当時，場所により程度差はあるものの，上記民家の垣根が本件道路に1メートル前後張り出していた。また，本件道路は，本件事故発生場所から北方向へ向かい数メートルの地点で西方向へ若干カーブし，かつ，その西側付近には電柱及び樹木があったため，本件駐車場と本件道路北方向との見通しは相互に悪かった。（甲7，乙4の1，5の2，6及び29の1から29の4まで）

⑵　本件事故当時，A車両は，本件道路を北方向から南方向へ向かい直進進行していた。控訴人車両は，本件駐車場から本件道路南方向へ向かい右折進入しようとしていた。（甲9及び弁論の全趣旨）

⑶　A車両は，いわゆるワンボックス車であるが，本件事故により1時方向から入力を受け，右側面の中央部から後部へかけて，具体的には右リアクォーターパネル，右リアタイア，バンパー，リアフロア，インナーパネル等に損傷を受けたが，前面右部には損傷を一切受けなかった。控訴人車両は，本件事故により11時方向から入力を受け，前面左部を中心に損傷を受けた。（甲3，8，

乙4の2及び9）

(4)　控訴人は，衝突するまで，A車両の存在に気付いていなかった。（乙45〈43ページ〉）

(5)　本件事故直後，A車両は，衝突地点から数メートル進行して停止した。控訴人車両は，その場で停止した。（乙4の1及び弁論の全趣旨）

〔途中略〕

結局，B証言（甲10，乙45）及び弁論の全趣旨によれば，本件事故は，本件駐車場から本件道路に進入しようとした控訴人車両が，張り出した東側の民家の垣根を避けるべく本件道路中央付近を時速20キロメートル程度で直進進行中のA車両に衝突したものと認められる。

そして，上記の事故態様から考えると，衝突より前に控訴人からA車両を見ることができたと認められるところ，控訴人は衝突するまでA車両に気付かなかったのだから，控訴人は控訴人車両を本件道路に進入させる際に左方を注視していなかったと推認される。

3　以上によれば，控訴人は，本件駐車場から本件道路に進入するに当たり，本件道路を走行中の車両の進路を妨害しないようこれらの車両の動静を注視して本件道路に控訴人車両を進入させるべき注意義務があるにもかかわらず，これを怠って左方を注視しないまま，本件道路に進入させた過失により，本件事故を発生させたというべきである。他方，B証言（甲10，乙45）によれば，Bは，本件事故発生場所から数メートル手前の地点で控訴人車両を発見したものの，その後その動静を注視するなどしなかったことが認められるところ，本件事故の発生について，Bにも一定の過失があったというべきである。

控訴人は，本来キープレフトが義務付けられているにもかかわらずA車両が本件道路右側を漫然と直進進行してきたなどとして，本件事故の発生についてBには重大な過失があったなどと主張する。しかし，本件事故発生場所付近の本件道路の状況を踏まえて検討すると，Bの運転態様それ自体にBの過失を加重するような事情は特段見出し難いというべきである。この点に関する控訴人の主張は採用することができない。

そして，これまで検討した本件事故に関する一切の事情を考慮すれば，控訴人の過失割合は80％というのが相当である。」

裁判例 214　東京地判平成24年5月18日（判例秘書 L06730230）

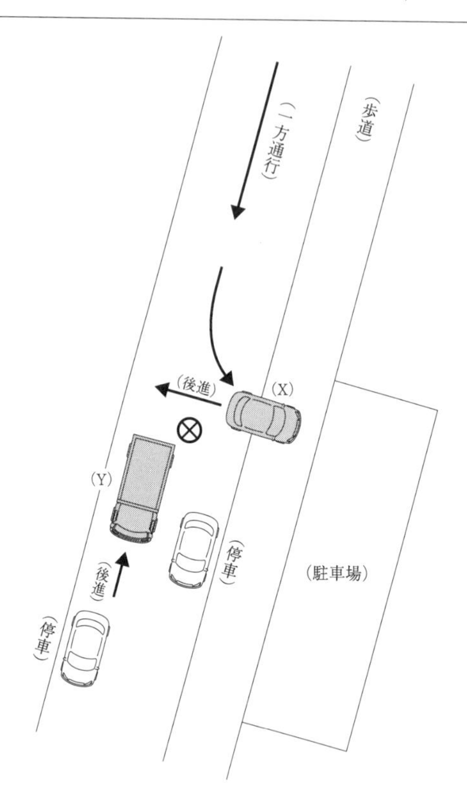

過失割合　**普通乗用自動車(X) 80 %**　**普通貨物自動車(Y) 20 %**

「ア　本件道路は，虎ノ門1丁目方面と虎ノ門3丁目方面とを結ぶ道路であり，虎ノ門3丁目方面への一方通行の規制が設けられている。本件道路には，2台の車両が並走できる程度の幅員がある。

本件駐車場は，虎ノ門3丁目方面に向かって本件道路の左側に設けられており，本件道路と本件駐車場の間には歩道がある。本件駐車場の出入口は3，4mほどの幅があった。

イ　B〔Y〕は，被告の取引先にコピー機を配送するため，被告車を運転して，本件道路を虎ノ門1丁目方面から虎ノ門3丁目方面に向かって進行し，本件駐車場付近に至り，被告車を本件道路の左端に寄せて，被告車の前部が本件駐車場の出入口付近に若干さしかかる程度の位置に被告車を停止させた。本件駐車場の出入口をはさんで被告車の前方には，ワゴン車が停止していた。

ウ　A〔X〕は，原告車を運転して，本件道路を虎ノ門1丁目方面から虎ノ門3丁目方面に向かって進行し，本件駐車場に左折して進入しようとしたところ，本件駐車場の出入口付近に被告車が停止しているため，原告車を本件駐車場に進入させにくかったことから，原告車を被告車の右側に停止させて運転席側（左側）の窓を開けて，被告車の運転手であるBに対し，邪魔なので被告車を動かすように申し向けた。

エ　Bは，Aからの申入れを受けて，被告車を右前方に移動させ，ワゴン車の右側に停止させた。Bは，ワゴン車の右前方に軽自動車が本件道路の右端に寄って停止していたため，少し後退して前進をするという切り返し動作をしないと進行できない状態であったため，被告車を後退させようと考えた。

オ　Aは，被告車が右前方に移動して行った後，原告車を本件駐車場に左折進入させたところ，本件駐車場が満車であることに気付いた。そこで，Aは，本件道路に戻るため，原告車を虎ノ門1丁目方面に向かってゆっくりと後退させ始めたところ，被告車も本件道路をゆっくりと後退してきたため，原告車の右後部と被告車の左後角が衝突し，原告車の右後部が損傷した。

〔途中略〕

以上で認定した事故態様を前提とすると，Bには，被告車を後退させるに当たり，左後方の安全確認を怠った過失が認められる。前記前提事実のとおり，本件事故は，Bが被告の業務を執行中に発生したものであるから，被告は，原告に対し，民法715条に基づき，本件事故により原告に生じた損害を賠償すべき責任を負う。

他方，以上で認定した事故態様によれば，Aにも，本件駐車場から原告車を後退させて本件道路に進入させるに当たり，右後方の安全確認を怠った過失が認められる。被告車は，本件道路の一方通行規制に反して切り返しのために後退したといえるが，この点は，原告車についても同様であるから，被告車が本件道路の一方通行規制に反して後退したことを一方的に非難するのは相当でない。

そして，道路交通法25条の2は，道路外の施設又は場所に出入りするための左折又は右折を交通の流れに逆らう運転操作として規制していることを踏まえて，双方の過失を比較すると，本件事故に関する過失割合は，Aが80％，Bが20％とするのが相当であり，本件事故により原告に生じた損害について20％の過失相殺をするのが相当である。」

裁判例 215　東京地判平成28年8月19日（判例秘書 L07131948）

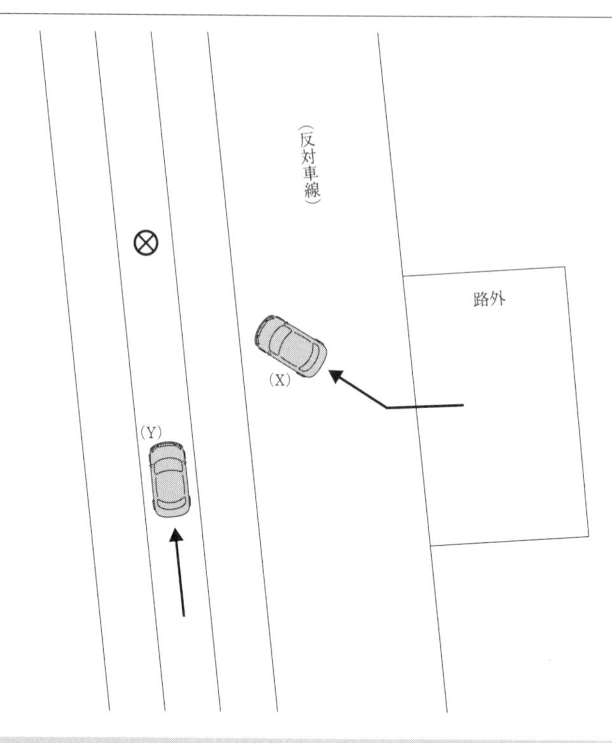

過失割合　**普通乗用自動車(X)** 85 %　**普通乗用自動車(Y)** 15 %

「ア　原告X 2は，原告車を運転して，本件道路路外にある明治記念館本館から本件道路（その幅員は中央分離帯部分を除いても約18.3 mあり，その法定速度は時速50 kmである。）の四谷方面進行路の第2車線に右折進入して，本件事故現場において，同車線を六本木方面から四谷方面に向けて直進進行していた被告車の右リヤフェンダから右リヤドア付近にかけての右側部に原告車の左前角部を接触させた。

イ　被告は，被告車を運転して，権田原交差点を左折して本件道路の四谷方面進行路の第2車線に進入し同車線を六本木方面から四谷方面に向けて直進進行していた際，上記のとおり，進路右前方となる明治記念館本館から同進行路の第2車線に右折進入してきた原告車の動静を十分に注視しないで，被告車を直進進行させて，同車と原告車が接触した。

⑵　原告X 2は，本件道路を進行する車両の正常な交通を妨害するおそれがあるときは本件道路に進入するため右折してはならないのに，これを怠り，原告車を本件道路の四谷方面進行路の第2車線に右折進入させて，本件事故現場において同車を被告車に接触させたのであって，同被告に過失があるのは明らかである。

他方，被告も，被告車を運転する際，右前方から本件道路に右折進入してきた原告車の動静を注視して同車を進行させなければならないのに，これを怠り，前方を注視しない過失があったといわざるを得ない。

そして，本件事故の態様，原告X 2と被告の過失の内容，程度に加え，本件道路の形状等を考慮すると，その過失割合は原告X 2が85%，被告が15%とするのが相当である。」

裁判例 216　東京地判平成18年4月25日（判例秘書 L06131726）

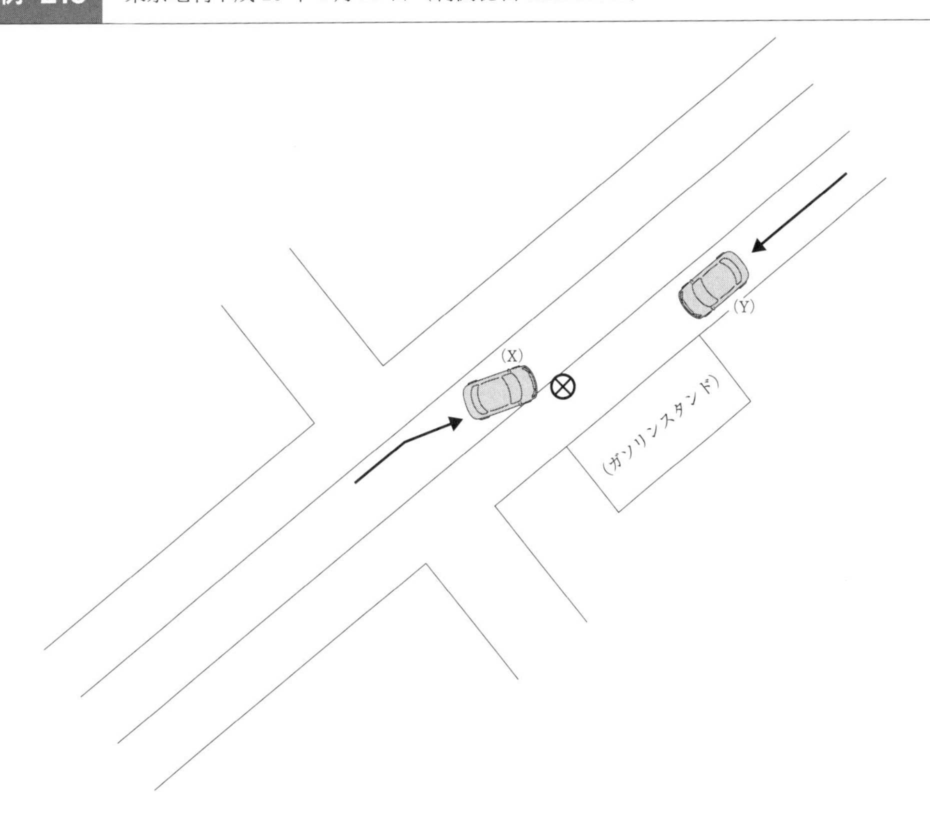

過失割合　**普通乗用自動車(X)** 90 %　**普通乗用自動車(Y)** 10 %

「ア　本件事故現場は，E中学校から北東方約300メートル，F小学校から南西方約700メートルの地点に位置する。本件事故現場は，船橋市行田町方面から船橋市古作3丁目方面に北東から南西方向に向かって走る市道（以下「本件道路」という。）と，船橋市古作1丁目方面から船橋市西船3丁目方面に北西から南東方向に向かって走る市道（以下「本件交差道路」という。）が交差する，信号機による交通整理の行われていない交差点（以下「本件交差点」という。）である。本件道路の本件事故現場付近の車道の幅員は10.1メートルであり，本件交差道路の車道の幅員は3.4メートルである。本件道路は，歩車道の区別された，アスファルト舗装された平坦な道路であり，上下線が黄色実線の中央線で分離されており，車道の両側端には道路側端から0.5メートルの位置に白色実線により外側線が引かれている。本件道路は，船橋市古作3丁目方面から進行する車線（以下「原告A車進行車線」という。）が本件事故現場付近で1車線から2車線に増加し，本件交差点の中央線付近北側に白色ペイントによる導流帯（ゼブラゾーンであり，以下「本件ゼブラゾーン」という。）が設けられている。原告A〔X〕車進行車線から見て，本件道路の路外右側に本件ガソリンスタンドがある。本件事故現場付近の本件道路では，駐車禁止（終日）及び追越しのための右側部分はみ出し禁止の交通規制がなされ，最高速度は時速40キロメートルに指定されている。本件道路にお

ける見通しは，直線道路であり，視界を妨げるものはなく良好である。（甲３，15，乙３，４，原告Ａ）

イ　本件事故当時，天候は晴れであり，見通しはよく，路面は乾燥していた。（原告Ａ）

ウ　本件道路を船橋市古作３丁目方面から進行してきた原告Ａ車は，本件事故発生前，右折して本件ガソリンスタンドに進入するため，中央線を越えずに本件ゼブラゾーン内に中央線と平行に近い状態で停止した。原告Ａは，本件事故後に実施された実況見分において，別紙交通事故現場見取図（以下「現場見取図」という。）記載〈Ｂ〉の地点（以下「〈Ｂ〉地点」という。）で停止し，現場見取図記載〈×〉１の地点（以下「〈×〉１地点」という。）で被告車と衝突したと指示説明した。原告Ａは，その本人尋問において，①中央線付近で停止していた間，本件ガソリンスタンドの給油口のところが空くかどうかが気になって上記給油口を見ており，給油口のところが空いたのを確認したため，本件ガソリンスタンドに入ろうとして前方を確認したところ，現場見取図記載〈１〉′の地点（以下「〈１〉′地点」という。）を走行していた被告車を初めて発見したが，その瞬間に衝突した，②衝突直前まで全く被告車には気付いていなかった，③被告車が原告Ａ車に向かってきたところ，はっきりとは思えていないが，被告車が原告Ａ車から見て左の方向を向いて横滑りするような状態で原告Ａ車に向かってきたと思う旨供述した。なお，〈×〉１地点から〈１〉′地点までの距離は，約12メートルである。（甲３，16，17，乙３，12，原告Ａ，被告，証人Ｇの書面尋問の結果）

エ　被告車は，本件道路の原告Ａ車進行車線の対向車線（以下「被告車進行車線」という。）を船橋市行田町方面から船橋市古作３丁目方面に向かい時速約50キロメートルで進行してきたところ，本件事故現場において，被告車の右前輪上部付近と原告Ａ車の右前角付近が衝突した。

〔途中略〕

以上によれば，原告は，その本人尋問において，本件ゼブラゾーン内の中央線付近の本件ゼブラゾーン内で停止していた間，本件ガソリンスタンドの給油口のところが空くかどうかが気になって上記給油口を見ており，上記給油口のところが空いたのを確認したため，本件ガソリンスタンドに入ろうとして前方を確認したところ，現場見取図記載〈１〉′の地点を走行していた被告車を初めて発見したが，その瞬間に衝突し，衝突直前まで全く被告車には気付いていなかったと供述するところ，上記給油口のところが空いたのを確認した原告が，前方の安全確認が不十分であるまま，本件ガソリンスタンドに進入しようと右折を開始し，右折を開始するとほぼ同時に被告車を発見したものの，原告Ａ車と被告車が接近していたため，被告が衝突を避けることができず，原告Ａ車と被告車が衝突したものというべきである。そうすると，原告Ａには，右折進行する際，対向直進車の動静を十分注意し，前方の安全を確認して右折進行すべき注意義務があったのに，これを怠り，前方に接近してきた被告車の直前で右折を開始した過失があるというべきであるから，原告Ａは，被告に対し，民法709条に基づく損害賠償義務を負う。

これに対し，原告Ａ車が右折の合図を出して本件ゼブラゾーン内に停止していたところ，被告にも，原告Ａ車が右折してくることもあり得ることを予想して，その動静に注意し，減速するなど適切な措置をとって進行すべき注意義務があるのに，これを怠った過失があるといわざるを得ないから，被告は，原告Ａに対し，民法709条に基づく損害賠償義務を負う。

そして，それぞれの過失割合については，本件事故の主たる原因が右折車両の運転者である原告Ａの過失にある上，原告Ａの過失は，本件ガソリンスタンドの給油口のところが空くかどうかに気をとられていたことから，上記給油口のところが空いたのを確認して右折開始をしたが，右折を開始するとほぼ同時に対向車線を進行して接近していた被告車を初めて発見したというものであり，著しく前方の安全確認を怠ったものであるというべきである。したがって，原告Ａの過失割合を９割とし，被告の過失割合を１割とするのが相当である。」

裁判例 217　東京地判平成 25 年 4 月 22 日（判例秘書 L06830207）

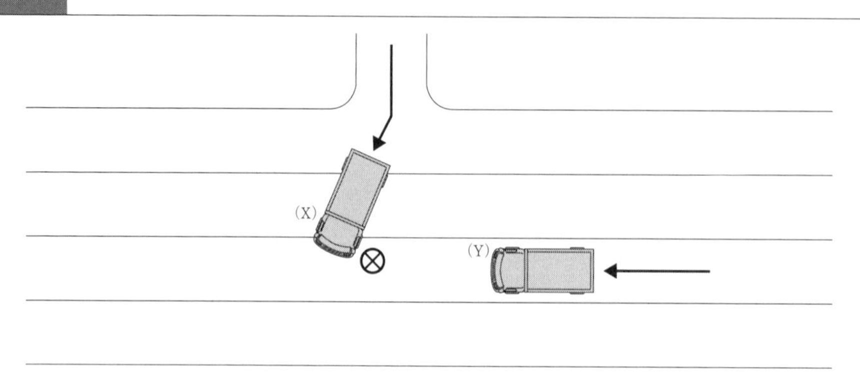

過失割合　普通貨物自動車(X) 90 %　普通貨物自動車(Y) 10 %

「ア　本件事故の場所は，海岸通り方面と品川駅方面とを結び，ほぼ東西に走る道路（片側 2 車線。以下「本件道路」という。）のうち品川駅方面（西方向）に向かう車線の右側車線（以下「本件車線」という。）であるところ，本件道路は，車道幅員が約 11.6 メートルの直線道路で，中央線は白実線で引かれ，両外側には歩道が設けられ，最高速度 40 キロメートル毎時，人の横断禁止等の交通規制がされ，周囲にはアパートや店舗等の建物が立ち並んでいた。

イ　原告X 1は，平成 22 年 12 月 6 日午前 11 時 56 分頃，原告車両を運転して，本件道路の北側において合流する側道から本件車線に右折進入しようとして，側道から約 3.1 メートル進行して本件道路の海岸通り方面（東方向）に向かう車線に進入したものの，右折先の信号に気を取られたまま，時速 4 ないし 5 キロメートルで右折しながら約 4.6 メートル進行して当該車線を横断し，原告車両の前部が本件車線に進入したところ，左方から本件車線を進行してくる被告車両を発見してブレーキをかけると同時に，原告車両の左前部が被告車両の右側面に接触し，原告車両は約 3 メートル進行して停止した。

(2)　以上の事実関係によると，被告は，被告車両を運転して，本件車線を進行するに当たり，本件道路の周囲にはアパートや店舗等の建物が立ち並んでおり，路外等から本件車線に車両が進入してくることを予見することができたというべきであるから，路外等から本件車線に進入してくる車両の有無及び動静を確認すべき義務があるのに，これを怠り，漫然と本件車線を進行した結果，本件事故の発生を招いたということができ，本件事故の発生につき相応の落ち度があると考えられるところ，その過失割合については，右折先の信号に気を取られて左方の安全確認が不十分であったことなどの原告X 1の過失の態様，本件事故の場所の状況，本件事故に至る経緯等を考慮すると，1割が相当である。」

第 7　高速道路（車線変更）

裁判例 218　東京地判平成 18 年 11 月 29 日（交民 39 巻 6 号 1682 頁）

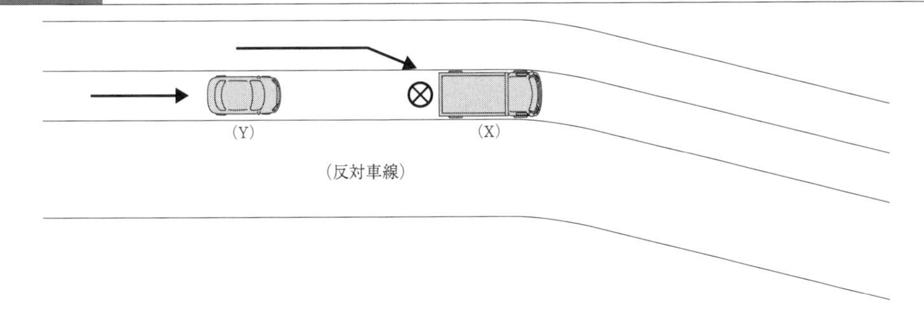

過失割合　普通貨物自動車(X)　0 %　普通乗用自動車(Y)　100 %

「(ア)　本件事故の場所は，ほぼ西方（錦糸町方面）から東方（一之江方面）に通じ，西方から東方にかけて緩やかに右にカーブしている首都高速 7 号線下り道路（ 2 車線。以下「本件道路」という。）であるところ，車道幅員は約 7 メートルで，両側に幅員約 0.4 ないし 0.6 メートルの路側帯が設けられ，路面は，アスファルト舗装されて平たんで，本件事故の当時は乾燥していた。

本件道路は，自動車専用道路であり，最高速度毎時 60 キロメートル，駐停車禁止の交通規制がされ，夜間は照明により明るかった。

(イ)　被告Ｙ 1 は，平成 15 年 6 月 8 日午前 3 時の少し前ころまで，原告車両（幅約 224 センチメートルの道路作業車）を運転し，他の 3 台の車両（作業車，高圧洗浄車及び緩衝車）とともに，高架部排水管清掃の作業に従事した（原告車両は，標識車の係で，通行車両に作業中であることを示す電飾板を点灯させていた。）後，作業車，高圧洗浄車，緩衝車及び原告車両（電飾板は作業終了後に消灯した。）の順に発進して帰路につき，同日午前 3 時 2 分ころ，原告車両を運転して，本件道路の左側車線（走行車線）を錦糸町方面から一之江方面に向かい進行中，後方約 105.1 メートルの地点に，右側車線（追越車線）を直進してくる車両を認め，約 30.6 メートル進行して，当該車両をやり過ごすとともに，一之江出口から一般道路に下りるため，右側車線に進路を変更しようとして，毎時約 40 キロメートルまで加速しながら，右のバックミラーで後方を確認して，少なくとも 100 メートル以上後方（この点についてはウ(イ)において判示する。）の追越車線上に被告車両の前照灯を認めつつ，更に加速しながら右にハンドルを切り，約 36.2 メートル進行して車線変更を完了し，約 103.3 メートル進行したところ，後方から直進してきた被告車両により追突され，原告車両は約 62.5 メートル進行して停止した。

なお，原告車両からの見通しは，前後方いずれも良好であった。

(ウ)　他方，被告Ｙ 2 も，同じ時刻ころ，被告車両を運転して，本件道路の右側車線を錦糸町方面から一之江方面に向かい制限速度をはるかに上回る速度（後にウ(ア)において判示するとおり少なくとも時速100キロメートル）で進行中，左側車線から進路変更して右側車線に入り込んだ原告車両を前方に認めて危険を感じ，ブレーキをかけたものの間に合わず，路面にスリップこん（右45.6メートル，左45.2メートル）を印象させながら（車線に平行ではなく，右方向に傾いて印象されていた。）原告車両の後部に衝突した。

なお，被告車両からの見通しは，前後方いずれも良好であった。

〔途中略〕

抗弁のうち，左側車線（走行車線）を走行していた原告車両が右側車線（追越車線）に進路変更したことは，当事者間に争いがない。

前示事実関係によると，被告Ｙ１は，進路変更をするに当たり，後方の右側車線を走行してくる被告車両の動静により十分な注意を払い，必要に応じて進路変更を差し控えるなどしていれば，本件事故の発生を避けられた可能性は否定することができないものの，制限速度が毎時60キロメートルである本件道路において，原告車両が進路変更を開始した時点で，原告車両と被告車両との車間距離は少なくとも100メートル以上あったこと，被告車両は，制限速度を少なくとも40キロメートル以上超過する高速度で進行していたことなどを考慮すると，被告Ｙ１につき過失相殺するのを相当とすべき事由があるとまではいえないというべきである。」

裁判例 219　東京地判平成19年2月28日（判例秘書L06230966）

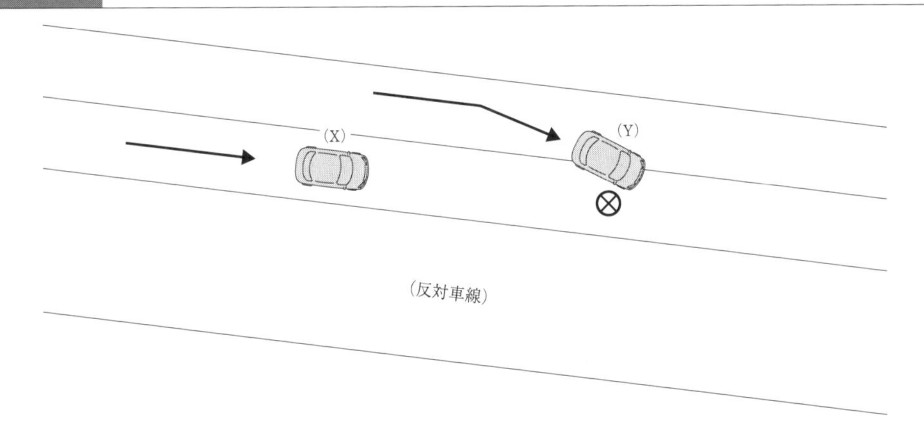

過失割合　普通乗用自動車(X) 10 %　普通乗用自動車(Y) 90 %

「ア　本件現場は，自動車専用道路である首都高速4号（新宿）線の上り車線（以下「本件道路」という。）上であり，信濃町トンネルの手前で，外苑入口からの入路との合流地点付近である。上り車線は2車線道路であり，1車線の幅員は3.3メートル，最高速度は時速60キロメートルに指定されている。（甲3，26，乙7の1及び2，乙9，11，原告X1本人）

イ　本件事故当時，本件現場付近の本件道路は渋滞気味であったが，左側車線よりも右側車線の方が交通の流れは比較的良好であったところ，原告X1は，原告車両を運転し，本件道路の右側車線を代々木方面から三宅坂方面に向かい時速約15キロメートルの速度で直進し，本件現場付近に差し掛かった。原告X1は，原告車両のすぐ前を走行する車両がいつブレーキを踏み停止するか分からないことから，同車両の動静を注視しながら進行していたが，突然，衝突音がしたため直ちにブレーキを踏んで停止した。その際，ハンドルを切ることはしていない。そして，原告車両を確認したところ，左側のフロントドア中央付近からリアフェンダー付近にかけて線状の擦過痕が認められた。

他方，被告は，被告車両を運転して，本件道路の左側車線を，同じく代々木方面から三宅坂方面に向かい進行していたが，左側車線は右側車線よりも混雑していたため，ブレーキを踏んで止まり，少しして車間が空いたら少し進行するという状況であった。そこで，被告は流れの良い右側車線へ進路変更をすることとし，被告車両の右サイドミラーを見ながら，右へ出るタイミングをうかがった。そして，右後方の右側車線に原告車両が走行しているのを確認したが，進路変更するだけの距離的余裕はあると判断して右に大きくハンドルを切り，足をブレーキから離して前進したところ，被告車両のすぐ右横の右側車線を原告車両が通過した。そこで，被告は直ちにブレーキを踏んだが，被告車両の右前輪上部のフェンダー付近が原告車両に衝突した。被告車両は，その車体の一部が左側車線と右側車線の間のラインから50センチメートル程度，右側車線にはみ出した状態で停止した。（甲4，7の1，甲26，乙8，9，11，原告X1本人，被告本人）

〔途中略〕

⑵　以上を前提に，過失相殺について判断すると，原告X１は，本件事故当時時速約15キロメートルと比較的低速で走行していたものであり，原告車両の左側の損傷が，前部ではなくフロントドア中央付近より後方に向かって生じていること，当時，左側車線の方が混雑しており，比較的交通の流れの良い右側車線へ進路変更をしようとする車両のあり得ることが，道路状況等からして予見不可能であったとはいい難いこと，被告車両は衝突時，右側車線へせいぜい50センチメートル程度しかはみ出していないことからすれば，被告車両の合図の有無が判然としないとしても，被告車両が左側車線から右側車線へ進路変更することを予見し，あるいは，進路変更を認めて回避することが全く不可能であったとはいい難い。また，原告X１は，前方を走行する車両には注意を払っていたことが認められるが（原告X１本人），必ずしも左側車線を走行する車両の動静を注視していたとまでは認め難いことからすると，原告X１にも，進路前方の交通の安全（左側車線から右側車線へ進路変更する車両の有無等）を確認すべき注意義務を怠った過失があるというべきである。

もっとも，本件事故は，基本的には，右側車線を直進する原告車両の進路を妨げる形で進路変更をした被告の過失が主たる原因となって発生したものというべきであり，前記のとおり，被告車両の合図の有無が判然としないこと，被告は，進路変更に際し，サイドミラーで右後方の原告車両を確認しつつ，それ以上の注意を払うことなく進路変更を開始していると認められること等からすると，原告X１と被告の過失割合は，原告X１が10パーセント，被告が90パーセントと解するのが相当である。

⑶　また，原告X２は，原告車両の運転者である原告X１の妻であり，原告X２と原告X１は，身分上，生活関係上，一体をなすと認められる関係にあるから，原告X２の被った損害額を算定するについては，原告X１の過失を被害者側の過失として斟酌することができるものと解するのが相当である（最高裁判所昭和51年3月25日第一小法廷判決・民集30巻2号160頁参照）。」

裁判例 220　東京地判平成19年7月30日（交民40巻4号1041頁）

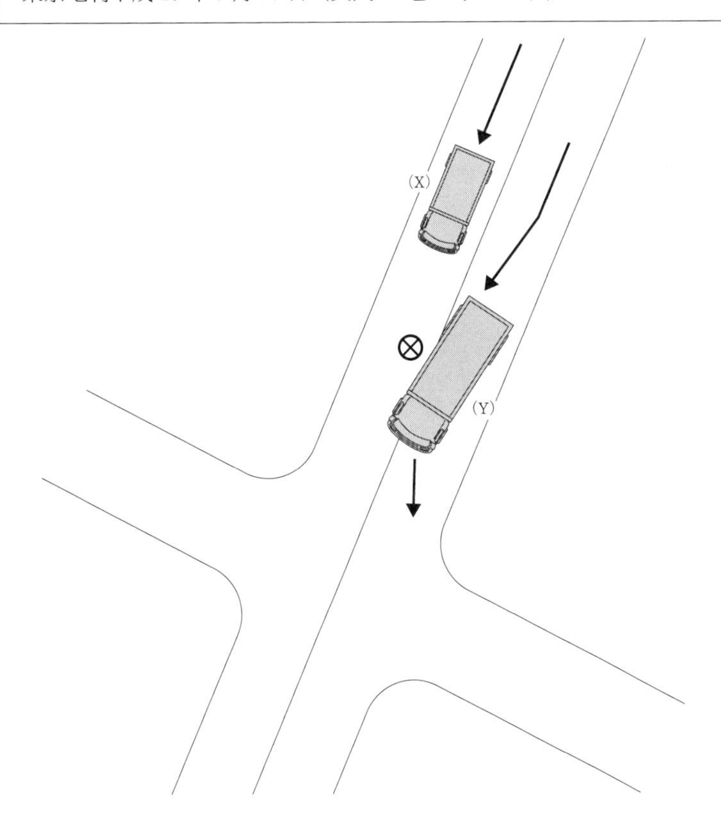

過失割合　　普通貨物自動車(X)［ 10 ］%　大型貨物自動車(Y)［ 90 ］%

「a　本件事故の場所は，銀座方面と新川方面とを結ぶ昭和通りと合流する手前の首都高速環状線内回り京橋出口（左折用及び右折用の2車線）であるところ，道路は，幅員が約7メートル，下りこう配で左にカーブしていた。

b　被告X2は，平成17年11月18日午前9時40分ころ，原告車両（業務用アルミ仕様の箱型車）を運転し，京橋出口において右折するために右側車線を時速10ないし20キロメートルで進行中，前方の左側車線上を被告車両が進行しているのを発見したものの，そのまま進行を続け，被告車両の右側方を通過しようとしたところ，被告車両と接触し，衝突音がしたことからブレーキをかけて停止した。

c　他方，被告Y2も，同じ時刻ころ，被告車両（長さ1199センチメートル，幅249センチメートル，高さ325センチメートル）を運転し，京橋出口において左折するため左側車線を進行中，被告車両の長さでは内輪差で左側擁壁と接触することから区分線をまたがないと左折することができないと考えながら，左折を開始し，被告車両はいったん右側にふくらむようにして区分線を越える（被告Y2本人尋問の結果中には，被告車両のタイヤはともかく車体の一部が区分線を越えたことを自認する旨の供述部分があるし，株式会社Bによる被告Y2の事情聴取の結果が記載された保険事故グリーンサブ聴取報告書（甲10）には，被告Ｙ２の供述として「自分では，白線を越えて停車したとは思いませんが，タイヤが白線にのっていたかもしれません。」との記載部分がある。）一方，バックミラーで右後方を確認したところ，原告車両が右側車線を進行してくるのを発見し，ブレーキをかけたものの，原告車両が被告車両の右側方に接触した。

〔途中略〕

(ウ)　前示事実関係によると，被告Ｙ２は，被告車両を運転して，京橋出口において左折するに当たり，区分線をまたがないと左折することができないと考えていたのであるから，右後方から進行してくる車両の有無及び動静を十分に確認すべき義務があるのにこれを怠り，左折を開始するに先立って右後方から進行してくる車両の有無，速度等を十分に確認しないまま漫然と左折を開始して区分線を越えて進行した結果，本件事故を発生させたと推認することができるから，民法709条に基づき，原告会社が本件事故により被った損害を賠償すべき責任を負うというべきである。

イ　同イ（被告会社）について

同イのうち，被告Ｙ２が，本件事故の当時，被告会社の従業員であり，その業務の執行中であったことは，当事者間に争いがなく，前示のとおり，被告Ｙ２は，民法709条に基づき，原告会社が本件事故により被った損害を賠償すべき責任を負うから，被告会社は，民法715条に基づき，原告会社が本件事故により被った損害を賠償すべき責任を負うというべきである。

〔途中略〕

前示事実関係によると，被告Ｙ２は，原告車両を運転して，京橋出口手前の道路の右側車線を進行するに当たり，左前方に左折しようとしている被告車両を認めたのであるから，その大きさ，形状等も勘案して，適宜速度を調節しつつ被告車両の動静を十分に確認すべき義務があるのにこれを怠り，漫然と被告車両の右側方を通過しようとした結果，本件事故の発生を招いたと推認することができ，本件事故の発生につき相応の落ち度があるというべきであり，その過失割合は１割とするのが相当である。」

裁判例 221　東京地判平成 22 年 10 月 14 日（判例秘書 L06530514）

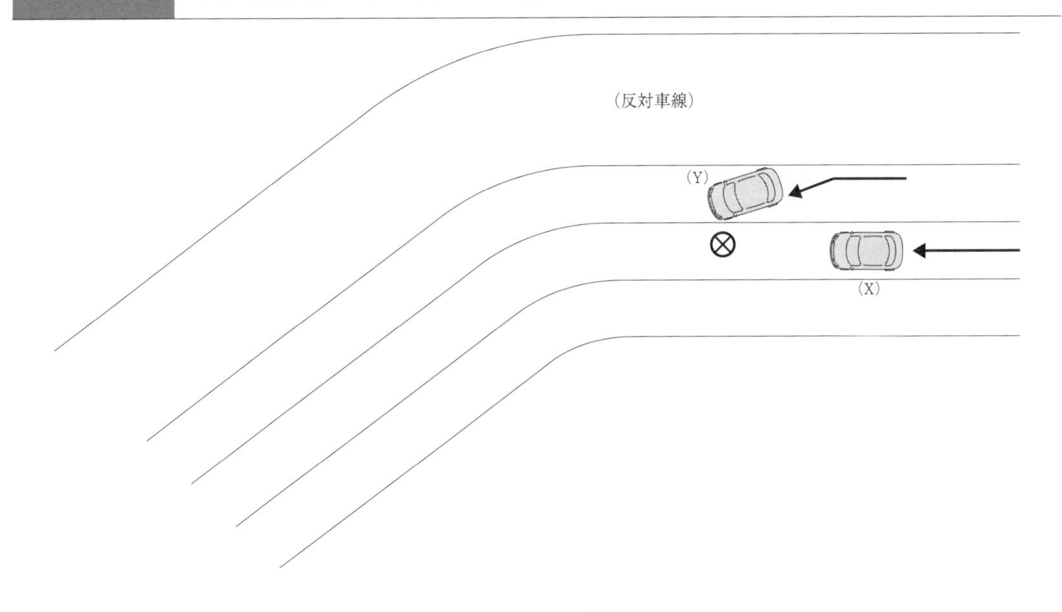

過失割合　普通乗用自動車(X) 20 %　普通乗用自動車(Y) 80 %

「本件事故現場は，京葉道上りの 3 車線の道路であり，緩やかに左にカーブしており，本件事故現場の先には篠崎出口がある。制限速度は時速 60 キロメートルである。

イ　本件事故発生に至る経緯

第 1 審原告は，第 1 審原告車両を運転し，勤務先から自宅へ帰るため，京葉道路上りの篠崎出口から出る予定であり，本件事故現場付近において，時速約 90 キロメートルで第 2 車線を走行していた。第 1 審被告車両が時速約 60 キロメートルで第 3 車線を走行していたが，第 1 審原告が第 1 審被告車両の存在を認識しないまま，その左側から追い越す際，第 1 審被告車両が第 2 車線に進入してきたため，第 1 審原告車両の右後部に第 1 審被告車両の左前部が接触し，本件事故が発生した。

一方，第 1 審被告は，第 1 審被告車両を運転し，友人宅から自宅へ帰るため，首都高速道路の三軒茶屋出口から出る予定であり，本件事故現場付近において，時速約 60 キロメートルで第 3 車線を走行していた。第 1 審被告は，眼鏡を掛けることが運転条件となっていたが，このとき眼鏡を掛けずに運転していた。第 1 審被告は，時速約 90 キロメートルで第 2 車線を走行していた第 1 審原告車両の存在に気付くことなく，ウインカーを出さないまま，第 1 審被告車両を第 2 車線に進入させたため，第 1 審被告車両の左前部が第 1 審原告車両の右後部に接触し，本件事故が発生した。

〔途中略〕

(1)の事実によれば，第 1 審被告は，第 3 車線を走行していた第 1 審被告車両を第 2 車線に進入させて，第 2 車線を走行していた第 1 審原告車両の直進進行を妨害した過失により本件事故を発生させたと認められるから，第 1 審原告に対し，民法 709 条に基づく損害賠償責任を負う。

また，第 1 審原告は，制限速度を約 30 キロメートル超過する時速約 90 キロメートルで第 1 審原告車両を走行させ，他車を追い越す際には，その追い越される車両の右側を通行しなければならない義務があるにもかかわらず，これに違反して第1審被告車両の左側から追越しを行い，かつ，前方を注視しなければならない義務があるにもかかわらず，第1審被告車両の存在を認識しないまま，漫然と第1審原告車両を進行させ，第1審原告車両を第1審被告車両に接触させた過失により本件事故を発生させたと認められ，第1審被告に対し，民法709条に基づく損害賠償責任を負う。

双方の過失の内容が上記のとおりであることに加えて，第1審被告は，ウインカーを出さずに第1審被告車両を第2車線に進入させ，眼鏡を掛けることが運転条件とされていたにもかかわらず，眼鏡を掛けていなかったことも考慮すると，本件事故発生における過失割合は，第1審原告20パーセント，第1審被告80パーセントと認めるのが相当である。」

裁判例 222　東京地判平成23年11月16日（判例秘書 L06630514）

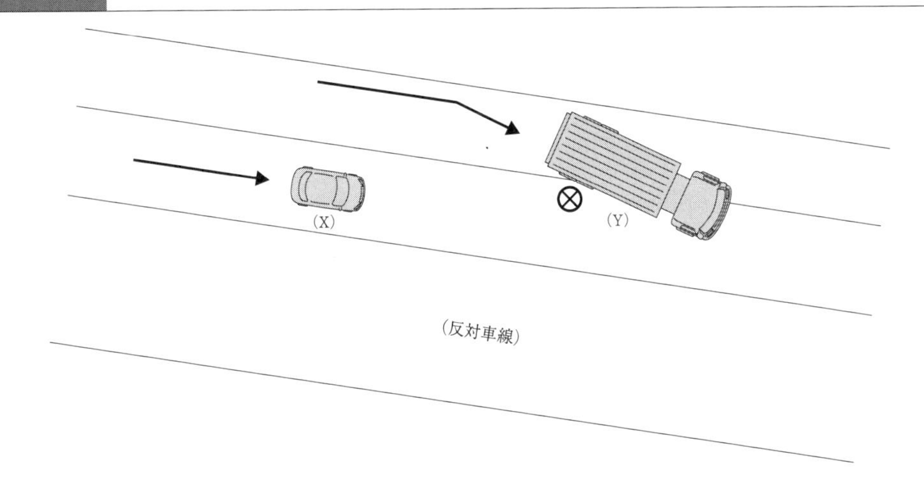

過失割合　普通乗用自動車(X) 20 %　トレーラー(Y) 80 %

「ア　本件事故現場は，代官町方面から神田橋方面へと向かう首都高速都心環状線外回り道路と首都高速5号線との合流地点である竹橋ジャンクションと神田橋出口との間である。

本件事故現場付近は最高速度が時速50キロメートルと指定された2車線の高速道路であり，竹橋ジャンクション付近においては第1車線と第2車線が黄色実線と白色破線により区分されており，第2車線から第1車線への進路変更が禁止されているが，竹橋ジャンクションを過ぎると第一車線と第2車線は白色実線により区分されている。

イ　被告は，本件事故の日時ころ，被告車を運転し，時速約50キロメートルの速度で首都高速5号線から首都高速都心環状線外回り道路の第1車線に進路変更して合流した。被告は，右の方向指示器を点灯させて第1車線に合流し，50メートル程度走行したが，第2車線に進路変更するつもりであったため，方向指示器を点灯させたままにし，第2車線へ進路変更が可能と判断して開始したところ，第2車線上を走行してきた原告車と衝突し，本件事故を発生させた。

A〔X〕は，原告の業務であるテレビ番組の収録に伴う移動に際し，原告の従業員であるBらも同乗していた原告車を運転し，首都高速都心環状線外回りの第2車線を走行していたところ，第1車線から第2車線に進路変更してきた被告車の右後部側面と原告車の左側面が衝突した上，原告車右側の側壁に原告車の右側面が衝突し，本件事故に遭遇した。

〔途中略〕

エ　以上を総合考慮すると，本件事故は，被告車が，首都高速都心環状線外回り道路の第1車線から第2車線に進路変更をする際に，右後方の第2車線上の安全確認が不十分なまま進路変更を開始したところ，第2車線を走行していた原告車左側部と被告車右後部側面が接触し，原告車が進路右側の側壁に衝突したというものであったと認めるのが相当である。

オ　これに対し，被告は，原告車には本件事故によって，7時方向，1時方向，11時方向からの各入力があるところ，11時方向からの入力があったことからすれば，原告車の速度は被告車の速度を上回っていたことを裏付けるものであることを指摘し，トレーラーヘッドの進路変更は完了し，トレーラーの進路変更もほぼ完了したという状態である被告車の後部右角に原告車が接触したことを考慮すれば，追突類似の態様であると主張する。

確かに，原告車の前部左側面の損傷は11時方向からの入力によるものとの主張に沿う証拠（乙2）もあるが，他方，上記(1)ウのとおり，原告車の前面左側には大きな損傷が見られないこと，原告車の損傷は左後部側面にまで及んでいること，被告の供述等が信用できないことを併せ考慮すれば，原告車の速度が被告車の速度よりも上回っていたとしても，被告が進路変更を開始した際の原告車の位置が被告車の後方であり，進路変更をほぼ完了していた被告車の後部に高速で衝突したと推認することは困難というほかなく，被告の主張は採用できない。

その余の被告の主張も，上記判断を左右するものではない。

(4)　以上で認定した本件事故の態様からすれば，被告は，被告車を第1車線から第2車線に進路変更させるに当たり，第2車線上を走行していた車両の有無及び動静に注意し，安全を確認する義務があるにもかかわらず，進路変更が可能であると軽信して漫然と被告車を第2車線に進路変更させた過失により，被告車の右後部側面を原告車の左側部に接触させ，原告車をして右側の側壁に衝突させて本件事故を惹起したのであるから，原告に対し，民法709条に基づく損害賠償責任を負う。

(5)　次に，上記の認定を前提に本件事故におけるA及び被告の過失の程度について検討する。

ア　上記のとおり，本件事故は，被告が，被告車を第1車線から第2車線に進路変更させるに当たり，第2車線上を走行していた車両の有無及び動静に注意し，安全を確認する義務があるにもかかわらず，安全確認が不十分なまま進路変更が可能であると軽信して漫然と被告車を第2車線に進路変更させたため，第2車線を走行してきた原告車と接触したという態様であることからすれば，本件事故の主要な原因は，進路変更先道路の安全確認が不十分なまま進路変更をした被告にあることは明らかである。

他方，Aも，被告車が方向指示器を点灯させていたのであるから，進路変更を察知して適宜減速等の措置を講ずることにより衝突を回避すべき義務があると認められるので，相応の過失相殺は免れない。

イ　以上の事情を総合考慮すれば，本件事故の過失割合はA 20パーセント，被告80パーセントと認めるのが相当である。」

裁判例 223　東京地判平成 28 年 3 月 30 日（判例秘書 L07130934）

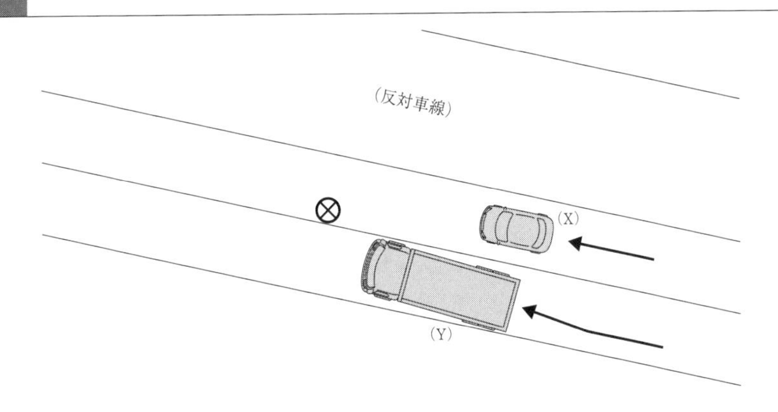

過失割合　普通乗用自動車(X) 25 %　大型貨物自動車(Y) 75 %

「(1)　証拠〔略〕及び弁論の全趣旨によれば，本件事故の態様は，志村料金所の 250 メートルから 300 メートル手前付近において，被告車両が第 1 車線を走行し，原告車両がその右後方の第 2 車線を走行していたところ，原告車両が被告車両よりも速い速度であったため，両車両の車間距離が狭まりつつある状況にある中で，被告Ｙ 2 が第 2 車線を走行する車両の有無及びその動静を十分に確認することなく，被告車両を第 2 車線に進路変更させ，原告車両の左側部（左フロントフェンダー部，左ドア部，左クォーターパネル部）と被告車両の右後部が接触したというものである。

〔途中略〕

本件事故の事故態様は上記 1 (1)のとおりであり，被告Ｙ 2 及び被告Ｙ 1 には上記(1)，(2)の過失が認められること，特に，被告Ｙ 2 は，第 2 車線を走行する車両の有無及びその動静を十分に確認することなく，被告車両を第 2 車線に進路変更させており，過失の程度は著しいと評価できること，料金所付近では，レーンの開閉状況や ETC レーンの設置箇所等の状況により，車両の進路変更が予想されるところ，本件事故の現場は，料金所の直近とまではいえないものの，志村料金所の 250 メートルから 300 メートル手前であり，ある程度の進路変更は予想されることなどの事情を考慮すると，被告Ｙ 1 の過失割合を 2 割 5 分，被告Ｙ 2 の過失割合を 7 割 5 分とするのが相当である。」

裁判例 224　東京地判平成 25 年 5 月 30 日（判例秘書 L06830271）

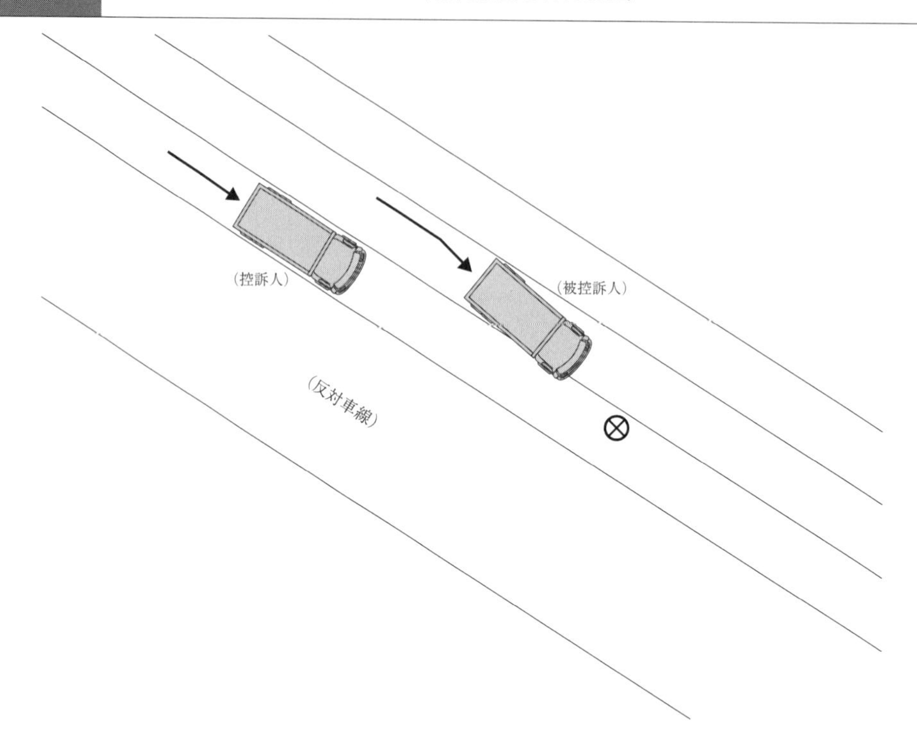

過失割合　中型貨物自動車（控訴人）30 %　中型貨物自動車（被控訴人）70 %

「(1)　平成 23 年 4 月 19 日午前 6 時 42 分頃，千葉県習志野市谷津 3 丁目無番地関東自動車道下り 5.4 キロポスト付近道路（以下「本件道路」という。）において，A車〔略〕と，B車〔略〕が衝突した（本件事故）。〔証拠略〕

(2)　本件道路は，湾岸市川インターチェンジ方面から湾岸習志野インターチェンジ方面に西から東に直進する片道 3 車線の高速道路である。〔証拠略〕

Aは，控訴人の事業の執行として，助手席にC〔略〕外 1 名を乗せてA車を運転し第 3 車線を，Bは，被控訴人の事業の執行として，B車を運転して第 2 車線をそれぞれ直進していた。〔証拠略〕

(3)　本件事故により，A車の左側フロントバンパーが損傷し，B車のリアバンパー上下右側が折れ曲がり，工具箱が変形した。〔証拠略〕

〔途中略〕

(1)　Aは，概ね，「A車は時速約 80 km で第 3 車線を走行していたところ，自車の 10 m 程度先の第 2 車線上を走行していたB車が，突然右折の合図をして第 3 車線に進路変更をし，自車の前方に進入したので，急制動の措置を取ったが間に合わず，衝突が起きた」旨証言し〔証拠略〕，他方，Bは，概ね，「B車は，当初第 2 車線を時速約 80 km で走行していたところ，前方を走行する車両越しに障害物が見えた。前方車が第 1 車線に進路変更したので，自分は第 3 車線に進路変更した。このときはA車と衝突していない。第 3 車線に移動してから 300 ないし 500 m 程度走行し，再び第２車線に進路変更を開始したところ，Ａ車が自車に追突した」旨証言している〔証拠略〕。

⑵　そこで検討すると，高速道路交通警察隊は，本件事故から約10分後の平成23年４月19日午前６時52分，本件事故を受け付け，そのころ，Ａ及びＢの立会いの下で本件事故の捜査を行い，同月22日付けで物件事故報告書〔証拠略〕を作成したが，同報告書の「事故発生概況」欄には，「落下物を避け車線変更した車両に追突」と記載され，「事故現場見取図」には，第２車線上に存在する落下物を避けようとして第３車線に進入したＢ車と第３車線を走行していたＡ車が，落下物のほぼ右側の第３車線上で衝突した様子が記載されているところ，これらの記載は，同警察隊が本件事故直後に両者の言い分を聞いた上で作成したものと認められ（特に，ＡやＣは落下物の存在を知らず，落下物の存在は，Ｂの供述によるものというほかはない。），信用性があるというべきである。また，Ｂ車のリアバンパー上下右側はビスで３箇所が固定されており，後方６時方向からの入力によりビスの固定部が支点となってリアバンパーの変形が生じたと認められるところ，このような変形の状況は，Ｂ車が第２車線から第３車線に進入して衝突したとする上記事故態様と矛盾しない〔証拠略〕。さらに，Ａ車の同乗者であるＣも，事故態様についてＡとほぼ同様の陳述をしている（証拠略，なお，Ｃは控訴人に勤務するＡの同僚であるが，両者が口裏を合わせて虚偽の陳述をしている様子は証拠上窺われない。）。

上記事故態様に関するＡの証言は，このような物件事故本報告書の記載内容及びＣの陳述と符合し，また，上記リアバンパーの変形状況とも矛盾しないもので十分信用できるものというべきである（もっとも，Ａの証言には，原審裁判所が指摘するように，本件事故の際，Ｂ車のどの部分までが第３車線に進入していたかなどの点にやや混乱も見られるが，Ｂ車が第３車線に車線変更をしようとしたために本件事故が生じたという事故態様に関する証言内容は，事故直後から一貫しており〔証拠略〕，この点は，証言の信用性を左右しないというべきである。）。これに対し，Ｂの上記証言等〔証拠略〕は，上記物件事故報告書の記載内容とも一致せず，採用することができない。

〔途中略〕

⑶　以上よれば，本件事故は，Ａ車が時速約80 kmで高速道路の第３車線を走行していたところ，Ａ車の10 m程度先の第２車線上を走行していたＢ車が，前方第２車線上に存在する落下物を避けるため，突然右折の合図をして第３車線に進路変更をしたために生じたものと認められ，主として，進路変更に際し，安全確認を怠り，かつ，右折の合図が遅れたＢの過失により生じたものというべきであるが，Ｂは，障害物を避けようとして進路変更をしたものであることに加え，Ａにおいても，周囲の車両の動向に配慮し，安全な方法で進行すべき義務があったのにこれを怠った過失があるというべきであるから，これらの事情を総合考慮すると，過失割合は，Ａが３割，Ｂが７割とするのが相当である。」

裁判例 225　大阪地判平成6年10月26日（交民27巻5号1494号）

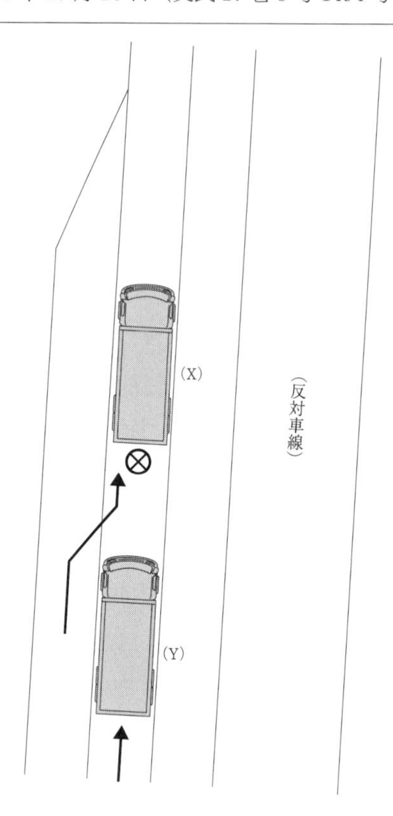

過失割合　大型貨物自動車(X) 40 %　大型貨物自動車(Y) 60 %

「(1)　本件事故現場は，東名高速道路上り線（以下「本件道路」という。）139.4キロポスト付近であり，由比パーキングエリアからの本線進入路との合流点であり，加速車線が設けられている。路面はアスファルト舗装され，平坦で，乾燥していた。本件事故当時付近は街灯の照明で明るかった。

(2)　Xは，原告車を運転して由比パーキングエリアから発進し，時速約40キロメートルの速度で前記139.4キロポスト手前51メートル付近から，本線車道の後方約47メートルを進行中の車両が追越車線に車線変更するのを確認して本線車道に進入し，時速約60キロメートルに加速して右ポスト付近に至った時，後方約30メートルに被告車が迫ってきているのをサイド・ミラーで確認したが，約20メートル進行して被告車に追突され，押し出され，同ポスト東方64メートルの路肩ガードレール，139.3キロポスト付近の中央分離帯ガードレールに衝突し，さらに19メートル進行して停止した。

(3)　被告Yは，被告車を運転し，本件道路を少なくとも時速100キロメートルで東進して，139.4キロポスト付近に至り，初めて，前方約4.5メートルを進行中の原告車に気づき，ハンドルを右に切るとともに，急ブレーキをかけたが及ばず，6メートル進行して原告車に追突した。

(4)　本件事故後の両車の損傷は，原告車が前部大破，キャビン脱落であり，被告車が後部凹損，前部凹損，後輪車軸脱落で，ともに走行不能状態であった。

以上の事実が認められる。

2　右事実によると，本件事故は，被告Ｙが原告車に初めて気づいたのが同車の4.5メートル手前であったこと，被告車の速度が少なくとも時速100キロメートル程度であったことから，被告Ｙの前方注視義務違反，速度違反（大型貨物自動車の法定速度は80キロメートル）により発生したことは明らかであるから，被告Ｙは民法709条により，被告会社は同法715条によりいずれも原告の損害につき賠償責任を負うことになる。

3　ところで，Ｘは，前記のとおり，後方を一応確認して本線車道に進入したものであるが，約47メートル後方の車両は確認したものの，その後方は確認していないことを自認するところであり，前記認定のＸが被告車に気づき，同車に追突されるまでの距離（原告車が21メートル進行する間に被告車は50メートル進行した。），その際の原告車の速度を考慮すると，被告車の速度が時速約120キロメートル程度出ていた可能性も否定できないが，高速走行中の事故で指示説明における誤差もまた否定できないところであり，被告車のタコメーター（乙６）の記録による時速約100キロを基礎として，進入時の被告車と原告車の車間距離を検討すると，原告車が本線に進入して被告車に気づくまでの平均速度は時速50キロメートル程度であるから，原告車を約30メートル後方に発見するまでの時間が約3.67秒であるから，原告車が本線進入時，被告車は80メートル程度後方を進行していたことになる。

右によると，Ｘは，被告車に気づかず，右の加速車線で十分速度を上げないまま，原告車を本線車道に進出させたこと，本車線進入時の原告車，被告車の右車間距離に照らすと，被告にも後方確認義務が不十分で，加速車線がまだ前方に残り，十分加速すべきであったのにこれを怠った過失が認められる。そうすると，原告も民法715条により被告の損害につき賠償責任を負うことになる。

4　本件事故が高速道路の合流地点における事故であること，被告Ｙの著しい前方不注視，速度違反の過失と，Ｘの後確認，加速が不十分なまま本線車道に進入した過失を総合考慮すると，両者の過失割合は，被告Ｙ６，Ｘ４とするのが相当である。」

裁判例 226　東京地判平成24年3月13日（判例秘書L06730116）

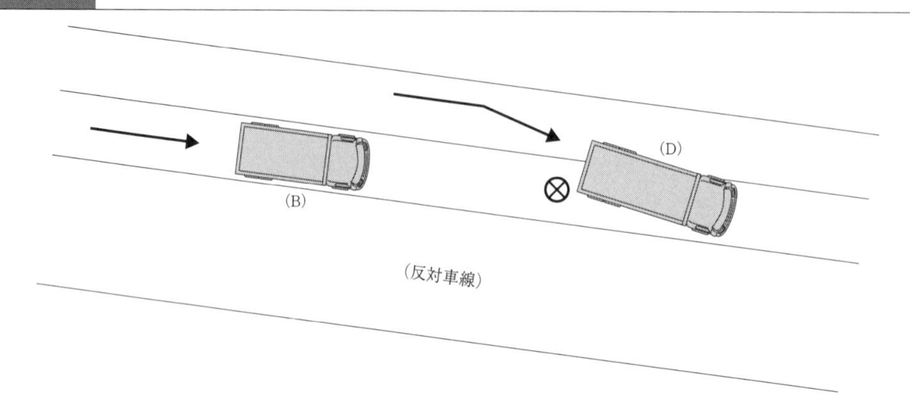

過失割合　中型貨物自動車(B) 40 %　大型貨物自動車(D) 60 %

「ア　本件道路は，名神高速道路の上り線であり，幅員2.8 mの路側帯，幅員4.0 mの関ヶ原インターチェンジからの加速車線，幅員各3.8 mの第1車両通行帯及び第2車両通行帯，幅員1.9 mの路側帯に区分されている。

本件道路の最高速度規制は時速80 kmであった。

イ　本件事故の発生日時は，平成22年4月16日午後6時44分ころであり，事故当時の天候は雨で，暮れかかっており，本件道路の走行車両は前照灯を点けていた。

本件事故当時，第1車両通行帯は，D車の後方に数台の車両が続いて走行していた状況にあったのに対し，第2車両通行帯は，空いていた。

ウ　B車は，長さ8.59 m，幅2.49 m，高さ3.39 mの事業用中型貨物自動車であり，D車は，長さ11.98 m，幅2.49 m，高さ3.78 mの事業用大型貨物自動車である。

B車は，本件事故により，前面全体が破損し，フロントガラスの左右にクモの巣状の亀裂破損，右側のフロントバンパー及びヘッドランプの破損，右ワイパーの破損，右側のフロントグリルの破損，脱落等が認められた。B車の車体前面への入力方向は，12時の方向である。なお，B車には，左側面及び後部にも損傷が認められるが，この損傷は，本件事故後，F運転の普通乗用自動車がB車に追突したことによる損傷であり，本件事故に起因するものではないと認められる。

D車は，本件事故により，後部が損傷し，リヤフレームの凹損，リヤドアの損傷などが認められた。

エ　Dは，おおむね時速約80 kmで本件道路を走行し，本件事故直前には約20秒かけて時速80 kmから時速84 kmまで速度を上げたところで，本件事故が発生した。

Cは，その社内規則により，車両の運送業務中の最高速度を時速85 kmとし，同速度を超えたときは車内に警告音が鳴るようにしていた。

〔途中略〕

イ　そこで検討するに，本件事故によるB車及びD車の損傷状況からすると，本件事故はD車が進路変更を終えて第2車両通行帯を直進走行した状態で発生したものと認められる。また，D車の事故当時の速度は時速84 kmであり，Dは第2車両通行帯へ進路変更してから約2秒後に本件事故が発生したと供述し，Bは，B車の事故当時の速度は時速約100 kmで，D車が進路変更したのはB車よりセダンタイプの車両2台分ほどの間であったと供述するところ，2台の車両の速度差が時速16 kmのときには1秒当たり約4.44 mの距離が詰まることからすれば，B車との距離がセダンタイプの車両2台分ほどの位置でD車が進路変更し，その2秒後に本件事故が発生したということとおおむね整合するから，この点に関するD及びBの各供述は信用することができるといえる。

そうすると，本件事故は，D車が第2車両通行帯に進路変更をした約2秒後に発生し，その際のD車の速度は時速84 km，B車の速度は時速約100 kmで，双方の車間距離は約9 mであったものと推認される。

ウ　ところで，Dは，進路変更の際に，右後方の第2車両通行帯を確認したところ，かなり後方の陸橋付近を走行している車両のみで，近付いてくる車両は見当たらず，進路変更に際してはゆっくりと行った旨供述するが，上記イにみた進路変更完了時の当事車両の車間距離等と整合しない上，一般に高速道路の追越車線を走行する車両の中には高速度で走行してくる車両が存在することからすると，本件事故直前のD車の走行速度でゆっくりと進路変更した場合に，後続車の存在やそれとの車間距離等について注意しないとは考えにくいことからすれば，直ちに信用することができない。これに加えて，Dは，進路変更をした動機として，関ヶ原インターチェンジから加速車線に進入しようとしてくる大型車と並走しないため，合流エリアの手前までに進路変更を終わらせたかった旨述べていることや，進路変更開始後に後続車について確認しなかったことついて，合流してくる大型車に気を取られていたかもしれない旨述べていることからすると，被告車の進路変更はもっぱら大型車と並走することを回避するためにされたものであるといえ，上記にみたところを併せ考慮すれば，Dにおいて，本件事故の直前における進路変更の際に第2車両通行帯の後続車に対する注意が十分でなかったものと認めるのが相当である。

以上によれば，進路変更の際の後続車であるB車との距離やD車の走行態様に関するDの供述は信用することができないというべきである。

他方で，D車とB車は真直に追突していること，D車の車体の長さが約12 mであること，D車の本件事故直前の速度は時速80 kmから84 kmであったことからすると，D車の進路変更が，Bが供述するように，B車の直前にD車が進入するような急激な態様であったとは認められない。

(3)　上記(2)によれば，Dには，本件事故において，第1車両通行帯から第2車両通行帯へと進路変更する際に，後方に対して十分に安全を確認すべき義務を怠り，B車との距離やその速度を誤り，D車を進路変更させたことによって，本件事故を発生させた過失が認められる。他方で，Bにおいても，本件事故現場は関ヶ原インターチェンジから加速車線を走行する車両が本線車道へと合流する地点であり，このような地点では，走行車線から追越車線へと進路変更する車両の存在を当然に予期し得ることや大型車であるD車が進路変更を終えて約2秒後の事故であることからすると，その前方の安全を確認すべき義務を怠り，安易に直進走行を続け，かつ，最高制限速度を時速20 km程度超過したことによって，本件事故を発生させた過失が認められる。

以上にみた本件事故現場の状況，D及びBの過失の内容，程度を総合考慮すれば，本件事故発生についての過失割合は，Dにつき60%，Bにつき40%と認めるのが相当である。」

裁判例 227　さいたま地判平成25年5月10日（交民46巻3号599頁）

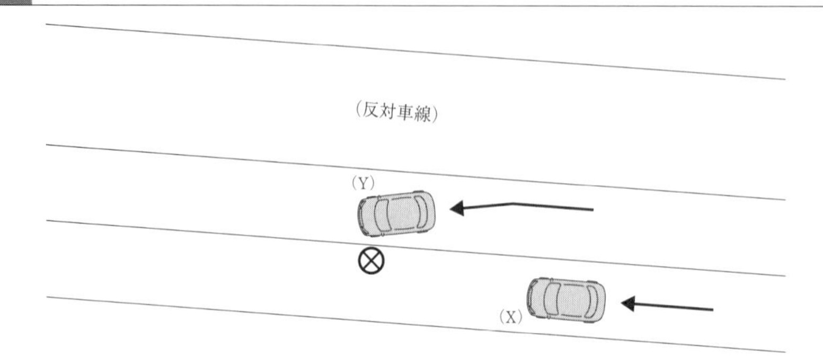

過失割合　中型乗用自動車（X）40％　普通乗用自動車（Y）60％

「本件事故の態様について，原告は，右後方から接近してきた被告車両が，原告車両の横に並ぶや否や，突然，同車両の前に入ってきて，被告車両の左後部が原告車両のフロントの右側ライト付近に接触したと主張し，Bの陳述書〔証拠略〕中にも，これに沿う陳述記載がある。

しかし，証拠（B証人）によれば，Bは，本件事故時において，被告車両が接触したのが原告車両のトランクのあたりだと思っていたが，停車して降りて確認したところ，接触は前の部分であることを認識したことが認められる。原告車両と接触したのは被告車両の左後部であるから，本件事故の瞬間には，被告車両は原告車両よりも前に出ていたことが明らかであり，Bが前方を注視して運転していれば，被告車両が接近して来ることと，衝突したのが原告車両の右前部であることは当然に認識し得たと考えられるのであって，上記のように，Bが当初接触した箇所の認識を欠いていたということからすると，同人は，前方を注視せずに運転して本件事故に至ったと認定するのが自然である（B自身，証人尋問において，本件事故直前において，走行中右側を余り見ていなかった旨証言している。）。

そして，被告の陳述書〔証拠略〕及び被告本人尋問中には，車間が少し狭いかとは思ったが，被告車両が明らかに原告車両よりも前に出ていたので，ウィンカーを出して車線変更を開始したところ，原告車両と接触した旨の陳述記載ないし供述があるところ，上記に認定したようなBの前方不注視の事実とも対比すると，被告の上記陳述記載及び本人供述は，いずれも信用性が高いというべきである。

以上を総合すると，本件事故の態様としては，被告が追越車線上で被告車両を運転して，原告車両を右後方から追い抜いた後，ウィンカーを出して車線変更を開始したところ，Bが，前方不注視により被告車両に気付かずに走行車線上で漫然と加速して，車間が詰まったことにより，被告車両と接触するに至ったと認められる。上記認定のような事故態様にかんがみると，原告の過失割合は40パーセントと認めるのが相当である。」

裁判例 228　東京地判平成26年7月16日（判例秘書 L06930390）

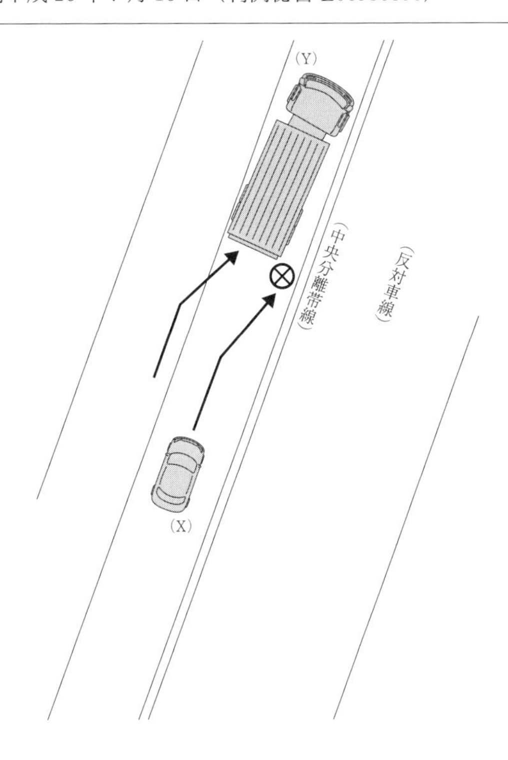

過失割合　普通乗用自動車(X) 40 %　トレーラー(Y) 60 %

「(1)　本件道路は片側2車線の高速自動車国道であり，東京方面から郡山インターチェンジ方面に向かって，ゆるやかな右カーブを描くような形状となっている。また，本件当時，本件現場付近で，最高速度が時速80 kmに制限されていたほか，本件現場から約200 m先から第1車線について車線規制が行われていた。この車線規制については，表示等によって，本件道路を走行する車両において，本件現場に至るまでにその事実を認識できる状況にあった。〔証拠略〕

(2)　Bは，被告車両を運転して，本件道路の第1車線を時速約80 kmで進行し，本件現場手前に差し掛かったところ，進路前方で車線規制がされていることから第2車線に車線変更しようとし，同車線の進行車数台をやり過ごした後，右ウインカーを点灯させ，第2車線に車線変更した。

Bが，被告車両の全体が第2車線に入り，直進状態となった時点で被告車両に装着されたバックカメラのモニターを見たところ，原告車両が被告車両のすぐ後ろで車体を振るように走行しているのが確認できたが，しばらく後に確認できなくなった。〔証拠略〕

(3)　Aは，原告車両を運転して，本件道路の第2車線を時速約100 kmで進行し，本件現場手前に至ったところ，原告車両の左側方の第1車線上を走行していた被告車両が第2車線への進路変更を開始し，原告車両と接触しそうになった。

Aは，被告車両との接触を避けるため急制動の措置を講じるとともに，右にハンドルを切ったと

ころ，スリップして車体が右に流れ，原告車両が中央分離帯のガードレールに接触した。〔証拠略〕
〔途中略〕

3　以上の事実関係に基づいて争点について判断するに，Bは，第2車線に進路変更する際，第2車線を走行する車両の動静を注視し，安全を確認した上で進路変更すべき注意義務があったのに，これを怠り，漫然と進路変更を行い，原告車両の進路を閉塞するとともに被告車両との接触の危険を生じさせ，Aをして回避のための急制動等の措置を取ることを余儀なくさせた過失がある。他方，Aについても，本件現場を走行するに当たり，制限速度を遵守するのはもとより，その先に第1車線につき車線規制がされていたのであるから，第1車線から第2車線に進路変更する車両があり得ることを前提に，第1車線を走行する車両の動静を注視し，第1車線からの進路変更があった場合には，適切な措置を講じるなどして安全を確保して進行すべき注意義務があったところ，これに違反し，車線規制の事実について表示等を見落とし，かつ，被告車両の動静確認不十分なまま制限速度を約20 km程度超過する速度で進行し，さらに，被告車両が進路変更するのを発見するや，原告車両をスリップさせるような制動等の措置を取り，これらの結果，本件事故を生じさせた過失があるというべきである。以上に照らせば，本件事故についてはAとBの双方に過失があり，上記双方の過失の内容に照らし，その過失割合は，Aが4割，Bが6割と認めるのが相当である。」

裁判例 229　東京地判平成22年11月10日（判例秘書 L06530583）

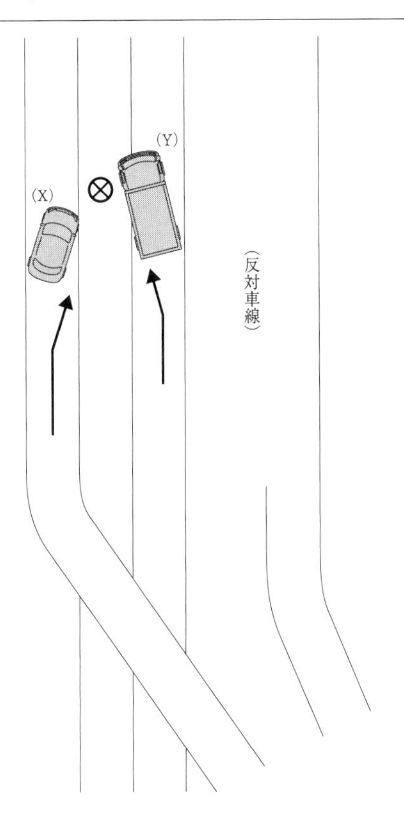

過失割合　普通乗用自動車(X) 50 %　普通貨物自動車(Y) 50 %

「ア　本件事故現場は，２車線の首都高速１号羽田線上り（以下「羽田線上り」という。）と２車線の11号台場線上り（以下「台場線上り」という。）が合流する地点（以下「本件合流地点」という。）であり，羽田線上りの左側車線と台場線上りの右側車線が接する状態が約300メートル続き，再び羽田線上りと台場線上りに分岐し，羽田線上りは都心環状線内回りに，台場線上りは都心環状線外回りに接続している。

イ　本件事故当時，台場線上りは都心環状線外回りに向かう車両のため，本件合流地点より手前から渋滞していた。一方，羽田線上り左側車線も本件合流地点から台場線上りに車線変更して都心環状線外回りに向かう車両で渋滞していた。

A〔X〕は，原告車両を運転して，台場線上り右側車線を走行していた。本件合流地点で羽田線上りに車線変更して都心環状線内回りに入り，汐留インターチェンジで降りる予定であったが，渋滞のため時速５キロメートルほどで進行していた。やがて，本件合流地点をすぎて間もなく，原告車両を羽田線上り左側車線に車線変更させている最中に原告車両右前部を被告車両左後部に接触させた。

一方，被告Ｙ１は，被告車両を運転して，羽田線上り右側車線を時速50ないし60キロメートルで走行していた。被告Ｙ１は，そのまま都心環状線内回りを走行し，八重洲トンネル方面に向かう予定であったので，上記の羽田線上り左側車線の渋滞を過ぎたところで，被告車両を同車線に車線変更させている最中に被告車両の左後部を原告車両の右前部に接触させた。

⑵　Ａは，原告車両を台場線上り右側車線から羽田線上り左側車線に車線変更を終えた後，羽田線上り右側車線を原告車両の後方から進行してきた被告車両が羽田線上り左側車線に車線変更したため，本件事故が発生したと供述する。しかしながら，陳述書（甲10）では，台場線上りを直進進行中に本件事故が発生したと説明しており，その供述する事故態様は全く異なっている。このように，Ａが説明する事故態様に明らかな変遷が見られるのであるから，上記供述を採用することはできない。

他方，被告Ｙ１も被告車両を羽田線上り右側車線から左側車線への車線変更を完全に終えた後，原告車両が接触してきたと供述する。しかし，被告車両の走行速度に照らすと，被告車両が車線変更を完全に終えるまでには相当程度の距離を要するものと考えられるが，それから原告車両と接触したというのであれば，原告車両が本件合流地点からかなり先で車線変更をしたことになるが，渋滞していた台場線上り右側車線から羽田線上り左側車線へ車線変更を予定していたＡが，本件合流地点よりかなり先で車線変更するとは考え難い。したがって，被告Ｙ１の供述も採用できない。

⑶　以上によれば，Ａと被告Ｙ１はほぼ同じタイミングでそれぞれの車両を車線変更させたため，本件事故が発生したものと認められる。

そうすると，被告Ｙ１は，被告車両を車線変更させるに当たっては，周囲の車両の有無と安全を確認した上，車線変更させるべき義務があるのに，これを怠り，本件事故を発生させたと認められるから，民法709条に基づく損害賠償責任を負い，被告会社も民法715条１項に基づく損害賠償責任を負う。

また，同様に，Ａも，原告車両を車線変更させるに当たっては，周囲の車両の有無と安全を確認した上，車線変更させるべき義務があるのに，これを怠り，本件事故を発生させたと認められるから，民法709条に基づく損害賠償責任を負い，原告も会社法350条に基づく損害賠償責任を負う。

そして，本件事故態様に照らすと，本件事故発生の過失割合は，Ａ50パーセント，被告Ｙ１・50パーセントと認めるのが相当である。」

裁判例 230　東京地判平成 17 年 2 月 8 日（判例秘書 L06030500）

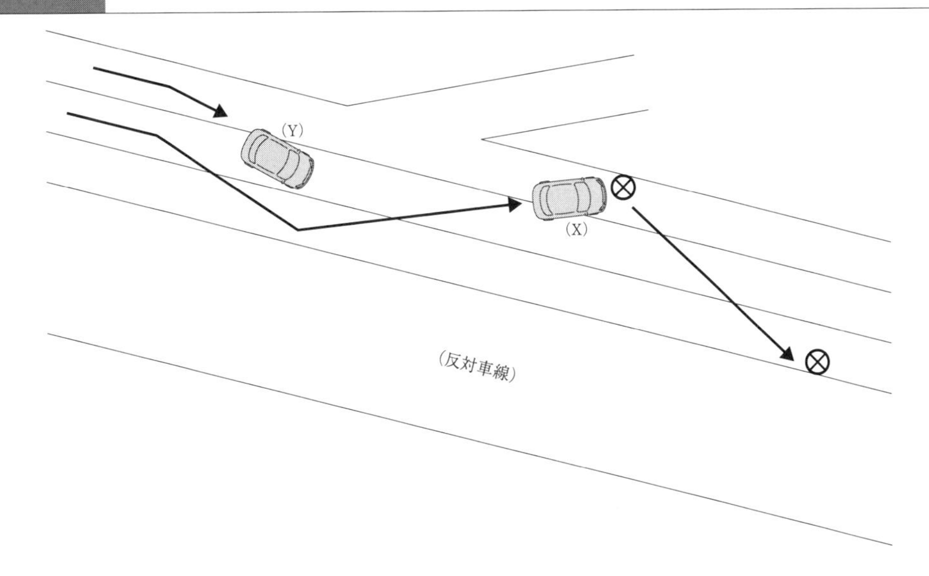

過失割合　普通乗用自動車(X) 60 %　普通乗用自動車(Y) 40 %

「(イ)　被告は，被告車を運転して，本件道路の第1車線を時速 50 km ないし 60 km で走行していたところ，前方に本件分岐点に関する道路標識（本件分岐点から約 25 m 手前にある。）が見えたため，時速約 40 km に減速し，本件分岐点を◇◇・△△方面に進行しようと進路をやや右に変更し，本件分岐点の手前約 70 m ないし 80 m から，第1車線と第2車線をまたぐような状態で，ブレーキを軽く踏みながら走行した。しかし，被告は，左方向の道路標示の「◎◎」の地名を知らなかったため，一瞬迷い，車線をまたぐような状態のまま少し走行したが，すぐに右方向に進むことを決断し，本件分岐点から約 40 m 手前で，ルームミラー，サイドミラー及び肉眼で後方を確認し，右方向指示器を出した。その時，第2車線の 100 m 位後方に原告車が走行していただけで，その後続車両は見えず，第3車線にも走行車両はなかったため，被告は本件分岐点から約 10 m 手前までに第2車線に進入したところ，原告車が，被告車を右横（第3車線）から追い越した後，第2車線の被告車の前方に進入し，本件分岐点から約 54 m 先の左側縁石等に衝突し，さらに，本件分岐点から約 94 m 先の右側ガードレールに衝突して停止した。

(ウ)　他方，原告A〔X〕は，原告車を運転して，本件道路の第2車線を時速約 120 km で走行していたところ，前方 150 m 程度先に，ブレーキランプが点灯している被告車を発見したが，その横を車両が追い抜いていたことから被告車が停止しているものと考え，特段減速することなくそのまま走行した。しかし，原告車が被告車の手前約 30 m に至った地点で，被告車が第1車線と第2車線をまたぐような状態から，第2車線に進入してくるのに気付き，ブレーキを掛け，あわててハンドルを右に切ったが，右側壁に衝突する危険を感じたため，ハンドルを左に切ったところ，上記(イ)のとおり，原告車は，本件分岐点から約 54 m 先の左側縁石等に衝突し，さらに，本件分岐点から約 94 m 先の右側ガードレールに衝突して停止した。

〔途中略〕

上記(1)の認定事実を前提に検討するに，被告は，本件分岐点手前で，第1車線と第2車線の区分線をまたぐような状態で走行した後，第2車線に進路を変更するに当たっては，後方の車両に十分注意し，その進行を妨げないようにすべき注意義務があるところ，後方の安全を確認し，約100m後方に原告車を認めたものの，原告車が高速で走行していることもあって，被告車が安全に進路変更ができるものとその判断を誤り，進路変更をした過失があると認められる。したがって，被告は，民法709条に基づき，原告A及び日本道路公団に対し損害賠償責任を負う。

しかしながら，他方で，本件道路の最高速度は，本件分岐点までが時速60km，本件分岐点より先が時速40kmに制限されており，遅くとも本件分岐点に至るまでには時速40kmまで減速していなければならないところ，原告Aは，これを大幅に超える時速約120kmで走行していたものである（本件分岐点までは時速60kmの超過であり，また，原告Aはそのままの速度で走行しようとしていたから，本件分岐点付近では実質的に時速80kmも超過する状態であったことになる。）。しかも，原告Aは，約150m前方に第1車線と第2車線をまたぐように走行している被告車を認めながら，被告車が停止しているものと軽信し，減速することなく上記のような高速で走行したため，被告車の進路変更の発見が遅れ，危険を感じてブレーキを掛け，ハンドルを右に切ったが，右側壁に衝突する危険を感じ，ハンドルを左に切ったために，本件分岐点から約54m先の左側縁石等に衝突した上，さらに本件分岐点から約94m先の右側ガードレールに衝突したものである。そして，原告Aが，前方の被告車の動静を注視し，かつ，上記の制限速度を遵守し，あるいは制限速度を超過していたとしても上記のように制限速度を時速60kmないし80kmも超過するような高速で走行していなかったとすれば，被告車の進路変更により早く気付いて減速し，あるいは，第3車線に進路変更をすることにより，極めて容易に本件事故を回避することができたといえる。したがって，本件事故について，原告Aの過失は大きいといわざるを得ない。

以上の原告A及び被告の過失を対比すると，原告Aの過失が被告の過失より大きいというべきであり，その過失割合は，原告A6割：被告4割と認めるのが相当である。」

裁判例 231　東京地判平成21年3月25日（判例秘書L06430244）

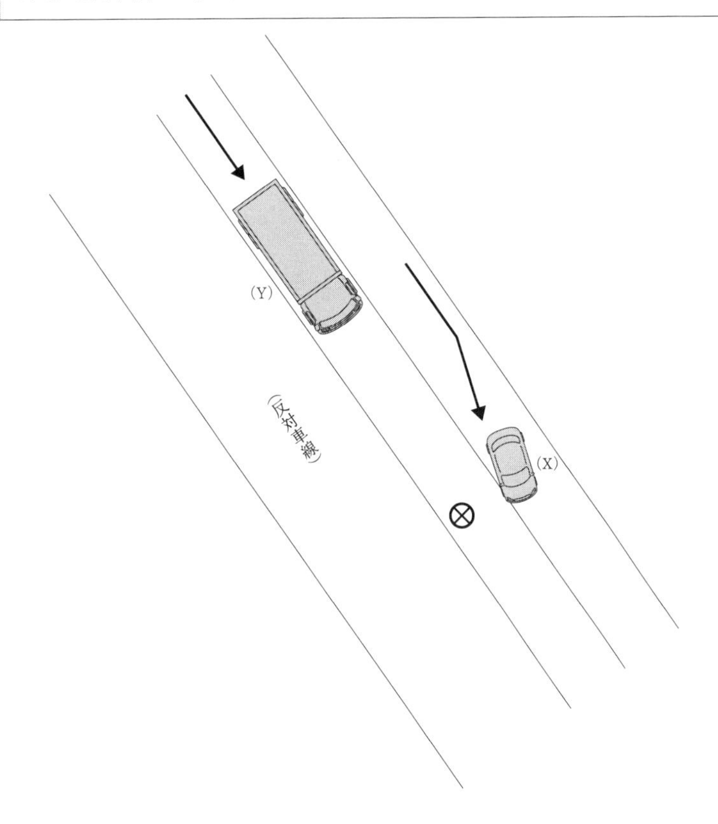

過失割合　普通乗用自動車(X) 70 %　大型貨物自動車(Y) 30 %

「(2)　事故態様について，以下の事実が認められる。

ア　原告X1は，X1車を運転し，八潮南料金所から首都高速6号三郷線に合流し，被告Y1の運転するY2車の前に入った。

当時，首都高速6号三郷線は，八潮南料金所から四つ木料金所付近まで通常であれば10分かからないところ，40分から50分かかるくらいの渋滞であり，合流車線から1台おきに合流していた。

被告Y1は，原告X1の合流の仕方が強引な割込みであると腹を立て，原告X1が合流してから10分間ほど，車間距離を詰めて運転し，腹いせに原告X1への嫌がらせを行った。

なお，原告X1らは，被告Y1が八潮南料金所合流地点から衝突まで，約1時間にわたり，車間距離を詰めたり，蛇行したり，逃げようと車線変更するX1車に付き従って車線変更をするなど，嫌がらせ（煽り）を続けた旨主張し，原告X1は陳述書や同趣旨を供述するが，上述のとおりの渋滞状況からすると，車線変更を繰り返す前車に引き続いて車線変更を行い，かつ，その真後ろに入るというのは想定し難く，被告Y1が合流後10分間車間距離を詰める嫌がらせを行ったことを認めつつ，それ以上の嫌がらせ（被告Y1は，これに加え，小菅ジャンクションを過ぎ，第1車線から第

2車線へ車線変更した後，第1車線を走行するX1車を追い抜いたが，その際，幅寄せをする嫌がらせを行った旨供述するが，原告X1らは，Y2車がX1車を追い抜いたことを認めていない。）を行ったことを否定していることからすると，未だ原告X1らの主張を認めるに足りない。〔証拠略〕

イ　X1車とY2車は，四つ木料金所料金所を越えたポールナンバー20-2575付近で衝突した。

X1車，Y2車とも，衝突後，第2車線内で停止した。

〔途中略〕

(3)　以上の事実，特に，X1車の損傷部位が車両後部右側であるのに対し，Y2車が車両左側前部であったこと，Y2車のフロントバンパー左への入力方向が1時であり，衝突時，X1車とY2車双方が正面を向いた状態ではなく，先行するX1車がやや右（30度）を向いた状態であったことからすると，原告X1らが主張するような第2車線上での単純追突ではなく，第1車線から第2車線へ車線変更したX1車と第2車線を走行していたY2車との衝突事故と認めるのが相当である。

そして，X1車の損傷部位が車両後部右側に止まり，車両中央や左側への損傷がなかったことからすると，衝突時，X1車は停止していた状態ではなく，双方とも走行していた状態にあったこと，そして，両車両の損傷状況からすると，双方の速度差がそれほどなかったことが推認されるが，元々，渋滞のため，双方車両とも速度がそれほど出ていなかったのか，それとも，被告Y1が供述するように，制動開始時，60キロメートル以上の速度が出ていたが，車両双方が制動措置を取るなか制動効果の違いから衝突するに至ったものかは，どちらとも決めがたい。

〔途中略〕

上記認定の事故態様からすると，X1車とY2車との過失割合は，70：30と認めるのが相当である。」

裁判例 232　東京地判平成23年7月5日（自保ジャーナル1856号104頁）

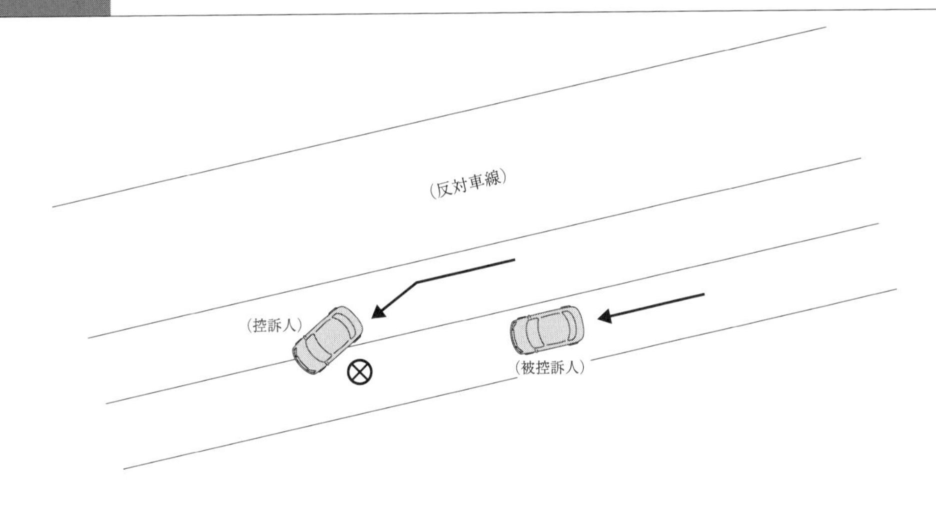

過失割合　**普通乗用自動車（控訴人）** 70 %　**普通乗用自動車（被控訴人）** 30 %

「ア　平成21年8月30日，B〔被控訴人〕車（セダンのフォルクスワーゲンゴルフ）は，東京都千代田区北の丸公園2首都高速環状線の内回り道路（最高速度時速50 kmの，白色実線で区切られた片側2車線道路。以下「本件道路」という。）の第1車線（左側車線）を，時速80 km程度で走行していた。なお，本件道路の左端にはコンクリート製の縁石が設けられている。（甲4，8，乙7，8）

イ　本件道路の第1車線の交通は順調に流れていたが，第2車線（右側車線）は渋滞していた。A〔控訴人〕車（トヨタクラウン）は，本件道路の第2車線を走行していたが，北の丸トンネル入口手前から同車線が渋滞していたため，北の丸トンネルに入って間もなく，加速して第1車線に進路変更をした。（甲10，乙3，7，8）

ウ　B車は，北の丸トンネルに入った後，A車の上記進路変更によって自車との車間距離が詰まったため，ハンドルを左に切るとともに急ブレーキをかけたが，A車を避け切れず，同日午前11時25分ころ，B車の右側面とA車の左側面が接触するという本件事故が発生した。なお，A車は，B車を避けるためにハンドル操作をすることはなかった。B車は減速途中であり，A車は加速していたことから，本件事故後の両車両の停止位置は，A車の方がB車よりも前方であった。（乙7，8〔12・13頁〕）

〔途中略〕

オ　以上に検討してきたところによると，被控訴人Bの供述は，他の証拠等とも整合し，矛盾もないのに対し，控訴人の供述は，それ自体不合理な部分があり，その不合理さを払拭すべき特段の事情も見当たらない。したがって，被控訴人Bの供述は基本的に信用することできるが，控訴人の供述は信用することができない。

そうすると，本件事故は，A車が本件道路の第2車線から第1車線に進路変更をしたところ，後方から時速80 km程度の比較的高速で走行してきたB車が，進路変更をするA車を認めてハンドルを左に切るとともに急ブレーキをかけたが，間に合わず，A車の車体が第1車線内におおむね進入した時点で，A車の左側面とB車の右側面とが接触したというものであったと認められ，その主たる原因は，控訴人が，進路変更の際に後方の安全確認を十分にしなかったため，B車の進路を妨害したことにあるといえる。他方で，被控訴人Bにも速度超過の過失があるから，控訴人と被控訴人Bの過失割合は7対3と見るのが相当である。」

裁判例 233　東京地判平成19年1月26日（判例秘書 L06230371）

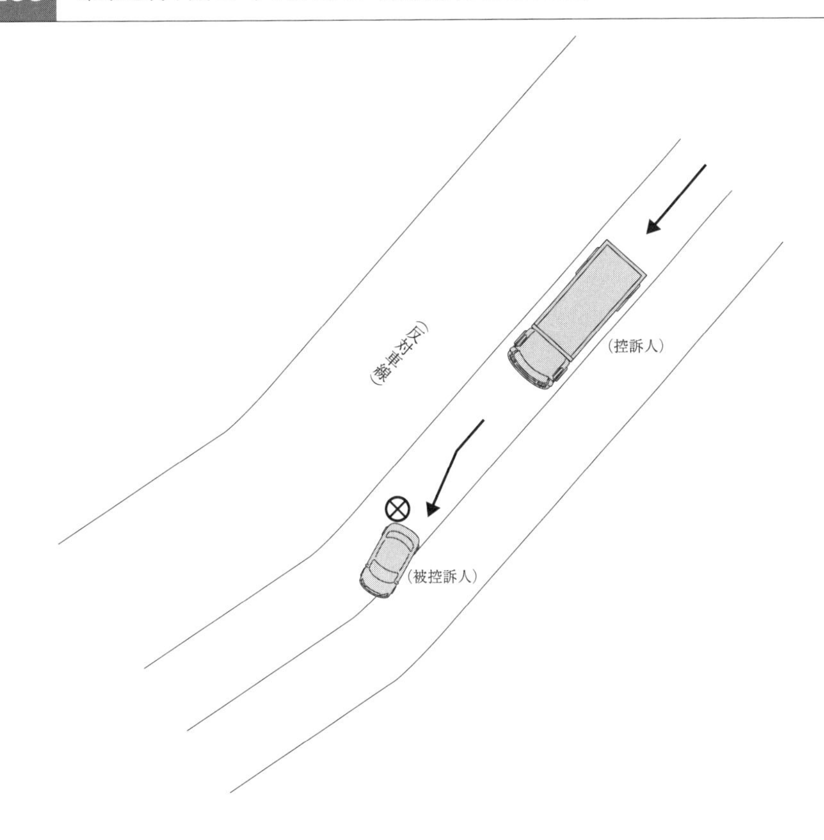

過失割合　**大型貨物自動車(控訴人)** 80 %　**普通乗用自動車(被控訴人)** 20 %

「(1)　本件事故現場は，山陽自動車道の下り路線で，中央分離帯があり，その進行方向から見て左に追越車線，走行車線が各1車線あり，その左に路側帯が設置された道路で，時速80キロメートルの速度規制がある。本件事故現場である山陽自動車道346.8 kp地点付近には，路側帯の左側に玖珂インターチェンジの出口があり，「玖珂　鳥井」「35　出口」の標識がある。その100メートル程度先には，玖珂インターチェンジの入口がある。

山陽自動車道下り路線の346.8 kp地点の手前は見通しのよい平坦なほぼ直線の道路であるが，同地点のインターチェンジ出口付近から先は，ゆるやかに右にカーブしている。本件事故当日の天候は晴れであり，路面は乾燥していた。(甲1，乙1，9)

(2)　被控訴人は，玖珂インターチェンジを降りた先の被控訴人の妻の実家に本件積荷を届けるため，山陽自動車道下り路線を岩国インターチェンジ方面から熊毛インターチェンジ方面に向かって時速120キロメートル前後で走行していた。

一方，控訴人X1は，控訴人会社の従業員であるところ，業務として控訴人車を運転して積荷を搬送し，東京方面から雑貨を積んで，岩国インターチェンジ方面から，熊毛インターチェンジ方面に向かって，時速約120キロメートル程度の速度で走行車線を走行していた。(乙9，被控訴人本

人）

⑶　控訴人X1は，本件事故現場手前で，玖珂インターチェンジ出口付近にさしかかってきたと認識したことから，追越車線に車線変更した。控訴人X1は，このとき，被控訴人車が自車の前方を走行していることに気付いた。

その後，控訴人X1は，前方の被控訴人車との距離が徐々に詰まってきたと感じていたものの，減速等は行わなかった。（乙9）

⑷　被控訴人は，玖珂インターチェンジで高速道路から流出することを予定していたが，山陽自動車道下り路線346.8 kpを通過するころ，玖珂インターチェンジ出口が側方にあることに気付いた。

そこで，被控訴人は，追越車線から走行車線に車線変更するため，減速しながら左の方向指示器を点灯させた。しかし，被控訴人車の左側の走行車線を車両が走行していたため，直ちに走行車線に進入することができず，1ないし2秒程度，方向指示器を点灯させた状態で追越車線を走行し続け，その後，走行車線に入るため，被控訴人車をやや左向きにした。（被控訴人本人）

⑸　控訴人X1は，控訴人車と被控訴人車の間隔が約45.7メートルに接近したとき，被控訴人車のブレーキランプが点灯したことを確認した。しかし，控訴人X1は，ブレーキランプ点灯後も被控訴人車がそのままの速度で走行するものと感じたため，減速は行わなかった。

ところが，控訴人X1と被控訴人車との距離はさらに接近し，控訴人車と被控訴人車の間隔が約34.8メートルとなったところで，控訴人X1は被控訴人車との衝突の危険を感じた。

そこで，控訴人X1は，やや右に寄りながら制動措置をとって追突を避けようとしたものの，間に合わず，追越車線上において，走行車線に入りかけていた被控訴人車の右後部に自車の左前部を追突させた。（乙9）

〔途中略〕

イ　上記認定に照らして被控訴人の過失につき検討するに，被控訴人車は，〔道路交通〕法24条にいう「急ブレーキ」をかけたということはできないが，高速道路を走行しているのであるから，通常の道路以上に，走行中に減速することによって後方の車との距離が接近して衝突の危険が生じる可能性が高いことを予見し，衝突の結果を回避するため，走行中減速するに当たり，後続車両の有無・動静に注意するなど高速道路内の交通の安全に配慮して装置を操作すべき義務があったにもかかわらずこれを怠った過失があるというべきである（法70条参照）。

⑶　過失割合

上記を前提に控訴人X1及び被控訴人の過失割合について検討するに，被控訴人には，高速道路において交通の安全に配慮しないままに減速した落ち度は認められるが，上記⑵イのとおり，法24条にいう程度の急制動であったとまでは認めることはできず，落ち度が大きいとまではいうことはできない。

一方で，控訴人X1は，十分な車間距離をとることがないまま，指定最高速度を時速40キロ程度超過して被控訴人車の後方を走行し，被控訴人車のブレーキランプが点灯して被控訴人車が減速を開始していたにもかかわらず，制動措置等をとることなく漫然と進行して接近し，控訴人車を衝突させたものであり，指定最高速度を超過して走行し，高速道路のインターチェンジ出口付近であって前方の車両が速度を落とすことがあり得るにもかかわらず車間距離を十分にとらなかった落ち度がある。そして，その程度は，被控訴人と比較しても大きいといわなければならない。
そうすると，追越車線における事故であることを考慮してもなお，控訴人Ｘ１の過失は大きいといわなければならず，双方の過失割合については，被控訴人２割，控訴人Ｘ１・８割とするのが相当である。」

裁判例 234　東京地判平成 19 年 11 月 29 日（交民 40 巻 6 号 1543 頁）

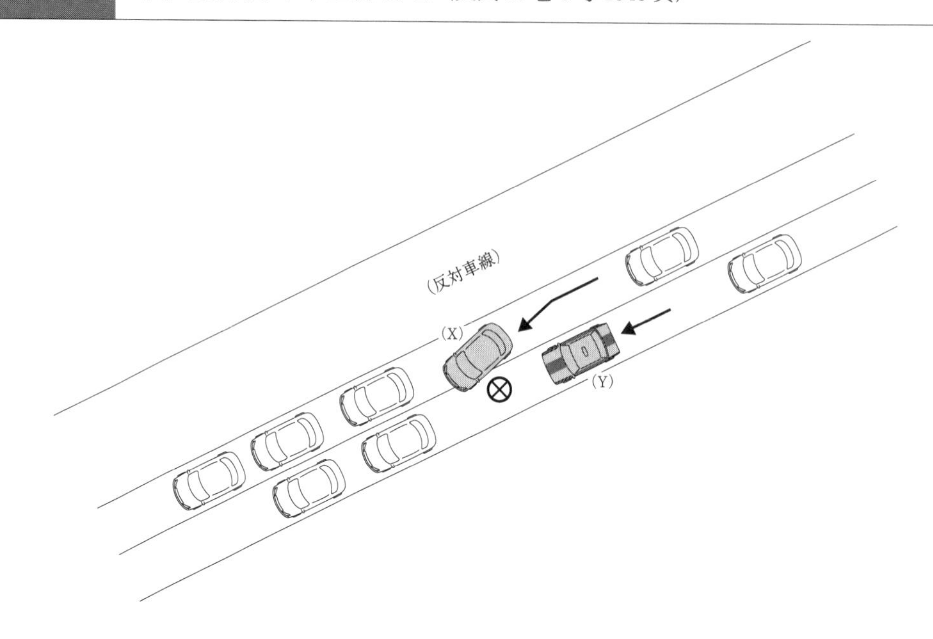

過失割合　普通乗用自動車(X) 80 %　タクシー(Y) 20 %

「a　本件道路は，アスファルト舗装された 2 車線道路で，車道全幅は道路両側の路側帯を含めて 7.4 メートルであり，道路中央には白色の区分線がペイントされており，路側帯が車道両側にそれぞれ 0.4 メートルの幅で設置されており，最高速度毎時 60 キロメートルに規制されている自動車専用道路である（甲 40）。

〔途中略〕

「(6)　したがって，本件事故は，被告Ｙ１が，本件道路の左側車線を前車に追従して直進進行し，永福出口手前約 200 メートルから同車線の前方を走行する車両が詰まり始めたので，ブレーキを掛けながら同車線上の前車に追突しないよう注意して走行していた際，右側車線も詰まり始め，被告Ｙ１の前方の右側車線上を走行する車両もいわゆるのろのろ状態となったところ，右側車線を走行していた原告車が急制動措置を講じながら突然被告車の前方に割り込むように車線変更してきたことから，別紙１の（甲）地点付近で被告車の右前角に原告車の左側部が衝突し，被告車は原告車と左側壁とに挟まれ，同側壁と接触しながら数メートル進行して停止し，原告車がその前方に停止したものであると認めるのが相当である。

〔途中略〕

上記認定した本件事故態様からすると，原告Ｘ１は，原告車を運転するに当たり，先行車両及び左側車線を走行する車両の動静を注視し，前方及び左方の安全を確認して進行すべき注意義務があるのにこれを怠り，前方に出現した渋滞の発見が遅れ，先行車両との追突を回避しようとして急制動措置を講じながら左にハンドルを切って左側車線に進路変更した結果，折から同車線を減速しながら直進走行していた被告車の右前部に原告車の左側面を衝突させた過失があり，民法 709 条に基づき被告会社に生じた損害を賠償すべき責任がある。

しかし，他方で，原告車の左前部が被告車の右側面に衝突したものではなく，被告車が原告車の左側面に衝突していること，被告Ｙ１は，衝突直前に右側車線が渋滞してきたのを認識していたことを自認していることを考慮すると，被告Ｙ１は，右側車線から左側車線に車線変更してくる車両があり得ることを予測して，先行車両との車間距離を取り，右側車線を走行する車両の動静に注意して進行すべき注意義務があるのにこれを怠った過失があり，民法709条に基づき，原告Ｘ１及びＡ社に生じた損害を賠償すべき責任がある。また，被告会社は，自賠法３条及び民法715条に基づき，原告Ｘ１及びＡ社に生じた損害を賠償すべき責任がある。

⑽　過失割合

そこで，過失割合について検討すると，本件の主たる原因は，原告Ｘ１の上記過失にあり，その過失は重大であるというべきである。他方，被告Ｙ１にも上記過失があり，その過失は軽微であるとはいえない。

以上によれば，原告Ｘ１と被告Ｙ１の過失割合については，前者を８割，後者を２割とするのが相当である。」

裁判例 235　東京地判平成 18 年 11 月 27 日（判例秘書 L06134783）

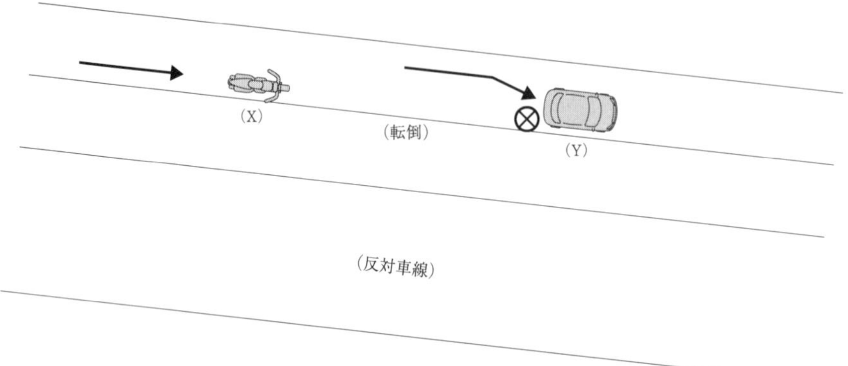

過失割合　大型自動二輪車(X) 90 %　普通乗用自動車(Y) 10 %

「被告は，被告車両を運転して，本件道路において進路変更を開始するに当たり，右後方を確認し，右後方から進行してくる車両の有無及びその動静を十分に確認すべき義務があるのにこれを怠り，サイドミラーで右後方を確認したものの，後方から進行してくる原告車両の速度を十分に確認することなく漫然と進路変更を開始した結果，原告を慌てさせて本件事故の発生を招いたということができ，民法 709 条に基づき，原告が本件事故により被った損害を賠償すべき責任を負うというべきである。

もっとも，他方において，前示事実関係によると，原告は，原告車両を運転して，渋滞する本件道路を直進するに当たり，前方を注視するとともに適宜速度を調節して，渋滞車両の動静を確認すべき義務があるのにこれを怠り，漫然と進行を続けた結果，本件事故の発生を招いたということができるところ，本件事故の当時，周囲の車両が時速 20 キロメートル程度で進行するとともに，路面が湿潤しており，急ブレーキをかければ転倒しやすい状況にあるにもかかわらず，原告車両は，それを大幅に上回る時速約 50 キロメートルで走行し，被告車両が右に寄っていくのを発見して急ブレーキをかけたことなど前示事実関係を考慮すると，本件事故の大きな原因は，原告が渋滞車両の動静に対する注視を甚だしく欠き，被告車両の動静に過剰反応して不適切にも急ブレーキをかけたことにあるというべきであり（証人Ａの回答書には，本件事故の最大の原因について「Ｘ１の前方渋滞車両に対する動静不注視及びブレーキ操作不適です。」，「事故の原因は負傷者の不注意によるところが大きく負傷に関する刑事責任をＹ１に追求する事は不可能と判断されたためです。」との記載がある。），その過失割合は 90 パーセントとするのが相当である。」

裁判例 236　東京地判平成21年4月9日（判例秘書 L06430261）

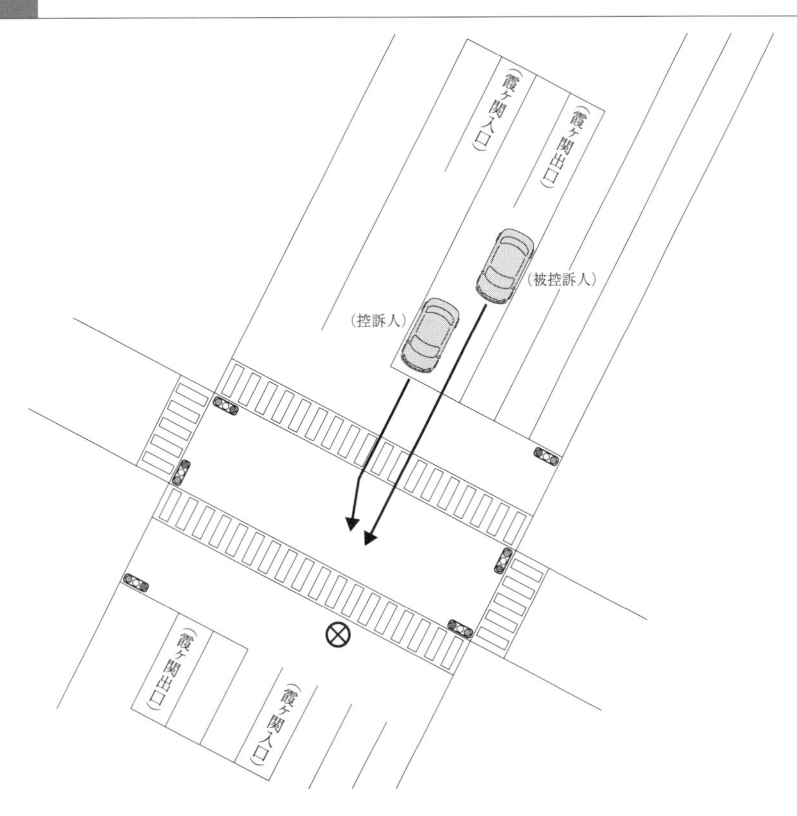

過失割合　**普通乗用自動車(控訴人)** 100 %　**普通乗用自動車(被控訴人)** 0 %

（一般道との合流地点）

「本件事故現場付近には六本木方面から皇居方面に通じる片側3車線の六本木通りが通っており，信号機による交通整理の行われている財務省上交差点において，国会議事堂方面から新橋方面に通じる道路と交差している。同交差点から六本木方面寄りには，六本木通りに平行に接するように首都高速道路霞ヶ関出口から六本木通りに合流するための車線が2つ設置されている。これらの車線と六本木通りとの合流地点付近に信号機が設置され，財務省上交差点の入口側の横断歩道から約68.8メートル手前の地点に停止線が設けられている。同交差点の出口の先の皇居方面寄りには，首都高速道路霞ヶ関入口料金所ブースが設置されており，六本木通りに合流するための上記2車線と上記の入口料金所ブースに至る車線とは財務省上交差点を挟んで正対しているため，首都高速道路霞ヶ関出口から六本木通りに合流するためには，上記の信号機の先で車線変更することを要する。

六本木通りを財務省上交差点の出口側の横断歩道から皇居方面へ約139メートル進行した地点には，外務省上交差点があり，財務省上交差点から外務省上交差点までの六本木通りの第3車線には，右折の道路標示がある。（甲9，14，乙9，10）

(2)　本件事故に至る経緯

控訴人も被控訴人も本件事故現場付近を通勤等により，普段からよく走行していた。

控訴人は，本件事故当日午前9時30分にAホテルで人と会う約束をしていたため，その運転する控訴人車両を首都高速道路霞ヶ関出口から六本木通りに合流させ，外務省上交差点で右折させる予定であった。また，被控訴人も，本件事故当日，職場に向かうため，財務省上交差点は右折禁止となっていたことから，その運転する被控訴人車両を首都高速道路霞ヶ関出口から六本木通りに合流させ，外務省上交差点まで進行させて転回させ，財務省上交差点まで引き返して左折進行させ，新橋方面に向かう予定であった。

控訴人車両と被控訴人車両は，本件事故当日のほぼ同じころ，首都高速道路霞ヶ関出口を通過したが，六本木通りとの合流地点付近に設置された対面信号機が赤信号を表示していたため，控訴人車両は，六本木通りに合流するための2つの車線のうち右側車線の先頭で停車し，一方，被控訴人車両は，六本木通りに車線変更しやすいように，上記の2車線のうち左側車線を走行して前から3台目で停車した。やがて対面信号機が青信号を表示したため，控訴人は控訴人車両を，被控訴人は被控訴人車両をそれぞれ発進させたが，同日午前9時20分ころ，同信号機から外務省上交差点の手前までの間で，控訴人車両の左前輪付近と被控訴人車両の右後輪付近が接触する本件事故が発生した。(甲5，6，8，10ないし12，乙4，5，7，11)

〔途中略〕

以上によれば，被控訴人の供述の信用性が高いと認められるから，本件事故の態様は，被控訴人の供述するとおり，被控訴人がその運転する被控訴人車両を首都高速道路霞ヶ関出口から六本木通りの第3車線に車線変更させ，そのまま直進させていたところ，財務省上交差点の出口付近で，控訴人車両を車線変更させてきた控訴人がその左前部と被控訴人車両の右後部を接触させたというものと認めることができる。

3　各当事者の責任について

控訴人は，控訴人車両を車線変更させるに当たり，被控訴人車両の動静に注意して車線変更させるべき注意義務があるのに，これを怠り，本件事故を発生させたのであるから，民法709条に基づき，被控訴人に対する損害賠償責任を負う。

これに対し，被控訴人車両が六本木通りの第3車線を走行していたところ車線変更してきた控訴人車両の左前部と被控訴人車両の右後部が接触したという本件事故態様に照らせば，被控訴人に過失を認めることは困難であり，したがって，控訴人に対し，民法709条に基づく損害賠償責任を負うとはいえない。」

裁判例 237　東京地判平成22年7月8日（判例秘書 L06530295）

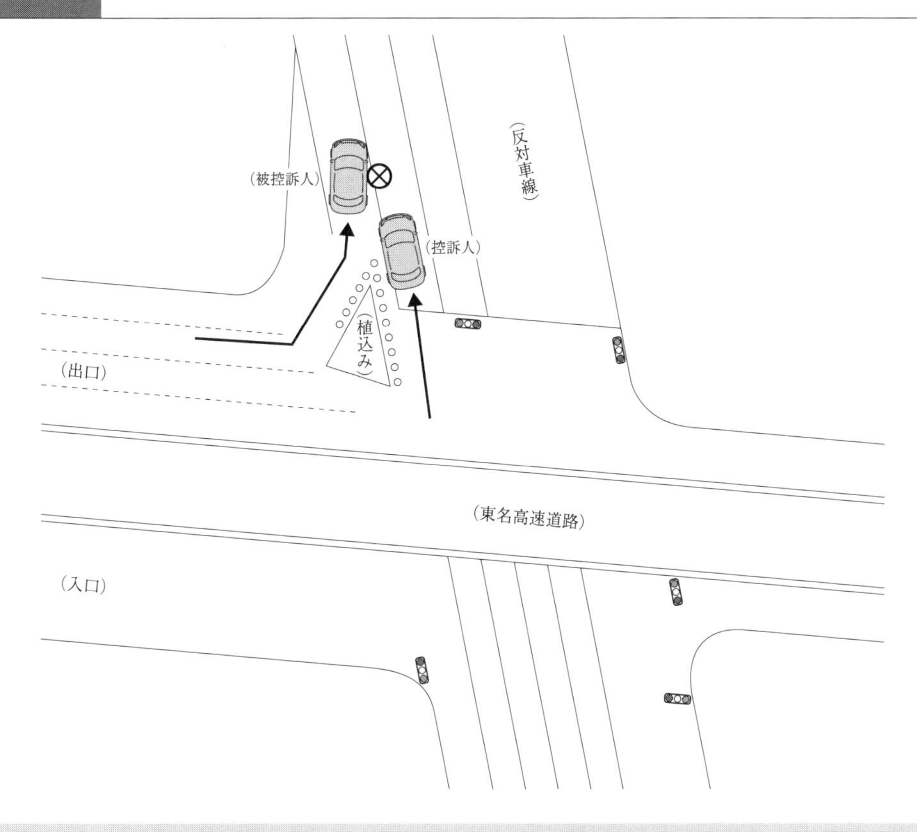

過失割合　普通乗用自動車（控訴人）100%　普通乗用自動車（被控訴人）0%

（一般道との合流地点）

「ア(ア)　本件事故現場は，片側2車線の環状8号線外回り道路に，東名高速道路の東京インターの出口から延びてきた道路が左側にカーブしながら合流する地点（本件合流地点）を通過した直後の地点である。

前記東京インターの出口から延びてきた道路（片側4車線）は，本件合流地点手前で石神井，高井戸，千歳船橋方面に向かう2車線の道路と田園調布，等々力，瀬田方面に向かう道路とに分かれ（以下前記2つの道路が分かれる地点を「本件分岐点」という。），前者の道路は，左にカーブしながら，本件合流地点でそのまま環状8号線外回り道路の左側に車線が加わる態様で合流する。したがって，前記石神井，高井戸，千歳船橋方面に向かう道路の第2車線（進行方向右側車線）である車線Aは，そのまま環状8号線外回り車線の第1車線となり（前記合流する道路の第1車線は，本件合流地点直後に，右の車線に移行するよう指示され，その後車線が無くなる。），車線Aを走行してきた車両は，車線を変更することなく直進して環状8号線外回り道路に合流することができる。

他方，環状8号線外回り道路の本件合流地点前の第1車線である車線Bは本件合流地点後は第2車線となる。

(イ)　車線Aの右側には，本件分岐点を過ぎた直後からガードレールが設けられ，その後，赤色のポールが本件合流地点の直前まで設けられている。

他方，車線Bの左側にも，本件合流地点の直前まで赤色のポールが設けられている。

イ　被控訴人は，平成20年9月2日午前4時57分ころ，被控訴人車を運転して，東名高速道路の東京インターの出口を出て，石神井，高井戸，千歳船橋方面に向かう2車線の道路のうちの第1車線を走行し，その後車線Aに変更して，そのまま環状8号線外回り道路に合流した。被控訴人車が，本件合流地点を通過した直後に，車線Bを走行していた控訴人車の左前部が被控訴人車の右ドア付近に接触した。

本件合流地点では，控訴人車は被控訴人車と並走し，控訴人車の先頭が被控訴人車の先頭より前に出た態様で，車線Bを走行していたが，被控訴人車は控訴人車を上回る速度であったため，すぐに被控訴人車の先頭の方が前に出て，双方車両が接触した時点では，被控訴人車が控訴人車にやや先行する状態で走行していた。

ウ　控訴人車は，同時刻ころ，本件合流地点に至る直前，環状8号線外回り道路の第1車線である車線Bを時速約30キロメートルで走行していたが，本件合流地点の手前の地点において，右前方を走行する大型トラックに気をとられ，次第に進路が左寄りになった結果，控訴人車の車体を若干車線Bの左側にはみ出す態様で走行し，その後も進路が左寄りになって，本件合流地点を通過した直後の地点において，控訴人車の車体の半分近くを車線Aに進入させた状態で，並走する被控訴人車と接触した。

⑵　なお，被控訴人は，控訴人車が，被控訴人車の右後方から直進してきた旨主張するが，控訴人車に設置されていたドライブレコーダー（甲3，乙7）の映像によれば，本件合流地点において控訴人車と被控訴人車は並走していたが，控訴人車が先行しており，被控訴人車が，控訴人車よりやや早い速度で控訴人車より前に出た時に控訴人車と接触したことは明らかであり，被控訴人の主張は採用できない。

⑶　以上の事実によれば，本件事故は，控訴人車が，車線Bを走行中，不用意に進路が左寄りになり，その車体の約半分を車線Aに進入させたため，左後方から進行してきた被控訴人車の右ドア付近に控訴人車の左前部を衝突させたことにより生じたものということができ，控訴人の過失は著しく重いといわざるを得ない。他方，被控訴人車からみると，前記のとおり，本件合流地点前の車線Aは左にカーブしており，車線Bとの間にはガードレールやポールが設けられていたことからすると，本件合流地点前の時点で，控訴人車が車線Bを左寄りに走行しているとか，車線A側に車体をはみ出して走行しているといった控訴人車の状況を認識したり，予測したりするのは困難である。また，本件合流地点に至った時点で，被控訴人車よりも少し先行していただけで，被控訴人車と並走していた控訴人車が，既に車線Aに車体の一部を進入させていた状態から，更に左寄りに進行して車体の約半分を進入させ，本件合流地点を通過した直後に控訴人車に接触させたことを考慮すると，被控訴人車が本件合流地点に至った段階で，回避措置を講じて本件事故を回避することも著しく困難であったというべきである。そして，控訴人の過失が著しいこと等にも照らすと，被控訴人には，本件事故発生について過失は認められないというべきである。

⑷　よって，控訴人は，民法709条に基づき，本件事故により被控訴人に発生した損害について賠償する義務を負い，同損害について過失相殺をするのは相当ではないというべきである。他方，被控訴人は，本件事故により控訴人に発生した損害について賠償する義務を負わない。」

裁判例 238　東京地判平成22年9月2日（判例秘書L06530481）

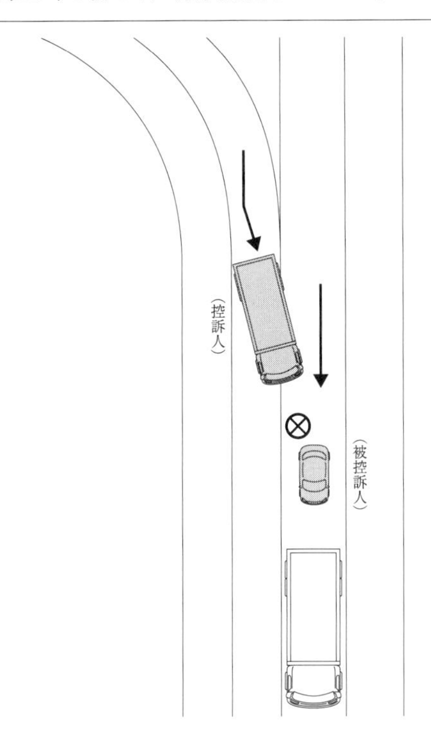

過失割合　**大型貨物自動車（控訴人）** 100 %　**普通乗用自動車（被控訴人）** 0 %

「本件事故現場は，首都高速中央環状線外回りと6号三郷線上り線とが合流する小菅ジャンクションと中央環状線外回りと6号向島線上り線とに分かれる堀切ジャンクションとの間にあり，この区間は4車線になっている。中央環状線外回りと6号三郷線上り線はいずれも2車線ずつであり，6号三郷線上り線の第1車線と第2車線が上記4車線の第1車線と第2車線になり，中央環状線外回りの第1車線と第2車線が，上記4車線の第3車線と第4車線になる。そして，堀切ジャンクションで上記4車線の第1車線と第2車線が中央環状線になり，上記4車線の第3車線と第4車線が6号向島線上り線の第1車線と第2車線になる。

イ　本件事故発生に至る経緯

被控訴人は，自宅のある千葉方面へ帰るため，被控訴人車両を運転し，首都高速6号三郷線上り線の第1車線を時速50ないし60キロメートルで走行していたが，先行車両の速度が遅かったため，小菅ジャンクションの100ないし200メートル手前で第2車線へ車線変更した。そして，小菅ジャンクションの合流地点の手前で中央環状線外回りの車両の有無を目視とサイドミラーで確認したところ，右後方に大型トラックが1台見えた。更に合流地点に近づいてから再度中央環状線外回りの車両の有無を確認したところ，1台目のトラックに引き続き2台目のトラック（控訴人車両）が見えた。この2台のトラックの速度は，被控訴人車両の速度より速かったため，ちょうど小菅ジャンクションの合流地点に差し掛かったとき，上記の1台目のトラックが被控訴人車両のほぼ真横に来ており，車線変更しようと左ウインカーを出しているのが見えたので，被控訴人は，同トラックが車線変更しやすいように被控訴人車両の速度を少し落とした。被控訴人は，同トラックが第２車線への車線変更が完了した後，控訴人車両が第２車線へ車線変更してくるのがサイドミラーで見えたので，車間距離が近すぎると感じた瞬間，被控訴人車両の右後輪付近に控訴人車両の左前部が衝突した。

一方，控訴人Ｙ１は，控訴人車両を運転し，時速約60キロメートルで中央環状線外回りを走行していたが，小菅ジャンクションで６号三郷線上り線と合流した後，前を走行するトラックに引き続いて控訴人車両を第３車線から第２車線に車線変更させようとしたところ，被控訴人車両に全く気付かなかったため，第２車線を走行していた被控訴人車両の右後輪付近に控訴人車両の左前部を衝突させた。

〔途中略〕

⑶　⑴で認定した本件事故態様によれば，控訴人Ｙ１は，控訴人車両を第３車線から第２車線へ車線変更させるに当たり，第２車線を走行する車両の有無及びその安全を確認すべき注意義務があるのに，これを怠り，第２車線を走行する被控訴人車両の存在を見落としたまま，控訴人車両を第３車線から第２車線へ車線変更させた過失により，被控訴人車両の右後輪付近に控訴人車両の左前部を衝突させたのであるから，民法709条に基づく損害賠償責任を負い，控訴人会社は，民法715条１項に基づく損害賠償責任を負う。

これに対し，控訴人車両と被控訴人車両との衝突部分等に照らすと，被控訴人に本件事故の発生について過失があったとは認められない。

なお，控訴人らは，被控訴人が合流地点の手前でわざわざ合流車両との接触の危険性が高い第２車線へ車線変更した上，減速したこと，被控訴人車両のボディからタイヤがはみ出していることを過失相殺すべき事情として主張するが，被控訴人が小菅ジャンクションの合流地点の手前で控訴人車両を第１車線から第２車線へ車線変更させたことや１台目のトラックと衝突を回避すべく減速したことに過失があるとはいえないし，写真（甲６の⑤，⑥，(35)，(36)）によっても被控訴人車両のボディからタイヤがはみ出しているとは認められないから，過失相殺をすることはできない。」

（合流地点）

裁判例 239　東京地判平成25年6月24日（判例秘書 L06830368）

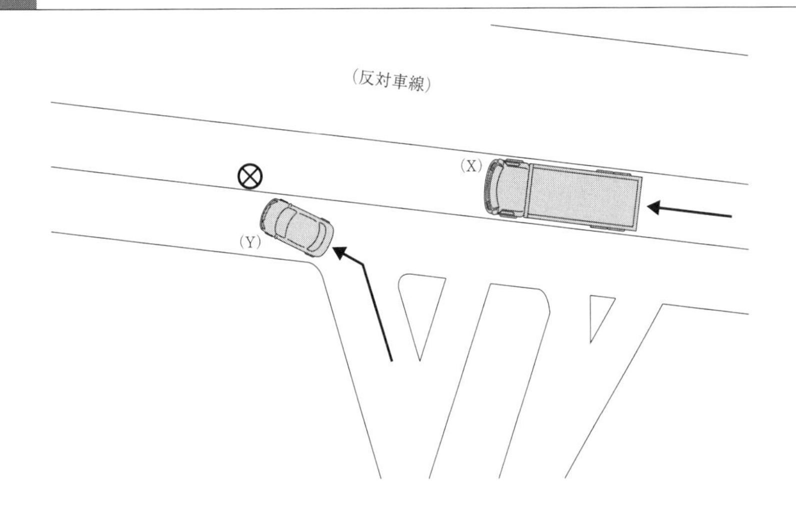

過失割合　大型貨物自動車(X) 20 %　普通乗用自動車(Y) 80 %

「ア　本件事故の場所は，板倉町方面と緑町一丁目方面とを結び，ほぼ東西に走る国道354号線（片側2車線）の緑町一丁目方面（西方向）に向かう車線（以下「本件車線」という。）上で，東北自動車道館林インターチェンジの出口から本件車線に向かい走る車線（以下「合流車線」という。）が本件車線に合流する付近である（合流車線は，幅員が本件車線と合流する付近で約4.6メートルであり，合流後は加速車線となっていた。）ところ，本件車線は，幅員が約6.6メートル，反対車線とは中央分離帯（ガードレール及び金網フェンス）によって区切られており，最高速度40キロメートル毎時，駐車禁止の交通規制がされていた。本件事故の場所は，道路照明等が設けられているものの夜間は暗かった。

〔途中略〕

(2)　以上の事実関係によると，Aは，原告車両を運転して，本件車線の第2車線を直進するに当たり，合流車線を走行して本件車線に合流しようとしている被告車両を認めていたのであるから，適宜速度を調整しつつ前方を注視して被告車両の動静及び安全を確認すべき義務があるのにこれを怠り，左前方で本件車線の第1車線に進入しようとしている大型車両に気を取られ，同一の速度で漫然と直進を続けた結果，被告車両が第2車線に進路を変更しようとしていることに気がつくのが遅れ，本件事故の発生を招いたと推認することができる（この点について，Aの陳述書〔証拠略〕中には，被告車両が車間距離のない状態で体当たりをしてきたので避けることができなかった旨の記載部分があるが，原告車両が搭載していたドライブレコーダーの画像〔証拠略〕によると，被告車両は第1車線に進入する際に右ウインカーを点灯させ第1車線に進入した後も右ウインカーの点灯を継続しており，被告車両が更に進路変更を開始することを予見することは可能であり，その動静を注視しつつ適宜速度を調節することによって被告車両との接触を避けられたということができる。）ところ，その過失割合は，被告車両が右ウインカーの点灯を継続していた一方で，第1車線に進入するや直ちに第2車線への進路変更を開始していること，被告は原告車両と接触するまで原告車両の動静を確認した形跡がないことなど前示事実関係によると，2割が相当である。

これに対し，被告は，原告車両が，本件事故の当時，法定速度を上回る速度で走行していたと主張するが，前示のとおり，原告車両の後輪により印象されていたスリップ痕の長さは約11メートルであり，原告車両がブレーキをかけてから停止するまでの距離も約27メートルであることに照らすと，原告車両が法定速度を著しく上回る速度で進行していたとまでいうことは困難であり，他にこの点を認めるに足りる証拠はなく，被告の主張は採用することができない。」

裁判例 240　東京地判平成28年3月2日（判例秘書 L07130731）

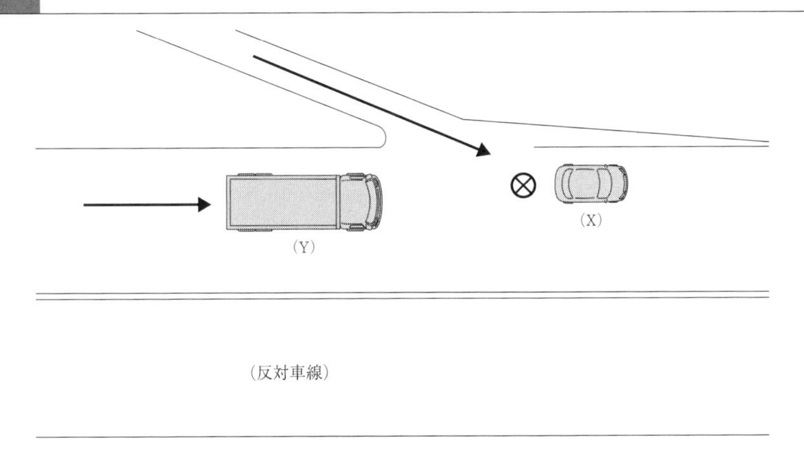

過失割合　普通乗用自動車(X) 45 %　大型貨物自動車(Y) 55 %

「ア　本件事故現場周辺においては，合流車線及び本線車道について，いずれの車線も渋滞していた。

イ　原告車両は，合流車線を進行していたところ，本件事故現場の左記の合流車線において別事故の事故処理が行われていたことから，合流車線から本線車道の第1車線に入ったところ，その進入中に，本線車道第1車線上で数分停車した後に発進した被告車両が，原告車両後部バンパー右側面に衝突し被告車両左前側面が原告車両右後輪タイヤハウスを擦過し，同タイヤハウス前方部分の内側に入力する損傷を生じた。

〔途中略〕

合流車線から本線に入ろうとする車両は，本線を通行する車両の進路妨害をしてはならない（道路交通法75条の6第1項本文）から，原告X1は，本線車道上の被告車両が停車していたとしても，アイコンタクトをとるなどして被告車両が発進しないことを確認して進入すべきであったというべきであるところ，原告X1は，一定の合図はしていたと認められるが，被告車両が発進しないことを十分に確認したとはいえず（アイコンタクトを行っていたならば，本件事故は起きていないと考えられる。），本件事故の発生について過失がある。

他方で，被告Y1は，本件事故現場付近の合流車線が渋滞しており，しかもその先には合流車線上で警察官が事故処理をしていたのであるから，合流車線上の車両が本件事故現場付近で本線車道に合流してくることは十分に予想し得たといえ，しかも，本線車道も渋滞していたことからすれば，本線車道優先とはいえその優先性を強く主張し得ないというべきであって，自らが停車していた以上原告車両が合流してくることは容易に予見し得たと考えられるのにこれを発見できず，しかも時速約20キロメートルまで加速したというのであるから，被告Y1の過失は大きいものといわざるを得ない。

(5)　以上の原告X1と被告Y1の過失を比較すると，本線車道優先とはいえ，合流車線から進路前方に進入してきた原告車両に衝突した被告Ｙ１の過失が大きいといえ，本件事故の過失割合は，原告Ｘ１，45に対し，被告Ｙ１，55と認めるのが相当である。」

第8　高速道路（追突）

裁判例 241　大阪地判平成26年9月30日（判例秘書 L06951034）

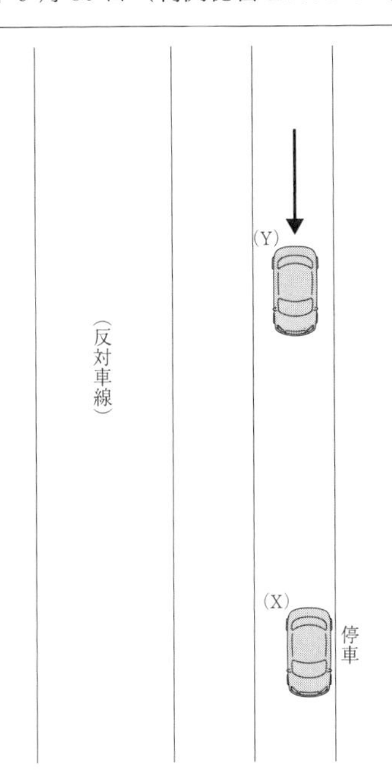

過失割合　普通乗用自動車(X) 20 %　普通乗用自動車(Y) 80 %

「(ア)　原告車両は同所付近を北から南に向けて走行していたところ，車のライトが消え，エンジン音やアクセルにも異常が認められた。そこで，原告車両は路肩に入って停止したが，その際に車体の右半分以上が本線車線上にはみ出していた。

(イ)　Aは車両を停止させた後，降車すべく後方を見ていたが，その間に後方から時速70キロメートルで第1車線を走行してきた被告車両が原告車両に追突した。

(2)　以上を前提として検討する。

ア　Aは高速道路上で，車体の半分以上を本線車線上にはみ出させる形で停車しており，衝突の危険を生じさせるような停車態様であったといえる。また，冬の明け方5時台は明るかったとはいえず，照明の存在を考慮しても，視認状況は不良であったといえる。ただ，Aはあくまでも路肩に進入して停止しており，その意味で本線車道上の停車とは同視できないし，そのことは近くに車両退避所があったとしても変わることはない。なお，原告車両の動作不良が走行開始前からあったといえるだけの証拠はない。

イ　Aは停止表示機材を設置しておらず，後続車両からの確認は困難であったといえる。ハザードランプについては，本来緊急信号として適切なものではなく，視認性や有効性にも限界があるものであり，その点灯の有無は過失割合に直接影響しない。また，停止表示機材の設置は最優先で行われるべきものであり，設置の時間的余裕がないといえる場合は限られると考えるべきところ，Aの供述によっても，ハザードランプを点灯したのみで一定時間降車を待っていたというのであり，時間的な余裕がなかったとはいえないし，また降車が物理的に困難であったともいえない（少なくともBが助手席側から降車することは可能であったと考えられる。）。

ウ　被告車両の走行速度は時速70キロメートルであり，通常の制限速度を10キロ，夜間の制限速度を20キロ超過するものであったところ，夜間の速度制限は夜間における視認不良による事故を防止することに趣旨があると考えられるところであり，上記のとおり視認不良を要素として考慮する以上，夜間用の制限速度を基準として考えるべきところである。

エ　以上を総合考慮すると，本件は被告側の前方不注視及び速度超過に起因するところが大である一方，視認が困難な状態で停車をした原告側にも相応の責任があるというべきであり，その過失割合は原告側2，被告側8とすべきである。」

裁判例 242　東京地判平成26年9月17日（判例秘書 L06930562）

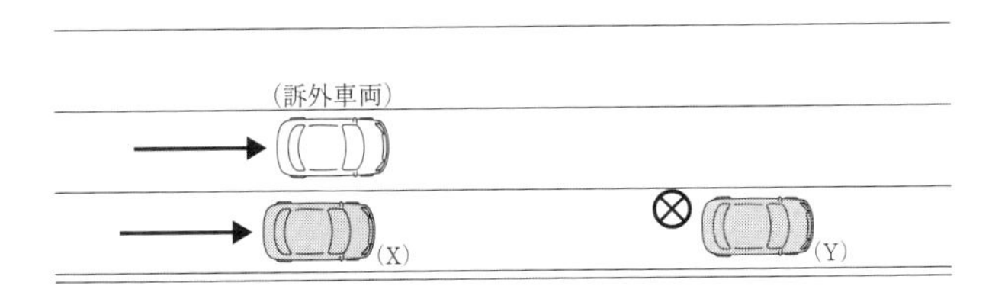

過失割合　普通乗用自動車(X) 30 %　普通乗用自動車(Y) 70 %

〔編注〕本件は，訴外会社所有，被告Ｙ１〔Ｘ〕運転の普通乗用自動車が被告Ｙ２〔Ｙ〕所有の普通乗用自動車に衝突した交通事故について，訴外会社との間で締結した自動車保険契約に基づき保険金を支払った原告会社が，保険法25条に基づき訴外会社の被告Ｙ２〔Ｙ〕に対する民法709条に基づく損害賠償請求権を代位取得したと主張して，被告Ｙ２〔Ｙ〕に対し，損害賠償金等の支払を求め（甲事件），被告Ｙ２〔Ｙ〕が，被告Ｙ１〔Ｘ〕に対し，同法709条に基づき，損害賠償金等の支払を求めた（乙事件）事案である。

「ア　本件道路は，福浦方面から羽田方面に西から東に走る中央分離帯の設けられた片側3車線の道路（首都高速道路）であり，ベイブリッジ付近の橋梁頂上に向かい上り勾配となり，橋梁頂上付近から下り勾配となっている。

本件道路の制限速度は時速80 kmである。本件事故当時の交通量は各車線とも閑散ではなく，混雑もしていなかった。

イ　被告Ｙ２〔Ｙ〕は，平成25年5月5日午後6時20分過ぎ頃，横浜市中区内の本件道路の第3車線（追越し車線）にＹ２〔Ｙ〕車を駐車し，降車して中央分離帯のガードレールを越えて佇立し，１分ないし数分間，南方の港の方向を見ていた。被告Ｙ２〔Ｙ〕は，Ｙ２車を駐車中，停止表示機材を設置していなかった。

ウ　被告Ｙ１〔Ｘ〕は，同日午後6時25分頃，上り勾配の本件道路の第3車線を，前車に続いて時速約90 kmで走行中，前方を走行していた箱型の大きなトラック（前車）が進路を第2車線に変更した際，Ｙ１〔Ｘ〕車の進路前方約80 mの地点に駐車中のＹ２〔Ｙ〕車及びその付近に佇立する被告Ｙ２〔Ｙ〕を発見し，減速するとともに第2車線への進路を変更しようとしてハンドルをやや左に切ったが，第2車線を並走する車両があったため，第3車線に進路を戻して直ちに急ブレーキを掛けたが避けきれず，第3車線の橋梁頂上付近からやや下り勾配となった地点付近において，Ｙ１〔Ｘ〕車の右前部がＹ２〔Ｙ〕車の左後部に衝突した。

(2)　上記認定事実によれば，本件事故は，首都高速道路において駐車中のＹ２〔Ｙ〕車にＹ１〔Ｘ〕車が追突したものであるとはいえ，被告Ｙ２〔Ｙ〕は，見物のため故意に第3車線（追越し車線）に駐車しており，駐車の動機や理由を正当化する事情は認められず，駐車に内在する事故発生の客観的危険性は重大であったというべきである。他方，被告Ｙ１〔Ｘ〕には，前方を注視して交通状況に応じて速度を調整するなどして衝突を回避する措置を執る義務に違反した過失がある。上記認定の事故態様及び注意義務違反の内容・程度に鑑みると，過失割合を被告Ｙ２〔Ｙ〕，70%，被告Ｙ１〔Ｘ〕，30%と認めるのが相当である。」

裁判例 243　大阪地判平成28年2月19日（判例秘書 L07150467）

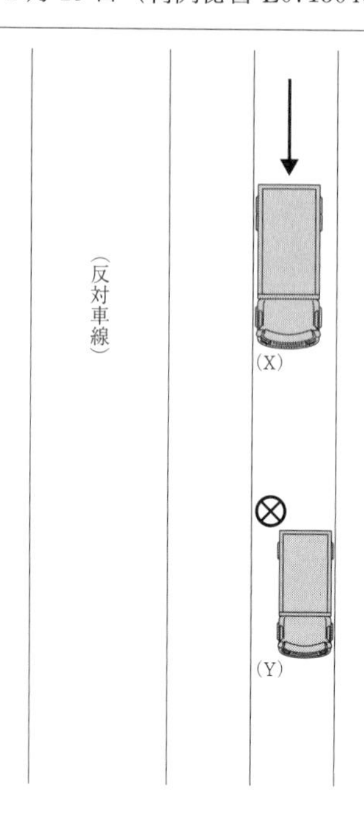

過失割合　中型貨物自動車(X) 60 %　普通貨物自動車(Y) 40 %

「ア　原告車は，平成24年12月に初年度登録がされた中型貨物自動車〔略〕で，その長さは8.64 m，幅は2.50 m，高さは3.53 m，総排気量は6.401，車両総重量は7980 kg である。他方，被告車は，普通貨物自動車（ワゴン型）で，その長さは3.39 m，幅は1.47 m，高さは1.87 m である。〔証拠略〕

イ　本件事故現場は，片側2車線の高速道路上であり，付近の概況は，別紙交通事故現場の概況(3)現場見取図（以下「見取図」という。）のとおりである。見取図のとおり，第1車線の左側には路肩があるが，その幅員は被告車の上記車幅より明らかに狭い。本件道路は，法令によって駐車が禁止されており，最高速度は時速80 km と指定されている。本件事故当時は曇りで，交通量は少なく，本件事故現場付近は暗かった。〔証拠略〕

ウ　被告Y1は，被告車を運転し，前照灯及び尾灯を点灯して本件道路を南進していたが，エンジンに異常が生じたことから，見取図の(ア)地点で被告車を本件道路の左端に寄せて停車させ，非常点滅灯を点滅させた上，被告会社に電話で指示を仰ぎ，その指示に従って非常停止器材や発煙筒を探しながら20〜30分間車内にとどまっているうちに，本件事故に至った。〔証拠略〕

エ　他方，Aは，原告車を運転し，本件道路の第1車線を時速80〜90 km で南進していたが，見取図の①地点から首を回しながら進行し，数秒後に視線を前方に戻したところ，見取図の②地点で前方約17.4 m の(ア)地点に被告車が停止しているのを発見した。Aは，ブレーキを踏みながらハンドルを右に切って回避しようとしたが及ばず，見取図の③地点で原告車の左前部が被告車に衝突した。衝突後，原告車は見取図の④地点に停止し，他方，被告車は見取図の(イ)地点で側壁に衝突し

た後，見取図の(ウ)地点に停止した。〔証拠略〕
〔途中略〕
(3)　自動車は，高速道路においては，故障その他の理由により停車又は駐車をする場合においても，停車又は駐車のため十分な幅員がある路肩又は路側帯でなければ，停車又は駐車をすることはできないところ（道路交通法75条の８第１項），被告Ｙ１は，停車のために十分な幅員がない路肩に被告車を停車させた上，速やかに停止表示器材の設置をせず20～30分停車し続けて本件事故に至ったものであるから，本件事故の発生に関し，被告Ｙ１に過失があることは明らかである。しかしながら他方で，Ａは，見取図の①地点から首を回しながら進行し，見取図の②地点で初めて被告車を発見したもので，本件事故の発生については，Ａにも前方不注視の過失がある。

そして，本件事故現場付近は暗く，視認不良であったとはいえ，被告車が前照灯及び尾灯を点灯させ，非常点滅灯も点滅させていたことからすると，その前方不注視の程度は著しく，被告Ｙ１の前記過失よりもＡの上記過失の方が大きいといわざるを得ない。

(4)　以上によれば，被告Ｙ１は民法709条に基づき，被告会社は民法715条に基づき，本件事故により原告に生じた損害の賠償責任を負うが，原告の損害賠償の算定に当たっては，Ａの上記過失を斟酌し，過失相殺として６割を減額するのが相当である。」

裁判例 244　千葉地判平成29年7月19日（自保ジャーナル2007号109頁）

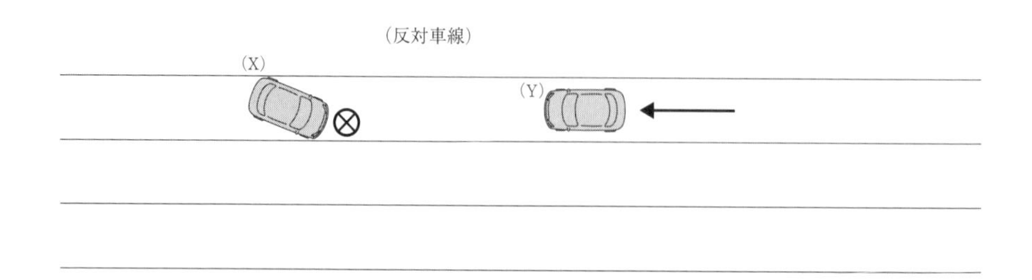

過失割合　普通乗用自動車(X) 70 %　普通乗用自動車(Y) 30 %

「ア　原告は，本件事故の直前に，原告車を運転して名古屋市港区金城ふ頭1丁目伊勢湾岸自動車道下り線（最高速度100キロメートル毎時，駐停車禁止の交通規制がされていた。）を名港潮見インター方面から飛島インター方面に進行していたが，ハイドロプレーニング現象のために中央分離帯に衝突する単独事故を起こし，原告車が進行方向と逆向きに斜めとなって同下り線35キロポスト先の追越車線（第3車線）を概ね塞ぐ形となって停止したが，第1車線及び第2車線まで閉塞することはなかった。

イ　被告は，上記追越車線（第3車線）を80キロメートル毎時で被告車を進行させ，前方に停止している車両などないと思って運転していたが，約30メートル手前で原告車を発見してブレーキをかけたが，間に合わず，原告車と衝突した。

ウ　本件事故当時は，天候が雨で，本件事故現場の周辺に設置されていた照明は消灯していたが，被告車からは，前方の見通しを妨げるものはなく，約100メートル先まで見通せた。

エ　原告は，単独事故を起こした後，しばらく原告車内におり，何台かの車が通過するのを見たが，三角板や発煙筒を設置するために降車しようとした際に，上記衝突に巻き込まれて負傷した。

(2)　前記認定事実によれば，原告には，本来停車すべきでない地点で停車した過失がある。

他方，被告は，高速道路を走行しているのに，前方に停止している車両などないと軽信し，前方注視を怠った過失がある。確かに，本件事故当時の天候は雨であり，周辺の照明が消灯していたものの，被告車からは，前方の見通しを妨げるものがなく，約100メートル先まで見通せたのであり，また，原告車は追越車線（第3車線）しか閉塞していなかったのであるから，被告は，前方注視を尽くして，減速などして事故を回避すべきであったから，被告には過失がある。

もっとも，原告車の停止が原告の単独事故により生じたこと，本件事故当時の上記視認状況，本件事故が追越車線で起きたことなどの状況を考慮すると，本件事故についての過失割合は，原告7に対し，被告3と認めるのが相当であり，本件事故による原告の損害から，過失相殺により7割を減ずるべきである。」

裁判例 245　東京地判平成27年12月24日（交民48巻6号1571頁）

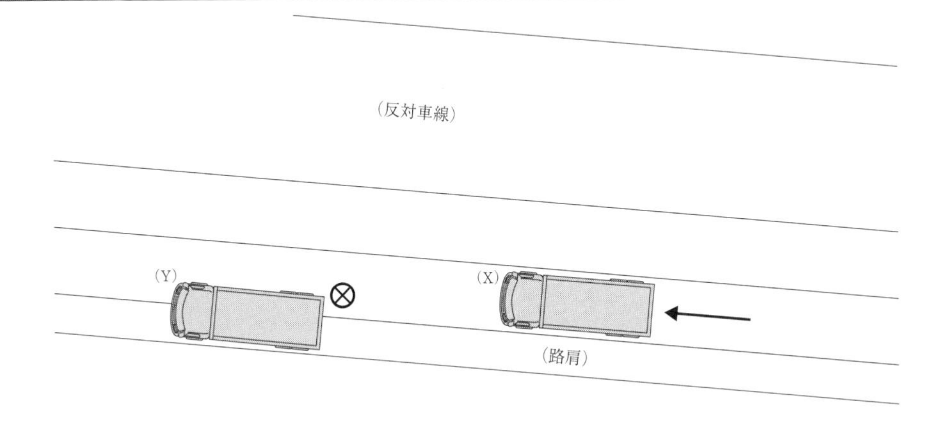

過失割合　大型貨物自動車(X) 90 %　大型貨物自動車(Y) 10 %

「ア　本件事故当時，被告車は，高速道路の路肩に，タイヤ１つないし２つ分の幅を本線にはみ出させて停車していた。本件現場付近は，一定間隔で照明が設置されており，被告車の視認は離れた場所からも容易であった。

イ　原告車は，被告車両に接近する際，特に減速することなく，被告車への衝突前には追越車線の貨物車が原告車両を追い抜いて原告車の右側が空いたにもかかわらず，右にハンドルを切る様子もなく，被告車両に追突した。

ウ　被告車両は，本件事故前，時速70キロメートルほどで走行した後，しばらく時速10キロメートル以下の速度で走行した後，本件事故現場に停車した。

(2)　上記(1)で認定した事実によると，Ｂは，原告車を運転して，本線にはみ出ていたとはいえ路肩に駐車していた被告車に，特に回避措置をとろうとすることなく追突したものであるから，本件事故の主たる原因はＢの著しい前方不注視にあるというべきである。他方，Ａも路肩とはいえ，高速道路の本線に車体をはみ出させて停車していたのであるから，本件事故の発生について過失がないとはいえない。なお，上記(1)ウの事実からすれば，被告車両がエンジントラブルを起こしていたことが窺われるから，Ａ〔被告車運転者〕が正当な理由なく高速道路上に停車したと認めることはできない（本件事故後，被告車が正常に走行していたことによっては，上記判断は直ちには左右されない。）。

以上の双方の過失を，上記１で認定した視認状況やはみ出しの程度も考慮して比較検討すると，本件事故の過失割合は，Ｂ９に対しＡ１と認めるのが相当である。」

裁判例 246　東京地判平成 25 年 7 月 24 日（判例秘書 L06830428）

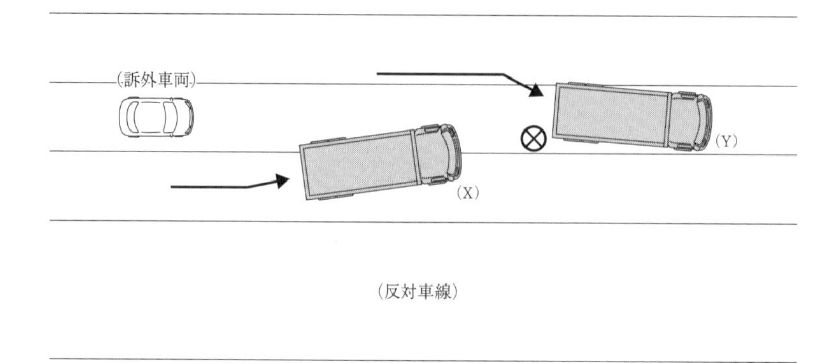

過失割合　大型貨物自動車(X) 100 %　大型貨物自動車(Y) 0 %

「ア　本件道路は，片側 3 車線の高速道路であり，厚木インターチェンジから約 500 m 付近である。本件事故当時，天候は雨であり，本件道路は濡れていた。

イ　Aは，A車を時速約 94 km で運転して本件道路の第 2 車線を走行していたところ，同車線の前方に訴外車（普通乗用自動車）が走行していたため，これを追い越すため，A車を第 3 車線に車線変更した。Aは，第 3 車線を走行して訴外車を追い抜いた後，A車のミラーにおいて訴外車を確認しながら第 2 車線への車線変更を開始した。Aは，その際，専ら第 2 車線後方の確認に終始し，第 2 車線の前方にいる自動車の動静を確認していなかった。

ウ　被告Y 2は，Y 2車を時速約 78 km で運転して本件道路の第 1 車線を走行していたところ，第 1 車線をそのまま進行すると厚木インターチェンジの出口に至ってしまうと思い，第 2 車線に車線変更することとした。被告Y 2は，Y 2車のミラーにおいて右後方を確認したところ，第 2 車線上を訴外車が走行していたほか，第 3 車線上の更に後方をA車が走行していた。そこで，被告Y 2は，方向指示器による合図をして，第 2 車線への車線変更を行った。

Y 2車が第 2 車線に入り，車線変更が完了した直後，Aは，A車が第 2 車線に入りきらない段階で，直前にY 2車を発見し，あわてて第 3 車線に戻ろうとハンドルを右に転把したものの間に合わず，Y 2車の右後部とA車の左前部が衝突した。

〔途中略〕

前記(1)で認定した事故態様を前提とすると，Aは，A車の進路変更を行うに際し，車線変更先の車線の前方を走行する自動車の動静を注視すべきであったにもかかわらず，これを怠り，同車線上に既に進路変更を行っていた先行車であるY 2車の存在を見落とし，漫然と時速約 94 km で進路変更を行った過失が認められ，民法 709 条に基づき，本件事故により被告Y 1〔Y 2車所有者〕に生じた損害を賠償すべき責任を負うものと認められる。

また，この判断のほか，前記前提となる事実(2)も踏まえると，原告X 1は，民法 715 条に基づき，本件事故により被告Y 1に生じた損害を賠償すべき責任を負うものと認められる。

これに対し，前記(1)で認定した事故態様を前提とすると，被告Ｙ２は，Ｙ２車の進路変更を了した後，Ａ車から追突を受けたものであると認められるところ，被告Ｙ２は，本件事故当時，時速約78 kmで走行し，進路変更に当たって，第２車線上の自動車の走行を妨げないよう，その確認を行ったほか，第３車線上の自動車の動静をも確認し，後方において別途の進路変更車がないことを確認して，第２車線への車線変更を行ったものと認められるから，被告Ｙ２について，Ａ車の追突を避けるべき具体的な注意義務違反を観念することができず，被告Ｙ２の過失を認めるのは相当ではないものというべきである。」

裁判例 247　大阪地判平成26年10月23日（判例秘書 L06951042）

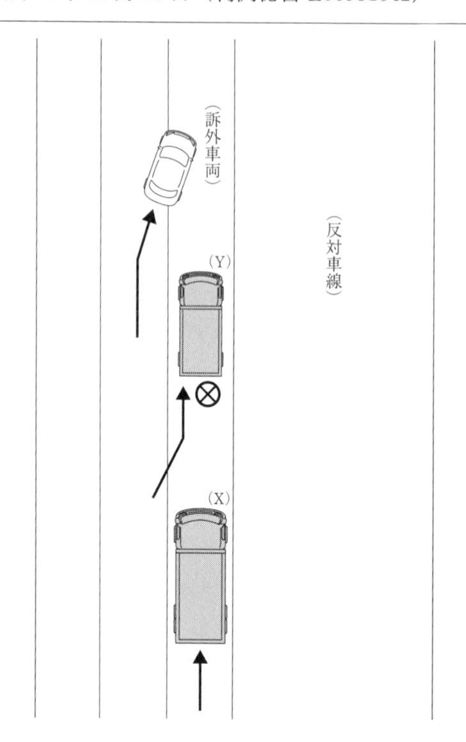

過失割合　中型貨物自動車(X) 100 %　普通貨物自動車(Y) 0 %

「ア　前記1に認定した各事実によれば，本件事故は，被告車が追越車線に車線変更を完了した後，前方の走行車線から追越車線に車両が進入してきたため接触を避けるべくハンドルを右に切り，停止したところ，被告車の後方から追越車線を走行してきた原告車が追突したものと認められる。

イ　A事件原告は，本件事故は，被告車が走行車線から追越車線に進路変更中に生じた事故である旨主張し，証人C〔原告車運転者〕もそれに副う供述をする。

(ア)　しかし，まず，前記1(2)アにも認定のとおり，Cは被告車が追越車線へ車線変更を開始したのに気付いた時点において，危険を感じていない。この点，C立会の現場の見分状況書〔証拠略〕には，Cが最初に被告車を発見した地点について，被告車の後方約29.1ｍであったと記録されているが，原告車は時速50㎞ないし60㎞で走行していたのであり，上記の時点で危険を感じなかったというのはにわかに措信しがたい。むしろ，Cが被告車の動向を最初に認めた地点は，被告車の後方29.1ｍより更に後方であったと認められる。そして，Cが危険を感じなかった以上，被告車の車線変更開始時の被告車と原告車との車間は進路変更に十分な距離であったと認めるのが相当である。

(イ)　また，被告車の損傷状況について見ると，前記1(3)イのとおり，後部の損傷が認められ，証拠〔略〕によれば，後部右寄りに6時方向から入力があったとされている。この点，証拠〔略〕によれば，追越車線の幅員は3.6ｍであり，被告車の車幅を考えてもかなり広いものといえる。そうすると，被告車が追越車線の左寄り，中央，右寄りのどの位置を走行するかによって後方から衝突された際の損傷部位は変わりうる。したがって，被告車の損傷部位の点から，直ちに本件事故が被告車の進路変更中に生じたものと認めることはできない。むしろ，上記のとおり，被告車への入力方向が６時方向であることからすると，衝突時には被告車は車線変更を完了していたものと認めるのが相当である。

(ウ)　以上によれば，被告車が進路変更を開始したことにより本件事故が惹起されたと認めることはできず，この点に関するＡ事件原告の主張は採用できない。

(2)　過失割合について

本件事故態様は上記(1)アのとおりであり，それによれば，本件事故は，Ｃが被告車の動向や車間距離を十分に注意せず漫然と走行した前方不注視の過失により惹起されたものと認められる。一方，被告Ｙ１は，被告車を追越車線に進入させた後，急ブレーキをかけ，結果，原告車との衝突を招いているが，これは，前方に進入してきた車両との衝突を避けるためやむを得ずに行ったものであり，正当な理由があるから，過失を認めることはできない。」

第9　高速道路（多重衝突）

共同不法行為（民法719条）

高速道路における多重衝突については，「共同不法行為と過失相殺」が問題になるが，これについては，絶対的過失相殺の方法と相対的過失相殺の方法がある。

よく例に挙げられるのは，X（過失割合は1）がY（過失割合は2）及びZ（過失割合は3）の共同不法行為によって，300万円の損害を受けたという事例である。

絶対的過失相殺の方法によると，Xの損害賠償額は，300万円×5/6＝250万円となり，相対的過失相殺の方法によると，Yに対しては，300万円×2/3＝200万円，Zに対しては，300万円×3/4＝225万円となり，重なる200万円の限度でYとZは連帯責任（不真正連帯債務）を負うことになる。

この点については，被害者保護を図ろうとする民法719条の趣旨からは，絶対的過失相殺の方法を採るのが相当であると考えるが，どのような場合に絶対的過失相殺の方法を採るかなどの詳細については，法曹会編『例題解説　交通損害賠償法』と桃崎剛「交通事故訴訟における共同不法行為と過失相殺」『民事交通事故訴訟損害賠償額算定基準（赤い本）下巻』を参照されたい。

裁判例 248　大阪地判平成9年7月25日（交民30巻4号1034頁）

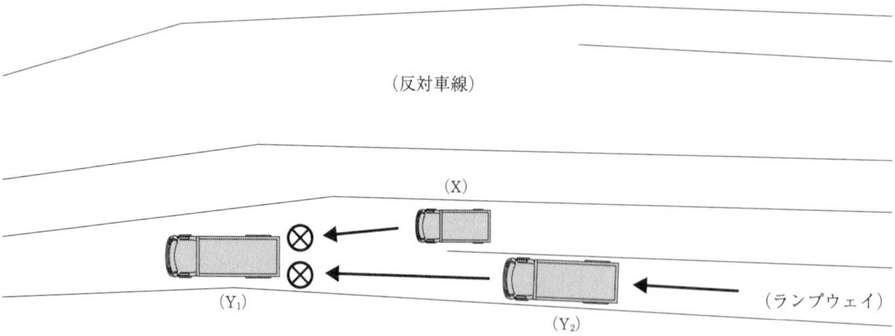

（反対車線）
（X）
（Y_1）
（Y_2）
（ランプウェイ）

過失割合　普通貨物自動車(X)　60％　大型貨物自動車(Y1)・大型貨物自動車(Y2)　40％

「本件事故現場は，山口県下松市大字山田高速国道山陽自動車道下り365.3キロポスト付近の，山陽自動車道下り下松サービスエリアから本線に流入するランプウェイと本線とが合流する地点付近であり，本件関係車両の進行方向である西に向かって左カーブとなっているが，本線車道側からもランプウェイ側からも障害物はなく見通しは良いこと，路面はアスファルト舗装され，平坦で乾燥し，本件事故当時，最高速度の規制はなかったこと，サービスエリアから流入ランプウェイにかけては水銀灯が設置されているが，本件事故現場付近のものは，現場付近にある基点（365.3キロ

ポスト）から約114メートル離れているため，本件事故現場付近は暗かったこと，

本件事故の発生した平成6年1月19日午前6時37分ごろ，A〔X〕はキソ梱包車を運転し，時速約122キロメートルの速度で本線を走行していたこと，

B〔Y1〕は宮崎トランスポート車を運転し，サービスエリアからの脇道から本線に合流するため，本件事故当時，時速約84キロメートルで走行していたこと，別紙図面(イ)地点（以下地点符号のみを示す。）で右方向指示器により合図をし，右後方を確認し，(ウ)でハンドルを右に切り始めて時速約64キロメートルで走行車線に進入し，(エ)で時速約73キロメートルで完全に走行車線に進入し，加速走行したこと，Bは(オ)で時速約84キロメートルで走行中，後方が明るくなるのを感じたのと同時に(1)のキソ梱包車と（×）1で衝突し，(カ)で停車したこと，右衝突地点は流入ランプウェイの終端付近であること，

右衝突は宮崎トランスポート車の後方中央から右に11センチメートルずれた状態でほぼ真後ろからキソ梱包車が衝突したものと解され，キソ梱包車は(2)に道路外側線をまたぐように走行車線を塞ぐ形で停止したこと，右衝突地点は(エ)から約71.6メートルであること，Bが宮崎トランスポート車を降車して衝突地点まで約10分歩いて戻ると既にヤマト運輸車がキソ梱包車と衝突していたこと，

宮崎トランスポート車の運転席からは(イ)において，フェンダーミラーで後方246.1メートルの，(ウ)において後方266メートルのサーチライトの光を確認することができるところ，時速123キロメートルで走行していたキソ梱包車は(イ)から約133メートル後方の地点を走行していたと解されること，

C〔Y2〕は，(A)で右方向指示器により合図をし，(B)で右後方を確認して，ハンドルを右に切り始め，(C)で完全に走行車線に進入し，時速約82キロメートルで走行していたところ，(D)で40.5メートル前方に2のキソ梱包車を発見し，危険を感じ，ハンドルをきり，ブレーキをかけたが，(E)で(2)のキソ梱包車と82において（ママ）時速約68キロメートルで衝突し，(F)で停止したこと，右衝突はキソ梱包車の荷台後端左角部に対してヤマト運輸車の前部が45度前後の角度で後方から衝突したものと解され，この衝突によってキソ梱包車は車体後部を右に旋回しながら18.7メートル移動し，(3)に停止したこと，（×）1から（×）2までは約30メートルであること，ヤマト運輸車と同型式の車両の運転席からは，夜間の曇天下，(2)に停止している無灯火の普通乗用自動車の後部を前照灯下向きの状態で49.7メートル，前照灯上向きの状態で68.4メートル手前で確認することができること，本件事故により，キソ梱包車は，損傷し，その前部であるキャビン部分は押しつぶされた状態で均一に陥没し，側方から観察すると，キャビン前方は高さ1メートルの地点からはほぼ垂直・下部は「く」の字に陥没し，キャビン後方は上部が後方に傾斜し，車両後部である荷台は左後部に衝突痕が見られ，右最後尾は右に130センチメートル，左最後尾も右に160センチメートルずれ，車両下部のトランスミッションが脱落したこと，

キソ梱包車と宮崎トランスポート車との衝突によって生じたキソ梱包車の変形に費やされたエネルギーは，キソ梱包車とヤマト運輸車との衝突によって生じたキソ梱包車の変形に費やされたエネルギーの約10倍と解されること，

宮崎トランスポート車は，その荷台後部の荷室開きドア，車体下部設置の金属製ステップ左右のブレーキランプカバーに衝突痕が見られ，後部バンパーが脱落したこと，

ヤマト運輸車は，キャビン部分が大破し，左側から1メートルの部分を中心に40センチメートル陥没し，前部ガラス破損，前部バンパー曲損，右前部フェンダー部分曲損，左側前照灯脱落，左側アルミ製の荷室後方に衝突痕，左側車体中央下部に設けられたガードパイプが凹損する等の破損が生じたこと，

以上の事実を認めることができる。

2　前記1の事実及び前記争いのない事実等によれば，

㈠　Bは，本線車道に入ろうとしていたものであり，本線車道には法令の定める最高速度を大幅に超過して走行する車両もあるから，当該本線車道を通行する車両の存在及びその速度を十分に確認すべき注意義務があるところ，これを怠った過失があるといわざるを得ず，民法709条により，キソ梱包が被った後記損害を賠償する義務がある。

㈡　Cは，進路前方に対する注意義務があるところ，これを怠った過失があるといわざるを得ず，法709条により，キソ梱包が被った後記損害を賠償する義務がある。

㈢　ヤマト運輸及びCは，キソ梱包車前部の破損は宮崎トランスポート車との衝突によって発生したものであって，ヤマト運輸が右破損について責任を負うべき理由はないし，また，ヤマト運輸車との衝突の際には，既にキソ梱包車は全損の状態にあったから，新たに損害が発生したとはいえない旨主張し，証拠（甲第13）中には，本件事故によるキソ梱包車の車体前部の破損は宮崎トランスポート車の後部に衝突した時に生じた旨の記載部分もある。

しかし，右証拠（甲第13）の記載部分は，前記1のとおり，キソ梱包車と宮崎トランスポート車との衝突によって生じたエネルギーがヤマト運輸車との衝突によって生じたエネルギーの約10倍と解されることから導き出された結論であり，同証拠中にも，キソ梱包車とヤマト運輸車との衝突の後に他の物に衝突して変形に費やされるエネルギーは約10.5トン・メートルである旨の記載部分があり，キソ梱包車はヤマト運輸車との衝突の後に前部に変形が生じたことを否定し去れないから，右証拠をもってしてはヤマト運輸及びCの右主張を認めることはできない。

また，前記1のキソ梱包車の破損の部位，程度，内容に係る事実によっては，ヤマト運輸車との衝突の際に，既にキソ梱包車が全損の状態にあった事実を推認するに足りないし，他に右事実を認めるに足りる証拠はない。

そうすると，B及びCのいずれにも過失があり，かつ，両者の行為は時間的場所的に接近し，客観的に関連共同しているものというべきであるから，両者は共同不法行為の関係に立つものである。

㈣　本件事故は，Bが宮崎トランスポートの業務を執行中に，その過失により発生させたものということができ，宮崎トランスポートは，民法715条により，キソ梱包が被った後記損害を賠償する義務がある。

㈤　本件事故は，Cがヤマト運輸の業務を執行中に，その過失により発生させたものということができ，ヤマト運輸は，民法715条により，キソ梱包が被った後記損害を賠償する義務がある。

㈥　Aは，普通貨物自動車を時速約122キロメートルで運転走行し，先行車が本線車道に入って約71メートルの地点を時速約84キロメートルで走行している時に衝突した状況からして速度違反及び著しい前方不注視の過失があるといわなければならない。

㈦　本件事故は，Aがキソ梱包の業務を執行中に，その過失により発生させたものということが

でき，キソ梱包は，民法715条により，宮崎トランスポートが被った後記損害を賠償する義務がある。
〔途中略〕
　前記一のとおり，Aには，前方不注視及び制限速度を時速にして20キロメートル程度上回る速度で走行した速度違反の過失が，Bには，本線車道に入ろうとする際の後方確認が不十分であった過失が，Cには，前方不注視の過失がそれぞれ認められ，本件事故が高速道路の合流地点付近の本線上で，流入ランプウェイの終端付近で発生したものであること，事故発生が夜間で，かつ，現場付近が暗かったこと，第1事故から第2事故まで時間的余裕がなかったこと等の本件事故の態様等を総合考慮し，A，B及びCの各過失を勘案すると，その割合は，AとB及びCとの間でAが6，B及びCが4と解するのが相当である。」

裁判例 249　東京地判平成18年6月14日（交民39巻3号752頁）

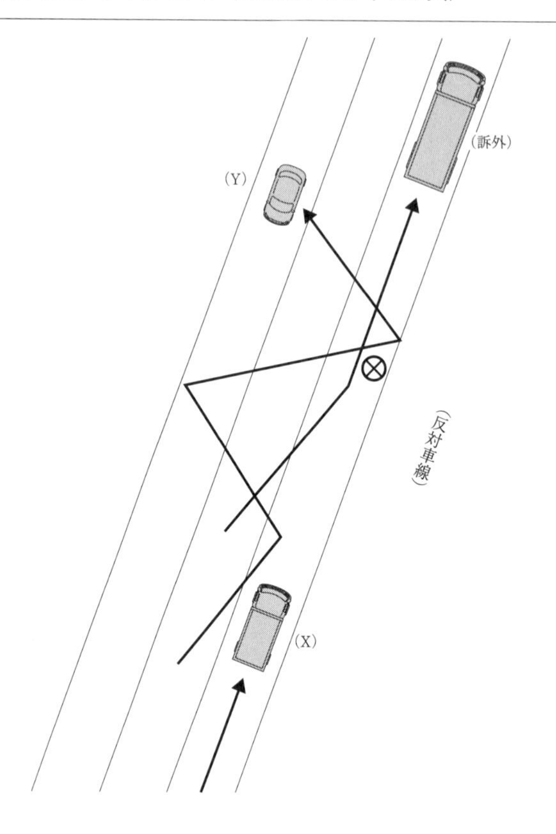

過失割合　普通貨物自動車(X) 10 %　普通乗用自動車(Y) 10 %　大型トラック(訴外) 80 %

「ア　本件道路は，東名高速道路上り車線（静岡県方面から東京都方面へ向かう車線）であり，それぞれ幅員3.6メートルの3つの通行帯がある。東京都方面に向かって最も左側に位置する第1通行帯の左に幅2.4メートルの路側帯が設けられ，その左端にガードレールが設置されている。東京都方面に向かって最も右側に位置する第3通行帯の右には幅1.1メートルの側帯が設けられ，その更に右は，中央分離帯を挟んで反対車線となっている。本件事故の場所付近はほぼ直線で見通しは良好であり，本件事故当時，路面は乾燥していた。最高速度は時速100キロメートルである。（乙1の2）

イ　被告D〔Y〕は，被告車両を運転して本件道路の第2通行帯を走行していたが，同じ第2通行帯の前方に，8トンないし10トン程のシルバー又は白色のコンテナが積まれた大型トラックが走行していた。被告Dは，大型トラックの速度が遅く感じたことなどから追い越そうと考え，加速して，大型トラックと被告車両との距離が近づいてから右側の第3通行帯へ進路変更を開始した。そのときの被告車両の速度は少なくとも時速約120キロメートル程度であった。その後，被告車両が100メートル前後，時間にして3，4秒ほど第3通行帯を走行し，大型トラックを追い越そうとしたところ，大型トラックが突然，被告車両の数メートル先で第3通行帯へ進路を変更した。被告

Ｄは，突然進路をふさがれたためとっさに左へハンドルを切ったところ，被告車両が回転し，後方を向くような形で第１通行帯まで斜走し，その後再び第３通行帯へ斜走し，後方から第３通行帯を進行してきた原告車両が被告車両の左後部へ衝突した。被告車両は，衝突後，第１通行帯の方へ向かい，路側帯付近に進行方向に後部を向け，左端のガードレールに車体の右側を衝突させて停止した。

他方，Ｃ〔Ｘ〕は，原告車両を運転して本件道路の第３通行帯を時速約90キロメートルで走行していたところ，第２通行帯を走行していた被告車両が第３通行帯の前方へ進路変更したことに気付いた。ところが，その後，第２通行帯を走行していた大型トラックが被告車両の前方で第３通行帯へ進路を変更し，被告車両が回転して第１通行帯へ向かって滑走するのを目撃した。Ｃはそのまま第３通行帯を約86.5メートル程度走行したが，被告車両が第１通行帯で横を向いているのに気付き，被告車両が第３通行帯へ向かっていたため，危険を感じて急ブレーキを掛けたものの，原告車両の前部が被告車両に衝突した。原告車両は，衝突後，約23メートル先まで進行し，第３通行帯とその右側の側帯をまたぐ位置に停止した。（甲６，７，乙１の２ないし６，被告Ｄ本人）

〔途中略〕

ア　Ｃは，大型トラックが被告車両の直前で進路変更をし，被告車両が回転して異常な走行をした状況を目撃したのであるから，二次衝突の危険を予測してハンドル，ブレーキ操作を適切に行うべきであったのにこれを怠り，漫然とそのまま進行したため，被告車両が第３通行帯へ向かう時点でブレーキ操作をしたものの間に合わず，被告車両に原告車両を衝突させたものであるから，道路，交通の状況に応じた安全運転をすべき義務に違反した過失がある。

イ　被告Ｄは，最高速度時速100キロメートルを超える時速120キロメートルの速度で走行し，大型トラックの車線変更に際し適切な回避措置をとることができず，回転して制御不能の状態に陥ったものであるから，速度超過の過失及び交通状況に応じた安全運転をすべき義務に違反した過失がある。

ウ　ところで，大型トラック運転手の進路変更の際の具体的行動は必ずしもその全てが明らかではないものの，前記認定の本件事故に至る状況からすれば，被告車両が後方から接近しているにもかかわらず，その直前で進路変更をし，その結果，被告車両が大型トラックとの衝突を回避しようとしてハンドル操作をしたところ，回転して制御不能状態となり，その後，制御不能状態となった被告車両に原告車両が衝突したものである。したがって，大型トラックの運転手には，少なくとも進路変更に際し後方の安全確認が十分ではなかった過失があることは否定し難い。そして，本件は，原告車両及び被告車両の双方の損害がそれぞれ請求されている事案であるから，Ｃ及び被告Ｄの各過失割合を定める必要があるところ，前記認定の本件事故に至る経緯及び本件事故態様からすれば，本件事故は，Ｃ，被告Ｄ及び大型トラック運転手の過失が競合して発生したものであって，かつ，本件事故の原因となった全ての過失の割合を認定することができるというべきである。そうすると，三者間の絶対的過失割合を認定し，これに基づく各被害者の過失による過失相殺をした損害賠償額について，加害者らが連帯して共同不法行為に基づく賠償責任を負うものと解すべきである。なお，本件において，大型トラック運転手は氏名不詳者であるが，そのことから直ちに，本件訴訟上明らかになった事故態様をもとにして三者の絶対的過失割合を認定すること自体が許されないということはできない。

そして，本件事故は，大型トラックの進路変更と被告車両との関係及び被告車両のスピンした状態での斜走と原告車両との関係が問題となる事案であるところ，Cにとっては，被告車両の走行経路が正常ではないことを，被告車両が斜走し始めたのを目撃した時点で予測し得たというべきであるが，被告車両がいったんは第1通行帯へ進行したため，第3通行帯への進入は，いわば合図のない先行車両の進路変更の場合に類似したともいうべき状況であったといえること，被告車両が接近した状況下での大型トラック運転手の進路変更が本件事故の発端になったといわざるを得ないが，その際の合図の有無（ウインカーを点滅させたか否か）は証拠上明らかではないこと，被告車両の速度超過の事実は明らかであるというべきであるが，被告Dにとって，大型トラックの進路変更は被告車両の数メートル先で行われており，その際の大型トラックと被告車両との位置関係等は厳密には確定し難いものの回避可能性の低いものであったことは否めないことなどを総合的に考慮すると，Cの過失は10パーセント，被告Dの過失は10パーセント，大型トラック運転手の過失は80パーセントとするのが相当である。」

裁判例 250　東京地判平成19年3月12日（判例秘書L06231132）

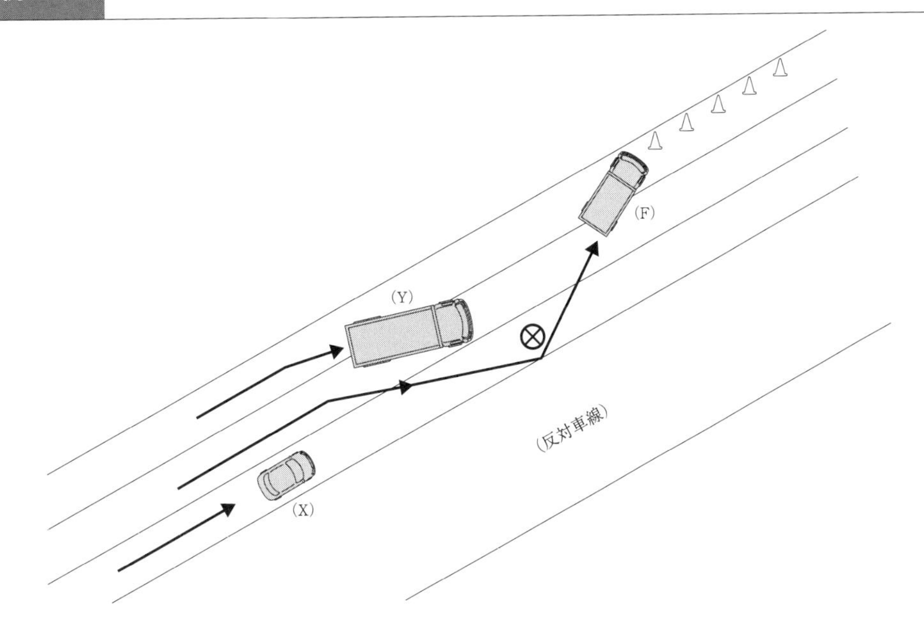

過失割合　普通乗用自動車(X) 0 %　大型貨物自動車(Y) 70 %　普通貨物自動車(F) 30 %

「ア　本件事故現場は，首都高速湾岸線の上り線の39.3KP付近であり，大黒ジャンクション分岐から東方へ約5500m，上り東扇島出路の分岐から西方へ約700mの地点である。

事故現場の道路は，片側3車線で，上下線は中央分離帯で完全に分離された，自動車専用道路である。幅員は，路側帯が2.5m，第1車線が3.6m，第2車線が3.5m，第3車線が3.4mとなっている。法定の最高速度は時速80kmである。〔証拠略〕

イ　原告X1は上記高速道路の第3車線を，Fは上記高速道路の第2車線を，被告Y4は上記高速道路の第1車線を，それぞれ走行していた。なお，被告Y4は，東扇島出路から上記高速道路を降りる予定であった。〔証拠略〕

ウ　被告Y4は，第1車線の前方で工事が行われており，そのため，第1車線上に，カラーコーンが約1kmにわたって緩やかに斜めに置かれ，やがて同車線で走行することができなくなることから，20mから30m前方を走行していた車両が第2車線に車線変更したのに続き，右ウインカーを出して，第2車線に車線変更しようとした。〔証拠略〕

エ　Y4車の車体の半分程度が第2車線に進入したとき，第2車線を走行していたFが，Y4車との衝突を避けるため，急ブレーキをかけたところ，F車は制御不能となり，第3車線に進入して中央分離帯へ衝突し，その後，向きを変え，第2車線方向へ走行し始めた。原告X1は，第2車線上の約14.1m前方にいたF車が自らの走行車線である第3車線に進入しようとしていることを認識し，急ブレーキをかけたものの，同車線上で，第2車線方向へ進行しようとしたF車の左後部に，原告車の前部が衝突した。F車は路側帯の縁石に衝突して，停車した。〔証拠略〕

オ　Y4車の車体の長さは11.9mである。F車の車体の長さは8.01mである。〔証拠略〕

⑵　本件事故の態様，責任について

上記の認定事実によれば，Ｆは，第２車線を走行していたところ，第３車線を走行していた原告車との距離等を十分に確認することなく，同車線に進入し，中央分離帯に衝突した後，同車線上で原告車がＦ車に衝突するに至っているのであるから，Ｆに過失が認められる。そして，Ｆ車が第３車線に進入するに至ったのは，Ｆ車は第２車線を走行し，第３車線に車線変更する予定はなかったものの，第１車線を走行していた被告Ｙ４が，Ｆ車との距離等を十分に確認することなく，車線変更したため，Ｆが衝突を避けようと急ブレーキをかけたところ，制御不能に陥った結果であるから，被告Ｙ４にも過失が認められる。

これに対し，被告Ｙ４は，車線変更するに際し，Ｆ車との間に安全な距離があることを確認して車線変更しており，本件事故の原因はＦの速度超過と，前方不注視であると主張して，自らの過失を否定している。しかしながら，Ｆ車がどの程度の速度で走行していたかはともかく，被告Ｙ４は，Ｆ車がＹ４車よりも速い速度で走行していたことを認識していたというのであるから（被告Ｙ４本人調書６頁等），これを前提に車線変更すべきであって，被告Ｙ４が走行していた第１車線の前方で工事が行われており，同車線上にカラーコーンが置かれ，走行できる幅が徐々に狭くなっていたとしても，被告Ｙ４は，直ちに車線変更をしなければならない状態にあったわけではなく（乙イ２），Ｆ車の通過を待って第２車線に車線変更することも可能であったと認められるから，被告Ｙ４に過失がなかったということはできない。

したがって，Ｆと被告Ｙ４は，民法709条により，原告Ｘ１に対する損害賠償の責任があり，また，被告Ｙ４は，Ｆに対しても，損害賠償の責任がある。

⑶　過失割合について

ア　原告Ｘ１の過失について

原告Ｘ１が追越車線である第３車線を走行していたところ，Ｆ車が走行車線である第２車線から車線変更してきたのであるが，Ｆが進路変更の合図を出した事実はなく，また，原告Ｘ１がＦ車の車線変更を認識することができたとき，原告車とＦ車の距離は約14.1ｍであり，制御不能に陥ったＦ車が中央分離帯に衝突した後に原告車が衝突したといった事故態様も考慮すると，原告Ｘ１に過失があったということはできない。

なお，被告Ｙ１，被告Ｙ２及び被告Ｙ３は，原告車が制限速度80㎞を30㎞以上超過して走行していたことを主張するのであるが，その根拠として援用する，①原告Ｘ１が急ブレーキを踏んだ後，約63.7ｍ走行してＦ車と衝突していること，②バリア衝突実験（乙ロ３）と原告車の破損状況を考慮したとしても，30㎞超過の事実を認めることはできず，原告Ｘ１に過失相殺を認めるのが損害の公平な分担の見地から相当といえるような事由があったとは認められない。

イ　Ｆと被告Ｙ４の過失割合について

被告Ｙ４及び被告Ｙ５は，Ｆ車の速度超過を主張し，被告Ｙ４はＦ車は120㎞位で走行していたと供述している（被告Ｙ４本人調書８頁等）。

しかしながら，被告Ｙ４が120㎞位と認識したのは具体的な根拠に基づくものではなく，「普通の車より速いと思った」ことによるものにすぎない（乙イ１，同調書21頁等）。そして，被告Ｙ４は，車線変更を開始した時，Ｆ車がＹ４車の63.7ｍ後方を走行していたことを指摘するのであるが，第１車線でＹ４車の後方を走行していたＧの指示説明によれば（甲３の３），Ｙ４車が車線変更をした時点における，同車とＦ車との距離が 63.7 m もあったと認めることはできず，また，被告Ｙ４も，事故当日の実況見分において，車線変更を開始したとき，Ｆ車は約 22.7 m 後方にいたと指示説明していたのである（甲３の８）。被告Ｙ４は，平成 15 年 12 月５日の実況見分において，車線変更を開始したとき，Ｆ車は約 63.7 m 後方にいたと指示説明するに至っているのであるが（甲３の 10），事故からの時間的経過や，指示説明の内容が変わった理由について，当初は，第三者の証人のつもりで指示説明したが，平成 15 年 12 月５日は，自らの責任が問われていることを認識して，指示説明を変更したというのであるから（同調書４頁以下），Ｙ４車が車線変更を開始した時点においてＦ車が 63.7 m 後方にいたとの指示説明を直ちに信用することができない。したがって，Ｆ車が 120 km で走行していたとの事実を認めるに足りる証拠はない。

上記のほか，走行車線である第１車線を走行していたＹ４車が，同じく走行車線である第２車線を走行していたＦ車の前方に進路変更し，ＦがＹ４車との衝突を避けようとして，本件事故に至ったという本件事故の態様のほか，Ｆ車の速度は明確でなく，Ｆが法定速度の 80 km を遵守していたかは必ずしも定かではないとしても，前述のとおり，被告Ｙ４はＦ車が高速度であることを認識していたのであり，Ｙ４車の車体の長さも併せ考慮すると，Ｆの過失割合を 30，被告Ｙ４の過失割合を 70 とするのが相当である。」

裁判例 251　東京地判平成19年8月29日（自保ジャーナル1717号19頁）

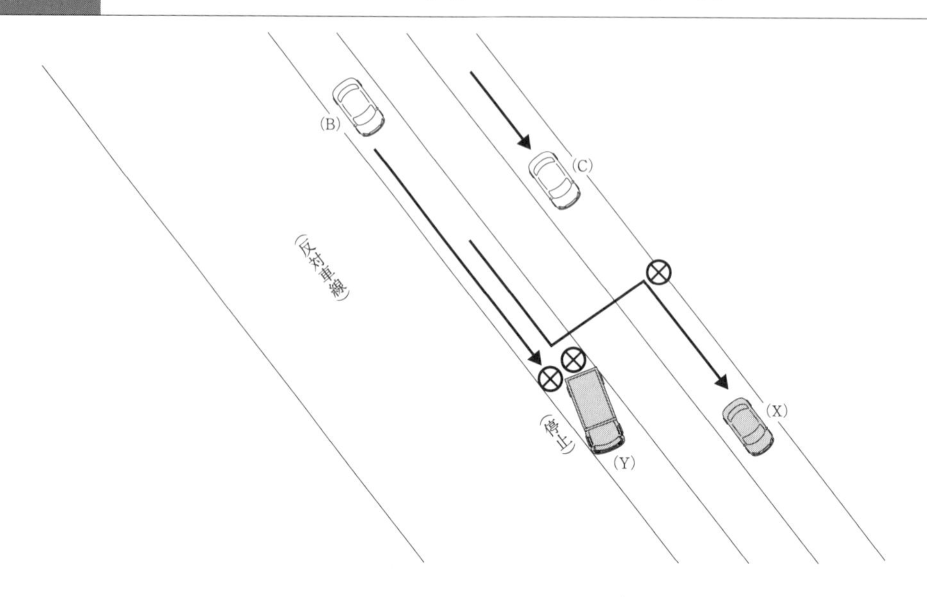

過失割合　普通乗用自動車(X=A) 50 %　普通貨物自動車(Y) 50 %

「ア　本件事故現場は，群馬県前橋市方面から東京都練馬区方面に向かうほぼ直線で平坦な片側3車線の高速道路（以下「本件道路」という。）上である。進行方向左側には，幅員3.0メートルの路側帯があり，各車線の幅員は，第1車線が3.6メートル，第2車線が3.7メートル，追越車線（第3車線）が3.6メートルで，追越車線の右側に幅員1.6メートルの側帯があり，その右にガードレールが設置され，ガードレールの右が中央分離帯となっている。本件事故現場の最高速度は法定速度の時速100キロメートルで，駐停車禁止の規制があり，本件事故当時は夜間で付近に照明施設がなく，暗い状況であった。（乙1の9，1の10）

また，本件事故当時の本件道路は，目立った渋滞はなかったが，交通量は普通ないしやや多めであった（甲10，乙1の30，1の31，1の41，1の57，1の58，1の60，E証人）。

イ　被告Y1は，同乗者2名を乗せて被告車両を運転し，本件道路の第2車線を時速80ないし90キロメートル程度で走行中，本件事故現場の手前である埼玉県大里郡花園町大字武蔵野2752番地2高速自動車国道関越自動車道新潟線上り59.5キロポストのやや手前付近で，突然，右前輪がガクンと沈み，そこから四十数メートル進行した付近でハンドルが右に取られるような状態となり，ガリガリと音を立てながら追越車線（第3車線）へ向かって減速しつつ180メートル近く前進進行し，本件事故現場で車体の右側部分が追越車線右の側帯に少しはみ出す形で右斜めを向いて停止した。

被告Y1は，停止後，ハザードランプを点灯させ，同乗者とともに降車して被告車両を確認したところ，右前輪のタイヤがバーストしていた。被告車両には停止表示器材や発煙筒を積載していなかったため，被告Y1は，これらを設置しなかったが，被告Y1はすぐに，百数十メートル先の59.12キロポスト付近に設置された非常電話が目に入ったため，その非常電話のところまで行って電話で事情を説明し，電話を終えて被告車両が停止しているところへ戻ろうとした。

一方，A〔X〕は，原告車両を運転し，助手席にはE（以下「E証人」という。），後部座席には右から順にF，G，Hをそれぞれ同乗させて，本件事故現場手前の本件道路の追越車線を走行していたところ，先行車両が急に左へ進路を変更し，その後，その前方に停止していた被告車両の左後部へ，原告車両がその右前部方向から衝突した。衝突の勢いで被告車両はやや右前方のガードレールに車体の右前部が衝突し，他方，原告車両は第1車線の方へ本件道路をほぼ真横に横断するように進行したが，その際，第1車線を後方から進行してきたC運転のC車両の右前部と原告車両の左前部が衝突し，その地点から十数メートル先の第1車線上に原告車両が，これに接するようにして路側帯と第1車線をまたぐような位置にC車両が，それぞれ停止した。

一方，Bは，B車両を運転し，追越車線上を進行していたところ，先行車両が急に第2車線へ進路変更し，その前方に被告車両が停止しているのを認め，危険を感じて左にハンドルを切りながらブレーキをかけたが間に合わず，被告車両の右後部に衝突し，B車両は第2車線と第1車線をまたぐような位置に停止した。

〔途中略〕

ア　本件事故現場は高速道路上であるところ，高速道路では，一定の場合を除き原則として駐停車してはならず，故障その他の理由により駐停車することがやむを得ない場合等に，十分な幅員のある路肩等に駐停車することが許されているにすぎない（道路交通法75条の8第1項）。また，故障その他の理由により本線車道等又はこれに接する路肩若しくは路側帯において運転することができなくなったときは，その自動車が故障その他の理由により停止しているものであることを表示しなければならず，また，速やかに当該自動車を本線車道等以外の場所に移動するため必要な措置を講じなければならない（同法75の11第1，2項）。

被告Y1は，被告車両の右前輪タイヤのバーストのため，減速しつつ進行して追越車線上に停止したものであるところ，バースト後の被告車両の運転について，被告車両を左側の路側帯へ停止させることは，タイヤがバーストしていたこと及び当時の状況（乙1の20，1の21，乙2）から，困難な状態であったことがうかがわれるものの，追越車線の大部分を塞ぐ形で停止し，後方から進行する車両の進路を妨げたことは否定し難い。なお，逆に，実際に停止した位置よりも更に右側のガードレールへぎりぎりまで寄せることは，被告車両の状態からすると必ずしも容易ではなかったと考えられるものの，右前輪タイヤがバーストした状態で走行し追越車線の右寄りに停止し得たことからすると，全く不可能であったともいえないものと解される。

そして，本件事故現場は本件事故当時，夜間で照明もなく暗い状況であったから，高速道路の追越車線の大部分を塞ぐような形で停止した以上は，停止表示器材を設置するなどして安全を確保すべきであり，また，被告車両が停止してから原告車両が被告車両に衝突するまでの間は，被告Y1が非常電話を掛けるだけの余裕があったことからすれば，数分程度あったものと解され，退避できない状況であったとはいえないにもかかわらず，被告Y1は，ハザードランプを点灯させたのみで，停止表示器材を設置しなかった過失がある。なお，ハザードランプを点灯させた点については，高速道路においてやむを得ず停止する場合，後方から進行する自動車の運転者が見やすい位置に停止表示器材を設置しなければならないこと（道路交通法75条の11第1項，同法施行令27条の7）に照らせば，適切な措置をとったとはいい難く，この点で被告Y1の過失が減殺されるものとはいい難い。

イ　被告車両の右前輪タイヤのバーストの原因については，タイヤ内部のベルト層とカーカス層の間で剝離現象が発生したことが考えられるが，剝離現象の原因については明らかではなく，また，タイヤ内部の損傷は外観上，事前に発生に気付かないことも多いとされている（乙1の96）。しかし，右前輪タイヤの骨格部であるカーカス層のスチールコードに錆の発生が見られることからすると，本件事故より相当期間前に損傷が発生していた可能性は考えられ，警察の鑑定嘱託に基づく鑑定書において推察されているような，トレッド部に受けた外傷等から水分等が浸入したことが原因であるとすれば，トレッド部は路面と接触する部分であるから外観上発見可能であるとも考えられる。また，被告車両のタイヤは前輪と後輪とでタイプの異なるタイヤ（ノーマルタイヤとスノータイヤ）が装着されており，タイヤの性能が異なるため車の安定性を損ない，事故等につながるおそれがあること（甲14ないし17）や，右側のタイヤは左側よりも負担がかかりやすいこと（被告Y1本人）を考慮すれば，被告車両について日常的にタイヤの整備・点検を励行し，特に高速道路を走行する場合には事前に点検を行う等して安全を確認すべきところ，被告Y1は，右前輪タイヤが本件事故の前年中にパンクして修理した後，少なくとも4か月以上，特段何もしていなかったことが認められる（被告Y1本人）。したがって，被告Y1において，被告車両の右前輪タイヤのバーストに伴い被告車両を高速道路の追越車線上に停止させるに至ったことにつき，全く過失がないとはいえない。

ウ　他方，Aは，運転に際し，前方を注視し，先行車両と適切な車間距離を保持して走行すべき注意義務があるところ，夜間で暗く停止表示器材の設置等がなかったため視認不良であったこと，被告車両が追越車線上に停止していたことを前提にしても，被告車両が停止してから原告車両が衝突するまでの間に，前記のとおり数分程度の余裕があり，その間，C車両のほか，多数の車両が，停止中の被告車両をハザードランプ等により認識しこれを避けて進行していたこと（乙1の24，1の31，1の57ないし1の60），原告車両の先行車両が左へ進路変更した直後に被告車両を避けきれず衝突していること（前記(1)イ），被告車両は追越車線の大部分を塞ぐ形で停止していたが，第1，第2車線が走行できない状態であったとは認め難いことからすると，Aには著しい前方不注視及び車間距離不保持の過失があるものといわざるを得ない。

〔途中略〕

エ　なお，原告車両は，C車両とも衝突しているところ，C車両と衝突したのは，衝突の位置及び状況からすれば被告車両との衝突後であるといえること，原告車両は，前記のとおり，車体の右前部から被告車両に衝突しているところ，原告車両に乗車していた5名のうち，車体の左側に乗車していたE証人及びHの受傷よりも，右側に乗車していたA及びFの受傷がはるかに重傷であること（甲3，乙1の17，1の33，1の35，1の37ないし1の40），原告車両の損傷状況（乙1の13）等からすると，原告ら請求に係る，本件事故によるAの死亡及び原告車両の損傷に伴う損害は，原告車両と被告車両との衝突の結果，生じたものと認めるのが相当であり，C車両の過失の有無を考慮することは相当ではない。

オ　本件事故が高速道路上で停車中の被告車両に原告車両が追突した事故であり，前記の諸点を総合考慮すれば，本件事故における被告Y1とAの過失割合は，被告Y1が50パーセント，Aが50パーセントと解するのが相当である。」

裁判例 252　大阪地判平成20年5月14日（交民41巻3号593頁，自保ジャーナル1753号3頁）

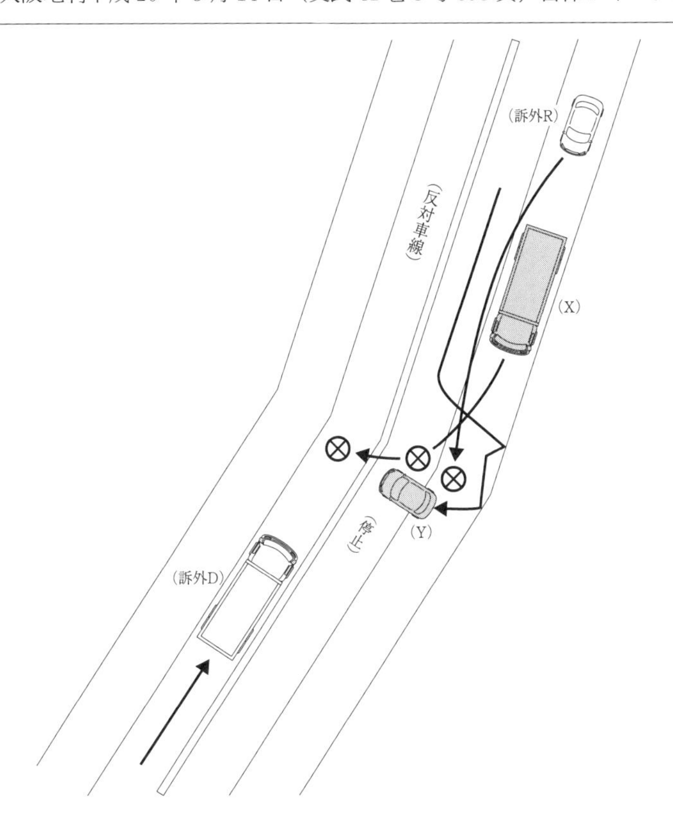

過失割合　大型貨物自動車(X)　40 %　普通乗用自動車(Y)　60 %

「ア　本件現場は，片側2車線で右方向に緩やかな下りカーブとなっており，照明灯は設置されていない。そして，最高速度は時速80キロメートルに規制されていた。本件事故当時は，小雨が降った後で，路面は濡れていた。

イ　被告は，被告車両を運転して本件高速道路を名古屋方面に向けて走行車線を走行していたが，本件現場付近で前方のトラックを追い越すために，追越車線を時速約120ないし130キロメートルで走行したところ，中央分離帯に寄りすぎたため，向きを変えようとしたところ，被告車両がスリップした上，ハンドルがロックされた状態となって制御不可能となり，路側の防音壁に接触し，さらに回転する形で再度接触し，前部が中央分離帯に向いて斜めになる形で，本件現場に停止した。

ウ　本件車両は，被告車両に後続して本件高速道路を時速約100キロメートルで走行して本件現場にさしかかったところ，約15ないし20メートル前方に前記のとおり停止していた被告車両を認め，急制動をしたものの間に合わず，自車左前部を被告車両の右前部に衝突させた。なお，被告車両は黒色であったが無灯火であり，三角板や発煙筒などの警告措置も取られていなかった。

エ　本件車両は，上記衝突の反動で中央分離帯に乗り上げ，約15メートルにわたり，同所に設置されていたガードレール10本をなぎ倒した上，対向車線上に進出して横転し，更にそのまま約65メートル滑走して停車した。

オ　本件現場の上り車線上には，折から10トン車であるD運転車両が荷物を積載して走行中であったが，上記のとおり対向車線から滑走し，停止した本件車両と衝突した。

カ　また，R運転車両は，本件車両に後続して本件高速道路を進行していたところ，本件車両が被告車両に衝突したのを見て急制動をしたものの間に合わず，これまた被告車両に衝突した。

〔途中略〕

⑴　前記認定事実によれば，被告は，本件現場付近がゆるやかな下り坂でカーブをしており，しかも，当時路面が雨で濡れていたにもかかわらず，制限速度を40キロメートル以上超過する時速約120ないし130キロメートルの高速で被告車両を走行させたため，路面上をスリップした後，ハイドロプレーニング現象を起こして制御不能となって，路側壁に接触して停止し，その直後に後続の本件車両が被告車両に衝突したものと認められる。この停止と衝突とが時間的に接着していたことに照らし，被告が停止後三角板や発煙筒を設置する等の安全措置をとらなかったことに過失があったとまでは認められないとしても，被告には路面の状況等を考慮せず制限速度を大幅に超過して進行した過失が認められ，これが本件事故の原因となったことは明らかである。

被告は，ハイドロプレーニング現象の発生は不可抗力であるから，被告には過失がない旨主張する。しかしながら，前記認定の本件事故直前の走行状況に照らせば，同現象は被告が自ら招いたものと認められるから，被告の前記主張は採用できない。

他方，原告は，前記ハイドロプレーニング現象が生じたことから，被告車両には，タイヤの摩耗等の整備不良が推認される旨主張する。しかしながら，ハイドロプレーニング現象の発生から直ちに当該車両の整備不良が推認されるものではなく，被告車両につき，整備不良を具体的に認めるに足る証拠もない。したがって，原告の前記主張は採用できない。

⑵　他方，証拠（甲3）によれば，本件車両は時速約100キロメートルで本件現場にさしかかったものと認められるから，20キロメートル以上の速度超過があったものと推認できる。なるほど，前記のとおり，本件現場付近はゆるやかなカーブであること，本件事故は深夜に発生したものであるところ，本件現場付近には照明灯がなく，被告車両は黒色であるが，停車後，三角板や発煙筒を設置せず，緊急停止灯も点けていなかったのであるから，A〔X〕としては，進路前方に停止する被告車両を発見することは困難であったといえる。しかしながら，前記のとおり，Aは，約15ないし20メートル手前で初めて被告車両を発見したというのであり，上記のように被告車両の視認が困難であった面を考慮しても，被告車両の発見が遅れたというほかない。そして，証拠（甲3，特に添付の図面及び写真）によれば，被告車両が下り線の走行車線上に斜めに停止していたとしても，車両が追越車線を走行して本件現場を通過するだけの余地はあったものと認められ，このことに照らせば，Aがもう少し早く被告車両を発見していれば，追越車線に車線変更し，被告車両との衝突を避けることができた可能性があったものと認められる。

そうすると，Aの側にも，重過失までは認められないとしても，著しい過失があったと認めることができる。

⑶　高速道路上に，自己の落ち度により停車していた四輪車に，後方から走行してきた四輪車が追突した場合の過失の基本割合は，一般的には停車側よりも衝突側の過失の方が大きいものの，停

車側の過失も決して少なくないと考えられる。このことに，前記認定のとおり，当時の道路状況のもとで，制限速度を 40 キロメートル以上超過して走行したためハイドロプレーニング現象を起こして自車を制御できなくなったという重過失及び夜間視界不良な高速道路上に停止したことを被告側の過失として，他方，制限速度を 20 キロメートル以上超過して走行したこと及び被告車両の発見が遅れたという著しい過失をＡ側の過失として，それぞれ考慮すると，本件事故におけるＡと被告の過失割合は，被告が 6 割，Ａが 4 割と認めるのが相当である。」

裁判例 253　東京地判平成22年2月10日（交民43巻1号158頁）

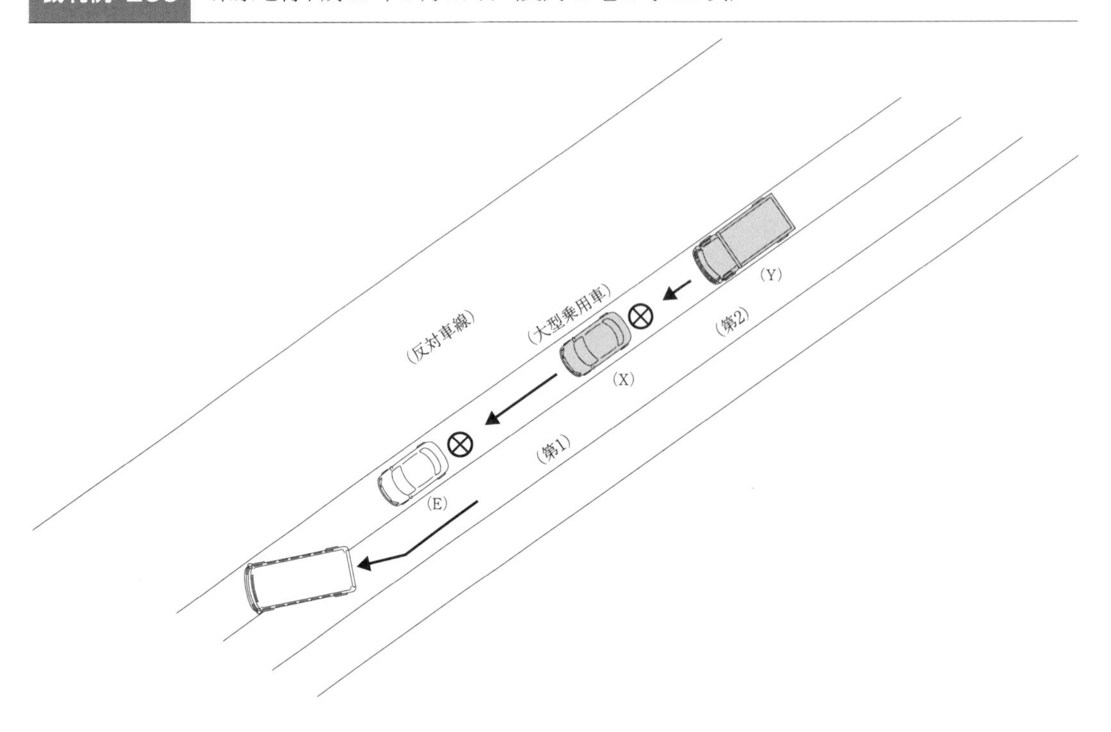

過失割合　大型乗用自動車(X) 20 %　普通貨物自動車(Y) 80 %

「本件事故現場は，有明方面と大井方面とを結ぶ首都高速道路湾岸線西行車線であり，片側3車線の自動車専用道路である。時速70キロメートルの速度規制及び駐停車禁止規制がされている。

イ　本件事故発生に至る経緯（甲8，乙5，6の1ないし4，証人C，同D）

D〔Y〕は，被告の業務として被告車両を運転し，首都高速道路湾岸線西行車線の第3車線を時速90ないし100キロメートルで走行させていた。その前方を走行していた原告車両との車間距離は約20メートルであった。C〔X〕は，原告の業務として原告車両を運転し，首都高速道路湾岸線西行車線の第3車線を被告車両とほぼ同じ速度で走行させていた。その前方を走行していたE車両との車間距離は約40メートルであった。このような状態が本件事故現場の数キロメートル前から続いていた。

本件事故現場に差し掛かると，E車両の前方に大型バスが割り込んできたため，EがE車両に急ブレーキを掛けたので，Cも原告車両に急ブレーキを掛けたが間に合わず，停止していたE車両に原告車両を追突（第1衝突）させた。第1衝突の衝撃によりE車両は前方に押し出され，原告車両は別紙図面㈤地点で，E車両はその前方の同(A)地点で停止し，両車両の車間距離は60センチメートルであった。

上記のとおりCが原告車両に急ブレーキを掛けたため，その後方で被告車両を走行させていたDもブレーキを掛け，原告車両の減速に合わせて被告車両も減速させたが，E車両に追突した原告車両が別紙図面㈤地点で急に止まってしまったため，ブレーキが間に合わず，同④地点で時速約30

キロメートルにまで減速した被告車両を原告車両に追突（第2衝突）させた。第2衝突の衝撃により同(エ)地点で停止していた原告車両は前方に押し出されて同(オ)地点に進行し，同(A)地点で停止していたE車両に再度追突（第3衝突）したため，E車両は同(A)地点から更に1メートル前方の同(B)地点で停止し，原告車両はその後方の同(カ)地点で停止し，両車両の車間距離は60センチメートルであった。

(2)　以上の事実を前提に判断する。

ア　被告の責任について

上記のとおり，本件事故である第2衝突の発生原因として，Dが原告車両との車間距離を約20メートルしか空けずに被告車両を制限速度である時速70キロメートルを上回る時速90ないし100キロメートルで走行させたことが挙げられるから，Dには車間距離保持義務違反及び速度超過の過失が認められ，原告に対し，民法709条に基づく損害賠償責任を負う。

また，本件事故である第2衝突は，Dが被告の業務として被告車両を運転していた際に発生したのであるから，被告は，原告に対し，民法715条に基づく損害賠償責任を負う。

イ　過失相殺

本件事故である第2衝突は，制限速度が時速70キロメートルの自動車専用道路で発生した追突事故であり，被告車両は制限速度を少なくとも20キロメートル超過して走行していたこと，他方，追突された原告車両も第3車線（追越車線）上でE車両に追突する事故（第1衝突）を発生させており，これが原因となっていきなり原告車両が停止したことがDのブレーキ操作を誤らせ，本件事故である第2衝突の発生の一因となっていることに照らすと，本件事故発生における過失割合は，C20パーセント，D80パーセントと認めるのが相当である。」

第10　高速道路（料金所）

裁判例 254　大阪地判平成22年4月22日（交民43巻2号539頁）

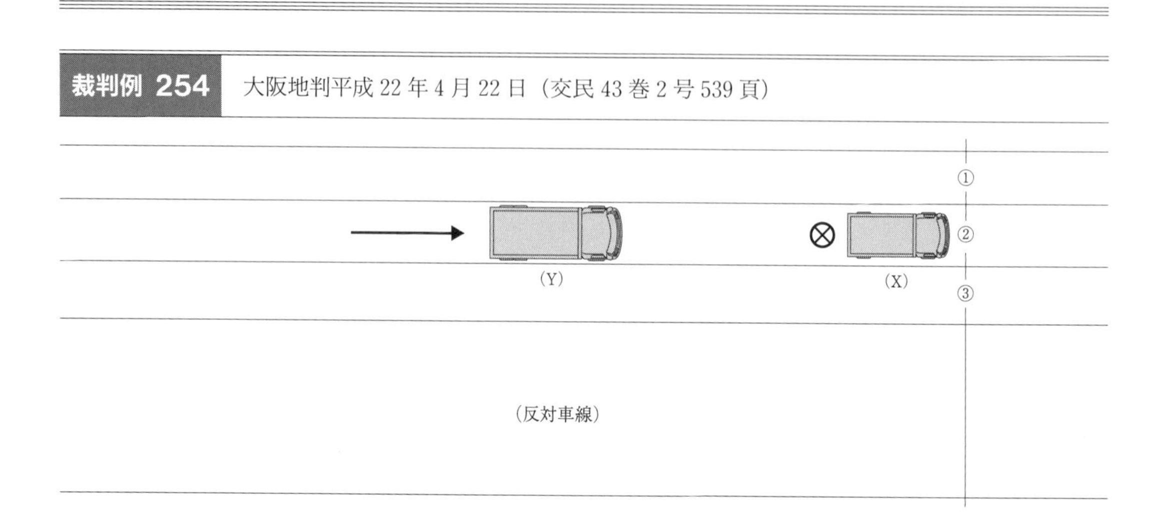

過失割合　普通貨物自動車(X)　0 %　中型貨物自動車(Y)　100 %

「(1)　本件事故は，西名阪自動車道天理インターチェンジ手前の天理料金所のETCゲート内における追突事故であり，ETCゲートの開閉バーが上がらなかったのは前車運転者のBがETCカードを挿入し忘れていたことに起因するものである（甲12，乙9，弁論の全趣旨)。

この事故につき，原告は追突車両の運転者（被告Y1）の全面的な過失に起因する旨主張するのに対し，被告らは急停止した前車の運転者〔X〕の全面的過失に起因するものであり，仮に被告Y1に過失があるとしても大幅に過失相殺されるべきである旨主張する。

(2)　しかしながら，ETCシステム利用規程8条1項には「ETC車線内は徐行して通行すること」「前車が停車することがあるので，必要な車間距離を保持すること」とあり，ETCシステム利用規則実施細則の4条には「…徐行の際はETC車線内で前車が停止した場合，開閉棒が開かない若しくは閉じる場合その他通行するに当たり安全が確保できない事象が生じた場合であっても，前車又は開閉棒その他の設備に衝突しないよう安全に停止することができるような速度で通行してください。」と記述されており，ここに記述されている内容がETCシステム利用者の注意義務の内容を構成していると解するのが相当である。

したがって，ETCゲートを通過しようとする車両運転者には，開閉バーが開かないために前車が仮に急停止した場合であっても，これに追突しないような措置を講ずべき注意義務が課されている（その意味で，高速道路本線を走行中に急停止することに対する評価とは全く異なる。）と言うべきであって，ETCゲートの開閉バーの手前で停止している前車に追突してしまった場合は，上記規程や細則に違反した一方的な過失があったと言わなければならない。そうすると，開閉バーが上がらなかった原因が本件のようにETCカードの挿入忘れにあったとしても，追突した後車（被告車）側の過失割合が10割と認めるのが相当である。」

裁判例 255　東京地判平成23年2月24日（判例秘書 L06630051）

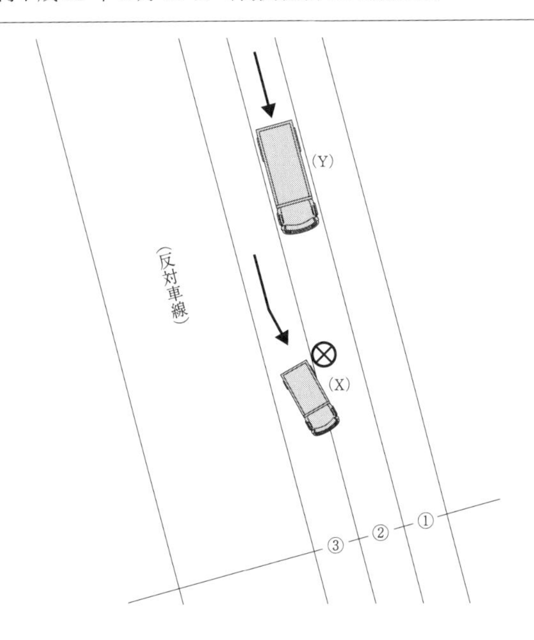

過失割合　**普通貨物自動車(X)** 10 %　**大型貨物自動車(Y)** 90 %

「ア　本件事故現場は，東北自動車道下り浦和本線料金所であり，本件事故現場の手前では片側3車線となっている。

イ　本件事故現場手前では，被告車両は第2車線を走行し，そのまま同料金所の右から2番目のETCレーンに進入する予定であった。一方，原告車両が被告車両を上回る速度で第3車線を走行し，被告車両を追い越して同料金所の一番右側のETCレーンに向けて走行していた。

被告は，被告車両を減速させて右から2番目のETCレーンに進入しようとしたところ，被告車両の右前方を進行していた原告車両が被告車両の前方に入り，右から2番目のETCレーンに進入しようとした。その時の原告車両と被告車両の車間距離は15メートルくらいであり，原告車両の前方に先行車両はなかった。そして，原告車両がETCレーンを通過する際，急ブレーキを掛けたために左後輪が左にスリップし，被告も被告車両に急ブレーキを掛けたが，間に合わず，原告車両の右後部に被告車両の前部を衝突させた。

本件事故により前方に押し出された原告車両はETCの開閉バーの先で一度は停車したが，その後そのまま走り去ってしまった。このとき，ETCの開閉バーは正常に作動していた。

〔途中略〕

(2)　本件事故の発生につき被告に過失があることは前記第2の1(2)のとおりである。他方，前記(1)で認定した事実によれば，原告は，客観的には急ブレーキをかけるような事情も見当たらないのに原告車両に急ブレーキを掛け，後続車両である被告車両の追突を招いた過失があると認められるから，民法709条に基づく損害賠償責任を負う。また，本件事故は，A〔X〕がその使用者である原告会社の業務中に発生させたと認められるから（弁論の全趣旨），原告会社は，民法715条に基づく損害賠償責任を負う。

本件事故の一因として原告車両が急ブレーキを掛けていることが挙げられるが，当初は原告車両と被告車両の車間距離が15メートルあったこと，本件事故態様が追突であり，ETCレーンでは急ブレーキを掛ける車両が存在することを予見できることに照らすと，本件事故発生に関する過失割合はA 10パーセント，被告90パーセントと認めるのが相当である。」

裁判例 256　東京地判平成22年10月26日（判例秘書L06530520）

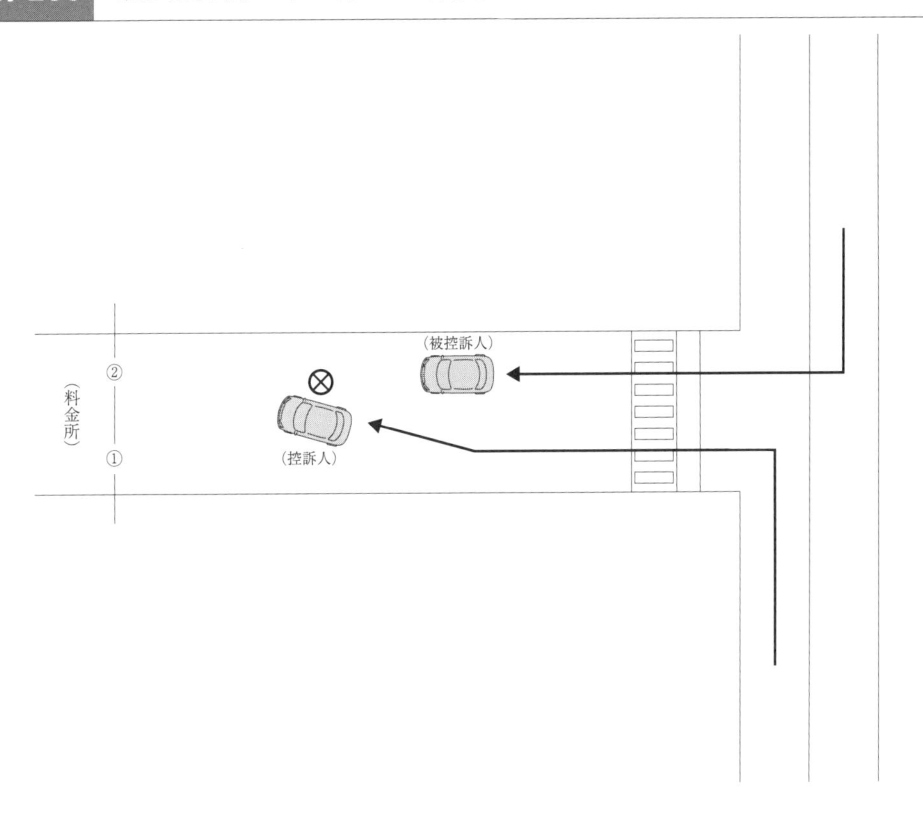

過失割合　普通乗用自動車(控訴人) **35** %　普通乗用自動車(被控訴人) **65** %

「ア　本件通路は，別紙現場見取図のとおり，外苑西通りから首都高速道路外苑入口の料金所に通じる通路である。

本件通路に進入するには，外苑西通りを北（四谷方面）から走行してくる車両は，「高速入口」とペイントされた右折専用レーンを右折し，外苑西通りを南（青山方面）から走行してくる車両は，同じく「高速入口」とペイントされた左折専用レーンを左折することになる。

料金所のゲートは2つあって，右ゲートがETC専用，左ゲートがETCを搭載していない車両でも利用できるものとなっており，本件通路入口の幅員は9.6メートルであるが，本件通路には右ゲートに通じる進路と左ゲートに通じる進路とを分ける明確な通行区分はなく，右折車及び左折車とも，どちらのゲートを通過してもよく，実際，左折車も右ゲートに進行することがあるし，右折車も左ゲートに進行することもあるが，左折車（南から走行してくる車両）に対しては，ETC車は右ゲートを通過することを促す案内標識が設置されている。

なお，本件通路入口には，横断歩道及び自転車通行帯が設置されており，外苑西通りの南からの車線には，左折専用レーンの先にゼブラゾーンが設置されている。

イ　B〔控訴人〕車は，平成21年4月12日午後1時23分ころ，外苑西通りを南から左折専用レーンを走行してきて，左折により本件通路に進入し，右ゲートに向かって進行した。

C〔被控訴人〕車は，同時刻，外苑西通りを北から右折専用レーンを走行してきて，本件交差点の入口で対面信号に従って，右折を開始して本件通路に進入し，本件通路とほぼ並行となったところ，左側から前方にB車が進行してきたのに気が付き，危険を感じて咄嗟に急制動をかけたが，本件通路の入口の横断歩道付近において，C車の左前部のバンパーとB車の右側面が接触し，その結果，C車の左前部バンパー部分には凹損が生じ，B車の右側面には後部ドアからリアフェンダーまで擦過痕が生じた。

なお，控訴人Bは，B車とC車が接触するまで，C車の存在に気が付いていなかった。

⑵　以上のとおり，本件事故は，本件交差点において，左折して本件通路に進入した4輪車（B車）と対向車線から右折により本件通路に進入した4輪車（C車）との接触事故であるところ，C車は，右折により本件通路に進入する際，対向車線から左折して本件通路に進入してくる車両の有無やその動静について十分に注意すべきであったにもかかわらず，対面信号に従って右折を開始しているが，それ以上，左折車の有無等の確認を十分に行っているとはいえないから，左折車に対する注意が不十分であった過失があるが，他方，B車は，本件交差点を左折して本件通路に進入する際，対向車線から右折して本件通路に進入してくる車両の有無やその動静について十分に注意すべきであったにもかかわらず，右折車の有無等の確認を十分に行わず，衝突するまでC車の存在に気が付いていないから，右折車に対する注意が不十分であった過失がある。そして，交差点における右折車は左折車よりも劣後の関係にあり，右左折先である本件通路には明確な通行区分はなく，左折するETC車は，左ゲートを利用することができるが，左折するETC車に対して右ゲートを通過することを促す案内標識があり，左右どちらのゲートを利用することも許されているから，B車に左折方法の違反があるということはできないが，B車は左折後，本件通路の左寄りではなく，右寄りを通行しようとしたのであるから，交差点を左折する通常の場合に比べ，対向車線から右折により本件通路の右寄りに進入してくる車両と接触しないよう，より慎重な運転が要求されると考えられることなどの事情を考慮すれば，B車とC車の過失割合は，B車が35，C車が65とするのが相当である。」

裁判例 257　東京地判平成15年9月2日（交民36巻5号1192頁）

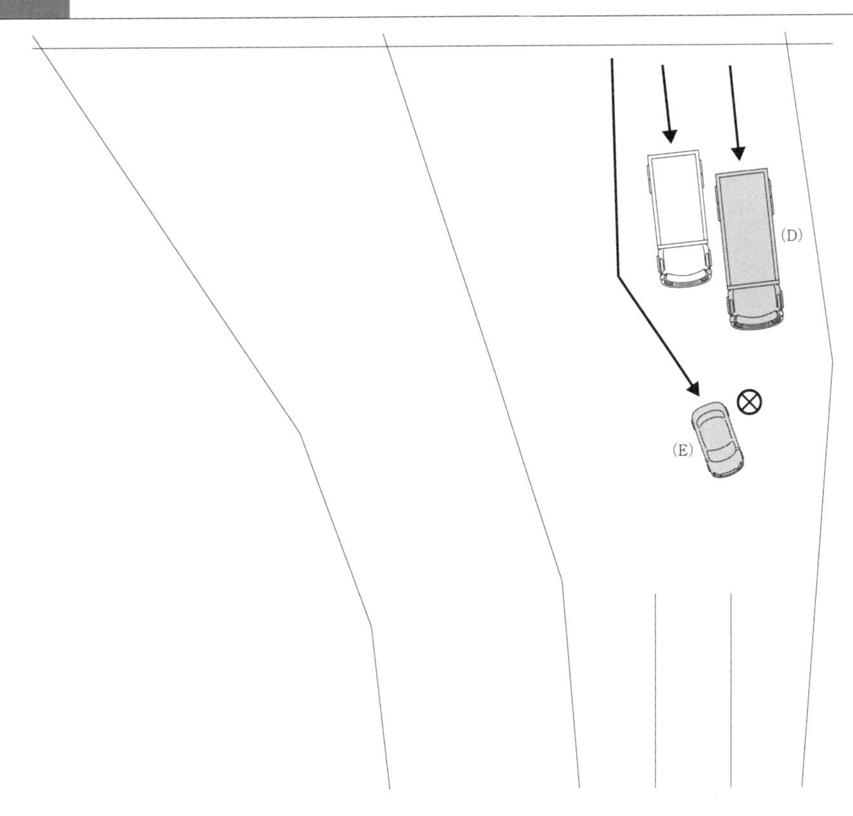

過失割合　普通乗用自動車(X=E) 50 %　大型貨物自動車(Y=D) 50 %

「ア　本件事故現場は，関越自動車道上り線の新座料金所（以下「本件料金所」という。）を出た先約100ｍの場所である。同料金所の先は，本線の上り車線に向かう道路（以下「本件道路」という。）で，概ね別紙1図（甲27）又は2図（甲29中の現場見取図）のように，右方向に緩やかにカーブし，その先で3車線となった後本線の上り車線に連なっている。本件道路の速度規制は時速60 kmである。なお，本件料金所には料金支払のために約10のゲートがある（以下，進行方向左側から順に「第1ゲート」，「第2ゲート」等という。）。

イ　被告D〔Y〕は，被告車を運転して第2ゲートに入り，料金を支払った後，同ゲートを出て，加速しながら本線の上り車線との合流地点に向かうため，時速約50 kmで，本件道路を道なりに走行していたが，その際，被告車とほぼ同時に第3ゲートを出た4トントラック（以下「訴外トラック」という。）が被告車より右側少し前方をほぼ併走するように走行していた。そして，訴外トラックがやや減速したため，被告車が訴外トラックより少し前に出たが，被告Dは訴外トラックに気をとられ，その方向を脇見していたため，別紙1図の〈2〉地点（以下，地点の符号は同図のそれを指す。）に至って，右側から斜め前方に進行してきた〈ア〉地点の原告車を発見し（〈2〉地点と〈ア〉地点の距離は6.2ｍ），危険を感じて急ブレーキを掛けたが間に合わず，〈×〉1地点（被告車が〈3〉地点，原告車が〈イ〉地点）で，被告車の前部中央と原告車の後部左が衝突した（なお，別紙1図では，被告車の進行を示す矢印がほぼ直進方向に記載されているが，被告車は概ね別紙2図〔ただし，同図の距離関係等は不正確である。〕のように，やや右方向に進行していたものと認められる。）。

その後，被告車は〈4〉地点で停止し，原告車は，左方向に進行した上，〈×〉2地点で路肩のガードレールにほぼ正面から衝突し，〈ウ〉地点で停止した。

ウ　他方，原告E〔X〕は，原告車（右ハンドル）を運転して，本件料金所の第4ゲートに入り，料金を支払った後，同ゲートを出た。そして，原告Eは，約1か月前に購入した原告車や高速道路の運転に余り慣れておらず，Iと運転を交代することになっていたため，本件道路の左側の路肩に原告車を停車させようと，左サイドミラーとルームミラーで左後方を見たところ，訴外トラック等が見えた（被告車は見ていない。）が，危険はないと判断し，左側の方向指示器を点滅させ時速15 kmないし20 kmで，訴外トラックの前方を左斜め前方に横切るように原告車を進行させたところ，上記のとおり，被告車が原告車に衝突した。原告Eは，原告車を左斜め前方に進行させる際，被告車に気付いておらず，本件事故が発生して初めて被告車に気付いた。

(2)　責任原因及び過失相殺

ア　上記認定事実及び証拠（甲27，被告D本人）によれば，被告Dは，本件道路を走行するに際し，右側をほぼ並進していた訴外トラックに気をとられて脇見をし，前方注視を怠った過失により，進路を変更して被告車の前方に出た原告車をその手前約6.2 mの地点で発見し，急ブレーキを掛けたが間に合わず，被告車の前部中央が原告車の後部左に衝突したものと認められる。したがって，被告Dは，民法709条に基づき，被告会社は，被告車の保有者であり，かつ，被告Dの使用者で，本件事故は被告Dがその業務中に上記過失により発生させたものであるから，自賠法3条，民法715条1項に基づき，それぞれ損害賠償責任がある。

他方，原告車のように，右方向に緩やかにカーブする本件道路を，左方向に進行して路肩に停車しようとする車両の運転手は，十分に左後方の車両の安全を確認し，左後方から進行してくる車両の進路を妨害しないようにすべき注意義務があるというべきである。しかるに，上記認定事実及び証拠（原告E本人）によれば，原告Eは，左サイドミラーやルームミラーにより左後方の安全を確認したものの，訴外トラック等を見て危険がないと判断した後は，左後方の安全を十分に確認せず，衝突するまで被告車に気付かなかったものであり，その安全確認が不十分であった過失が認められる。

以上の双方の過失を対比し，特に，本件事故は，原告車が進路を左斜め前方に変更し，道なりに進行する被告車の前方に出たため，被告車の前部中央が原告車の後部左に衝突したというものであるが，大型貨物自動車を運転していた被告Dの前方不注視の程度も相当大きいことも考慮すると，本件事故についての過失割合は，原告E 50：被告D 50と認めるのが相当である。」

裁判例 258　東京地判平成18年7月13日（判例秘書L06132760）

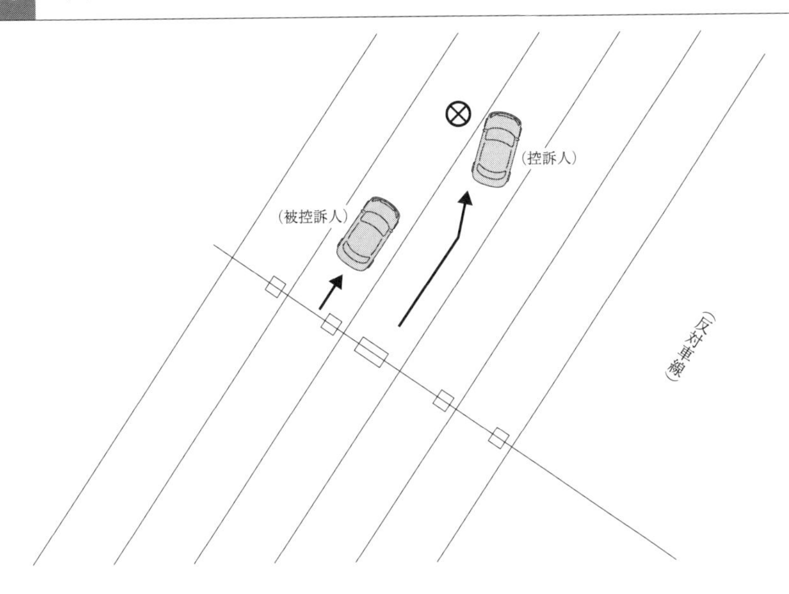

過失割合　**普通乗用自動車（控訴人）70%**　**普通乗用自動車（被控訴人）30%**

「(1)　本件料金所は，本件事故当時閉鎖中であったものも含め，合計5つのレーンが設置されており，そのうち進行方向に向かって右から3番目のレーンのみがETC専用レーン（以下「本件ETCレーン」という。）であった。本件事故当時の天候は晴れで，路面は乾燥していた。（甲5）

(2)　控訴人は，控訴人車両を運転して，本件ETCレーンを通過しようとしたところ，開閉バーが開かなかったため，開閉バーの手前でいったん停止した。そして，インターホンで係員を呼び，事情を説明したところ，係員から，事務所に来るように言われたため，本件料金所の進行方向に向かって左横にある事務所へ行くことにした。

本件ETCレーンの開閉バーが開いたため，控訴人車両は発進し，約13メートル進行して，本件ETCレーンの左隣の一般レーン（以下「本件一般レーン」という。）との境にあるカラーコーンの先で，かつ，本件一般レーンを走行する車両の進路前方へやや入った位置において，左へハンドルを切った状態で，停止しようとしたか，又は，停止した直後に，控訴人車両の左前部と本件一般レーンを加速しつつ走行してきた被控訴人車両の右前部が衝突した。

他方，Bは，被控訴人車両を運転して，本件一般レーンに進入し，料金所で停止して料金を支払った後，発進して徐々に加速しながら直進したところ，控訴人車両が右から被控訴人車両の進路前方へ進入してきたため，ブレーキを掛けたが間に合わず，衝突した。被控訴人車両が料金所で停止してから衝突するまでに進行した距離は，約22.5メートルであり，Bは，衝突直前まで控訴人車両に気付かなかった。（甲5，6，7の1ないし3，8の1及び2，乙2ないし5，原審検証の結果，B証人，控訴人本人）

〔途中略〕

(1)　控訴人は，本件料金所の出口において左へ進路を変更するに当たっては，後方から直進する車両の有無及びその動静に注意し，その進行を妨げないようにすべき注意義務があるところ，左隣の本件一般レーンを直進した被控訴人車両の進路を妨害する形で衝突したものであるから，前記注意義務に違反した過失がある。

他方，Bにも，進路前方を注視し，道路及び交通状況に応じて安全に運転すべき注意義務があるところ，衝突直前まで控訴人車両に気付かず，衝突を回避できなかったものであるから，前方不注視の過失がある。

⑵　ところで，本件事故の主たる原因は，左へ進路変更しようとして，左隣の本件一般レーンを走行していた被控訴人車両の進路を妨害した控訴人側にあるというべきであり，このことは，被控訴人車両が右へハンドルを切るなどせず直進していた（B証人，控訴人本人）にもかかわらず，控訴人車両と衝突したことから明らかである。また，仮に，控訴人車両が衝突時に停止していたとしても，その停止時間は，前記のとおりごくわずかというべきであるから，基本的に控訴人車両による進路妨害という事実に変わりはないというべきであって，停止していたことをもって，控訴人の過失割合が低いということはできない。しかも，本件事故の現場は，高速道路の料金所の出口であることに加え，本件ETCレーン及び本件一般レーンと進行方向前方の道路との接続状況からすると（甲5），本件一般レーンを通行する車両の運転者にとっては，経験則上，左から右へ進行する車両はある程度予測可能といえなくもないが，控訴人車両のように，右から左へ横断する車両の存在を予測することは困難であると考えられる。

これらの諸事情を考慮すると，控訴人の過失割合は，7割を下るものとはいえないというべきである。」

裁判例 259　東京地判平成21年11月5日（交民42巻6号1464頁）

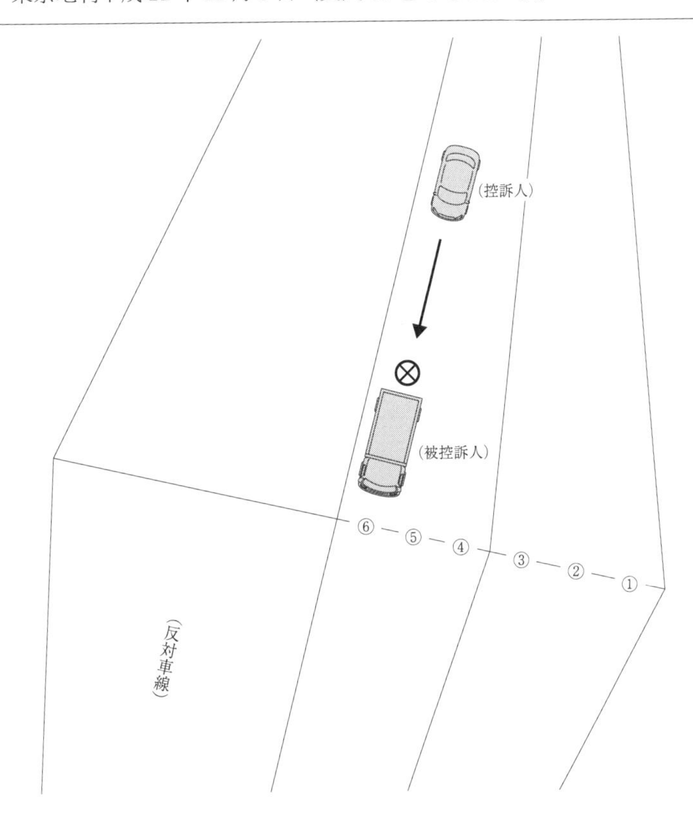

過失割合　普通乗用自動車(控訴人) 80 %　普通貨物自動車(被控訴人) 20 %

「ア　控訴人車及び被控訴人車はいずれもETCシステムを利用する車両である。

イ　A〔被控訴人〕は，平成19年10月17日午前11時35分ころ，被控訴人車を運転してETC車線（ETC専用レーンである。）を時速20キロメートル以内の速度で走行し，入口料金所に進入したが，開閉棒が開かなかったため，開閉棒の直前で停止した。

被控訴人車に搭載されたETC車載器にはETCカードが挿入されておらず，Aはこれに気付かずに運転していた。（甲4，5）

ウ　他方，控訴人車は，被控訴人車に続いて，時速20から30キロメートルの速度でETC車線を走行し，被控訴人車との車間距離が次第に縮まり，被控訴人車が開閉棒の直前で停止したため，急制動の措置を講じたが，停まりきれず控訴人車の後部に追突した。（甲3，16の1）

(2)　東日本高速道路株式会社は，有料道路自動料金収受システムを使用する料金徴収事務の取扱いに関する省令2条2項の規定に基づき，ETCシステム利用規程を定めているところ，上記ETCシステム利用規程は，ETC車線には時速20キロメートル以下に減速して進入すること（8条1号），ETC車線内は徐行すること（同条2号），前車が停車することがあるので，必要な車間距離を保持すること（同条3号）を定め，ETCシステム利用規程12条に基づき定められたETCシステム利用規程実施細則は，上記利用規程8条1項2号に規定する徐行の際は，「ETC車線内で前車が停車した場合，開閉棒が開かない若しくは閉じる場合その他通行するにあたり安全が確保できない事象が生じた場合であっても，前車又は開閉棒その他の設備に衝突しないよう安全に停止することができる速度で通行してください」と定めている。また，上記利用規程は，ETCシステムを利用する者は，ETCカードを車載器に確実に挿入し，ETCシステムが利用可能な状態になったことを確認の上，ETC車線を通行すること（6条）を定めている。（甲12）

⑶　以上を前提に控訴人の過失の存否及び過失割合について検討する。

ETC車線を通行しようとする車両の運転者は，何らかの不具合等により開閉棒が開かず，そのために前車が停止することがあり得ることを予見し，そのような場合でも，前車に追突しないで停止できるよう，前車との車間距離を十分にとって徐行すべき義務があるというべきである。

そうであるとすると，控訴人は，時速20から30キロメートルの速度でETC車線を走行し，次第に前車の被控訴人車との車間距離が縮まっていき，やがて被控訴人車が開閉棒の直前で停止したのを見て，ブレーキを踏んだが間に合わずに追突したものであるから，控訴人には減速義務又は車間距離保持義務を怠った過失があると認めるのが相当である。

控訴人は，ETC車線においては，前車が停止しないという信頼の原則が妥当するとか，前車の停止が予期に反していたなどと主張するが，前記のとおり，ETC車線を進行する車両の運転者は前車が停止することがあり得ることを予見して運転するべきであるから，控訴人の主張は採用できない。

他方，被控訴人車を運転していたAは，不注意によりETCカードを挿入し忘れ，そのために開閉棒が開かなかったものと推認されるところ，ETC車線を進行しようとする者はETCカードを挿入して通行しなければならないのであるから，AにはETCカードの挿入を怠った過失があるというべきである。

そして，双方の過失の態様に加え，本件事故現場のETC車線はETC車専用の車線であり，混在車線（ETC／一般の表示のある車線）に比べて，後続車の運転者において，先行車が停止せずに料金所を通過する期待は大きいと考えられることを併せ考慮すると，控訴人の過失割合は8割，Aの過失割合は2割とするのが相当である。」

裁判例 260　東京地判平成 24 年 12 月 13 日（判例秘書 L06730642）

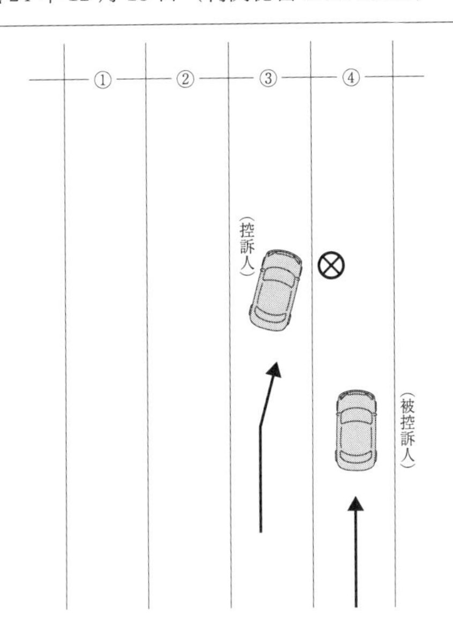

過失割合　普通乗用自動車(控訴人) 90 %　普通乗用自動車(被控訴人) 10 %

「ア　本件事故は，中央道調布インターチェンジの合流地点先にある高速道路料金所の手前に設けられた 4 つのレーンのうち，右端の本件 ETC レーン上で発生した。

イ　被控訴人は，被控訴人車（ニッサンセレナ）を運転し，合流地点付近において先行する控訴人車（レクサス LS）を認めた後，いったん控訴人車と離れ，本件 ETC レーンに入り，直進走行していた。

ウ　本件事故により，控訴人車は，車両の右前部に 4 時方向から入力を受けて，フロントフェンダー，フロントバンパー等を損傷し，被控訴人車は，左側部に 11 時方向から入力を受けて，左フロントドア，左リアドア等を損傷した。

(2)　控訴人は，直進中の控訴人車を被控訴人車が追い越す際に接触したと主張し，原審における控訴人本人尋問の結果中には，控訴人が合流地点で右折の合図を出した後，本件 ETC レーンを減速して直進中，進路前方左側に高さ 1 m 弱，幅約 1 m のコンクリートの塊を認めたため，それに接触しないように減速して直進走行していたところ，被控訴人車に右から追い越されて高速道路料金所の直前で衝突したと述べる部分がある。

しかしながら，そもそも控訴人のいうコンクリートの塊が本件事故発生時に存在していたことを裏付ける的確な証拠はない。また，高速道路料金所手前の本件 ETC レーンの位置に照らし，右端のレーン上を走行していた控訴人車が左前方にある障害物を避けて走行していたのを被控訴人車が右から追い越すという控訴人の供述内容にもいささか無理がある上，被控訴人が本件 ETC レーン上において控訴人車をいきなり追い越さなければならない理由も本件証拠上見当たらない。以上に加え，過失相殺について重要な事実である障害物の存在について，原審の控訴人本人尋問に至るまで主張立証がされず，陳述書（甲 5）にも記載がないことにも照らすと，控訴人の上記供述部分を採用することはできない。

かえって，控訴人の上記供述部分は，コンクリートの塊が存在していたと控訴人が述べる地点において控訴人車に動静の変化があったことをうかがわせるものであり，被控訴人車が本件ETCレーンを直進走行中に左後方から控訴人車が接触してきたとの原審における被控訴人本人尋問の結果中の被控訴人の供述部分は，前記認定事実にもおおむね符合しており，その信用性を基本的に肯認することができる。もっとも，被控訴人は，他方において，合流地点を過ぎた辺りから衝突するまで控訴人車とはかなり離れていたため，控訴人車を追い抜いたのか，あるいは並走していたのか全く記憶がない旨供述しており，また，前記認定の車両の損傷部位や入力方向によれば，被控訴人車は控訴人車と衝突する前には控訴人車より高速度で進行していたことを推認することができるから，控訴人車が被控訴人車の後方から衝突してきたとの被控訴人の供述部分については，これを採用することができない。

⑶　以上によれば，本件事故態様は，控訴人が，本件ETCレーン先の高速道路料金所を通過するため，その手前で控訴人車を本件ETCレーンに進入させようとし，本件ETCレーンを既に直進走行していた被控訴人車に左側方から接触したものと認めることができる。

そして，控訴人は，後方を進行中の被控訴人車の動静を確認しないまま高速道路料金所の手前で進路を変更しようとした点において，運転者としての基本的注意義務に違反した過失があり，その過失の程度は重いというべきである。他方，被控訴人は，被控訴人車が直進中に左方から車両の側部に接触されたとはいえ，合流地点付近において先行する控訴人車を認めていたのであるから，高速道路料金所手前で本件ETCレーンに進路を変更する先行車両の動静を注視していなかった点にも過失があるというべきである。

したがって，過失割合は，控訴人につき90%，被控訴人につき10%と認めるのが相当である。」

判例索引

著 者 略 歴

伊 藤 秀 城（いとう　ひでき）

1948 年	秋田県生まれ
1983 年	最高裁判所民事局第一課
1989 年	水戸地方裁判所総務課長
1995 年	東京家庭裁判所事務局次長
1997 年	最高裁判所経理局参事官
1998 年	最高裁判所経理局監査課長
1999 年	千葉家庭裁判所事務局長
2001 年	東京高等裁判所刑事首席書記官
2004 年	最高裁判所第三小法廷首席書記官
2006 年	東京簡易裁判所判事
2007 年	市川簡易裁判所判事
2010 年	東京簡易裁判所判事
2013 年	町田簡易裁判所判事
2016 年	東京簡易裁判所判事
2018 年	東京簡易裁判所判事退官

（2019 年 5 月 1 日現在）

第2版　実務裁判例
交通事故における過失割合
――自動車事故及び消滅時効，
評価損等の諸問題

2012年2月28日　初版発行
2019年5月29日　第2版発行

著　者　伊　藤　秀　城
発行者　和　田　　裕

発行所　日本加除出版株式会社
本　社　郵便番号 171-8516
東京都豊島区南長崎3丁目16番6号
TEL　(03) 3953-5757 (代表)
(03) 3952-5759 (編集)
FAX　(03) 3953-5772
URL　www.kajo.co.jp

営業部　郵便番号 171-8516
東京都豊島区南長崎3丁目16番6号
TEL　(03) 3953-5642
FAX　(03) 3953-2061
組版・印刷・製本　㈱アイワード

落丁本・乱丁本は本社でお取替えいたします。

Printed in Japan
ISBN978-4-8178-4557-3